U0023898

競選傳播與台灣社會

Election Campaign Communication in Taiwan

鄭自隆◎著

「廣告經典系列」總序

廣告是每個現代人日常的經驗。一早睜開眼睛到晚上睡覺，只要接觸到大眾媒介，就會看到、聽到廣告。即使不使用大眾媒介，走在路上看到的招牌、海報、POP都是廣告；搭乘公車、捷運，也會有廣告。廣告既已成為日常經驗的一部分，現代人當然有必要瞭解廣告。

廣告是種銷售工具。在早期，廣告銷售的是具體的商品，透過廣告可以銷售農具、肥料、威士忌；現代的廣告則除了銷售具體的商品外，還可以銷售服務與抽象的觀念（idea）。因此我們看到廣告告訴我們「認眞的女人最美麗」，藉此來說服大部分自己覺得不美麗但工作很賣力的女生來用他們的信用卡。同樣地，我們也看到政黨與政客們透過廣告告訴選民，他們多麼「勤政愛民」、多麼「愛台灣」。

換言之，現代的廣告已大量地使用社會科學的理論與知識來協助銷售，這些理論可以用來解決廣告的五個傳播因素：

(1)傳播者（communicator）：如何提高傳播者的可信度（source credibility）、親和力（attractiveness），或是提升消費者對傳播者的認同。

(2)傳播對象（audience）：瞭解傳播對象的AIO（態度、興趣、意見），他們的人口學變項、媒介使用行為，甚至透過研究來探討哪些人耳根子比較輕，容易被說服。

(3)傳播訊息（message）：瞭解哪種訴求可以打動傳播對象的心，帶點威脅性的恐懼訴求（fear appeal）如何？訊息的呈現應平鋪直敘或花俏一些比較好？但太花俏的創意會不會讓消費者產生選擇性的理解（selective perception）？廣告文案要長還是短？

(4)傳播通路（media）：四大媒體（電視、報紙、廣播、雜誌）以及網路，哪一種最適合作爲廣告媒體？理性說服應使用何種媒體？感性訴求又應使用何種媒體？廣告呈現與媒體內容是否應搭配？

(5)傳播效果（effect）：銷售並不是廣告效果的唯一測量指標，認知（cognition）、情感（affection）的提升都可以用來探知廣告效果。

由此可以瞭解，社會科學理論的加入，使得廣告從「術」變成「學」。即使在美國，廣告成爲知識體系的時間也只約略百餘年的歷史，十九世紀末九〇年代，Nathaniel C. Fowler發表了三本有關廣告的著作（*Advertising and Printing*、*Building Business*、*Fowler's Publicity*），開啓了廣告書籍的先河，二十世紀初，已有廣告主用回函率（mail-order response rating）以及分版印刷（split-run）的方式來測量廣告效果；一次大戰後，心理學的研究被導入廣告，二次大戰期間，開始有了廣播收聽率調查，也有了雜誌廣告閱讀率的研究。

在台灣，廣告教育始於國立政治大學新聞系，該系於一九五七年開授「廣告學概論」，由宋漱石先生任教，隔年由余圓燕女士接任；而中興大學的前身台灣省立法商學院，亦於一九五八年於企管系開授「廣告學」，由王德馨教授任教。

而將傳播理論導入廣告學的則是徐佳士教授，徐教授是第一個有系統將傳播理論介紹到台灣的學者，他在政大新聞系開授廣告學時，即運用傳播理論以說明廣告的運作，爲廣告學開啓了另一扇窗。

半世紀來，台灣廣告學術當然有了更大的進步，一九八六年文化大學設立廣告系，接著一九八七年政治大學設立廣告系，一九九三年政治大學廣告系出版《廣告學研究》半年刊，爲我國第一本廣告學術期刊，引導廣告學研究；一九九五年輔仁大學廣告傳播系獨立成系，一九九七年政治大學廣告系碩士班首次招生，開始了研究所層級的廣告教育。

承先啓後，前輩學者爲廣告學術啓蒙，作爲後進的我們當然應該接棒下去，因此我和幾位學界、業界的朋友接受了揚智的委託，做了一些薪火傳承的工作——撰寫整理廣告學術書籍，這套叢書有一部分新撰，有一部分是來自樊志育教授的作品。樊教授出身業界，後來任教東吳大學企管系，著作極豐。樊教授這些早年的作品自有其價值，然因台灣近年社會變遷快速，自然有必要加入新的資料，因此我們請來幾位年輕的學者改寫，一起爲這些作品加入新活力。

這套叢書經與揚智總編輯陳俊榮教授（朋友們都叫他「孟樊」）研究，命名爲「廣告經典系列」，稱爲「經典」，一方面爲表彰樊志育教授對廣告學術的貢獻，另方面也是新加入的作者們的自我期許，凡走過必會留下足跡，他日是否成爲「經典」，且待時間的淬煉。

是爲序。

鄭自隆　謹識

二〇〇二年三月於政治大學廣告系

自 序

台灣人對投票一點也不陌生，自日治時代的昭和10年（1935）開始，台灣人已經會用選票來選擇自己的民意代表。

長達七十年的投票經驗係伴隨著不同統治者、政治制度以及社會氣氛。日治時代是一個階段，國民黨兩蔣集權統治是另一個階段，解嚴後長達十二年介於威權轉型為完全民主的李登輝時代又是另一個階段，2000年國民黨敗選，台灣進入政黨輪替也是另一個階段。

這四個台灣競選傳播不同階段，顯示了「社會」與「傳播」兩個變項的互動，一方面競選傳播受到了政治制度、統治者權力形態、社經狀況等「社會因素」的制約，而另方面，競選傳播的改變也促成了政治氣氛的改變，呈現了D. McQuail所謂的社會與文化的「互賴」狀態。

以較淺顯的文字來分析這種互賴關係，就是「錢」與「權」的糾葛，政客用錢投入競選活動，是為了取得公職的「權」，有了權才能夠保護錢，或用來累積製造錢，以待下次選舉之用，如此循環，周而復始。呈現了獨特的選舉與社會的互賴關係。

本書係討論台灣競選傳播與社會的互動現象，在台灣競選傳播的四個階段中，日治時代與兩蔣威權統治時代係外來政權高壓統治，選舉只是用來幫統治者化妝，統治者會使用各種手段，如法令、情治監控、媒體操弄來打壓異議人士的競選活動，所以檯面上的競選活動並不精彩，因此要討論台灣競選傳播應從1989年兩黨第一次對決的三項公職人員（立委、縣市長、台灣省與北高兩市市議員）選舉開始。

1989年三項公職人員選舉、1991年二屆國代選舉、1992年二屆立委選舉、1993年縣市長選舉，與1994年北高市長選舉等五次選舉的討論，請另見本人《競選廣告》一書（1995年，正中書局出版），讀者若有興趣可查閱參考。本書則分章討論自1995至2002年的選舉。

第一章爲綜論，討論從日治時代至政黨輪替的台灣競選傳播，其中特別對李登輝主政十二年的十一次選舉（含1990年老國代選總統）予以分項說明，李登輝時代是台灣由威權轉向完全民主的過度期，而在李登輝主政下，台灣也逐步完成了本土化、民主化與公平選舉，自有必要詳述並予公正評價。

第二章至第四章討論1995年立委選舉，第二章爲整體文宣觀察，第三章討論政黨廣告訊息與媒體策略，第四章討論政黨新聞發布策略。

第五章討論1996年總統大選，此次爲台灣第一次民選總統，國民黨委託聯廣公司製作廣告，策略與廣告表現均佳。

第六章觀察1997年縣市長競選文宣，此次選舉國民黨喪失地方執政權，以往主張的「中華民國在台灣」變成「中華民國在花東」、「中華民國在金馬」。

第七章討論1998年北高市長選舉，這次選舉現任者統統落選，挑戰者統統當選，講了N次不選的馬英九當選台北市長，陳水扁則成了「塞翁」。

第八章至第十章討論2000年總統大選，這次選舉形成國民黨下、民進黨上的政黨輪替，第八章爲此次選舉文宣觀察，第九章分別陳述討論三位候選人競選廣告影片及與選舉策略的關係，第十章分析候選人競選網站。

第十一章與第十二章討論2001年立委與縣市長選舉，第十一章爲文宣整體觀察，第十二章則分析候選人競選網站。

第十三章分析2002年北高市長與議員選舉，此次選舉並沒有牽動政治版圖，北高市長現任者統統當選，議員席次則國民黨小挫。

爲凸顯各年代社會狀況與當次選舉關係，本書在各年代之前均有一篇短文描述當時台灣社會狀況。各章爲學術論文，因此遣詞用字自應拘謹，但對「台灣社會」的描述則求輕鬆，讀者可以用看橋段的心態來看當時的「台灣社會」，或可一粲。

本書各章均曾發表於研討會或期刊，各章原爲獨立單篇，因此就同一次選舉，不同章可能有部分文字或表格，如得票數、當選率等基本資料會略爲重複，爲求原貌呈現，因此也不予以刪併。

本書封面由崑山科技大學視傳系講師翟治平兄設計，寓意深遠，兩黨只顧著在玻璃瓶中惡鬥，卻不管台灣將漂流何方。作者照片由曾兼任國立政治大學廣告系講師王志偉兄拍照，志偉兄嫂是多年朋友，多謝志偉掌鏡。

感謝文化大學新聞所林清彬、林志青、趙孟誼等同學協助校對，以及國立政治大學廣告所施冰冰、嚴蘭芳、黃于玲，銘傳大學傳管所馬方哲、邢縱仁、戴文玲，文化大學新聞所林家暉、陳奕宏等同學擔任助理蒐集資料，其中冰冰、蘭芳、于玲、方哲、縱仁、文玲均已畢業，或應稱爲「女士」、「先生」才是。

大學教師的職責是教學、研究、社會服務，近年來個人研究除競選傳播外，亦分力於政治公關、廣告史，本書出版算是交出「研究」的部分成績單。

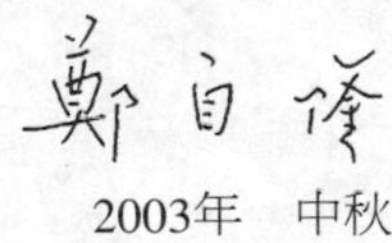

2003年　中秋

目　錄

第一章

競選傳播與台灣社會——從日治時代到政黨輪替

〈摘要〉

本文將台灣選舉分為四個階段：日治時代（1935至1945）、兩蔣威權時代（1945至1988）、李登輝時代（1988至2000）、政黨輪替時代（2001迄今）。各個時代均有其不同的競選傳播意義與特色。

日治時代的選舉屬菁英政治期（elite politics），由地主、士紳、知識分子參與選舉，分享一半的地方議會席次，競選傳播是人際溝通，候選人以社會威望來爭取選票。

兩蔣時代又分為蔣介石時代與蔣經國時代。蔣介石時代亦屬菁英政治期，外來統治者與本省菁英構成政治菁英族群雙元結構，外來統治者盤據中央，本省菁英經入黨、提名、參選進入體系，方能分享地方部分權力，競選傳播是透過選舉二重侍從主義，進行上下層級間的利益交換。

蔣經國時期黨外運動興起，台灣人民聲音浮現，屬民眾政治期（popular politics），這時期國民黨統治基礎逐漸被挑戰，黨外候選人透過串聯、黨外雜誌、街頭演講進行民主啓蒙，贏得人民支持與認同。

李登輝時代與政黨輪替時代屬商品化政治期（merchandised politics），李登輝執政十二年有餘，期間有十次大型選舉。這十次選舉呈現如下的三項意義：

1. 民主化：容許多元聲音、確立「公民直選」總統，並經由1996年大選李登輝帶領國民黨告別「外來政權」；2000年並完成政黨輪替，政權和平轉移。
2. 本土化：總統大選確立台灣主權地位，並經選舉建構台灣意識，促進族群間公平競爭。
3. 公平選舉：開放媒體，公平使用；禁絕做票，乾淨選舉，也由於公平選舉，方能呈現兩黨競爭的鐘擺效應。

這個時期的競選傳播，完全仰賴媒體競選與廣告行銷，社會變遷快速，候選人商品化，選民與媒體多元聲音呈現，是政黨與候選人媒體鍍金時代（gilded age）。

關鍵詞：政治傳播、競選傳播、競選廣告、李登輝、總統選舉、國代選舉、立委選舉、台灣省長選舉、台北市長選舉、高雄市長選舉、縣市長選舉

壹、導論

台灣選舉始於日治時代昭和10年（1935）的第一屆市街庄議員選舉。1945年日人敗戰，國民黨來台，1950年起國民黨政府亦開辦地方選舉，1988年解除戒嚴，蔣經國去世，李登輝接任總統，自1989年起台灣幾乎年年有選舉，而政治人物也「天天在選舉」，選舉已成了台灣社會的一部分。

台灣社會熱中選舉有四個原因，一是錢與權的糾葛，政治人物當選前以錢買權，當選後以權固錢，錢與權成了政客追逐的目標，選舉是零和遊戲，當選者可以錢權兩全，而部分黑金型落選者或民主運動者則可能面臨「當選過關，落選被關」的窘境，所以選舉活動無不全力以赴以求過關。

二是選舉是突破社會階級最直接方式之一，選舉與大學聯考是促進台灣社會階級垂直流動的兩種方式，固然很多政治人物是來自父子或母女傳承，如張博雅與許世賢、陳其邁與陳哲男、顏聖冠與顏錦福，或吳敦義與曾任南投縣議員的父親吳奚，但有更多的例子顯示透過選舉而形成社會階級的流動，如蘇南成投入選舉之前爲台南市私立光華女中教員，若不是透過台南市議員與市長選舉，他可能沒有機會擔任高雄市長、國大議長。這也解釋了許多台灣人熱中選舉的原因。

三是國家認同的投票，台灣近年來的選舉也逐漸轉變成國家認同的儀式性行爲，經由候選人的國家認同與定位訴求，選民投票變成選擇候選人等於選擇國家認同。早期兩蔣威權統治時代，強人的國家認同就是人民的國家認同，若有逾越則會遭受白色恐怖的威脅，李登輝時代言論空間開闊，加上民進黨崛起，本土認同漸受肯定，但部分媒體傾中並美化中國，以及長期的中小學教育內容揚中抑台的影響，因此形成台灣民眾國家認同的分歧。2000年大選開票之後，暴民集聚國民黨中央黨部叫囂，就是國家認同焦慮的呈現。

四是集體情緒宣泄，台灣選舉大都在年底舉行，民眾經過一整年的壓抑與挫折，在激情的競選活動得以得到宣泄，因此選舉成爲嘉年華會式的集體歇斯底里，選舉完後的激情過去，一切恢復平靜，如此周而復始年復一年，選舉成了台灣民眾過年前告別舊歲月的儀式與救贖。

選舉與社會呈現互動效果，台灣民眾對選舉活動的涉入感深，因此促成競選活動多采多姿，而競選活動的「綜藝化」現象也深化了民眾對選舉的參與。

綜觀台灣的選舉活動，依不同統治者或政治運作，可以分爲四個階段：

第一階段：日治時代（1935至1939）
第二階段：兩蔣威權統治時代（1945至1988）
第三階段：李登輝時代（1988至2000）
第四階段：政黨輪替時代（2001迄今）

兩蔣時代又分爲蔣介石時代與蔣經國時代，本文謹就四個階段，區分五節分就五個時代予以說明分析，以歸納出各時代競選傳播的意義與特色。

貳、日治時代的選舉

台灣第一次選舉始於日治時代1935年（昭和10年）的第一屆市議員、街庄協議員選舉。距1895年6月領台已是四十年後，日人治台五十年，而有半民主選舉已是殖民統治的末期。

一、社經狀況

日治時代台灣發生的重要社經事件可依時間先後排列如下：

1895（明治28年）—日清簽訂「馬關條約」，日人始政治台。
1896（明治29年）—1.「六三法」賦予總督行政、立法大權。
2.「台灣鐵道會社」成立。
3.《台灣新報》創刊發行。
1898（明治31年）—1.後藤新平就任民政局長。
2.《台灣日日新報》創刊發行。
1899（明治32年）—1.創辦「台灣銀行」。
2.創辦「台北師範學校」。
1900（明治33年）—創辦「台灣製糖會社」。
1905（明治38年）—第一座發電廠（龜山發電所）完工。
1908（明治41年）—縱貫鐵路全線通車。
1911（明治44年）—阿里山鐵路通車。
1913（大正2年）—第一條汽車客運（台北至圓山）通車。
1914（大正3年）—圓山動物園啓用。
1915（大正4年）—總督府圖書館開館。
1918（大正7年）—「蓬萊米」試種成功。
1919（大正8年）—1.公布「台灣教育令」。
2.台灣電力株式會社創立。
1921（大正10年）—1.林獻堂展開「台灣議會設置請願運動」。
2.台灣文化協會成立。
1923（大正12年）—1.「台灣議會期成同盟會」成立。
2.勸業銀行台北分行（土地銀行前身）成立。
1924（大正13年）—1.「治警事件」。
2.宜蘭線鐵路完工。
1925（大正14年）—「二林事件」。
1927（昭和2年）—1.台灣民眾黨成立。
2.《台灣民報》發行。
1928（昭和3年）—台北帝國大學創校。
1930（昭和5年）—1.嘉南大圳完工。

2.「台灣地方自治同盟」成立。

3.「霧社事件」。

1932（昭和7年）—1.明治橋（今圓山中山橋）完工。

2.菊元百貨落成。

1933（昭和8年）—施乾創立「愛愛寮」。

1934（昭和9年）—日月潭發電計畫完工。

1935（昭和10年）—1.「始政四十年紀念博覽會」。

2.日治時代第一次選舉。

1937（昭和12年）—徵調台灣「軍伕」赴中國。

1938（昭和13年）—實施「國家總動員法」。

1939（昭和14年）—1.小林總督宣布皇民化、工業化、南進基地化三大政策。

2.日治時代第二次（也是最後一次）選舉。

1941（昭和16年）—1.積極推展「皇民化運動」。

2.偷襲珍珠港，太平洋戰爭爆發。

1942（昭和17年）—第一批台灣人陸軍志願兵入伍。

1943（昭和18年）—實施六年制義務教育。

1944（昭和19年）—合併台灣所有報紙，成立《台灣新報》。

1945（昭和20年）—1.全面實施徵兵制度。

2.終戰。

在近代列強的殖民浪潮中，日本是東方國家唯一的殖民者，1895年4月日清代表伊藤博文、李鴻章在馬關春帆樓簽定「日清講和條約」結束甲午戰爭，清廷割地棄台，日本取得台灣主權，治台前三年，換了三任總督，自樺山資紀、桂太郎至乃木希典，此三年主要以武力鎮壓抗日活動，鮮有建設。1898年（明治31年）3月，第四任總督兒玉源太郎就任，起用後藤新平擔任民政長官，開啓台灣近代化建設的序幕。

1898年台北自來水道工事竣工，1905年台灣已有兩處自來水廠，供水人口三萬五千人，1934年，自來水廠有八十三處，供水人口高達一百餘萬人；1899年台灣銀行成立，為台灣第一個現代化金融機構；1900年在台南市由三井會社出資創立台灣製糖株式會社；1903年設立台北電器作業所，1905年台北深坑龜山水力發電所開始供電，為台灣首座水力發電廠；1904年，台灣財政已完全自立，不必仰仗日本本國補貼。

1908年4月，長達四百零五公里縱貫鐵路全線通車，1911年阿里山登山鐵道通車，1920年八田與一規畫的嘉南大圳開工，1930年完工，灌溉面積十五萬甲，1934年日月潭水力發電廠完工，李筱峰（1999）比較台灣人與中國人用電量的差距，1936年台灣是中國的十七倍，至終戰前的1943年則高達二百三十三倍！

在教育方面，日人入台第一個月，即在台北士林三芝巖設立學堂，教授日語；隔年（1896）全台重要城市即設立「國語傳習所」，培養基層公務員與通譯人員，1898年改制為「公學校」，供台灣小孩就讀，日人小孩依內地學制就讀「小學校」，此外，治台第二年即成立「台灣總督府國語學校」，分為國語部、師範部、實業部三部以培養師資；1899年設立「台灣總督府醫學校」（台灣大學醫學院前身），1919年頒布「台灣教育令」，確立台灣教育制度，1922年再公布「新台灣教育令」，確立台灣與日本內地學制一體化，台灣教育日漸普及，文盲減少，至終戰前的1943年，台灣學齡兒童的就學率高達71.3％，山地兒童就學率更高，達86.4％！1928年台北帝國大學成立，為台灣第一所大學。

此外，日人治台期間，除交通、電力、水利等基礎建設外，也建立戶政制度、統一度量衡、統一貨幣、建立銀行體系、確立都市計畫、建立郵政制度[1]。

1 日人治台期間的建設整理自李筱峰（1999）《台灣史一百件大事（上）戰前篇》，台北：玉山社；遠流台灣館（2000）《台灣史小事典》，台北：遠流；黃昭堂（1993）《台灣總督府》，台北：前衛。

二、議會設置請願運動與台灣第一次選舉

日人治台雖致力於經濟建設與典章制度的建立，但畢竟是殖民政權，政治權力還是不願下放給台灣人，因此1920至1934年間台灣士紳投入「台灣議會設置請願運動」，要求在台灣設立擁有立法權、預算審查權的台灣議會，賦予自治權利。

1921年1月第一次連署請願提出，由林獻堂領銜有一百七十八人連署，由貴族院江原素六、眾議院田川大吉郎為介紹人，向第四十四屆日本帝國議會兩院正式提出請願，但審查時遭田健治郎總督反對，認為此舉將使台灣成為類似加拿大或澳洲的自治體，違反「內地延長主義」精神，因此兩院對此請願案「不採擇」。

台灣議會設置請願運動前後發動十五次的請願，歷時十四年，除連署外，還組團至東京「遊說」，第三次請願（1923）時，在飛行學校留學的台籍青年謝文達開飛機在東京上空散發傳單。

第三次請願，蔣渭水、蔡培火等人組成常設性組織「台灣議會期成同盟會」，因違反「治安警察法」，被捕並起訴，初審被判無罪，但檢察官不服上訴，二審蔡培火、蔣渭水被判刑四個月，陳逢源、林呈祿、石煥長、林幼春、蔡惠如判刑三個月，謂之「治警事件」。他們入監服刑時，民眾夾道歡送，如同國民黨時代黨外人士「入監惜別會」後的遊行活動。

1930年8月17日「台灣地方自治聯盟」在台中成立，接手請願運動，展開全島巡迴演講，楊肇嘉甚至應民眾要求，將演說灌錄在「曲盤」（黑膠唱片）用留聲機播放，1933年7月在台中召開的全台住民中部大會通過「在不牴觸日本帝國憲法之範圍內，要求在州市街庄成立民選議員之議會」，並將此決議電呈內閣總理大臣、拓務大臣及台灣總督。1934年10月，台灣總督府終於宣布明年（1935）開始實施台灣自治。此項自治為官派與民選各半的「半」自治，而且僅限州市議會有議決權，街庄議會仍為諮詢機構，州市街庄行政首長仍為官派。

在催生台灣自治過程中，亦曾發生「假」投票的活動，1930年11月《台灣新民報》發布消息要舉辦各州市議會模擬選舉，「選民」只要將自己理想候選人姓名，塡在選票上寄回報社，即爲「有效票」，共收到十九萬張選票，報社並舉辦有獎徵答，預測何人當選。此項活動，一方面可以視爲「媒體促銷」，但另方面亦可看出台灣人對日本統治者的抗議。

1935年4月1日總督府公布「台灣自治律」，將議員的半數名額開放民選，台灣當時行政區域劃分爲五州、七市、三十四街、三百二十三庄，根據公民數再計算議員名額。自治律主要內容爲：(1)州設州會，市設市會，街庄爲協議會，州市會爲決議機關，街庄會爲諮詢機關；州、市、街、庄住民具選舉權與被選舉權；(2)市會議員、街庄協議員半數官派、半數民選，州會議員半數由市會及街庄協議會員間接選舉產生；(3)州知事、市尹及街庄長仍爲官派。

住民雖有選舉權，但仍訂有資格限制，「獨立生計，年滿二十五歲以上，設籍滿六個月，並年納五圓以上稅額之男子始擁有投票權」，此外登記選民還須經警察派出所證明爲「良民」，在此限制下，以台中市人口數爲例，台灣人爲日本人五倍，但具投票權者，日本人有兩千餘人，台灣只有一千八百多人，反不及日本人。

台灣第一次選舉「第一屆市議會員、街庄協議會員選舉」在1935年（昭和10年）11月22日舉行，投票率高達96.7%，此次選舉並非圈選，而是由選民在選票上直接以日文片假名寫出所欲支持的候選人姓名。

台灣地方自治聯盟以政治運動團體的身分，扮演類似政黨角色，以「推薦狀」方式推薦候選人，並動員幹部巡迴助選。在台北市推薦蔡式穀（律師）一人，當選；台中市推薦四人，當選張深鑐（牙醫生）、張風謨（律師）兩人；新竹市推薦一人，落選；台南市推薦四人：劉子祥（地主）、沈榮（律師）、津川福一（記者）、歐清石（律師），屏東市推薦五人，當選蘇家邦（屏東信用合作社理事主席）一人。

此次選舉可使用之運動方式包括家庭訪問、政見發表會、印發傳單及標語等。違法遭取締有：(1)非助選員而進行助選運動被檢舉者，有二

表1.1　日治時代的選舉

年代	選舉類別	投票日期	備註
1935	第一屆市會議員、街庄協議會員選舉	11月22日	昭和10年 日治時代第一次選舉，也是台灣史上第一次選舉。
1939	第二屆市會議員、街庄協議會員選舉	11月21日	昭和14年 日治時代第二次選舉，也是最後一次選舉。

百一十四人；(2)供給博覽會入場券或火車、汽車票者有三十三件，一百零六人；(3)無投票權而擅入投票所有二十件，二十四人。沒有發現以現金賄選者[2]。

日治時代的選舉一共舉辦兩次，1939年11月21日辦理第二屆市議員及街庄協議員選舉。日本殖民政權的選舉是「半」自治式的——半民選一半官派，這和國民黨外來政權的選舉倒是有些類似，兩蔣威權統治期間的選舉只有地方層級的選舉，而沒有中央民代與省長、總統的選舉，換言之，不管怎麼選，都不會撼動日本人或國民黨的統治基礎。

參、兩蔣時代的選舉

1945年8月15日日本天皇裕仁廣播投降，度過「眞空七十天」[3]，一直到10月24日蔣介石代理人陳儀方以「台灣省行政長官兼台灣警備總司

2 日治時代選舉資料，整理自莊永明（1985）《台灣第一（2）》，台北：文鏡；莊永明（2000）《台灣世紀回味——時代光影》，台北：遠流；鍾孝上（1982）《台灣先民奮鬥史》，台北：自立晚報；李筱峰（1999）《台灣史一百件大事（上）戰前篇》，台北：玉山社；丁萬復《台灣第一次選舉》，《聯合報》1999年9月14日39版。

3 黃得時教授稱此段時期爲「眞空七十天」，這七十天沒有政府，沒有事業主管，

令」身分來台，開啓至1988年1月13日蔣經國去世止，爲期長達四十一年三個月二十天的兩蔣父子相傳威權統治台灣時期。

許信良在1977年《當仁不讓》的書中將台灣選舉劃分爲三階段：第一個階段爲純樸期，指的是戰後初期地主、士紳、知識分子與農民和諧關係下的選舉互動，以及藉國民黨勢力的「半山」加入選舉的時期；第二個階段爲污染期，指1950年第一屆縣市長選舉至1968年第六屆縣市長選舉止，這個階段實施土地改革，企業家與豺狼型政客取代傳統士紳成了選戰新貴，而農民與地主關係瓦解，因此將選票毫無目標賣給願意支付代價的候選人；第三階段爲1968年至該書出版的1977年，許信良稱之爲「覺醒期」，都市化結果勞工取代農民，知識青年開始關注選舉，而「職業群眾政治家」，如高玉樹、楊金虎、郭雨新、康寧祥、黃信介等人也藉批評國民黨贏得「賭爛票」而當選（許信良，1977）。

本文則依兩蔣父子統治台灣四十一年間的社經狀況、政治參與、權力形成，劃分爲兩個競選傳播階段，並依Perloff（1999）的命名，將1945至1969年的第一階段蔣介石時代，稱爲「菁英政治」（elite politics），此階段中央爲國民黨外省統治集團，而參與選舉爲臣服的本省菁英，形成政治菁英族群雙元結構，第二階段爲1970至1988年，爲蔣經國時代，稱之爲「民眾政治」（popular politics），如許信良所言，此階段爲民眾的覺醒，戰後出生的一代已具有投票權，黨外運動也在這階段興起，人民聲音呈現。

但台灣人仍然每天「出勤」上班，不怕領不到薪水，不計較工作是否白幹，所有日本人遺留事業不停頓、不休工，與民生最密切的電力、自來水照樣供應，沒有一天停電停水，其他如郵政、電話、公路、鐵路均照常運作，黃得時「曾經把這七十天的報紙統統查遍，並未發現有一件搶劫、殺人、強暴的案件」〔引自莊永明（2000）《台灣百人傳（上）》，頁16-18，台北：時報〕。

一、蔣介石時代：菁英政治期

(一)社經事件

蔣介石時代台灣發生的重要社經事件包括：

1945—終戰（8月15日），陳儀來台（10月24日）。
1947—二二八事件。
1949—1.國府遷台。
2.宣布戒嚴。
1950—1.韓戰爆發。
2.美國協防台灣。
1953—1.「耕者有其田」條例公布。
2.韓戰停戰。
1954—1.美台共同防禦條約簽字。
2.罷免李宗仁，撤職吳國楨。
3.蔣介石連任總統。
1955—整肅孫立人。
1958—金門八二三砲戰。
1959—八七水災。
1960—1.蔣介石三連任總統。
2.《自由中國》事件，雷震被捕。
3.公布「獎勵投資條例」。
1962—台視開播，台灣進入電視時代。
1964—1.湖口裝甲兵兵變。
2.法國承認中國，台法斷交。
3.彭明敏「台灣自救宣言」案。
1965—1.高雄加工出口區成立，台灣經濟轉為外貿導向。

2.美援終止。

1966─蔣介石第四次連任總統。

1967─1.台北市改制直轄市。

2.瓊瑤電影流行。

1968─1.實施九年國教。

2.武俠片流行。

1969─1.經濟部國貿局成立。

2.金龍少棒獲世界冠軍。

3.中視開播。

在這二十五年間，台灣逐漸由混亂走向穩定──政治穩定與經濟穩定，戴寶村（1996）分析國民黨統治基礎有六項：(1)經由恩庇與侍從關係，組成具高度一致性的統治菁英。(2)嚴密社會控制，防止民間自主組織壯大。(3)透過媒體與教育，灌輸意識形態。(4)經地方選舉，籠絡與分化本土菁英。(5)以特務組織威嚇人民。(6)台灣人對政治疏離，使得本土政治力薄弱。

經由二二八屠殺以及後續的白色恐怖，國民黨政權有效的震懾台灣人；經由特務與軍中政工系統，蔣介石整肅孫立人、吳國楨，敉平未及啓動的湖口裝甲兵兵變，關閉《自由中國》雜誌社，逮捕雷震，亦有效的威嚇外省菁英，於是國民黨蔣介石政權得以穩定下來。

也由於政治參與管道阻塞，因此這段期間整個台灣的社會力轉向經濟發展，尤其高雄前鎭加工出口區的成立，使台灣逐漸成爲外貿導向的國家。而經濟的穩定也直接維繫了政權穩定，二者相輔相成，使得國民黨政權得以延續半世紀。

(二)競選傳播

國民黨來台的第二年（1946）即開辦省議會參議員選舉，此爲間接選舉方式，由村里民大會選舉鄉鎭縣轄市選民代表，再由鄉鎭縣轄市選民代表會及職業團體選舉縣市參議員，分別成立縣市參議會，復由各縣市參議會選出省參議員（董翔飛，1984）。

1947年第一屆中央民意代表選舉，台灣和中國其他省區一起選舉，選出台灣省國代十九人，立委八人。這次選出的國代、立委即後來追隨蔣介石來台，盤據台灣國會四十四年，不必改選的老國代、老立委。

1950年公布台灣省各縣市實施地方自治綱要，並分八期舉辦，第一屆縣市長選舉、第一屆縣市議員選舉，則分六期自1950年7月至1951年1月分期舉辦。

蔣介石採威權獨裁統治，國民黨流亡來台之所以會舉辦選舉的原因，主要有下列幾項：(1)經由選舉收攬人心：二二八事件之後台灣人心疏離怨懟，因此必須透過選舉以重新整合人心，同時將台灣菁英（地主與知識分子）收編，經由入黨、提名、參選的運作，將台灣菁英納入黨國體制。(2)培養派系以台制台：國民黨在一個地方常培養兩個以上派系，經由交叉提名，使派系產生競爭，以達到以台制台的目的。(3)經由選舉以爭取美國支持：國民黨早期流亡來台，無論軍事、經濟、外交，乃至法統（聯合國席次的鞏固）均極仰賴美國，因此須透過選舉向美國表態實施民主政體。(4)經由選舉以合法化政權：國民黨取得台灣統治權，並無任何國際條約支持，也沒取得台灣人同意，因此必須透過選舉使政權合法化。(5)只開辦地方選舉不會威脅國民黨統治基礎：國民黨兩蔣統治期間的選舉只有地方選舉，中央民代爲「萬年國會」，更遑論省長、總統選舉，因此無論選舉結果如何，均不會動搖國民黨統治基礎。

國民黨統治係透過「棍子」與「紅蘿蔔」兩手策略，「棍子」是戒嚴體制，以及二二八事件、白色恐怖、特務警察所構成的威懾網絡。「紅蘿蔔」對農民則是「土地改革」（土地改革對地主而言卻是「棍子」），對台灣菁英則是透過選舉給予政治「租金」（rent）。

所謂「租金」指的是經濟特權，朱雲漢（1989）列舉出國民黨以四種經濟特權來籠絡地方派系：(1)政府特許下的區域性獨占活動。這包括銀行、信用合作社、非信用合作社（如青果合作社）、農漁會（主要是其中的信用部門）及汽車客運公司。(2)省營行庫的特權貸款。凡是有機會當選省議員的縣級派系都可以分享。(3)省政府及各級地方政府的公部門採購。主要是公共工程的包攬，特別是在建設經費比較充裕的縣市。(4)以地方政府公權力所換取的經濟利益，又可以分成兩類：一類是表面上合法的假公濟私，例如利用都市計畫或公共建設規劃來進行土地投機炒作；另一類是以公權力來掩護寡占性的非法經濟活動，例如經營地下舞廳及賭場。國民黨以上述四種地方經濟特權來拉攏地方派系，以換取個別地方勢力對中央威權統治的支持。

也因爲國民黨給予地方派系特許政治租金，支持其參選，因此形成恩庇（patron）與侍從（client）關係，而地方派系從中央取得的政治租金，必須透過人際網絡（如六同關係：同鄉、同學、同宗、同事、同業、同好）建立樁腳，再分散予支持者，以爭取選票支持，因此又形成地方派系與選民之間的「恩庇」與「侍從」關係，台灣政治的「二重侍從主義」於焉產生，這同時部分解釋早期台灣社會對國民黨觀感極差，但國民黨又常贏得地方選舉的原因。

選舉侍從主義下本省菁英加入國民黨的政治參與者，常成了政治馴化者，許信良（1977）所描繪的省議員有專司舉手通過的「通過議員」，有專門補充意見的「贊成議員」，有四年任期從不發言的「聽講議員」，有長年絕少出現議會的「缺席議員」。

在傳播媒體方面，1945年國民黨接收日人留下的唯一報紙《台灣新報》，改組爲《台灣新生報》，爲戰後唯一報紙，當然也成了第一大報，1946年黨營《中華日報》創刊，1949年國民黨機關報《中央日報》由南京遷台發行，不久接續《新生報》成了最主要報紙；1960年代，《中國時報》（前身爲《徵信新聞報》）與《聯合報》，因「報禁」政策[4]，以及

4 報禁指的是官方「限證」、「限張」、「限印」，與業者自行協調的「限價」。國民黨自1950年從嚴限制報紙登記後，至1960年止，基於特殊原因，「恩准」七家報紙創刊，但自1960年後實際「登記」就已停止，不再發給新證（陳國祥、祝萍，1987），所以自報禁（1988）解除前，台灣報紙一直只有三十一家。除不發給登記證的「限證」外，「限張」指的是各報張數一致，「限印」則是報社登記設在哪裏，印刷就在哪裏，不准在他縣市另設印刷廠。

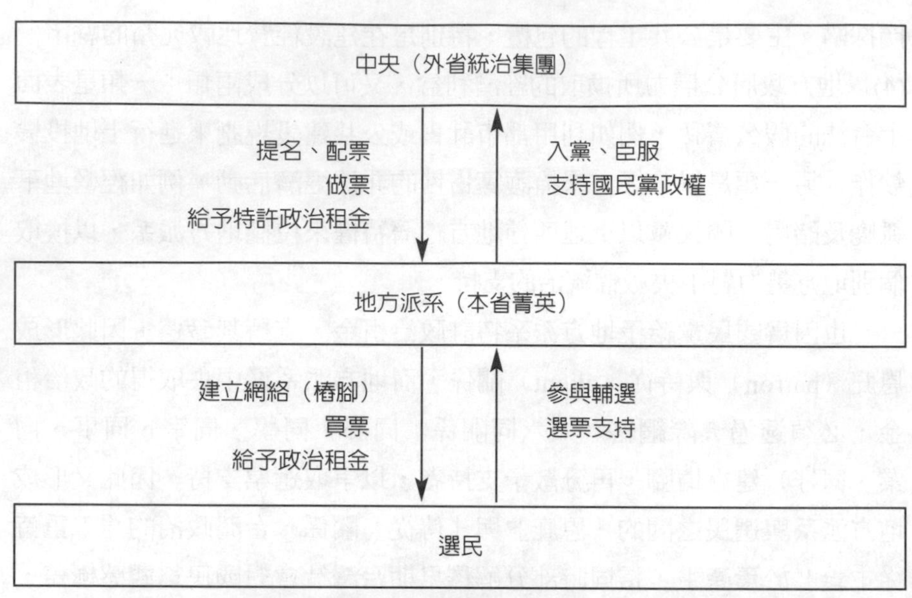

註：此圖架構參考自若林正文（1994），頁146。

圖1.1　台灣選舉二重侍從主義

強化社會新聞報導（瑠公圳分屍案），兩報逐漸成了當時台灣最主要的報紙，兩報發行人余紀忠、王惕吾並被欽選爲國民黨中常委。

在蔣介石時代，大部分報紙[5]，和1962年創立的台視，以及後續的中視、華視，都扮演侍從報業角色，成爲國民黨傳聲筒，平常爲國民黨黨國一體的化妝師，強化一元思想，在選舉時則成爲國民黨的助選工具。

當國民黨以提名[6]、組織配票、縱容買票，甚至在開票時做票，來操弄地方選舉時，無黨籍的候選人只能「單兵作戰」，以一己之力對抗國民黨龐大的黨國機器。1964年無黨籍高玉樹參選台北市長，鑑於1957年失敗的教訓，知道除非有全面的監票能力，否則選民再怎麼支持，得再

5 部分報紙尚具自主精神，《公論報》李萬居因參與新黨籌備受國民黨打壓，《公論報》停刊。而《自立晚報》亦多次被勒令休刊。

6 民間流傳，在蔣介石時代掌握公職提名大權的各縣市黨部主委，他們在選舉期間最常講的話是——要提名，請提前（錢）來見。

多的票也無濟於事，但台北市有三百六十個投票所，選舉法規都規定每個候選人最多只能推派二百五十名監票員，即使高玉樹滿額推薦，也會有一百一十個投票所出現空窗，讓國民黨下手做票，思索對策之後，高玉樹推出另一位候選人李建生陪選，如此兩名候選人共可推五百名監票員，方能達成全面監票的功能[7]，這些黨外人士爲求公平選舉的辛酸往事奮鬥過程，可以看出台灣追求民主化歷程中的崎嶇。

黨外人士的單兵作戰在1957年省議會選舉，誕生了「五龍一鳳」：台北市郭國基、台南縣吳三連、高雄市李源棧、宜蘭縣郭雨新、雲林縣李萬居、嘉義縣許世賢，五名男性省議員還被稱爲「省議會五虎將」。這種單兵作戰的黨外選舉模式一直延續到1960年代末期，1969年，大學畢業的加油站工人康寧祥當選台北市議員，黃信介當選增額立委。

除了候選人本身的單獨參選外，此階段亦有力量微薄的組織化助選活動，1957年第三屆縣市長與省議員選舉期間有石錫勳（日治時代台灣文化協會理事）、郭發（日治時代《台灣民報》記者）、王燈峰（日治時代民族運動參與者）計畫籌組「黨外候選人聯誼會」，仿日治時代文化協會方式，巡迴辦座談會助選；而《自由中國》雷震因參與選後座談會，也接手在該刊討論選舉問題，期間並籌組「中國地方自治研究會」申請登記被駁回，1960年縣市長選舉，組成「選舉改進座談會」，選後並籌組地方分會展開活動，以掩護新黨籌設，該年9月發生《自由中國》事件，雷震被捕，「座談會」宣布成立「中國民主黨籌備委員會」，繼續推動新黨，1961年第五屆縣市議員選舉，中國民主黨籌備會推派李萬居、郭雨新、高玉樹、許世賢、郭國基、楊金虎、王地、黃玉嬌、許竹模、李秋遠、李連麗卿等十一人組成助選團，全省爲新黨候選人助選，此爲這階段最後一次黨外集體助選活動[8]。

7 個案摘自張永誠（1991）《選戰行銷》，頁140-141，台北：遠流。

8 參考自李筱峰（1987）《台灣民主運動四十年》，頁70-82，台北：自立晚報。

二、蔣經國時代：民眾政治期

(一)社經事件

蔣經國時代台灣重要的社經事件包括：

1970—1.台灣留學生鄭自才、黃文雄在紐約行刺訪美行政院副院長蔣經國。
2.彭明敏潛逃離台抵瑞典。
3.中視「晶晶」、台視「雲州大儒俠」引發電視熱潮。

1971—1.保釣運動。
2.台灣被逐出聯合國。

1972—1.尼克森訪中，與周恩來發表「上海公報」。
2.蔣介石第五次連任總統，蔣經國就任行政院長。
3.台日斷交。
4.謝東閔就任台灣省主席，爲首位台灣人擔任該職務者，謝氏提出「客廳即工廠」運動。

1973—1.十大建設開始。
2.第一次石油危機（1973至1975）。

1974—1.越戰結束。
2.因石油危機，工業成長率負成長1.5％，實質個人所得下降3％。

1975—蔣介石去世。

1977—中壢事件。

1978—1.蔣經國就任總統。
2.高速公路等十大建設陸續完工。

1979—1.台美斷交。
2.美麗島事件。

1980—1.林（義雄）宅血案。

2.美麗島軍法大審。

1981—陳文成事件。

1982—李師科土銀搶案。

1984—1.蔣經國就任總統，李登輝就任副總統。

2.江南（劉宜良）事件。

1985—1.十信事件。

2.勞基法實施。

1986—1.民進黨創立。

2.反杜邦運動，環保意識覺醒。

3.機場事件。

1987—1.解嚴，實施「國家安全法」。

2.開放赴中國探親。

3.「大家樂」流行，導致愛國獎券發行至12月27日即廢止。

1988—1.開放黨禁、報禁。

2.蔣經國去世。

3.五二〇農民運動。

4.「六合彩」流行。

5.社會抗議事件，該年高達1,172件[9]。

1970年是蔣氏父子統治台灣的分水嶺，1970年之前是蔣介石統治，1970年之後實質大權逐漸轉向蔣經國，1969年7月蔣介石赴陽明山避暑，途中發生車禍，從此健康狀況日壞，蔣經國逐漸全面掌握了黨、政、軍、青（救國團）、特[10]五大系統，由於接班態勢明顯，爲避免獨裁政體延續，因此留美學生鄭自才、黃文雄於1970年4月24日，在紐約

---

9 吳介民的統計，吳介民（1990）《政體轉型期的社會抗議——台灣一九八〇年代》，台北：國立台灣大學政治所碩士論文。

10 特務組織一向爲蔣經國直接掌控，早在1949年蔣介石組成「政治行動委員會」

Plaza Hotel門口行刺訪美的行政院副院長蔣經國。

行刺未果，但四二四事件促成「吹台青」[11]，蔣經國開始大量起用台籍青年，也促成地方選舉型的政治人物逐漸得以進入中央，打破蔣介石時代，中央由外省統治集團掌控，地方由台籍人士經由選舉取得權力的模式，這種上下階級的流動，一方面使國民黨進行有限度的本土化，另方面也延續了國民黨政權。台籍人士經由選舉，取得地方公職後，亦有機會期盼能被蔣經國寵眷拔擢進入中央，地方選舉成了晉身中央的「龍門」，因此候選人會全力以赴，國民黨政權也得以延續。

1970至1988年間，國民黨統治的合法性亦逐漸被挑戰，四二四刺蔣事件後，海外台獨聲音間接傳回島內，黨外候選人開始有組織性的串聯與助選行爲，特務組織逐漸鬆散也有「脫線」的演出，林宅血案（1980），陳文成事件（1981）均被民間懷疑是情治單位下手；利用外省掛黑道分子的「愛國心」去美國刺殺《蔣經國傳》作者江南（1984），更是情治機構「凸槌」之作。軍中政工體系日漸廢弛，陸續發生空軍飛行員黃植誠（1981）、李大維（1983）叛逃事件，1982年李師科搶案是台灣第一件銀行搶案，象徵台灣治安開始敗壞，也呈現國共內戰後遺症效應——追隨蔣介石來台的基層退伍老兵成了台灣社會的邊緣人。

經由選舉所建構的國民黨黑金體系也在這個階段浮現，台北市第十信用合作社弊案（十信事件）於1985年爆發，財政部長徐立德辭職、立法委員蔡辰洲收押（1987年因肝癌病逝於獄中），交通銀行、中央信託局、中國農民銀行組成銀行團接管十信爛攤。

「美麗島事件」更是這段時期的大事，1979年12月10日世界人權日，《美麗島》雜誌在高雄市遊行，與警方鎮暴部隊產生衝突，情治單

特務組織，蔣經國即是參與者之一，後來改組爲「總統府機要室資料組」，由蔣經國負責〔引自若林正丈（1994）《台灣：分裂國家與民主化》，頁99，台北：月旦〕。

11 「吹台青」爲當時紅歌星崔苔菁的諧音，意指起用台籍青年才俊，但亦有人說爲「起用會『吹牛』的台籍青年」。

位大舉搜捕相關人士，隔年（1980）3月18日舉行第一次「美麗島軍法大審」。

二十年後（2000），美麗島軍法大審的同一天（3月18日），人民以選票「推翻」國民黨，美麗島事件辯護律師陳水扁當選總統，國民黨交出執政權。

(二)競選傳播

這個階段的國民黨仍以提名掌控人選，配票作爲主要輔選手段，選舉的二重侍從主義仍爲操弄選舉的架構，做票也會發生，1977年中壢事件就是涉及做票而爆發的衝突。當年縣市長選舉，許信良以黨外身分參選桃園縣長，強力監票，開票當日（11月19日）設在內壢國小內的二一三投票所因有做票動作，引爆衝突，萬名民眾包圍中壢警察分局，焚燒警車，衝突中兩名青年遭警擊斃；當年許信良雖當選，但後以擅離職守參加聲援余登發案之橋頭遊行（1979），遭監院彈劾而去職。中壢事件沒有大舉搜捕羅織，主要是隔年（1980）蔣經國即將就任總統，不願事態擴大之故。

黨部在這個時期仍爲提名與輔選的主要操盤者，1986年立委選舉，漁業團體立委黃澤青、台中市立委洪昭男均因「財力薄弱」，遭黨部摒除，未獲提名競選連任，後因蔣經國欽點，補行提名，黨部也因爲蔣經國欽定，所以強力輔選，兩人終獲當選。張永誠（1992）表示「從洪昭男和黃澤青被黨部視爲輔選困難，沒有希望，到最後以高票當選，可以看出國民黨組織力的強大與輔選的能耐」，這顯示國民黨組織力與滲透力的廣與深，黨部若要強力護送，大約均可安全上壘，若要放棄或暗中掣肘，候選人就難以施展。

這個階段的後期，國民黨逐漸有了現代化的文宣運作，1983年增額立委選舉，國民黨台北市黨部率先以商業廣告方式進行競選傳播，市黨部與精湛廣告公司合作，推出「鄉土之情」系列廣告：包括以鄉土歌手陳達爲模特兒的「思想起」，以雕塑家侯金水作品「母與子」爲主題的「一眠大一吋」，以洪榮宏暢銷歌名爲文案標題的「雨，哪會落不停」，

表1.2　兩蔣時代的選舉

年代	選舉名稱	選舉日期	備註
1946	台灣省參議會參議員選舉	4月15日	
1947	第一屆中央民意代表選舉	12月21日至23日	與中國其他各省、蒙藏地區一齊選舉，為期三天
1950	第一屆縣市長選舉		共分八期
1950-1951	第一屆縣市議會議員選舉		分六期辦理選舉
1951	第一屆臨時省議會議員選舉	11月18日	由各縣市縣議會採間接選舉
1952-1953	第二屆縣市議會議員選舉		分兩期辦理選舉
1954	第二屆臨時省議會議員選舉、第二屆縣市長選舉	4月18日及5月2日	採兩梯次全民普選。分兩期並同時辦理
1954-1955	第三屆縣市議會議員選舉		分兩期辦理選舉
1957	第三屆臨時省議會議員選舉、第三屆縣市長選舉	4月21日	同時投票
1958	第四屆縣市議會議員選舉	1月19日	
1960	第二屆省議會議員選舉、第四屆縣市長選舉	4月24日	同時投票。臨時省議會於1959年6月取消「臨時」二字
1961	第五屆縣市議會議員選舉	1月15日	
1963	第三屆省議會議員選舉	4月28日	
1964	第六屆縣市議會議員選舉	1月26日	
1964	第五屆縣市長選舉	4月26日	
1968	第七屆縣市議會議員選舉	1月21日	
1968	第四屆省議會議員選舉、第六屆縣市長選舉	4月21日	同時投票
1969	動員戡亂時期自由地區中央公職人員增選補選	12月20日	國大代表增選補選；立法委員、省議員僅辦增選
1969	台北市議會第一屆議員選舉	11月15日	
1972	增額國民大會代表選舉、增額立委選舉、第五屆省議會議員選舉、第七屆縣市長選舉	12月23日	同時投票
1973	台北市議會第二屆議員選舉	12月1日	
1973	第八屆縣市議會議員選舉	3月17日	

（續）表1.2　兩蔣時代的選舉

年代	選舉名稱	選舉日期	備註
1975	增額立委選舉	12月20日	
1977	第六屆省議會議員選舉、台北市議會第三屆議員選舉、第九屆縣市議會議員選舉、第八屆縣市長選舉	11月19日	同時投票
1978	增額國民大會代表選舉、增額立委選舉		因台美斷交取消
1980	增額國民大會代表選舉、增額立委選舉	12月6日	同時投票
1981	第七屆省議會議員選舉、台北市議會第四屆議員選舉、高雄市議會第二屆議員選舉、第九屆縣市長選舉	11月14日	同時投票
1982	第十屆縣市議會議員選舉	1月16日	
1983	增額立委選舉	12月2日	
1985	第八屆省議會議員選舉、台北市議會第五屆議員選舉、高雄市議會第一屆議員選舉、第十屆縣市長選舉	11月16日	同時投票
1986	增額立委選舉	12月6日	
1986	第十一屆縣市議會議員選舉	2月1日	

及分別以歌手蘇芮、羅大佑爲模特兒的「一樣的月光，兩樣的心情」，與「亞細亞的孤兒——獻給珍惜國家前途的同胞」共五張系列海報。推出之後，果然引起大眾「驚艷」，而紛紛索取，後來還印發成卡片書籤。而其中幾張還得了當年時報廣告的銅牌獎。這波文宣的成功，被認爲是國民黨在台北市選區能打一場漂亮勝仗的主因之一。

到了1985年，爲因應當年縣市長及縣市議員選舉的文宣戰，國民黨舉辦「鑼鼓營」，大量招訓大學研究生、廣告傳播從業人員，作爲文宣種子，結訓後分發候選人處從事文宣輔選。

黨外在這階段的競選傳播活動，平常以「黨外雜誌」宣揚理念，選舉期間則組織化串聯，舉辦街頭演講推薦候選人。

台灣批判國民黨的「反對刊物」始自雷震《自由中國》，該刊物原以支持國民黨爲宗旨，不但軍中訂閱，也獲教育部補助，後因反對蔣介石毀憲連任以及主張民主化與組黨，1960年雜誌遭查封，雷震被逮捕；沈寂多年，期間偶有一些刊物也有「反對」之聲，如《文星》[12]，但至1975年《台灣政論》出刊，才引發黨外雜誌風潮，隨後康寧祥《八十年代》、鄭南榕《自由時代》系列、林正杰《前進》系列、許榮淑《深根》系列、黃天福《蓬萊島》系列、雷渝齊《雷聲》、周清玉《關懷》、黃煌雄《開創》、周伯倫《新路線》等，由於警總及新聞局強力取締，所以這些雜誌均以系列方式出刊，作爲「備胎」。如美麗島事件後，《八十年代》遭停刊一年，乃以江春男（司馬文武）的《亞洲人》繼之，未幾又遭停刊，復以康文雄《暖流》接棒[13]。

黨外雜誌與警總「躲貓貓」遊戲，畢竟民鬥不過官，因此也有一些請願活動，1984年7月《前進》等十家雜誌聯名向立法院國防委員會請願，促請明定查禁雜誌的客觀標準，隔年（1985）7月，十二家黨外雜誌編輯赴行政院請願，要求行政院改善警總查扣、查禁黨外雜誌的作法。

在組織化活動方面，1973年康寧祥、黃信介推動「黨外四人聯合陣線」，支持張俊宏、王昆和、康義雄、陳怡榮參選台北市議員；1977年的縣市長與議員選舉，以及台北市議員選舉，開始有了全省性串聯，仍由康寧祥、黃信介主導；1978年增額中央民代（立委、國代）選舉，黨

12 《文星》以介紹西方文化思想爲主，批評時政文章不多，但1965年《文星》98期（12月1日出版）亦因刊登一篇準社論「我們對『國法黨限』的嚴正表示」，12月28日被台北市政府以違反發行宗旨，勒令停刊一年。

13 黨外雜誌流變參考自李筱峰（1987）《台灣民主運動四十年》，台北：自立晚報；中國時報（1995）《台灣：戰後五十年》，台北：中國時報。

外人士開始以立委黃信介為串聯核心，在施明德及新當選省議員張俊宏主導下，組成「台灣黨外人士助選團」，不但有共同政見，也有具體人事編組，甚至有了選戰LOGO[14]、募款餐會、競選書籍。

此次選舉後因美國總統卡特12月16日宣布隔年1月1日美中建交，蔣經國發布緊急處分令而停辦。

1980年增額中央民代選舉，因美麗島事件之後肅殺氣氛影響，組織化助選行動停頓，但1981年的三項公職人員選舉，即恢復「黨外推薦團」並使用「綠色」作爲選戰標準色；1983年增額立委選舉組成「黨外人士競選立委後援會」，1985年縣市長與省市議員選舉有「黨外選舉後援會」，1986年9月28日民進黨成立，雖未被政府「承認」，但有了更進一步的組織化助選活動。

也由於黨外組織化助選日漸壯大，尤其1978年那場沒辦成的選舉更是空前有組織具規模，因此國民黨於1980年制定「動員戡亂時期公職人員選舉罷免法」來規範黨外助選行爲，規定競選活動限於：(1)舉辦政見發表會；(2)印發選舉公報；(3)印發名片或宣傳單；(4)懸掛標語；(5)使用宣傳車輛與擴音器；(6)訪問選舉區內選民。而自辦政見發表會每日不得超過六場，每場以兩小時爲限，更規定除候選人與助選員外，他人不得在場演講，而助選員「一人不得擔任兩位以上候選人之助選員」（四十七條），可以瞭解完全是衝著黨外巡迴助選而量身訂做的規定。

肆、李登輝時代的選舉

李登輝執政始於1988年1月13日，當日蔣經國去世，李登輝接任總統，至2000年5月20日任期屆滿卸任總統，總計十二年四月有餘。李登

14 此LOGO爲緊握拳頭，下有「人權」二字，圖周飾以橄欖葉；這個LOGO被右翼「疾風社」稱爲黑拳，黨外人士爲「黑拳幫」，見李筱峰（1987）《台灣民主運動四十年》，頁130，台北：自立晚報。

輝執政時代計有十次直接縣市長以上層級選舉，一次（1990）由四十年不用改選老國代選總統的間接選舉（見表1.3）。

李登輝時代的選舉，由於黨禁解除、修訂選罷法、開放報紙競選廣告，因此進入了商品化政治期（merchandised politics）。

一、社經事件

李登輝執政時代台灣的重要社經事件如下：

1988—李登輝繼任總統。

1989—1.股市突破萬點。

2.解嚴後第一次大規模選舉（立委、縣市長、省市議員），首度開放報紙競選廣告。

1990—1.國民黨「主流」「非主流」政爭。

2.李登輝當選總統。

3.中正紀念堂學生運動。

1991—1.終止動員戡亂時期。

2.資深中央民代全部退職。

3.二屆國代選舉，第一次啓用政黨電視競選宣傳。

1992—「公平交易法」實施。

1993—1.開放廣播電台申請。

2.通過「有線電視法」。

3.劫機來台事件，一年十起。

1994—1.省市首長民選。

2.取締地下電台、叩應節目流行。

1995—1.李登輝總統訪美。

2.《一九九五閏八月》風潮。

3.實施全民健保

4.中國軍事演習、試射飛彈、股匯市大跌。

1996—1.台灣第一次民選總統，李登輝當選。

2.總統選舉期間，中國發射飛彈干擾選舉。

1997—縣市長選舉，國民黨首次在席次與得票率敗給民進黨。

1998—廢省。

1999—1.廢國大。

2.兩國論。

3.九二一地震。

4.宋楚瑜「興票案」。

2000—總統大選，政黨輪替，民進黨陳水扁當選總統。

李登輝執政十二年，社會變遷快速，老代表、老立委退職，中央民代全面改選，省長、北高兩市市長，以及總統均由人民直接選舉產生，完成全面民主化，兩蔣時代的政治菁英族群雙元結構，中央由外省集團掌控，本省人只能參與地方選舉的現象，也完全打破，台灣主體意識浮現，政客不分省籍均表態「愛台灣」、「我是台灣人」。

二、競選傳播

李登輝時代的十一次選舉，由於台灣社會快速變遷，每次均有不一樣的特色，茲分述於後：

(一)1989年三項公職人員選舉

所謂三項公職人員選舉指的是「增額」立法委員、縣市長、台灣省議會及北高兩市市議會議員的選舉，此次選舉有六項意義與特色：

1.解嚴後第一次選舉

此次選舉是解嚴後的第一次選舉，國民黨挫敗面臨挑戰，12月2日投票結果，縣市長方面，國民黨雖得十四席仍占地方執政多數，但「淪陷」六個縣給民進黨（台北縣、新竹縣、宜蘭縣、彰化縣、高雄縣、屏東縣），另有一市（嘉義市）為無黨籍執政，得票率國民黨僅占52.6%，民進黨38.4%，無黨籍9.0%；立委方面，國民黨得票率59.7%，獲七十二席，無論席次與得票率較之上屆選舉均下降十個百分點，因此使得國民黨將以後的每次選舉均視爲「政權保衛戰」，全力以赴不敢掉以輕心。民進黨立委當選二十一席，得票率28.2%，無黨籍當選八席，得票率12.1%（中央選舉委員會，1989）；省市議會席次，國民黨仍占多數，省議會國民黨有五十四席（得票率61.4%），民進黨十七席（得票率25.9%），無黨籍六席；台北市議會國民黨有三十七席，民進黨十三席，無黨籍一席；高雄市議會國民黨有二十九席，民進黨六席，無黨籍六席。三項選舉總得票率，國民黨58.3%，民進黨29.7%，其他黨與無黨籍12.0%。

2.第一次政黨對決，開啓台灣政黨政治新頁

這是民進黨「合法化」後第一次與國民黨對決，也是台灣歷史的第一次兩黨選舉競爭，促成台灣進入政黨政治，開啓民主新頁。

3.第一次開放報紙廣告

早期由於黨外運動興起，國民黨爲抑壓黨外文宣活動，因此於1980年制定「選舉罷免法」，並陸續修法規定「候選人或其助選員……不得……利用大眾傳播工具刊登廣告從事競選活動」（第五十五條第七款），1989年選罷法再修訂，刪除這項規定，雖仍明文禁止不得使用廣播與電視廣告，但已啓動台灣選舉運用大眾傳播媒體廣告的風潮。

4.知識分子投入選戰

知識分子投入選戰當然不是從這次選舉才開始，在早年國民黨就常透過知青黨部動員教授連署支持黨籍候選人，但這是執政黨組織化與政治力介入的運作，屬「御用」性質，眞正由「民間」學者集體力量投入選戰則始於此次選舉，其一爲澄社對候選人的評鑑，其次爲中研院與台大學者集體署名並出資刊登廣告，表示「我們喜歡尤清當選台北縣長」；而盧修一、林俊義兩位教授投入民進黨參選，也獲得支持反對運動教授的聲援。

5.「統獨」首度成了競選議題

1945年起國民黨統治地區僅有台灣，卻從來不許台灣人講「台灣主

權獨立」，但此次選舉民進黨新國家連線公開主張「新國家、新憲法」。而選前林義雄返台，提出「台灣共和國基本法草案」，《自立早報》全文刊登，雖然檢調與情治單位還因此成立「維華專案」，誓言抓「獨」，但統獨議題已成爲這次選舉的主要議題，陳水扁還刊登一幅「台灣獨立萬萬歲」的報紙廣告，也是台灣選舉史上第一次公開討論「台灣獨立」議題。

6.首次選戰「連線」

連線可以集中資源製造聲勢，有兩種形式，一是水平連線，即同次同級選舉的候選人成立連線，如民進黨的「新國家連線」、國民黨的「新國民黨連線」；二是垂直連線，如此次選舉台北縣選區，尤清選縣長、盧修一選立委、周慧瑛選省議員，他們的部分文宣整合，也是一種連線策略。此次選舉兩種連線形式均有候選人使用，也發揮一些後續影響，如1995年開始的「配票」，其運用形態也如同連線，此外這次選舉的「新國民黨連線」，選後持續運作成了國民黨立院黨團下的次級團體，後來更「分家」成立「新黨」，在1995至1998年間的台北市選舉產生了一些影響。

1989年選舉最大的影響是大幅提升民進黨的政治實力，形成國會中兩黨運作的雛形，並在1991、1992年終結了「萬年國會」（鄭自隆，1995a）。

(二)1990年總統選舉

這次選舉是台灣人民不能直接投票，但卻以直接行動表達憤怒以支持李登輝的一次荒謬選舉。

蔣經國去世後，部分老國代（中國地區選出、終身不必改選）無法接受台灣人當總統，因此在1990年初即以公開串聯支持蔣緯國競選總統，甚至在2月9日擁蔣國代向國民黨中評會主席團遞送一百五十人連署聲明書，推舉蔣緯國參選總統，後來發現民意並不支持，才改爲林（洋港）蔣配。在此期間，蔣緯國公開反對老國代自願退職，否認蔣經國說過「蔣家人不能也不會競選總統」的話，林洋港則表示「自己身不由己」、「無力爲李登輝輔選」。

支持李登輝的聲音則來自民間與民進黨，2月10日彭明敏公開支持李登輝，2月16日民進黨國代表示擔心「蔣家復辟」，考慮支持李登輝，2月17日基督教長老教會聲明全力支持李登輝；3月3日勞工聯盟亦發表聲明支持，3月4日台灣省與北高兩市議長與二十一縣市議會正副議長亦連署聲援李登輝競選連任，3月16日台大學生於「中正廟」（中正紀念堂）發起靜坐抗議，要求解散國大，獲得全國學生響應。

由於輿論極不支持與國民黨動用八大老介入，以及3月9日蔣經國嗣子蔣孝武表示痛心黨內爭奪權位，因此3月10日林蔣宣布退選，3月21日李登輝當選總統，22日李元簇當選副總統。

此次選舉並非人民直選，因此並無公開的競選傳播活動，但媒體在此次政爭中扮演重要角色，一是告知功能，經由大幅報導，一方面提供公眾訊息，另方面亦間接鼓勵民眾參與表達憤怒；二是媒體表達立場，反對國大擴權並支持李登輝，三是媒介賦予威望，媒體將政爭的雙方稱爲「主流」與「非主流」，李登輝爲主流，林蔣爲非主流，經由符號的運作賦予李登輝爲正統的含義。

此外，因此次選舉引發的「中正廟學運」持續至李登輝當選的隔日（3月22日）方宣布解散，進而促成了朝野國是會議與中央民代全面改選，相對於1970年代由美國傳回台灣的保衛釣魚台運動，中正廟學運乃是第一次「本土型」、學生自發性的運動，其影響至爲顯著。

(三)1991年二屆國代選舉

1991年12月21日的二屆國民大會代表選舉是因應四十四年沒有改選的中央民代全面退職而舉辦。其意義與特色如下：

1.終結「萬年國會」

1990年3月學運促成李登輝於6月28日召開國是會議，7月4日閉幕取得「老民代速退」、「總統及省市長直選」之共識。1991年1月14日國民黨憲改小組法制分組決定，第二屆國代任期自1992年1月1日至1996年1

月31日。2月更決定二屆國代與立委席數，期間雖然資深國代亦提交修憲案，欲推翻年底退職規定，但要求中央民代全面改選畢竟是全民共識，12月31日資深立委告別立法院，由林棟與梁肅戎發表告別演說，劉松藩接任代理院長，正式終結四十四年從未改選的國會結構。而此次的二屆國代選舉即是接續任期長達四十四年的第一屆國代。

2.確立兩黨政治

此次選舉國民黨大勝，得票率高達71.2%，區域國代當選一百七十九席，含僑選與不分區，共計二百五十四席，再加上不用改選的增額國代，合計在四百零三個席次中，擁有三百一十八席，掌控了國大的絕對優勢。而民進黨得票率23.9%，區域國代當選四十一席，含僑選與不分區，計六十六席。雖然一大一小，但兩黨政治雛形確立。

除國、民兩黨外，朱高正新創設的社民黨，得票率僅2.18%，無一候選人當選；全民非政黨聯盟得票率2.27%，當選三席；此外無黨籍候選人當選兩席（中央選舉委員會，1991）。

3.激昂台灣獨立主張

5月9日發生「獨台會」案，調查局逮捕四人，部分大學師生聲援，並展開千人火車站靜坐抗議，10月7日民進黨五全大會通過一〇〇七號決議文強調自決原則及重申台灣主權獨立，10月13日並通過「建立主權獨立自主的台灣共和國」基本綱領。

「台獨黨綱」對民進黨候選人產生極大的鼓舞，「台獨主張」是歷年選舉最爲高昂的一次，在選戰中很多候選人高舉「台灣共和國」旗幟要「終結中華民國」。但選舉結果很多激烈台獨主張者落選，使得台獨黨綱成了一些民進黨候選人心目中的「票房毒藥」，也使得往後的選舉，台獨主張轉向爲本土化與民主化訴求。

4.第一次開放政黨電視廣告

此次選舉中央選委會第一次徵召三台（台視、中視、華視）公共電視時段（晚間九點五分至三十五分，計三十分鐘），提供政黨使用，稱爲「政黨電視競選宣傳」。

政黨電視競選宣傳是我國第一次開放電視競選廣告，屬「公費選舉」

性質，由跨過「門檻」的政黨免費使用，所謂「門檻」指政黨提名的區域及原住民候選人超過十人者，方得分配，政黨提名的人數越多，分配時間也越多，該年獲得電視宣傳的政黨有四黨：國民黨（一百四十九分十二秒）、民進黨（六十五分十五秒）、社民黨（三十一分十五秒）、全民非政黨聯盟（二十四分十八秒）（中央選舉委員會，1991）。

此次電視廣告，由於國民黨饒富經驗，因此製作遠較民進黨佳，亦能呼應其「革新、安定、繁榮」的文宣主軸，而民進黨由於第一次使用電視，因此顯得生澀而無章法，廣告短片創意掛帥但忽略吸票，而政見會式的畫面則製作呆板，僅由民進黨人士侃侃而談，沒有歸納結論與呈現吸引人的影像（鄭自隆，1992b）。

(四)1992年二屆立委選舉

1992年二屆立委選舉是繼1991年二屆國代選舉的後續國會改革工程，此次選舉呈現如下的意義與特色：

1.國民黨本土化路線崛起

「集思會」是國民黨立院黨團的次級團體，由本省籍、具本土意識的年輕立委組成，在黨內首度表態支持「總統公民直選」、支持「一台一中」，因此與保守的黨中央有所摩擦，8月中旬黨內初選，黃復興黨部動員配票，集思會成員初選受挫；對「一台一中」李煥在中常會建議附和者應予黨紀處分，吳梓與陳哲男被移送考紀會，最後陳哲男以「攻訐黨內領導同志」（指郝柏村）被開除黨籍，而後以「政治受難者」姿態當選立委。

集思會成員在此次選舉文宣中，大量使用「台灣」符號，是國民黨文宣中首次密集出現者，雖然保守勢力還在，但也象徵了「中國」國民黨逐漸走向轉型。

2.兩黨文宣有共同「交集」

以往的選舉，國民黨中央與候選人廣告均避免使用「台灣」，但此次選舉兩黨均不約而同喊出「愛台灣」、「台灣優先」、「我是台灣人」的口號。文宣中大量使用「台灣」的人文素材，集思會林鈺祥的平面文宣中，就使用台灣三百年前的老地圖作爲系列稿的共同符號（鄭自隆，1993a）。

除了「台灣」化外，兩黨的文宣還有一些交集：

(1)濫用親情訴求：很多候選人在投票前夕「喊救命」階段，均找出父母、配偶來告急，其中最特殊的是陳婉眞的「託孤」，表示落選被關，兒子就會失去母親照顧。兩黨候選人把「親情訴求」變成了「濫情訴求」。

(2)共同「敵人」：此次選舉民進黨以行政院長郝柏村作爲攻擊對象，部分國民黨候選人也加入倒郝，連國民黨中央的電視文宣也刻意避開郝柏村鏡頭。

(3)統獨議題降溫：兩黨候選人均刻意避開統獨，以公共政策對話。

(4)李登輝成了「共主」：許多國民黨候選人均以「李登輝推薦，某某某當選」作爲訴求，而民進黨主席許信良也呼籲「支持李登輝，就要支持民進黨」、「國民黨贏得越多，郝柏村就越穩」（《自立早報》1992年12月7日1版）。

3.李登輝情結形成，終結郝內閣

此次選舉在民間凝聚「李登輝情結」，在政治上「終結郝內閣，確立李連體制」。經由競選文宣的散播以及媒體的議題設定，台灣社會的「李登輝情結」在此次選舉中已經隱然成形，李登輝成了「台灣人出頭天」的表徵，從這次選舉李登輝聲望獲得肯定與支持，也使得選後李登輝可以放手布置新局，終結郝柏村內閣。

此次選舉國民黨得票率53.02％，獲九十六席，民進黨得票率大幅提升爲31.02％，獲五十席[15]，社民黨得票率1.33％，僅一席，已明顯泡沫化，自行參選及無黨籍得票14.63％，有十四席（中央選舉委員會，

15 黃信介「元帥東征」，代表民進黨在花蓮參選立委，以六十二票差距落選，經要求驗票，查獲數百張來路不明選票，1993年3月6日檢方起訴花蓮市長魏木村，3月17日中選會召開委員會更正票數，公布黃信介當選。

1992）。由於國民兩黨形成共識，確認「國會改選，內閣總辭」的政黨政治慣例，因此郝內閣於1993年2月14日宣布總辭，2月10日國民黨中常會通過李登輝提名連戰接任閣揆，2月23日立法院行使同意權，連戰成了第一位台籍閣揆，也確立了至2000年5月20日止，長達七年半的李連體制。

(五)1993年縣市長選舉

1993年爲台灣十九縣市與金馬兩縣的縣市長選舉，此次選舉有如下之意義與特色：

1.民進黨「地方包圍中央」策略失敗

民進黨主席許信良在選前提出「地方包圍中央」策略，但選舉結果，國民黨贏得十五席（島內十三縣市，連同金馬），得票率47.47%，民進黨席次從七席下挫爲六席，但得票率上揚爲41.03%。開票後，許信良承認敗選並辭職負責，由中常委施明德接任黨主席，而施明德曾在選前的11月5日在立法院質詢提出金馬撤軍主張。

2.首度「議題式選舉」

台灣選舉一樣以政黨導向與候選人導向爲主，缺乏「政見導向」，但此次選舉民進黨具體提出「老人年金」主張並作爲文宣主軸，成了台灣選舉首見的「議題式選舉」。

老人年金是1992年民進黨蘇煥智參選台南縣立委首先提出，1993年2月澎湖縣長補選，民進黨高植澎亦提出老人年金作爲訴求，兩人均當選。

3.媒體辯論開啓新頁

此次選舉一共有五場由候選人或政黨參與的辯論，這是以往選舉不曾有的現象。這五場辯論其中四場由媒體主辦，分別是：

9月26日—高雄縣余政憲與黃八野辯論，《自立早報》主辦。

10月6日—台中市林柏榕、林俊義、許幸惠、曾坤炳辯論，《中時晚報》主辦。

11月23日—彰化縣周清玉、阮剛猛、洪英花、白忠信辯論，由TVBS主辦。

11月23日—國民黨文工會副主任施克敏與民進黨文宣部主任陳芳明的英語辯論，由美國民主黨在台委員會主辦，內容以兩黨政策辯論爲主，對選舉涉入不深，公關意義較大。

11月25日—國民黨文工會副主任蔡璧煌、民進黨陳芳明、新黨郁慕明辯論，由TVBS主辦。

這五場辯論，前三場係由候選人直接參與，對候選人政治理念的闡釋頗有助益，而後兩場則爲政黨政策的辯論，也是對各黨候選人間接助選。

特別值得注意的是，TVBS所主辦的第三場辯論，經錄影後在全省部分第四台做不刪減的全程播出，首創候選人電視辯論的新猷，對以後競選文宣的生態改變頗大（鄭自隆，1995a）。這些累積的媒體舉辦競選辯論的經驗，也促成了1994年台北市長選舉第一次電視直播的候選人辯論。

4.「主席牌」首度投入選戰

1992年選舉，李登輝是被動被候選人「引用」，但1993年選舉卻是李登輝主動投入選舉，爲國民黨候選人站台助選。

李登輝助選，全省「走透透」，掀起「主席牌」旋風，推薦國民黨候選人批評民進黨候選人，除拉抬國民黨整體氣勢外，李登輝在此次選舉還實際強力介入兩個縣市的布局，勸進屏東縣伍澤元，勸退台中市許幸惠，國民黨可以「光復」屏東縣、保有台中市，均是李登輝強力介入的成果（鄭自隆，1994a）。

(六)1994年省市首長與議員選舉

1994年的選舉爲台灣省長第一次也是最後一次的選舉，以及北高兩市改制爲院轄市後第一次市長選舉，有如下的意義與特色：

1.「四百年來第一戰」——首次大選區作戰

民進黨省長候選人陳定南喊出「四百年來第一戰」，雖然語意模糊（1996年總統大選才是真正的「四百年來第一戰」），但這次的省長選舉卻是第一次的大選區作戰。投票結果國民黨贏得台灣省首屆省長（宋楚瑜），得票率56.22％，民進黨（陳定南）38.72％，新黨（朱高正）4.31％，高雄市市長也由國民黨（吳敦義）獲勝，國民黨得票率54.46％，民進黨（張俊雄）39.29％，新黨（湯阿根）3.45％。而民進黨則贏得台北市市長（陳水扁），民進黨得票率43.67％，國民黨（黃大洲）25.89％，新黨（趙少康）30.17％。

2.第一次候選人電視辯論

10月2日由《中國時報》、台視主辦，並由台視進行現場轉播的電視辯論，是我國選舉史上的第一次，收視率曾高達45.5％，邀請候選人有民進黨陳水扁、國民黨黃大洲、新黨趙少康三人。這次選舉也是新黨在1993年8月10日成立後第一次大規模「操兵」。

此次選舉共有三場電視辯論，另外兩場是10月30日高雄市長候選人辯論，也是《中國時報》與台視主辦，另一場仍爲高雄市長候選人電視辯論，由中選會主辦。

3.第一次棄保效應

選戰後期，趙少康的競選總幹事王建煊謂國民黨已經準備棄黃（大洲）保陳（水扁），這也是台灣選舉史上第一次「棄保」之說。

4.匿名廣告盛行

在1991年二屆國代選舉，國民黨即出現兩張匿名廣告，廣告主是「一群愛國家愛鄉土的青年」，用以攻擊民進黨的總統直選訴求與「飼料雞」電視廣告，而此次選舉出現比往常還多的匿名廣告，這些匿名廣告大都是新黨支持者的廣告，如「給陳水扁先生上一課」署名是「新黨支持者」，「致全國新聞從業同仁」署名是「一群支持新秩序的新聞夥伴」，「國民黨忠貞黨員該怎麼辦？」署名是「一群支持新黨的老國民黨員」，攻擊台灣人充滿挑釁口吻的「台灣人的悲哀」署名是「新黨新市民」。

這次選舉匿名廣告的盛行也產生後續影響，在以後的歷年選舉均有大量的匿名廣告出現。

5.陳水扁廣告風格更新

陳水扁以「希望的城市、快樂的市民」做訴求，迴異於以往民進黨候選人悲情或意識形態型主張，連文宣的標準色也沒有使用綠色系，此外陳水扁還創新使用一些新媒體，如設立BBS站，建立支持者的網站社群，以電腦磁片爲文宣，針對大學生散發，內有候選人大頭照，市政白皮書，還可播放「台北新故鄉」；老媒體錄音帶、錄影帶也賦予新面貌，「春天的花蕊」錄影帶，訴求私房故事，滿足選民對候選人的偷窺慾；錄音帶「阿扁的歌」，整卷沒有任何口號旁白，只是反覆唱著兩首競選歌「春天的花蕊」、「台北新故鄉」。

除了傳統的文宣媒介外，此次選舉也出現第四台與地下電台兩種新媒介，並廣爲候選人使用。

(七)1995年立法委員選舉

1995年第三屆立法委員選舉有如下的意義與特色：

1.選情低迷

此次的選舉氣氛迴異於以往，民眾顯得冷漠，選情冷清的原因是房地產與股市低迷，導致經濟不振，股市並一度跌至五千點以下，金融機構擠兌，而股匯市低迷的原因是中國抗議李登輝總統訪美，而帶來的文攻武嚇飛彈威脅，再加上符讖式《一九九五閏八月》一書的催化，使得景氣更加低迷。

此外，對立委選舉冷漠的原因是隔年（1996）3月即爲台灣首次總統大選，各組候選人已經產生，亦忙於造勢，吸引媒體與選民焦點，因此大選的排擠效應，使得此次立委選舉「失色」。

2.國民黨分裂、新黨突出

國民黨陳履安搶先宣布參選隔年總統選舉，接著林（洋港）郝（柏村）配也於11月15日確定，形成三組國民黨系候選人同時參選的局面。林郝並宣布爲新黨立委候選人站台助選。

新黨在此次選舉表現亮麗，以「三黨不過半」作爲訴求，12月2日開票結果，在區域與原住民立委中，國民黨得六十七席，得票率46.1％，民進黨四十一席，得票率33.2％，新黨十六席，得票率13.0％，無黨籍四席，連同僑選及不分區席次，總計國民黨八十五席，勉強過半，擺脫「三黨不過半」的噩夢，民進黨五十四席，而新黨二十一席，斬獲最多（中央選舉委員會，1996）。

3.首次文宣配票——「四季紅」

1995年民進黨台北市黨部爲南區四位候選人（沈富雄、葉菊蘭、黃天福、顏錦福）規劃聯合競選，並請選民依出生月份自動配票，每一候選人分到三個月剛好一季，所以謂之「四季紅」，並使用「四季紅」作爲競選歌曲，此爲台灣選舉史上第一次以文宣配票的個案。開票結果四人均當選，此文宣配票模式也爲以後選舉各黨所仿效。

4.民進黨文宣風格轉變

1995年7月陳文茜接任民進黨文宣部主任，以美式風格取代以往民進黨本土、悲情訴求，從九二八黨慶開始，連續三個大型晚會，民進黨的大老們在「建國妖姬」陳文茜的引導下，臉上搽綠塗紅，在舞台上跳了起來。

中選會的政黨電視競選宣傳，陳文茜也大幅轉變風格，加入了司迪麥式廣告元素，部分媒體譽爲「巧思打點、全新出擊」。陳文茜主導的此次民進黨政黨選舉文宣，其優點在於理性訴求、感性包裝；使用電視進行感性說服，媒體選擇正確；在二十分鐘廣告時間呈現九個單元，內容多元富變化；以知識分子爲對象，訴求明確。但缺點是弱勢品牌使用強勢品牌策略，以「形像」爲導向並無「吸票」功能，而施明德在片尾提出的「大和解」，意義晦澀，對吸納選票並無助益（鄭自隆，1996a）。

(八)1996年總統大選與國代選舉

1996年總統大選是台灣人第一次選總統，是眞正的「四百年來第一戰」，而國代選舉則爲最後一次，此屆任期屆滿後，國代走入歷史。此次選舉有如下的意義與特色：

1.建立台灣主權地位

唯有主權獨立的國家才會選舉自己的國家領導人——總統，經由此次的選舉明確宣示台灣為主權獨立的國家。

2.國民黨告別「外來政權」

此次選舉終結國民黨「外來政權」的稱謂，所謂外來政權指的是統治者與被統治者不屬同一族群，且統治者的產生並沒有經由被統治者的同意；經由此次選舉，李登輝的當選象徵國民黨的執政係取得人民的同意，李登輝帶領國民黨脫離「外來政權」污名。

3.台灣意識呈現

此次選舉，李登輝得票5,813,699票，得票率54.00%，民進黨候選人彭明敏得票2,274,586票，得票率21.13%，獨立候選人林洋港得票1,603,790票，得票率14.90%，同為獨立候選人的陳履安得票1,074,044票，得票率9.98%（中央選舉委員會，1997）。李登輝與彭明敏兩位得票率合計75%，象徵台灣意識的呈現，也代表台灣主流民意。

4.首次「領導品牌」戰略

此次選舉，李登輝陣營委任聯廣公司組成團隊負責文宣工作，由於選前一連串的民意調查均顯示，李登輝的支持率遠超過其他三組的競爭對手，因此使用領導品牌策略：

(1)掌握議題（issue），讓追隨者跟隨。
(2)不主動攻擊對手，讓對手攻擊亦不回應，以免拉抬競爭者。
(3)廣告以形象為主，並不特別強調商品特質（政見）。

這種領導品牌策略的運用，在李登輝的文宣中隨處可見：

(1)直接訴求選民，在中國的文攻武嚇下如何維護國家與台灣人的尊嚴。
(2)對中國導彈的威脅，做出強勢回應，讓對手（林洋港、陳履安）批評而掉入「拂逆民氣」的漩渦中。
(3)面對對手人身攻擊，不由自己回應，而由國民黨籍國代候選人代打，以下駟對上駟。

(4)不主動攻擊對手，即使攻擊也不使用重話，以避免爲對手造勢。

(5)廣告以形象爲主，戒菸篇、夫妻篇、吃苦篇一方面塑造李登輝如長者般的親和力，另方面也展現作爲國家領導人應具備的決心與毅力。

(6)面對群眾，靈活使用選舉語言，除激揚現場情緒外，也可以凝聚媒體報導焦點。

李登輝的領導品牌策略，是台灣選舉史上的首見，這種策略也爲馬英九學習，2002年台北市長選舉馬英九的「高格調」選舉，就是領導品牌的應用。

其他三組候選人，彭明敏由於特質與李登輝重疊（省籍、年齡、學歷、貴族氣息），因此文宣不易著墨，早期廣告零散，至後期方有突出作品；陳履安廣告表現甚佳，廣告訴求與目標和選民契合，影像表現符合中產階級知識分子收視習慣——以符號迂迴呈現，但訊息清晰；而林洋港文宣，無論策略面與廣告表現均失誤甚多（鄭自隆，1997a）。

(九)1997年縣市長選舉

1997年縣市長選舉結果影響台灣地方政權生態，此次選舉有如下的意義與特色：

1.國民黨首次敗選

1997年縣市長選舉係國民黨首次敗選，無論得票率與席次均低於民進黨。

民進黨贏得十二席縣市長，得票率43.32%，投票結果「一夕變天」，北台灣與南台灣全面「綠化」，中台灣的台中縣市也由民進黨執政，亦即超級大縣台北縣、五個省轄市，以及指標性大縣均由民進黨候選人當選，許信良四年前（1993）夢想的「地方包圍中央」終告實現。

國民黨慘敗，只得八席，得票率42.12%，其中三席外島（金、馬、澎），本島五席爲花蓮、台東、雲林、嘉義、彰化等五縣，國民黨以往主張的「中華民國在台灣」變成「中華民國在金馬」、「中華民國在花東」。

此外，南投縣、苗栗縣、嘉義市為無黨籍候選人當選，無黨籍候選人合計得票率8.41%。

此次選舉國民黨大輸的原因，主要是企業（政黨）形象差，商品（候選人）也不適當。政黨被塑造黑金形象，提名的候選人受制於派系、眷村，完全以勝選為考量，忽視選民感受；其次在台北縣選前三天辦土地「弊案」，讓人聯想到四年前屏東縣長選舉，動作粗魯，再加上選前一夜盧修一下跪求票，經電視反覆播送，造成震撼；第四，部分地區文宣惡劣，從「北港香爐」罵到「尿桶」，以攻擊民進黨文宣部主任陳文茜，連帶影響整黨形象。

2.國民黨大戰略失誤

雖然此次選的是縣市首長，台北市並非選區，但由台北市議會發動，傾全黨之力「打扁」，造成戰略失誤。

此次選舉，台北市長陳水扁全國「趴趴走」，為民進黨縣市長候選人助選，國民黨全力「打扁」，試圖「打破綠色執政神話」，削弱陳水扁聲勢，並阻斷次年（1998）陳連任。目標建構錯誤，瞄準明年忽略今年，是典型的「為眺望天邊彩虹而踩壞眼前的玫瑰」。

全力打扁反而替陳水扁製造全國性「超人氣」，雖然受制於台北市選民結構，1998年陳水扁連任失敗，但由於此次國民黨「助選」累積聲望，間接協助陳水扁於2000年贏得總統大選。

3.惡質與媚俗的選戰風格

一對一選舉，由於政黨對決爭取單一首長席次，本就會使用負面文宣手法，但此次選舉的負面文宣卻較以往惡質。

除香爐與尿桶事件外，多的是攻擊對手婚外情、炒地皮，也有攻擊對手「素行不良、前科甚多」，收紅包、沒有當兵、常赴越南「考察」玩樂。甚至攻擊對手配偶，一位女性候選人配偶被攻擊生平擁有好幾個女人；一位候選人太太被攻擊收紅包，並被對手懸賞緝拿「紅包×」。

此次選舉文宣也特別媚俗，民進黨文宣部主任陳文茜以美式選舉方式組辣妹助選團，引來討論辣妹有沒有穿胸衣，上了年紀的民進黨候選人被黨中央文宣部要求做怪異打扮「裝可愛」，台南市張燦鍙裝棒球選手、台北縣蘇貞昌扮電火球、嘉義縣何嘉榮扮麵包師傅，彰化縣翁金珠扮小蜜蜂。民進黨電視文宣也出現不知所云的老沙皮狗與大麥町犬。更多的兩黨候選人打棒球、打籃球、飆舞、玩直排輪、騎腳踏車、扮小紅帽、唱饒舌歌。

4.意識形態與政黨角色混淆

國民黨主席李登輝提出「戒急用忍」、「台灣是主權獨立國家」，民進黨主席許信良卻主張「三通」，民進黨顧問彭明敏讚揚李登輝，說「在野領袖不如李登輝強硬」，並公開指責許信良十八年前與中國「私通」，而國民黨也加入戰局，說許在中國有事業。

極端反台獨的新同盟會主張「選人不選黨」、新黨「老爹」許歷農造訪新竹市民進黨候選人蔡仁堅表達支持，許信良表示「地方選舉無關統獨」。

(十)1998年北高市長、議員與立法委員選舉

1998年北高市長選舉，台北市陳水扁「意外」落選，高雄市謝長廷「意外」當選，而陳水扁的落選也使他「意外」當選2000年總統。此次的北高市長選舉有如下意義與特色：

1.首見「新台灣人」符號

國民黨敦促馬英九參選台北市長，馬多次表態不選，最後還是投入選戰，馬的形象佳，年輕開明，在法務部長任內掃黑抓賄選，亦富政聲，但在選舉上卻缺乏「台灣人」元素，因此宣布參選後，即積極修補此項欠缺，一方面電視廣告大量播送羅大佑台語歌「風神的歌詩」，另方面製造媒體議題，參拜反對運動大本營的龍山寺；拜訪老歌仔戲演員廖瓊枝，並穿上戲服耍耍水袖，讓媒體拍照。馬英九的這些「畫龍」動作，到選前造勢活動，李登輝爲馬英九加持「新台灣人」符號，完成「點睛」（鄭自隆，1999）。

「新台灣人」爲李登輝促進本土化與族群融合的努力之一，從此有

一段期間很多外省權貴均自稱「新台灣人」，馬英九也以選舉補助金成立「新台灣人基金會」，曾舉辦學生台語辯論比賽之類的活動。

2.李登輝賣力助選

李登輝除了賦予馬英九「新台灣人」符號外，還賣力為國民黨立委候選人助選，全國彩裝演出，高齡總統還不惜「形象」妝扮「圓桌武士」，由於李登輝的全力助選，立委選舉國民黨大勝，當選一百二十三席，得票率46.43%，仍保持國會第一大黨。

民進黨當選七十席，得票率29.56%，新黨挫敗，僅得十一席，得票率7.06%，此外，民主聯盟四席，非政黨聯盟三席，建國黨一席，新國家連線一席，無黨籍十二席（中央選舉委員會，1999）。

表1.3 李登輝時代的選舉

年代	選舉類別	投票日期	備註
1989	三項公職人員選舉	12月22日	三項公職指縣市長、立法委員、台灣省議會與北高市議會議員
1990	總統選舉	3月21日	由老國代選舉
1991	第二屆國民大會代表選舉	12月21日	
1992	第二屆立法委員選舉	12月19日	
1993	縣市長選舉	11月27日	
1994	省市首長與議員選舉	12月3日	第一次也是最後一次台灣省長選舉，最後一次省議員選舉，北高兩市改制院轄市後第一次民選市長
1995	第三屆立法委員選舉	12月2日	
1996	總統大選 第三屆國民大會代表選舉	3月23日	總統大選與國代同時投票；最後一次國代選舉
1997	縣市長選舉	11月29日	
1998	第四屆立法委員與北高市長、議員選舉	12月20日	立委、北高市長、議員三項選舉同時投票；正式廢省
2000	總統大選	3月18日	政黨輪替、民進黨執政

3.省籍效應浮現

此次選舉，選前多次對市政滿意度的民調，顯示市民對陳水扁的施政滿意度極高，每次均在70%以上，但投票結果陳水扁得票688,072票，得票率僅45.91%，而馬英九得票數爲766,377票，得票率51.13%。

據TVBS在投票當天所做的投票口外民調（exit poll）顯示[16]，本省閩南籍選民支持陳水扁占56.4%，支持馬英九占39.7%，而外省籍選民支持馬英九高達82.2%，支持陳水扁僅有10.3%；而本省客家籍則各半，有48.9%支持馬，46.5%支持陳，浮現省籍效應。

4.首次攻擊廣告代言人

吳念眞上陳水扁電視廣告與報紙廣告表態支持，而馬英九陣營居然拍電視廣告「修理」吳念眞，廣告畫面是一隻螃蟹到處走，最後掉在啤酒杯裏淹死了，以攻擊吳念眞主演的啤酒廣告，除此之外還有一幅全十批廣告，不只批評他支持陳水扁，連他代言廣告的啤酒、眼鏡、冰棒、魚丸、奶粉、汽車、房地產無一倖免。

不但刊播電視報紙廣告，馬陣營還由發言人單小琳召開記者會指稱，吳念眞曾向北銀中山分行進行特權貸款，但遭北銀以新聞稿澄清謂吳與北銀並無授信往來。

競選廣告代言人，只是推薦與背書（endorsement），不應成爲被對手攻擊的主體，競選文宣猛打對手的廣告代言人，這是台灣選舉史上的第一回，也是錯誤的示範。

(十一)2000年總統大選

2000年總統大選終結國民黨對台灣五十餘年的統治，完成政黨輪替。其意義與特色如下：

1.完成政黨輪替

1945年國民黨接收日本對台灣的統治，其間兩蔣統治台灣並沒有取得被統治者台灣人的同意，是爲「外來政權」。1996年第一次總統大

16 摘自TVBS民調中心資料，此民調執行單位爲該中心與天和水行銷顧問公司。

選，國民黨候選人李登輝獲得54％之選票，經台灣人民過半數同意擔任總統，李登輝洗刷國民黨「外來政權」污名。

而2000年總統大選，李登輝所支持的國民黨候選人連戰敗給民進黨候選人陳水扁，陳水扁以4,977,737票，得票率39.30％當選總統，連戰得票2,925,513票，得票率23.10％，獨立候選人宋楚瑜得票4,664,932票，得票率36.84％。其餘兩名候選人得票甚低，獨立候選人許信良得票79,429票，得票率0.63％，新黨候選人李敖，得票16,782票，得票率0.13％。

2000年5月20日新舊總統交接，完成政黨輪替，終結國民黨對台灣長達五十五年的統治，並爲十二年的「李登輝時代」畫下句點。

2.「興票案」左右選情

以單一事件影響重要選舉選情，「興票案」爲台灣選舉史上僅見。在1999年12月9日國民黨立委楊吉雄揭露興票案之前，宋楚瑜的支持度一向遙遙領先兩位對手，但興票案爆發後，宋的「清廉、勤政、愛民」形象框架崩解，民調驟降，終告落選。

3.選後激情，暴民包圍國民黨

除非明顯做票（如1977年中壢事件），否則台灣選舉一向選前激情選後冷靜，但此次選舉後卻有一些不能接受陳水扁當選的民眾持續多日包圍國民黨中央黨部，並暴力攻擊國民黨要員、連戰重要幕僚徐立德。而台北市長馬英九不但沒有依法驅離，還居然應非法聚會民眾要求上台演說，並代表民眾深夜前往總統官邸求見李登輝，要李交卸黨主席職務，形成「逼宮」。

4.國民黨文宣失焦

國民黨此次大選，廣告量最多，所拍攝廣告影片多達四十四支，但訴求失焦，缺乏以「政績」彌補候選人個人形象的不足，此外廣告新聞化，亦有多支廣告具爭議性。

而陳水扁廣告調性一致，文宣成功補強候選人「缺點」，清除選民對陳的當選會帶來兩岸不安的疑慮。宋楚瑜廣告則集中訴求「勤政愛民」，但廣告製作略嫌粗糙。

2000年還有一次沒有辦成的選舉，原訂5月6日舉辦的第四屆國民大會代表選舉，但因應民意要求廢止國代壓力，第三屆國民大會第五次會議遂於4月23日三讀通過中華民國憲法增修條文，當立院提出憲法修正案、國土變更案或總統、副總統彈劾案時，方採比例代表制選出國大代表，間接廢了國大。因此中央選委會於4月25日公告終止辦理第四屆國代選舉，國代選舉終於走入歷史（中央選舉委員會，2000）。

伍、政黨輪替時代的選舉

2000年總統大選，陳水扁當選，民進黨取得中央執政權，台灣進入政黨公平競爭的政黨輪替時代。

一、社經狀況

政黨輪替後台灣重要的社經事件包括：

2000—1.政黨輪替、民進黨執政。
　　　2.八掌溪事件。
　　　3.唐飛5月組閣，10月辭職。
2001—1.國民黨撤銷李登輝黨籍。
　　　2.經濟成長率負成長。
2002—台灣加入世界貿易組織（WTO）。
2003—1.中國肺炎（SARS）流行。
　　　2.教改紛擾，引起討論。
　　　3.花蓮縣長補選，國民黨勝選、民進黨敗選。

民進黨政府「新手上路」，國會又因少數，因此常遭在野黨掣肘，重大事件如核四停建、農漁會金融改革，決策之前缺乏沙盤推演，只見信誓旦旦宣布，宣布後又抗壓性不足，只要在野黨、部分媒體反對，即政策轉向，讓對手看破手腳；加上世界性經濟衰退，2001年九一一事件美國遭受恐怖攻擊，2002年美國主導全球反恐，出兵阿富汗攻打蓋達組織，2003年美伊戰爭，一連串事件均延緩全球經濟復甦，台灣當然不能自外全球體系，因此經濟持續低迷。

2003年3月連（戰）宋（楚瑜）配成局，挑戰2004年大選，宋楚瑜暢言要當「府院黨總協調」，「獨自參選亦可當選總統」、「宋連配」，4月SARS自中港傳入，台灣又是一陣紛擾。

二、競選傳播

(一)2001年立委與縣市長選舉

2001年的立法委員與縣市長選舉，是繼2000年總統大選政黨輪替後的又一次政黨對決，呈現如下意義與特色：

1.政黨板塊重組，民進黨成國會第一大黨

選舉結果政黨板塊呈現兩大兩小，新黨泡沫化。立委部分，民進黨得票率33.38％，有八十七席，成國會第一大黨，國民黨得票率28.56％，當選六十八席，新政黨宋楚瑜的親民黨，得票率雖僅18.57％，但提名策略成功，占有四十六席立委，以李登輝爲精神領袖的「台灣團結聯盟」，得票率7.96％，有十三席立委。泡沫化的新黨，沒有跨過5％門檻，得票率僅2.61％，當選一席，親民黨的崛起，對國民黨與新黨產生襲奪作用。此外無黨籍有十席，得票空間已被壓縮。

雖然民進黨爲國會第一大黨，但總席次泛藍（國、親、新）有一百一十五席，仍贏過泛綠（民進黨與台聯）的一百席，泛藍仍主控國會。

縣市長方面，民進黨從1997年的十二席掉至此次的九席，國民黨則由八席小升至九席，另兩席（台東、連江）由親民黨當選，新黨亦當選一席（金門），無黨籍當選兩席（苗栗縣、嘉義市）。

2.國民黨廣告「以敵為師」

鑒於2000年總統大選廣告的失敗，國民黨請來2000年爲陳水扁陣營服務的范可欽製作此次選舉廣告，然而並沒有發揮預期效果，且選後范

可欽還與廣告主國民黨發生財務訴訟糾紛。

國民黨電視廣告雖然影片數量多，但偏重娛樂選民，忽略吸票功能，而且廣告主題「偏食」，只有攻擊，缺乏變化，而且攻擊也沒有形成議題，雖然數量多，但各個廣告片調性不一致，整體而言，國民黨耽溺2000年落選怨懟，以攻擊民進黨出氣，缺乏形塑選民應支持國民黨的理由。

除了文宣外，國民黨大戰略也有失誤——放棄大餅、競選小餅。1996年總統大選李登輝得票54%，彭明敏得票21%，二者合計75%，這是台灣主流價值，國民黨理應和民進黨競爭主流市場，但卻反向操作，開除李登輝，只准談泛藍合作，不准談和民進黨合作，與親民黨、新黨合流，主動告別本土市場。

3.民進黨「在怎麼野蠻」，小兵立大功

民進黨的成長是拜敵之賜，國民黨放棄主流價值，泡沫化新黨喊出三合一泛藍團結，激起支持者危機感，加上台聯新品牌進入市場，使得民進黨必須「趨中」開發中間選民市場。

在電視文宣方面，早期的謝長廷理髮之「國會回顧篇」，陳義信「棒球篇」兩支廣告均疲弱無力，但後期推出的「在怎麼野蠻篇」卻攻擊力道十足，是上選負面文宣之作，點名攻擊對手候選人「亂刪」預算、地區、金額、項目明確，符合該地區選民「接近性」原則，不娛樂選民、無花俏創意，雖然廣告倫理有爭議，立委看緊預算是職責，以此攻擊是否合理不無疑義，但效果卻極為明確。

4.電視成為主要文宣媒體

電視在此次選舉中已成為主要文宣媒體，據潤利統計，此次選舉各黨廣告量合計約九億元，其中無線電視廣告約兩億元，有線電視廣告約五億四千萬元，二者合計七億四千萬元，報紙廣告量才一億四千萬元，比例懸殊。

5.族群對立，略為升溫

自1994年台北市長選舉，新黨候選人趙少康文宣的族群訴求後，每次選舉族群問題均隱約被候選人操弄，但此次卻形成互毆衝突。

11月20日新黨候選人何振盛混入人群向李登輝擲蛋造勢，被毆；隔兩日，北市南區台聯候選人邱國昌向新黨候選人馮滬祥下戰書，衝突中導致馮滬祥女兒的腳被台聯宣傳車壓傷。操弄某一族群的集體失落感，以凝聚選民是不道德的行為，一個特定族群的團結勢必激化另一對立族群的團體，候選人應自制。

(二)2002年北高市長與議員選舉

2002年北高市長與議員選舉是2004年總統大選前哨戰，也被在野黨定位為執政黨的「期中考」，其意義與特色如下：

1.沒有影響政治版圖的選舉

台北市與高雄市是台灣兩個直轄市，分由國民黨與民進黨執政，選舉結果，現任者全都順利連任。

台北市國民黨馬英九以超高（64.11％）得票率贏了李應元；高雄市民進黨謝長廷得票率有成長，由1998年的48.70％至2002年成長為50.03％，但得票數卻比1998年少了1.413票，國民黨黃俊英以兩萬餘票差距輸了這場選舉，除國民兩黨外，參與高雄市長選舉還有三位無黨籍候選人，角逐考試院副院長失利的張博雅、退出民進黨的前主席施明德，以及託藉神意參選的黃天生。

台北市議員方面，與1998年比較，國民黨由二十三席掉至二十席，新黨由九席掉至五席，兩黨的掉落席次約略等於新加入的親民黨席次（八席），此外民進黨也從十九席掉至十七席；高雄市議員，國民黨最慘，由1998年的二十五席掉到十二席，民進黨由九席成長至十四席。就總席次而言，北高兩市議會，泛藍仍高於泛綠 。

2.「領導品牌」策略再度展現

馬英九因民調支持率高，因此喊出「高格調」選舉，這是繼1996年總統大選李登輝之後，又一次的「領導品牌」策略的應用。

馬英九的策略是不談議題，只著墨候選人形象的提醒與再度強化（reinforcement），同時「尊李、打扁、不理元」，尊李是基於李登輝對選戰的不可測性，不理元是毫不理會對手李應元，將對手邊緣化，打扁則將自己提升至與總統同級。整個選戰目標則期待得票超過百萬，以累積「泛藍新少主」的政治能量。

3.文宣失誤的「鐘擺現象」

國民黨2001年文宣失誤現象，在2002年民進黨李應元的文宣也可以看到，形成新「鐘擺」，競選廣告應以吸票爲主，只有對自己（政黨或競選人）沒信心，才會去玩創意。

李應元第一支廣告「點字篇」，是盲人看不到、明眼人看不懂的片子，「豬八戒篇」與「酒店女子篇」是傳播理論A-B-X模式的運用，間接迂迴；要腦筋急轉彎才看得懂；「打噴嚏篇」像斯斯感冒藥的廣告，這些片子只玩創意的爽，沒考慮候選人的票。

除了廣告外，李應元一開始的定位即走錯，幕僚採用追隨者（follower）策略，要李應元穿短褲去跑步、到游泳池游泳，以塑造另一個民進黨的「馬英九」，錯誤的"me-too"策略，讓李應元一參選即活在馬英九的陰影下，試想當本尊與分身並存時，選民會選分身而捨本尊嗎？理淺易懂，但文宣幕僚卻智不及此。

4.負面事件影響大於文宣化妝

高雄市謝長廷在參選之初，民調遙遙領先其他對手，自己還說「拔劍四顧心茫茫」，但新瑞都案的四百五十萬元支票於選前爆料後，民調急轉直下，最後方以些微領先兩萬餘票當選。

由於選民對候選人的刻板印象，因此使用正面文宣給自己加分難，但使用負面事件讓對手減分容易，而且有可能吸引對手票轉向己方，一進一出即呈現兩票的差距。負面事件影響不可小覷，宋楚瑜的「興票案」即是一例。

5.形象投票沒有議題

台灣選舉一向是形象投票，沒有議題。

馬英九刻板印象強固，即使2001年納莉風災，忠孝東路變成忠孝東河，捷運停擺，交通亂成一團，北市民上班上學受阻，人人成了受災戶，但仍撼動不了馬英九形象。台灣的選舉議題，除了與選民有直接關聯（如「老人年金」），否則難成選舉議題，如此次選舉，施明德提出

「高雄經貿自治港市」，對手不敢公然反對，但乏呼應，終亦成不了議題；李應元「松山機場遷建」，更是討論空間大，亦徒增對手攻擊造勢而已。選戰議題必須是「大議題」（grand issue）——具備前瞻、和諧、宏觀、簡潔、可行的特質。

陸、結論

一、台灣戰後政治傳播

Perloff（1999）省視美國兩百年來總統選舉，劃分為菁英政治（elite politics）、民眾政治（popular politics）與商品化政治（merchandised politics）三個階段，回顧台灣戰後五十年的政治傳播，由於社會快速變遷，因此也可以看到三個不同階段的呈現。

(一)菁英政治

自1945至1969年，此為國民黨統治台灣的前半期，也是國民黨「外來政權」移入台灣，在異地重建試圖滲透本土社會的階段（龔宜君，1998），整個政治舞台，中央由外省統治集團掌控，「半山」扮演幫辦或幫閒角色，二二八事件後本省籍臣服的菁英經由入黨、參與選舉而納入黨國體制，成為統治者外圍分享權力，形成政治菁英族群雙元結構，此外國民黨並經由派系培養，給予「政治租金」達到以台制台的目的。

菁英政治階段，媒體為侍從報業，為統治者傳聲，談不上第四權，更談不上為人民發聲，台灣人民的政治社會化過程，係透過黨國一體的教育與傳播體制，全面被國民黨掌控並洗腦或灌輸「英明領袖」、「反共抗俄」的政治信念。

在選舉上，完全為地方性質選舉，無論選舉結果如何均不會撼動國民黨統治基礎，國民黨透過提名讓地方派系彼此牽制，透過配票讓眷村、黨員組織動員，再透過買票與做票，以及司法體系的包庇「鼓勵」本省籍菁英參選。

(二)民眾政治

自1970至1988年，1969年黃信介當選所謂「增額立委」，隨著黨外運動興起，開始組織化串聯，連動組黨活動，國民黨因此於1980年制定限制競選活動的選舉罷免法來縮減黨外運動者的競選活動空間。而透過黨外運動者的投入與黨外雜誌之催化，台灣民眾逐漸覺醒，對政治不再冷漠，也懂得珍惜手中一票。

這個階段的政治參與者來自三方面，有國民黨外省統治集團及其培養參與選舉的本省菁英，以及從事黨外運動者，如黃信介、許世賢、康寧祥等民主人士，而台灣民眾也逐漸習慣透過選舉表達意見；此外海外台獨運動的聲音也逐漸傳回島內，1970年台灣留學生鄭自才、黃文雄刺殺訪美行政院副院長、準備接班的蔣經國，呈現海外台灣人聲音，此舉並催化蔣經國時代的「吹台青」，使李登輝、林洋港、邱創煥等台籍人士可以在國民黨中央「站」有一席之地。此外，由於國民黨必須靠地方派系參與選舉，以對抗黨外運動參選者來維繫地方政權，因此地方政治人物逐漸進入國民黨權力體制，成了中央委員甚或中常委。

此階段的媒體角色呈現一大一小的兩元對立，三台兩報（台視、中視、華視與《中國時報》、《聯合報》）仍為國民黨喉舌及權力捍衛者，《中國時報》余紀忠與《聯合報》王惕吾均為國民黨中常委，黨國一體的教育傳播體制持續為國民黨進行政治社會化宣導。而《自立晚報》與黨外雜誌為國民黨挑戰者，發出有異於三台兩報的聲音。

在選舉方面，1977年中壢事件讓國民黨做票稍微收斂，但買票仍然被默許，而黨外參選者僅能靠街頭演講方式和選民進行面對面的傳播與民主啓蒙。

(三)商品化政治

1988年強人蔣經國去世，李登輝接任，台灣逐漸步入了民主化與本土化。

商品化政治時代，無論媒體與政治參與者均呈現「眾聲喧譁」，部分兩黨菁英掌握時勢嶄露頭角，但更多的政治人物在一波波的選舉浪潮中被淘汰，成為兩黨邊緣人與權力失落者，老將殞落新星升起，每次選舉均有新黨新人冒出，雖有「鐘擺現象」，但基本上台灣還是兩黨政治，新政黨常如彗星，耀眼但不長久。

長達十二年的李登輝時代，確立了台灣本土化與民主化方向，也建立了公平競選制度，買票仍然存在，但已不是黨的組織化行為，配票成了各黨的文宣素材，以確保所有候選人上壘，不再是民進黨獨有，各黨各候選人可以比較公平的使用媒體，媒體呈現多元聲音，這是競選活動

表1.4　台灣戰後政治傳播發展的演進

年代	菁英政治 elite politics 1945-1969	民眾政治 popular politics 1970-1988	商品化政治 merchandised politics 1989迄今
參與者	政治菁英族群雙元結構：外省殖民統治者、「半山」與本省菁英	1.政治菁英族群雙元結構 2.黨外菁英及運動者投入 3.台灣民眾 4.海外台獨運動者	多元（兩黨菁英、兩黨邊緣人、權力失落者、媒體、民眾）
權力形成	由國民黨統治者自上而下的授予，餵養派系，建構選舉二重侍從主義	1.地方派系進入國民黨權力體制 2.國民黨合法性被挑戰，人民聲音呈現	政黨互動與輪替政黨政治形成
媒體角色	政治傳聲筒與侍從報業	1.三台兩報（台視、中視、華視、《中國時報》、《聯合報》）為國民黨權力捍衛者 2.《自立晚報》、黨外雜誌為國民黨權力挑戰者	多元聲音呈現、國家認同分歧
政治社會化	一元聲音，黨國一體的教育、傳播體制	1.黨國一體的教育、傳播體制 2.黨外雜誌	商品化行銷、媒體政治
競選傳播	1.縱容買票、做票 2.國民黨組織配票 3.無黨籍候選人「單兵作戰」	1.國民黨買票、配票 2.黨外街頭演講，後期則有組織化推薦活動	媒體競選、廣告行銷時代

商品化行銷時代，更是政黨與候選人攀附媒體的「媒體鍍金包裝時代」（gilded age）。

二、李登輝時代的貢獻

李登輝執政時代是台灣由威權獨裁統治走向民主、政黨輪替的過渡期，這個時期的選舉對台灣有三項顯著的貢獻——民主化、本土化、公平競選。

(一)民主化

1.完成政黨輪替，政權和平轉移

台灣在國民黨一黨專政五十五年後，經由全民直接選舉完成政黨輪替，由在野黨取得政權，完成執政權的和平轉移。

2.由上而下，全面性選舉

兩蔣威權時代的選舉是地方性選舉——村里長、省縣市議員、縣市長。亦即不論選舉結果如何，均不會撼動國民黨的統治基礎，國民黨是萬年的執政黨。但李登輝時代促成省長、直轄市長選舉，以及總統大選，這種由上而下，自中央至地方全面性選舉，方有可能形成政黨輪替，達成眞正的民主化。

3.帶領國民黨告別「外來政權」

兩蔣統治台灣並未取得被統治者的同意，對台灣人來說國民黨是殖民式的外來政權，但1996年李登輝代表國民黨參選並當選總統，等於帶領國民黨告別「外來政權」的污名。

4.深入民間助選，樹立楷模

李登輝執政期間，自1993年後每逢選舉均以黨主席身分深入民間爲國民黨助選，樹立政黨政治楷模。這是兩蔣威權統治者高居神壇所沒有的現象。

5.容許多元聲音

兩蔣時代，「領袖」是神聖偉大、不會犯錯的，不容許批評，批評領袖，輕則坐牢，重則被殺。李登輝執政撤除兩蔣白色恐怖，容許多元聲音，人民或媒體不會因批評總統而賈禍，自1994年台北市長選舉，新黨候選人趙少康攻擊所謂「李登輝台獨時間表」以來，每次選舉均有政黨、候選人或媒體攻擊李登輝，李登輝對多元聲音的容忍，開闊了台灣言論自由空間。

(二)本土化

1.確立台灣主權地位

由於李登輝抑制國民黨黨內「委任直選」主張[17]，強力推動「公民直選」，方有1996年總統大選，此次選舉確立台灣主權地位。而李登輝卸任前「兩國論」的提出，更明確表示台灣與中國是互不隸屬的兩個國家。

2.建構台灣意識

在兩蔣時代，「台灣」為中國邊陲與政府偏安之地，並不會成為教育內容與官方宣傳的主要素材或焦點；李登輝執政，確立台灣為主體，容許黨內出現本土次級團體「集思會」，1992年立委選舉集思會成員的廣告出現了「台灣」符號——台灣古地圖以及對鄉土文化的肯定。1995年初李登輝提出「經營大台灣、建立新中原」，從此國民黨選舉文宣逐漸以台灣為主體，在競選造勢活動中，李登輝的台語演說也遠較北京話受歡迎，「台灣」成了國民兩黨文宣的交集，以及政壇與媒體的主流論述。

3.促成族群融合、公平競爭

國民黨早年遷台，中央八部二會首長中，只有一位「半山」的連震東（連戰之父）擔任內政部長，作為台灣人樣板，中央至地方的主要職務均由外省人擔任，連高普考台灣人也必須與中國各省依比率分配名額，極受壓抑。直到1970年蔣經國訪美受到兩位台籍留學生鄭自才、黃文雄「刺蔣」影響，方逐漸「吹台青」，起用台籍人士。而李登輝執政

17「委任直選」是不通的說法，直選不必委任，委任就不是直選！

更打破族群畛域，拔擢政務人才不分省籍，促成公平競爭，在選舉上更是不分省籍支持黨提名人選，1998年爲馬英九賦予「新台灣人」符號，支持其當選，就是一例。

(三)公平選舉

1.開放媒體、公平使用

兩蔣時代的報禁與廣電頻道封鎖、獨占，讓台灣媒體成了國民黨傳聲筒與領袖的侍從。1988年開放報禁、1993年開放廣播頻道申請、通過「有線電視法」，李登輝時代的媒體開放，形成媒體競爭，方使得媒體呈現多元聲音，爲不同政黨與候選人公平使用。

2.禁絕做票、乾淨選舉

兩蔣時代選舉做票，早爲民間傳述，如開票當晚投票所電燈突然熄滅，整箱票櫃被更換，1977年中壢事件即爲一例。李登輝時代，候選人個別買票行爲仍在，但執政黨的組織行爲「做票」已不復見，有比較乾淨與公平的選舉。

3.公平選舉、鐘擺效應

由於有公平選舉，在野黨方有贏得選舉的機會，李登輝執政十二年有十次選舉，其中1994年雖然國民黨贏得台灣省長與高雄市長，但台北市長由民進黨取得，兩黨各有輸贏；1995年立委選舉，眞正贏家爲新黨，國民兩黨席次均較上屆低。剩下的八次選舉，國民黨與民進黨各贏四次，而且呈現鐘擺效應（見表1.5）。

三、競選傳播的轉變

綜觀台灣競選傳播，可以發現如下的三類十項變化：

(一)就訊息而言

1.由中國而台灣

在兩蔣時代，大部分候選人的選舉文宣都念茲在茲「中國」，甚至

表1.5 台灣選舉的鐘擺效應（1989-2000）

年代	選舉類別	國民黨	民進黨
1989	三項公職人員選舉		●
1991	二屆國代選舉	●	
1992	二屆立委選舉		●
1993	縣市長選舉	●	
1994	省市首長與議員選舉		
1995	三屆立委選舉		
1996	總統大選、三屆國代選舉	●	
1997	縣市長選舉		●
1998	四屆立委選舉、北高市長選舉	●	
2000	總統大選		●

說明：

1.●表示得勝，所謂得勝指兩黨各與上次同級選舉比較，並非兩黨同次選舉相對多數的比較。

2.1994年，國民黨贏得台灣省與高雄市，但民進黨贏得台北市。

3.1995年，立委選舉真正贏家是新黨，國民兩黨席次均較1992年低。

4.1998年，國民黨贏得台北市，民進黨贏得高雄市，但立委部分國民黨大勝。

連參選里長的政見都是「反攻大陸」；隨著台灣意識的提升，候選人文宣中所關注的逐漸由虛幻的「中國」轉向眞實的台灣，尤其是1993年立委選舉，國民黨集思會候選人文宣使用「台灣」符號，更促使國民黨文宣的轉變。1990年代後半期的選舉，不分黨籍的候選人都開始比賽誰愛台灣多一點。

2.由樸實而花俏

日治時代的選舉候選人只有名片型的傳單，兩蔣時代郭雨新選舉用卡車裝了一門大砲凸顯「郭大砲」的定位，已屬創新；但至今日，競選文宣已極花俏，恐懼訴求、親情訴求紛陳，不只講政見，更多的是候選人敘述私房故事，從蘇南成的「絲瓜棚下」到陳水扁的「那面爬滿阿拉伯字的牆」均是，以滿足選民的偷窺慾，文宣從早期的具體表現到現在的抽象符號、從早期的直接訴求到現在的間接訴求，整體而言，就是從樸實到花俏。

3.由政黨而個人

兩蔣時代的國民黨候選人在文宣中均會寫上國民黨推薦，而黨外候選人更會驕傲的標示「黨外」；李登輝時代初期，如1989、1992、1993年的選舉，有了一些轉變，當民進黨候選人高舉綠旗時，國民黨候選人卻刻意隱藏政黨標籤，不過1994年台北市長選舉，陳水扁卻悄悄收起綠旗，以個人魅力參選。

如果將選舉分爲上中下三個層級，在上級（總統、直轄市長）與下級（縣市長與議員）選舉，政黨標籤已失去光芒，上級選舉銷售個人魅力，下級選舉訴諸派系與賄選，只有中級（立委）選舉，政黨標籤仍舊有其號召力。

4.由悲情而信心

兩蔣時代的黨外候選人，尤其是政治受難者家屬參選通常是悲情的，麥克風播出歌曲是「望你早歸」、「黃昏的故鄉」，候選人在台上悲愴訴說國民黨的不義。

現在的民進黨已經告別悲情，改以台灣意識、對台灣的信心作爲訴求，倒是國民黨走回頭路，2001年的選舉重新抬出蔣經國「神主牌」，以拉攏緬懷蔣家威權統治的選民，並與親民黨爭正統。

(二)就傳播者而言

5.由士紳而明星

日治時代的選舉，候選人均是地主、士紳與知識分子，兩蔣時代初期的選舉，由於統治上的需要，建構二重侍從主義，因此主要的候選人來源是地主，以及日治時代赴中國扈從蔣介石的「半山」。兩蔣統治後期，國民黨候選人則逐漸轉爲工商企業新貴，黨外候選人則是口才便給富群眾魅力的演說家。

這些演說家的「風範」逐漸主導近年來候選人的風格，「明星化」已經成了台灣選舉候選人的主要條件，候選人外貌、學歷、口才必須出色，方有當選的希望。

6.由單打而連線

早期的選舉都是候選人單兵作戰，國民黨黨部雖然組織動員與配票，但文宣還是個別候選人負責，但自1992年國代選舉，民進黨新潮流系以連線方式推出候選人並統一文宣以來，連線已逐漸成爲趨勢，1995年民進黨更推出「四季紅」配票，爲他黨所效尤。

7.由業餘而專業

日治時代的名片型文宣品均由印刷廠製作承印，兩蔣時代的選舉文宣也是一樣，至1985年國民黨組成「鑼鼓營」召訓研究生，方將社會科學的概念導入文宣執行。

李登輝時代逐漸有一些專業競選公關公司成立，部分大型廣告公司也涉入選舉廣告業務，如1992年台廣爲民進黨拍攝廣告影片，並獲1993年時報廣告獎公共服務銀獎，1996年聯廣組成跨公司團隊爲李登輝負責文宣，開啓競選傳播專業化時代。

(三)就媒體而言

8.由單一而多元

日治時代與兩蔣時代的競選文宣只有名片型傳單，李登輝時代1989年修訂選罷法，開放報紙廣告，1992年創立政黨電視廣告，從此台灣競選文宣媒體變得多元而花俏。

現在的競選文宣已不只使用大眾傳播媒體，更多的是各式各樣的輔助媒體，從1990年代初期的錄音帶、錄影帶、競選書籍，逐漸演進到各式各樣的贈品媒體。

就大眾傳播媒體而言，也有了顯著變化，1990年代初期都是報紙爲最主要的選擇，但自2000年總統大選以後，電視廣告量已經淩駕報紙，成爲第一大競選文宣媒體。

9.由人際傳播而數位溝通

早期的競選活動以人際傳播爲主，如挨家挨戶的拜訪，或街頭演講均是。1994年台北市長選舉，陳水扁首創BBS網站，並在大學校園發送電腦磁片，裏面有候選人大頭照、市政白皮書，還會唱「春天的花蕊」

競選歌。1995年開始有了候選人網站，到目前競選文宣已進入數位溝通（digital communication）時代，候選人以數位媒體（個人網站、網路廣告、手機簡訊）和年輕選民溝通。

(四)對選民而言

10. *由大眾而分眾*

台灣早期自日治時代至兩蔣時代的選舉，選民是同質性高的「大眾」，尤其是兩蔣時代戒嚴時期，在黨國一體的教育和傳播體制下，民眾對選舉是冷漠的，也因爲冷漠而低涉入感（low-involvement），使得買票得以發揮功能。

李登輝時代的民主化與本土化，使得台灣選民成爲「分眾」，他們不再使用相同的政治神話教科書、閱讀相同內容的報紙、看著同樣歌頌國民黨的電視，更不會崇拜單一的「神祇」──姓蔣的總統。現在的選民是異質化的，會因族群、年紀、教育程度、社經地位、地理區位，乃至性別而形成不同的「選舉分眾」。政黨與候選人再也不能以一種文宣訊息去打動所有的選民。

鄭自隆曾在1995年《競選廣告》一書中，提出四項競選廣告未來趨勢：文宣專業化、通路多元化、選民區隔化、候選人明星化。這四「化」在二十一世紀初仍舊是台灣選舉市場的趨勢指標。

1995年　立委選舉

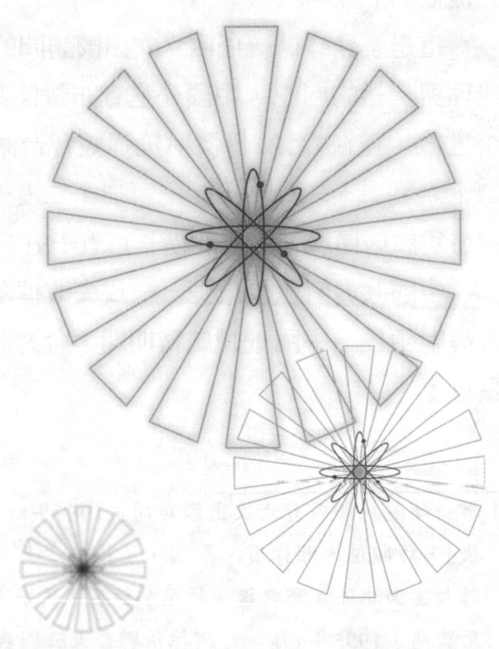

1995年的台灣社會

由於中國飛彈威脅，以及《一九九五閏八月》一書的催化，1995年不是平靜的一年。

1995年6月7日，李登輝總統訪美，以返回母校康乃爾大學慶祝的名義，搭乘專機赴美。8日抵洛杉磯，美國在台協會理事長白樂崎（Natale H. Bellocchi），加州政府代表，台僑領袖前往接機，隨即轉飛紐約州雪城機場，再驅車前往綺色佳康大，9日在康大歐林講座以「民之所欲，常在我心」發表演講，闡釋台灣民主與經濟成就，李登輝表示「台灣已經在和平過程中，轉化爲民主政治，同時也積極參與國際經濟活動，並在亞太地區的國際社會中，形成一股不可忽視的影響力。但是，由於未能獲得國際社會應有的外交承認，台灣經驗在國際上的重大意義，也因此被低估」。

這是李登輝總統任內六次出國訪問的第五次[1]，這次的出訪招致中國無理與無禮的回應，中國先是宣布暫停第二次辜汪會談，召回駐美大使李道豫，並在7月21日發射飛彈威脅台灣，目標爲彭佳嶼海域，以北緯二十六度二十二分，東經一百二十二度十分爲中心，半徑十海里的圓形海域爲試射區域，距台北僅一百五十五公里，示威意圖明確。

中國共發射六枚飛彈，一枚失敗掉落福建，21日、22日、24日夜間各發射兩枚。中國飛彈威脅期間，台灣股匯市大跌，股市一度跌至五千點以下。

1 李登輝總統任內有六次出國訪問，1989年訪新加坡；1994年2月東南亞「破冰之旅」，訪印尼、菲律賓、泰國，並提出「南向政策」；5月「跨洲之旅」，參加哥斯大黎加總統就職典禮，轉尼加拉瓜，再飛南非，參加曼德拉就職典禮，再訪史瓦濟蘭；1995年4月，訪阿拉伯聯合大公國與約旦；6月，訪美。1997年9月，參加巴拿馬運河會議，訪巴拿馬、宏都拉斯、薩爾瓦多、巴拉圭。

當年台灣人心浮動，中國飛彈威脅是一個因素，而另一個因素是1994年出版的《一九九五閏八月》一書的長期涵化效應。

符讖式的《一九九五閏八月》，以所謂的「歷史演變法則」推論，中國可能在1995年年中至1996年初大選前攻台，當然時間已證明此種推論純屬子虛。此書經媒體擴散渲染，成功激起民眾對戰爭的恐懼，也引發一波移民潮，而作者（《工商時報》撰述委員，筆名「鄭浪平」）也在賺飽版稅後，移民海外「避禍」。

另一件政治上的大事是隔年（1996）第一次民選總統，已在1995年開跑，國民黨分裂，形成三組候選人參選：李登輝與連戰、林洋港與郝柏村、陳履安搭配無黨籍的王清峰。加上民進黨彭明敏、謝長廷，各組候選人文宣已熱鬧展開。

1995年年底的立法委員選舉，新黨表現突出，國民黨勉強過半，擺脫「三黨不過半」的噩夢。民進黨則在黨主席施明德的「大和解」主張下，和新黨喝「和解」咖啡，並演出1996年立法院長改選「二月政改」攻防。

在經濟上，年經濟成長率6.426％，平均國民所得成長為11,630美元，成績不錯。不過發生了彰化四信、中壢市農會與華僑銀行等連鎖式擠兌風波，是為美中不足。

此外，連戰主導的全民健保也在3月開辦，在此之前，全國僅有60％不到的人口享有健康保險，開辦後提升為97％，使全民健保、平等就醫的福利社會理想邁進一大步，雖然形成政府財務負擔，但卻是照顧窮人的德政。

位在台北市新公園的二二八紀念碑也在該年的2月28日落成，由李登輝總統揭幕，並代表政府向受難者家屬致歉。紀念碑的設計者之一是1970年在紐約行刺訪美蔣經國未果的鄭自才。

在媒體方面，第四家無線電視台「民視」獲得許可籌設，而民間也發出「黨政軍退出三台」的聲音，有線電視不但普及率持續成長，廣告營收也逐年增加，當年有線、無線之廣告比率約為13：87，但有線的夜間收視率已超過無線三台，約為6：4。廣播電台頻道亦陸續開放，該年開放四十六家小功率社區電台，以及一家大功率全國性FM電台。

登革熱在該年爆發，政府全面展開滅蚊消毒工作，以後的每年夏天，對抗登革熱成爲縣市政府衛生單位的例行工作。

社會逐漸開放，台大女研舍放映A片，引起了媒體的討論；「最佳女主角」瘦身廣告也帶來一些風波，亦有十二歲女童白天上課，晚上下海當「公主」，法令更規定嫖雛妓者處三年以下有期徒刑，課十萬元以下罰金，並公布照片。

此外，「飆車」成了當年春風少年兄最流行的夜間「運動」，青少年成群騎機車呼嘯而過，和警察躲貓貓，造成治安與交通問題。

隔年（1996）總統大選，將由台灣人民選出自己的總統，而蔣宋王朝象徵的圓山飯店也在1995年配合「告別」演出，4月22日行政院長連戰宴請來訪的馬拉威總統，兩人在電梯中受困四十分鐘，6月27日更發生大火，圓山飯店十樓以上付之一炬，風華不再。

第二章

1995年立法委員選舉文宣觀察

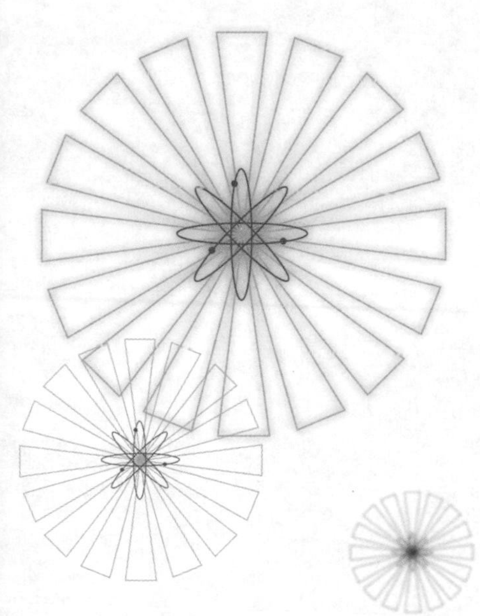

〈摘要〉

此次選舉三黨鼎立，就文宣策略而言，國民黨大體沿用舊制，創新有但不夠；民進黨有明顯的創新——以感性、柔情取代悲情，可惜整體戰略錯誤；新黨廣告量雖少，但訴求「三黨不過半」，令人印象深刻。

國民黨的廣告以影像為主，陳述內容雖然很「莒光日」，但與選民的認知契合——強調過去與現在的對比，因此內容具體明確。而新黨的廣告，由於量小，因此以語文為主，內容集中在「配票」、「三黨不過半」。相對於國民黨與新黨的具體訴求，民進黨廣告的表現方式以影像為主，而影像內容傾向抽象，充滿想像空間。

國民黨的廣告量大，因此以影像為主並且具體訴求這是正確的，新黨的廣告量小，廣告以語文為主具體呈現訴求，也是正確的，而民進黨的廣告量介於國新兩黨之間，以影像為主也是可以，不過表現內容抽象，觀眾可有不同的解讀，容易形成傳播者意圖與受播對象解讀的差距。

關鍵字：1995年選舉、立委選舉、競選傳播、國民黨、民進黨、新黨

壹、導言

選情冷清的三屆立法委員選舉在1995年12月2日投票完竣，開票結果國民黨席次勉強過半，擺脫了在野黨訴求的「三黨不過半」噩夢，民進黨則原地踏步，比二屆只多了四席，而新黨則最有斬獲。在區域與原住民立委中，國民黨得六十七席，民進黨得四十一席，新黨得十六席，無黨籍得四席，依各政黨得票比率分配的不分區席次，國民黨有十五席，民進黨十一席，新黨四席；僑選立委席次，國民黨分配三席，民進黨兩席，新黨一席。總計在一百六十四席立委中，國民黨得八十五席勉強過半，得票率46.1%，民進黨五十四席，得票率33.2%，新黨二十一席，得票率13.0%，無黨籍四席，得票率9.8%。總投票率為67.65%。

此次選舉與往年比較顯得特別冷清，這是因為該年景氣欠佳，房地產與股票市場都價量齊跌，以致整體競選經費萎縮，同時次年（1996）年大選活動也提前開鑼，大選候選人陸續開跑，民進黨經過四十九場的選民投票推出候選人彭明敏，國民黨則歷經波折推出李登輝，而從國民黨內分離出來的林洋港、陳履安也先後宣布參選，這些大選熱身新聞吸引了媒體與選民注意，產生了大選排擠效應，因此相對的降低了對此次選舉的關注，再加上年年選舉，候選人與選民都選「皮」了，以致選情極為冷清。

貳、廣告量

此次選舉廣告量請見**表2.1**。從《動腦》的統計量可以發現，報紙為政黨與候選人最主要的媒體，發稿量則集中在三大報：《聯合報》、《中國時報》、自立報系（含《自立早報》與《自立晚報》），電視媒體亦有使用，主要為TVBS，雜誌則較為零散。

表2.1　1995年立法委員選舉廣告量統計　　單位：新台幣萬元

類別	名稱	廣告量
報紙	《聯合報》	7,200
	《中國時報》	5,500
	自立報系	5,000
	《民衆日報》	4,000
	《台灣時報》	3,200
	《中央日報》	2,000
	《自由時報》	1,800
	《中華日報》	1,100
電子媒體	TVBS	4,000
	CVN	1,500
雜誌	《新新聞》	290
	《黑白新聞》	50
	《遠見》	20

註：廣告量以除佣計
資料來源：《動腦雜誌》第237輯，頁79（1996年1月）

由於立法委員選舉爲中央層級選舉，因此中央選舉委員會亦安排「政黨電視競選宣傳」，徵召台視、中視、華視時段，於11月24日（週五）、27日（週一）、29日（週三）晚間九時至十時播出，並依政黨推薦區域與原住民候選人名額多寡分配時間，國民黨分得二十九分鐘，民進黨二十分鐘，新黨十分鐘，另有一分鐘爲中選會宣導片使用。各黨並依抽籤取得播放順序（見表2.2）。

表2.2　1995年立法委員選舉「政黨電視競選宣傳」表

日期	媒體	播出順序
11月24日	台視	民進黨、國民黨、新黨
11月27日	中視	國民黨、新黨、民進黨
11月29日	華視	新黨、國民黨、民進黨

參、三黨文宣策略

綜觀此次選舉三黨的文宣策略，國民黨大體沿用舊制，創新有但不夠；民進黨有明顯的創新，可惜整體戰略錯誤；新黨廣告量雖少，但予人印象深刻。

一、國民黨

國民黨的文宣主軸是「穩健領航、跨越世紀」，是此次三黨的文宣主軸中最能凸顯執政者氣魄的，可惜用台語念出則嫌拗口，而更好笑的是在「穩健領航」的報紙稿與雜誌稿中，出現的「領航」輪船居然掛的是巴拿馬的國旗（見圖2.1），顯示了文宣製作者與文宣主管的粗心。

在攻擊性廣告方面，以《家變》一書的賣書形式出現的報紙廣告

圖2.1

國民黨的雜誌廣告。仔細看，可以發現圖片中的大輪船掛的是巴拿馬的國旗。

（見圖2.2），堪稱佳作，此廣告係摘錄《家變》書中對新黨領導人物間的鬥爭內幕報導作為主要內容，表面上是乘著政治熱季賣政治書，事實上卻是針對新黨予以痛擊。雖然這幅廣告並沒有明示是由國民黨文宣單位刊登的，不過由於出現率很高篇幅也大，遠超出賣書廣告可能的頻率與篇幅，因此一般認爲應是國民黨所刊登的。

在電視廣告方面，「咱攏佇台灣」系列的MTV式短片是此次國民黨電視片的佳作，不但選曲活潑寓意深遠，而且畫面拍攝也很優美，跳脫了一般人認知中的國民黨文宣片的窠臼，沒有明顯的宣傳企圖，很多人都認爲這一系列的MTV片「很沒有國民黨的味道」。不過此種MTV式短

什麼是新黨現象？
全省各大書局熱賣中！

圖2.2
廣告主不明，但攻擊新黨內訌，火力極猛。一般認為幕後的廣告主是國民黨，而不像是賣書的廣告。

片只能強化既有支持者，並無開拓新選票功能。

除了「咱攏住台灣」外，國民黨其餘的電視片一看就知道是國民黨的片子——人物永遠衣著光鮮，對現狀滿足感恩，對未來充滿希望快樂，沒有檢討也沒有反省，典型的「莒光日教學片」。在這些片子中，由中選會徵召三台時段的政黨電視競選宣傳，11月27日在中視頻道播出「一只手鐲的故事」可爲代表。

這支片子是藉婆、媳、孫女與孫女未婚夫的對話來展示台灣經濟的進步，婆婆的談話代表外省移民的回憶，以「以前」與「現在」的對比，帶出了一連串國民黨的「成績單」——有全民健保、社區意識、族群融合、交通建設、政治革新、經濟繁榮、教育提升，乃至「大哥大」、「電腦網路」都來了，最後則以玉鐲象徵「根」，再以國民黨與您結緣同心作爲結束。

這支「標準版」的宣導片，會讓人有看不下的感覺，全片缺乏新資訊，而且一次塞給觀眾太多的「政績」，違反廣告訴求單純的原則，而最糟糕的是全片宣傳企圖太強，所有的對話都在讚揚國民黨執政的成就，難怪有人調侃說：他們一家子是不是都在文工會上班？

在電視的攻擊性方面，國民黨一再以國會衝突、街頭脫序，以及黃昭輝在國大宴會掀桌的畫面來強化民進黨是「暴力、不理性政黨」的刻板印象，此外也以台北市議會開議時民進黨與新黨打架的畫面，同時攻擊對手兩黨。而以電腦動畫的方式「消遣」民進黨主席施明德，則是頗具創意的攻擊方式。

此外，國民黨在文宣中發揮「吸星大法」，將歷年來民進黨及黨外人士主張的解嚴、國會全面改選、黨禁報禁解除，省市首長民選等民主運動的成就予以吸納收割，成爲國民黨的「寧靜革命」與政治革新，相對於民進黨在文宣中忽略做這樣的提醒，國民黨倒顯得棋高一籌。

二、民進黨

民進黨此次的文宣有正反兩極的評價，有人說「民進黨變得不一樣了」，「巧思打點、全新出擊」，但也有人說「感性有餘、說服不足」。整體而言，民進黨此次的文宣，亮麗但不實在，而且在戰略上犯了一個致命的錯誤：弱勢品牌卻使用強勢品牌的策略。

強守弱攻是常用的行銷戰略，從1991年二屆國代選舉以來，強勢品牌的國民黨一直充滿憂患意識，文宣上都攻重於守，而該年尚處於挑戰品牌的民進黨卻採取守勢，一路挨國民黨與新黨打。

在平面文宣方面，黨中央的廣告集中在「婦女託嬰」政見廣告（圖2.3）與「大和解」議題廣告，甚至在投票日前一天還出現文字、圖片意義不明的「我們帶來和平的許諾」的報紙廣告（圖2.4），弱勢的在野黨卻採取強勢品牌策略，只忙著搽粉抹脂，而忘了攻擊對手與訴求對台灣民主化的貢獻，難怪選票在原地踏步。

由中央選委會徵召三台時段播出的政黨電視競選宣傳是此次民進黨電視文宣的總匯。這支電視文宣可以分爲九個單元，以下且逐一評論之：

第一單元，片頭「給台灣一個機會」，算是整支片子的引言，呼應民進黨該年的選戰主軸。

第二單元，以台海危機帶出國民黨的內鬥，再以施明德的談話作爲結語。他說中共導彈威脅期間，他帶團訪問美國、中東、歐洲「尋求國際承認、武器更新」。此段談話可能會有選民認爲膨風，在野黨哪有如此能耐可以尋求國際承認、武器更新？因此要具體提出證據，不應一語帶過。施明德又說「民進黨有智慧可以避免兩岸衝突與戰爭」，這也只是一句口號，施並沒有在談話中提出具體辦法讓選民安心。

第三單元，從香港九七談到台灣不要成爲香港第二，並搭配施叔青感性的談話。「台灣成爲香港第二」的確是很多台灣人的夢魘，民進黨的電視文宣是提出了問題，但卻沒有給予答案——爲什麼支持民進黨，就不會使台灣成爲香港第二。

第四單元，談中國盲流，說若統一，台灣將被中國盲流淹沒。今年選戰中，民進黨的兩位對手並沒有明確提出統一的主張，因此在文宣中

圖2.3
民進黨報紙廣告。以女性為對象，文案內容空洞，無吸票效果。

圖2.4
民進黨報紙廣告。以施明德的「大和解」為主軸，但內容晦澀，看不出民進黨如何「許諾」和平，或要大和解，就要把票投給民進黨。

宣示反統一似乎沒有對準目標。即使要談，也要把「統一」和國民黨、新黨連結，提醒選民統一是兩對手黨的主張。在台灣，統一和中國都是票房毒藥，民進黨爲什麼忘了在廣告中強調？

第五單元，談婦女託嬰，配合田秋堇的談話，這屬於政見廣告，此段的失誤是該黨的「女人福利國」字幕應置於田秋堇談話之後，幫助選民形成結論。

第六單元，談少年政策，配合陳水扁、羅文嘉的談話。這也屬政見廣告，這支WIDS的廣告拍得很「司迪麥」，不知道有選票的青少年父母看得懂這支片子嗎？會認同民進黨主張的少年文化自主權、教育自主權、空間自主權？當很多父母怪「只要我喜歡有什麼不可以」的廣告時，主張給未成年人這麼多「自主權」，這些父母會認同民進黨的主張嗎？此段的處理太自以爲是、太想當然爾，完全是傳播者導向，忽略了選民的想法。

第七單元，追討國民黨黨產。這是攻擊性的廣告，其中林忠正的談話，錄音不良雜音多，而且字幕的頭銜也應署以經濟學者爲宜，使用黨職反而導致傳播來源可信度下降。

第八單元，以鍾源峰命案攻擊國民黨的黑金。這單元是民進黨該年電視文宣最好的一段，訴求點明確，攻擊點明確，蔡式淵的談話簡潔有力，沒有多餘或自怨自艾的廢話。

第九單元以施明德的談話作爲總結，施提出「大和解」的主張，口號響亮，但談話內容卻不具體，以抽象的「忘記仇恨、展望未來」八個字來解釋大和解顯然是不夠的，而且更看不出要和解就是要投票給民進黨的理由。更何況「和解」只適合強者談，強者談和解可以給人包容、寬厚的感覺，而弱者談和解，恐怕給人家的觀感是乞憐、是投降、是膨風。

此外在技術層面，除了上述的錄音、剪輯外，施明德談話的字幕有兩處明顯的錯誤。而在片中各單元間也缺乏適當的區隔，觀眾情緒沒辦法立刻隨著片子的變化而轉移。

除了內容與技術層面外，民進黨的電視文宣還有三點疏忽：

1.文宣中忽略了紓解選民對民進黨的主要疑慮點，選民並不懷疑民進黨的公共政策能力，所以「婦女託嬰」、「少年台灣」這些枝節恐怕不是選民最關心的。選民對民進黨的疑慮點在於「民進黨執政＝台獨＝中共武力犯台」的刻板印象，可惜民進黨的電視文宣對此三角習題無一著墨。

2.攻擊國民黨的火力不夠，更糟糕的是沒有對新黨攻擊，以說服流失的國民黨選票，選擇民進黨不選擇新黨的理由。

3.缺乏對選民提醒民進黨以往的貢獻，解嚴、黨禁報禁解除、國會全面改選、開放大陸探親、省市長民選、總統直選，這都是民進黨及當年黨外人士所主張所奮鬥的，也是民進黨最亮麗最具體的成績單，但今年無一提及，白白讓國民黨的「吸星大法」吸走，統統成了國民黨用來炫耀的「政治奇蹟」。

此次民進黨的電視文宣，比1992年二屆立委選舉的電視文宣遜色許多，1992年的電視文宣攻擊明確，表現活潑，兩位名嘴（苦苓、魚夫）的談話，幽默風趣淺顯易懂，不似施明德此次的兩段談話，看了半天還抓不到重點，這或許是施的風格，1991年二屆國代選舉的電視文宣，施明德也在電視上侃侃而談「期待台灣是一個小朋友可以抓青蛙、焢窯的的社會」，似乎忘了隔兩天就要投票了。

此次民進黨的電視文宣，又掉入了1991年二屆國代選舉，民進黨的「塑膠娃娃」「飼料雞」的「意識形態」遊戲中。其實，選戰文宣應視同SP（促銷活動）廣告，火力集中、沒有廢話，以「吸票」爲重點，絕不應以形象廣告爲主軸，形象廣告當然可以做也應該做，不過應該是平時而不應是戰時。

三、新黨

新黨是此次選舉三黨中文宣表現最出色的，它的選戰口號「三黨不過半」，獨領風騷，人人朗朗上口，不但國民黨倉皇應戰，連民進黨也尷尬萬分，呼應也不是，不呼應也不是。而開票結果，國民黨剛剛過半，顯示了新黨戰略的成功。

此外，「配票」也是新黨的主要選戰戰略，雖然配票是台北市南區民進黨候選人沈富雄首先提出的，但運用最好的卻是新黨，不但台北市南北兩區六席全上，連桃園縣配票也成功。

此次新黨的選戰文宣幾乎集中在上述的兩項議題上（圖2.5與圖2.6），由於資源有限，新黨的報紙稿前期以「三黨不過半」爲主要的訴求，近投票日則教育選民如何配票，運用得宜，沒有浪費。

在電視方面，中選會的電視競選宣傳分配給新黨的時間是十分鐘，新黨主要用於「名人訴求」，由新黨的明星趙少康、王建煊做癸政見會式的說明，另外也由不分區的前三名陳癸淼、林郁方、鄭龍水做新黨照顧弱勢族群的見證。

此外，新黨也在電視上大力宣傳配票，也不忘記攻擊李登輝。整體而言，新黨的報紙稿也都以文字爲主，即使使用電視媒體，但其表現方式也還是語文式的，不以影像爲主，以新黨這種新生的小黨來說，這種文宣手法是正確的，語文式的表達雖然單調，但資訊明確，不會誤導，

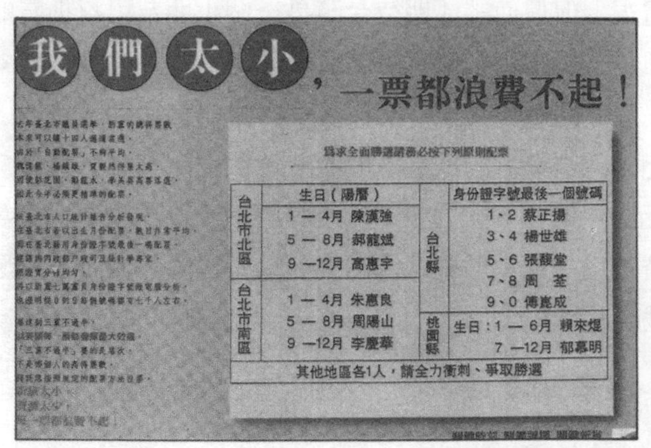

圖2.5

新黨報紙廣告。符合廣告學的KISS（Keep it simple and stupid）原則，簡單明瞭，訴求清晰，沒有多餘創意與多餘廢話。

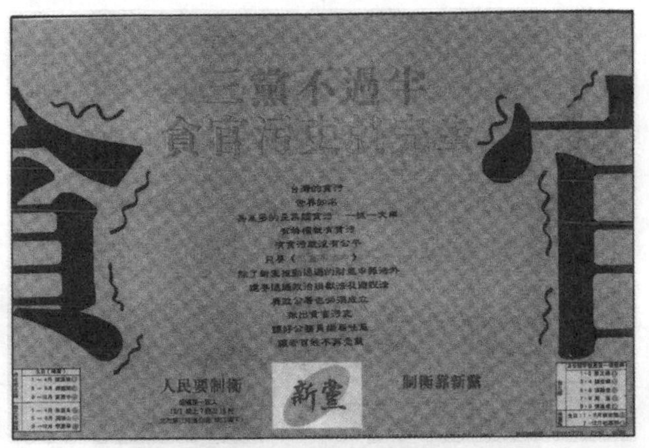

圖2.6
新黨報紙廣告。以「三黨不過半」為主軸，內容明確。

」

不似影像資訊，可能由於觀眾選擇性的理解而產生不同的解讀，反而形成傳播障礙。

除了三黨外，這次選舉中也有一張「小兵立大功」的文宣，無黨籍廖學廣在台北縣參選，他原是汐止鎮長，因「鎮長稅」被判十八年徒刑，他因丟官而參選，選前他以一張黑白單面八開的海報獲得選民廣泛的回響，這張海報只是一張廖母縫製選旗的照片以及一行標題「阿廣啊！阿母沒法度擱等十八年！」(圖2.7)，這張海報雖然只是單純的親情訴求，但因配合選民對該案的強烈質疑，因而發揮效果，也使廖學廣順利當選。

肆、檢討

關於此次各黨的選戰文宣策略，無論在廣告表現或造勢活動均有一些值得檢討。

①
廖學廣
阿廣啊！
阿母 沒法度閣等十八年！
請大家伸手救阮囝

圖2.7
獨立候選人廖學廣的傳單。以親情為訴求，黑底白字，訴求「司法迫害」，內容清晰，訊息明確。

」

一、負面文宣問題

國民黨一再以議會及街頭脫序的畫面來攻擊民進黨是否合適？民進黨在立法院的抗爭以及群眾運動的失序，均有其特定的事件背景，執政黨一遇到選舉就以這些老畫面來攻擊在野黨，的確有失執政大黨的格調，再說選戰招式一再使用，未免成為舊畫面，無論從廣告理論或選戰策略來看，都不宜再度使用，以免引起反感，反而帶來負面效果。

二、配票問題

選舉的配票並非始自此次的選舉，歷次的選舉國民黨均有配票作業，每位候選人分配到責任里或特種黨部就是配票。但國民黨的配票是屬組織動員方式，由上而下的催票，而此次選舉民新兩黨的配票則是以文宣方式，由選民自動配票，由於配票成功，民新兩黨在台北市大有斬獲，成功的夾殺國民黨候選人。

配票固然是一種選戰策略，但基本上它是反民主的，違反選民自主意識而服從黨的指揮，而且只適合政黨取向型的選民，同時選民也必須強烈感受到黨的危機，此外參與配票的候選人也必須素質一致，因此不見得每次選舉、每一選區均可依樣學步。

三、粗鄙的造勢活動問題

此次選舉中有部分的候選人以粗俗的造勢活動來吸引選民注意，如新黨提名的朱某首次在高雄市參選，即以女性器官影射對手的名字來攻擊對手民進黨籍陳某，而陳因初次參選亟需打開知名度，因此也與朱展開對罵，形成粗鄙的造勢活動。開票結果，兩人雙雙當選。

粗鄙的造勢活動因常吸引媒體關注，形成對候選人個人的免費宣傳，因此常有候選人一再使用，如1994年省長選舉的公辨政見會，新黨提名朱姓候選人即以女性器官與台下女選民對罵。這種粗鄙的造勢活動顯示台灣選舉文化的低俗，選民只愛看「牛肉場」而不在乎「牛肉」，此種現象有賴於媒體的匡正與選民的抉擇。

四、「置入性行銷」問題

所謂「置入性行銷」即「非廣告式傳播」，係相對於付費的「廣告傳播」而言，指候選人利用媒體曝光的機會，以暗示的方式間接散布競選訊息，如主持電視節目與上節目，此次選舉有部分電視節目主持人在宣布參選後，還占著主持人的位置，藉著「媒體賦予威望」而享受媒體光環，形成與對手不公平的競爭。此外，像無黨籍的葉憲修（葉啓田）在競選期間藉著出片而上電視打歌，國民黨王金平在華視「針線情」以獨白方式介紹「阮若打開心內的門」這首歌，不但介紹時間長，而且還清唱，同時畫面還出現與歌曲毫不相干的王金平生活照，宣傳意圖極爲明顯。

選舉期間候選人使用媒體的「置入性行銷」，應予適當的規範以免氾濫，並形成不公平競爭。

五、政黨形象的重塑問題

民進黨在此次選舉的文宣有著嶄新的改變，從九二八黨慶晚會以及11月底兩次選前的造勢晚會Green Party，均試圖擺脫悲情，塑造快樂政黨的新形象（圖2.8），此外在電視廣告片也有明顯的改變，拍得似保險廣告的婦女託嬰，表現很司迪麥的少年政策，以及很像實驗電影的大陸盲流。

民進黨的改變是有其正面意義，多年來國民黨以及一些媒體加諸的「暴力、不理性政黨」，已成爲民眾對民進黨的刻板印象，而這樣的刻板印象終將成爲民進黨邁向執政的障礙，因此擺脫悲情與被定位成制衡的政黨，而以「快樂、準備執政」作爲新定位，自然有其必要。

不過改變形象，不見得要「搞怪」，大人物故作天眞狀，在臉上塗抹顏色做怪模怪樣的造型，這是美式文化，不見得適合台灣。此外，也要提醒民進黨，不要跳出一個框框，卻又掉入另一個框框，比正面、比溫馨，民進黨恐怕比不上主流媒介包裝下的國民黨；比逸樂、比玩耍，更比不上救國團；比年輕，也比不上新黨，因此在形象重塑過程中，如何保存自己的USP（unique selling proposition）更是重要。所謂USP就是自己的特點或與眾（競爭者）不同的地方，換句話說，就是商品的歧異性，商品的賣點。

政黨新定位是個艱鉅的工程，光是「搞怪」，並不是好主意。

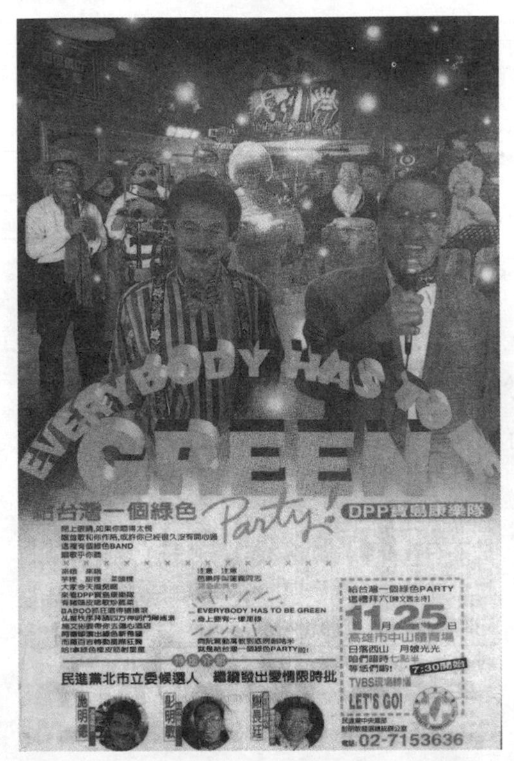

圖2.8
民進黨黨慶的報紙廣告。上了年紀的男男女女「裝可愛」。

」

伍、結論

從此次選舉三黨文宣策略的觀察，可以發現三黨廣告的表現方式各有不同，國民黨的廣告影像爲主，陳述內容雖然很「莒光日」，但與選民的認知契合──強調過去與現在的對比，因此內容具體明確。而新黨的廣告，由於量小，因此以語文爲主，內容集中在「配票」、「三黨不過半」。相對於國民黨與新黨的具體訴求，民進黨廣告的表現方式以影像爲主，而影像內容傾向抽象，充滿想像空間。

國民黨的廣告量大，因此以影像爲主並且具體訴求這是正確的，新

表2.3　1995年立委選舉三黨廣告表現之差異

		訴求：具體	訴求：抽象
工具	文字	新黨	
	影像	國民黨	民進黨

黨的廣告量小，廣告以語文爲主，具體呈現訴求，也是正確的，而民進黨的廣告量介於國新兩黨之間，以影像爲主也是可以，不過表現內容抽象，讓觀眾各有不同的解讀，這就值得檢討了[1]。

1本文整理自鄭自隆（1996）〈一九九五年第三屆立法委員選舉三黨文宣策略分析〉，《中華民國廣告年鑑》第8輯，頁97-104，台北：台北市廣告代理商業同業公會。

第三章

1995年立法委員選舉政黨報紙廣告訊息與媒體策略分析

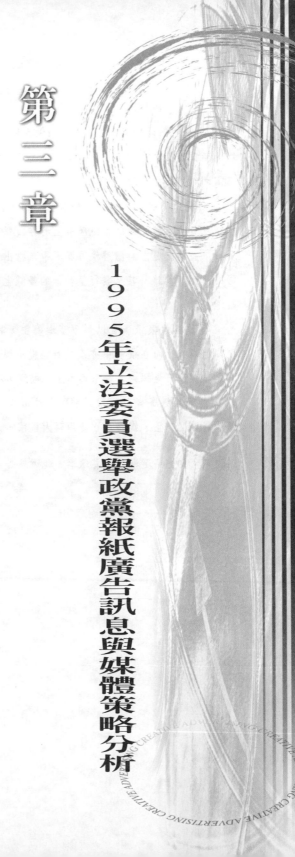

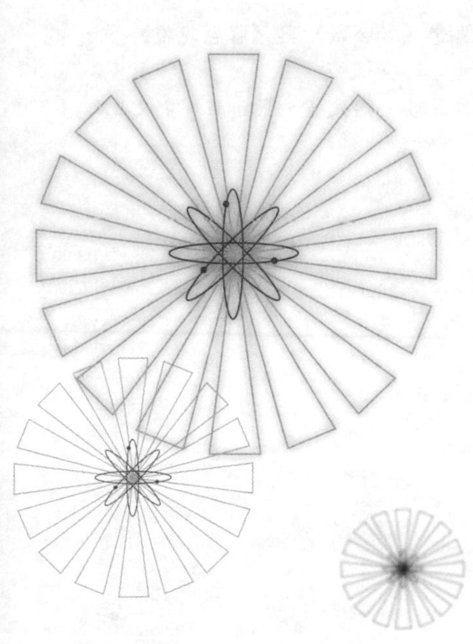

〈摘要〉

本研究係以內容分析法分析1995年台灣立法委員選舉三黨（國民黨、民進黨、新黨）黨中央刊登之報紙廣告訊息策略，此外並根據三黨提供媒體刊登表分析三黨之媒體策略。

研究結果發現，在報紙廣告量方面，國民黨最多，民進黨次之，新黨最少。在訊息策略，國民黨的報紙廣告主要在攻擊對手，其主題展現也是負面的，然而在廣告中並沒有提出具體解決方案，也無指出支持該黨的利益點；在媒體選擇方面，國民黨面面俱到，甚至發行量甚低的報紙也做公關性的發稿，但是不登聯合報系的報紙。

民進黨的報紙廣告以形象塑造為主，其主題展現以正面居多，廣告設計元素豐富性高，然而在廣告中亦沒有具體提出解決方案，以吸引選民。媒體排期採均等方式，媒體只選擇兩大報系與本土性報紙，不登官報與（國民黨）黨報。

新黨報紙廣告以攻擊對手與塑造形象為主，在媒體排期方面，集中在法定競選活動期間刊登，媒體集中使用兩大報系，尤其偏愛《聯合報》與《聯合晚報》。

關鍵詞：1995年選舉、立委選舉、競選廣告、媒體策略、國民黨、民進黨、新黨

壹、研究目的

選情冷清的台灣第三屆立法委員選舉在1995年12月2日完成投票，開票結果國民黨席次勉強過半，擺脫了在野黨的「三黨不過半」訴求，民進黨則原地踏步，比二屆只多了四席，而新黨則最有斬獲。

此次選舉國民黨面臨「三黨不過半」的壓力，黨中央對政權的保衛有強烈的危機感，而民進黨與新黨也在席次上力求大幅突破，再加上外在情境的低迷、「閏八月」謠言效應、中國武裝演習，以及國內金融機構擠兌、李登輝訪美等事件，使得此次選舉的氣氛與以往的1989年三項公職人員選舉、1981年的二屆國代選舉、1992年的二屆立委選舉，乃至1993年的縣市長選舉、1994年的省市首長選舉，均有很大的差別。

本研究即針對此次選舉三黨（國民黨、民進黨、新黨）黨中央執行的報紙廣告進行分析，三黨個別候選人的文宣活動不在本研究的分析範圍，本研究擬經由三黨黨中央的報紙廣告分析，以瞭解三黨報紙廣告之訊息策略與媒體策略。

在訊息策略方面——

1.三黨在主題類型的差異。

2.三黨在廣告設計元素的差異。

3.三黨在廣告訴求表現方式的差異。

在媒體策略方面——

1.三黨在廣告刊登時間的差異。

2.三黨在媒體選擇的差異。

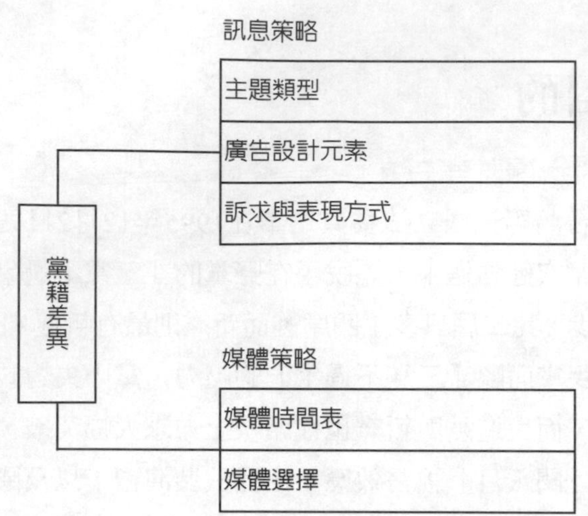

圖3.1　報紙廣告研究架構

貳、政黨差異與文宣表現

不同政黨，由於其資源、歷史、所欲爭取之選民或主事者個人風格的不同，因此在競選文宣的表現也不同，很多研究（陳義彥、陳世敏，1990；鄭自隆，1991，1993b，1993c；陳炎明，1994；林靜伶，1994；陳靜儀，1995；周慶祥，1996；黃佩珊，1996）均證實，國民黨與民進黨，或國民黨、民進黨、新黨三黨的文宣內容或策略，均呈現顯著的差異。

從這些因政黨差異而形成的文宣表現差異，可以歸納出如下的原因：

(一)品牌

從廣告的觀點來看，不同的品牌角度應採取不同的廣告策略，賴東明（1990）就以行銷的觀點分析1989年選舉兩黨的廣告策略，賴東明認爲競爭上弱者所採用的策略，在產品上應將力量集中在某些具有特徵的產品上，在通路上應限定商圈與通路，在廣告上應滿足特定的顧客群，在營業上應建立專業性的體質。另方面強者的策略則應面面俱到，全品推動，整路照顧。

因此賴東明主張屬於挑戰者的民進黨所採取的策略應是攻勢的，向巨人的弱點進行主動撲擊，而領導者的國民黨所使用的策略應該是守勢的，爲保護江山、爲維持安定而將對手的廣告視而不見。

鄭自隆（1997a）在分析1996年總統大選文宣時，也建構了領導品牌策略（李連組）與追隨品牌策略（其餘各組）兩項概念。所謂領導品牌策略是——

1.掌握議題（issue），領導流行，讓追隨者跟隨。
2.不主動攻擊對手，以免拉抬競爭者。
3.廣告以形象爲主，不特別強調商品特質（如政見）。

而追隨者策略則是——

1.隨著領導品牌的議題而起舞，以分享議題帶來的光暈效果，自己則缺乏製造議題、引領風騷的能力。
2.只能透過攻擊領導品牌才能凸顯自己。
3.廣告必須特別關照某項特質，方能形成鮮活形象；若是全盤照應，形象反而模糊。

因此三黨在每次選舉的品牌角色不同，所以在文宣的表現也會有所差異。

(二)生命週期

不同商品的生命週期不一樣，所面臨的行銷壓力也不一樣，因此必須採用不同的廣告策略，以延長或縮短所處的生命週期，Rothschild（1987）認爲，引入期的特色是知名度低，銷售量少，消費者對它沒有預存的態度，此時期的廣告策略就應以創造知名度爲主要考慮，如果市場上沒有同性質的產品，就要透過廣告創造消費者對它的基本需求，如果已經有類似的產品，就要創造獨特的定位。成長期的特色是銷售量在短期間迅速上升，有些消費者還有了品牌忠誠性，養成重複購買的習慣，此時期的廣告策略就應創造選擇性需求（selective demand），即培養消費者對此品牌的依賴，因此在廣告中就必須強調獨特的定位與產品的歧異性。成熟期的特色是銷售量已趨穩定，知名度也達上限，此時期的廣告策略就應維持品牌在消費者心中的定位，以保持穩定的銷售量，同時設法開發新的使用者。衰退期的特色是銷售量下降，獲利能力減低，此時期要設法做一些促銷活動，如果以長期來評估還是不樂觀的話，就要壯士斷腕，立刻推出新品牌代打，從引入期開始再創「第二春」。

從Rothschild的分析可以發現，國民黨目前正處於成熟期，政經資源豐富，人脈廣布而扎實，所以國民黨的文宣一直強調「在安定中求進步」，「穩定祥和」，「要改革而非革命」。民進黨為處於後引入期或前成長期的階段，而新黨則處於引入期。因此兩黨均極力透過文宣以塑造有別他黨的特色。

若從消費者（選民）的角度來看，三黨的文宣政策是否符合選民的資訊需求？這可以從Howard（1977）的消費者資訊處理說（consumer information processing）來討論之。

Howard認為在產品生命週期中不同的階段，消費者即有不同的資訊處理過程，此種處理過程也可以稱為消費者生命週期（the consumer life cycle），霍華德所謂的資訊處理有三種形態：

EPS——extended problem solving，即充分謀求問題的解決。

LPS——limited problem solving，即有限度謀求問題的解決。

RRB——rountinized response behavior，即慣常的反應行為。

在EPS的階段，消費者由於對某產品不熟悉，為了是否購買，他必須尋求許多資訊幫助他做購買決策，這通常發生在新產品的階段，因此在引入期最易發生。此時期廠商就必須特別重視廣告，做大量的廣告投資。Howard也稱這階段為概念形成（concept formation）的階段，指消費者尋求大量的資訊以協助其形成對某品牌的概念。

而LPS階段，即指當消費者對某產品已累積一些知識之後，他會縮小他尋求資訊的範圍，這時他的品牌資訊不再完全依賴外界的來源，有些來自他內在記憶系統。Howard稱這階段爲概念完成（concept attainment），即消費者對某產品已具有認識，對外來資訊的依賴已經降低。因此LPS成了成長期的特徵。

到了成熟期，消費者的資訊處理形態也進入了RRB 階段，此時期消費者對某產品已形成習慣性的購買，他們對產品資訊的需求已降到最低。Howard就稱這階段爲概念使用（concept ultilization），亦即消費者已能應用早期累積的商品知識，形成一種習慣性的決策。

Howard的消費者資訊處理說，亦可以解釋國民黨與民、新兩黨不一樣的文宣策略，處於成熟期的國民黨，其支持者長期暴露在黨的文宣下，已累積足夠的資訊，對黨的支持也成了習慣性的反應，新資訊不是那麼必需，這也是國民黨廣告長期維持固定調性（tone and manner）的原因。但民進黨與新黨不一樣，處於引入期或引入期與成長期間的在野黨，必須不斷發動新的抗爭，尋找新的著力點，以足夠的資訊來吸引選民的支持，因此民、新兩黨的廣告必須意涵豐富，有挑戰力有衝擊力，方有助於黨的定位，並協助其支持者達到Howard所謂概念形成與概念完成的階段。

(三)選民

台灣三個主要政黨，由於意識形態的分歧，面對的選民差異性也極大，針對不同的選民，文宣表現當然也不一樣。

鄭自隆（1992a）將選民在競舉活動之前對政黨或某候選人的態度分爲五個區隔：

1.親我鐵票。

2.態度傾向友好的選民。

3.中間游離選民。

4.態度傾向反對選民。

5.敵視的選民（對手的鐵票）。

對第一與第二類選民，文宣要發揮強化效果（reinforcement effect），鼓勵他們堅定立場繼續支持；對第三類選民的游離分子，文宣則要有催化效果（activation effect），引起動機，促動隱藏的興趣，促使他們投入我方陣營；而對第四類選民，文宣則希望能發揮改變效果（conversion effect），期待他們能陣前起義反正來歸，不過希望不大；而對第五類選民，文宣根本就不能打動他們。

觀察三黨的文宣，國民黨比較著重對第三類（中間游離選民）的訴求，文宣平穩，以經濟成就做宣揚。而民進黨與新黨則較注重第一類（親我鐵票）與第二類（態度傾向友好的選民）的整合與凝固，以特殊性訴求（台灣意識或大中國意識）來凝聚既有的支持者。唯民進黨在1995年立委選舉也嘗試開發新的票源，以花俏的活動（如Green Party）或特殊政見（婦女託嬰、少年台灣）來吸引第三類選民。

選民的區隔在選舉活動中是重要的概念，早在1970年Nimmo就提出選民分類，他依早決定者、晚決定者與關心選舉、不關心選舉兩個象限而形成四類選民的區隔。

(四)資源

各政黨的資源不同，所形成的文宣策略也不同，所謂資源指經費多寡、人力、外在支援體系等。資源越多，文宣所能照應的面向也越廣，如經費多的政黨，其報紙廣告所選擇媒體類別也越多，出現的頻率也會越多，而因為媒體多，因此能設計不同的內容以訴求不同區隔的選民。

(五)主事者與政黨的風格

黨的文宣主管個人行事風格、品味、觀點，都會影響到政黨的文宣表現甚或媒體選擇，而黨的官僚體系也會影響文宣的形成，決策層級越複雜，文宣的顧慮面會越周延，但創意也可能容易被扼殺。

政黨差異爲本研究之自變項，本研究將以之探討三黨在報紙廣告的表現差異。

參、研究方法

本研究對三黨報紙廣告的訊息策略分析採用內容分析法（content analysis），而媒體策略則使用二手資料的分析。

本研究的取樣時間爲1996年11月2日至12月2日；11月2日係候選人登記截止日，而12月2日爲投票日。

分析樣本爲三黨黨中央所刊登的報紙廣告，根據三黨所提供之廣告刊登表以蒐集廣告；在訊息策略分析方面，剔除內容相同的廣告，僅針對不同內容不同設計之三黨廣告進行分析。

分析類目分爲三大類，一是主題類型，包含主要主題類型，次要主題類型與主題展現方式等三項子類目；二是廣告設計元素的豐富性，三是訴求表現方式，包含指出特定訴求對象、訴求內容具體性、指出與他黨差異、指出支持該黨之利益點、使用兩面說服、使用恐懼訴求、使用證言人、舉證說明等八項子類目。

其中特別要說明的是「廣告設計元素的豐富性」，此類目有標題、次標題、文案、圖片（插圖或照片）、圖表、政黨標籤（LOGO、黨徽或黨旗）、政黨標準色、政黨文宣主軸等八個測量單位（measurement unit），本類目處理方式爲逐一分析每個受測廣告，若含有一個測量單位者給一分，兩個測量單位給兩分，以此類推至含有八個測量單位者給八分，換言之，本類目爲一至八分之等比標尺（ratio scale）。

在報紙廣告媒體策略方面，本研究係根據三黨所提供之廣告刊登表進行分析，以瞭解三黨在媒體時間表與媒體選擇方面的差異。

肆、研究結果與發現

本研究的分析分為兩部分，一是訊息策略，二是媒體策略。訊息策略係分析三黨報紙廣告的主題類型、廣告設計元素的豐富性，以及廣告訴求與表現方式。媒體策略則分析三黨報紙廣告的媒體排期與媒體選擇。

一、訊息策略

訊息策略也就是如何透過廣告創作來表現所欲陳述的主題，並配合適當的設計與訴求來爭取區隔的消費者。

此次立委選舉，在本研究的取樣時間中，三黨共刊登了一百七十九則報紙廣告，其中國民黨有八十二則，民進黨有五十五則，新黨有四十二則。在訊息策略的分析，主要以不同的廣告表現為分析基準，因此排除了相同的設計稿，共取得分析稿樣，國民黨有十四則，民進黨有二十則，新黨有二十八則，合計六十二則（見**表3.1**）。

從**表3.1**可以發現，新黨報紙稿的變動率最高，刊登的報紙稿中有三分之二是不一樣的設計，民進黨次之，有36.4% 的變動率，而國民黨則最低，只有17% 的稿子是不一樣的。

表3.1　三黨報紙廣告則數表

黨別	刊登稿	不同設計稿	不同設計稿占刊登稿之百分比
國民黨	82（則）45.8（%）	14（則）22.6（%）	17.0
民進黨	55　30.7	20　32.3	36.4
新黨	42　23.5	28　45.2	66.6
總計	179	62	

(一)主題類型

競選廣告主題可以分爲四類：陳述政見、攻擊對手、反駁批評、塑造形象。此外若純粹以活動預告作爲廣告主題，也可將活動預告視爲一類。陳述政見，指闡揚政黨或個別候選人的政見、描繪未來施政藍圖。攻擊對手，指攻擊他黨之政見、政績、文宣主軸、歷史等，或他黨領袖、候選人，或同情他黨之知名人士。反駁批評，指反駁對手的指控。塑造形象，指以政績、活動、以往貢獻、名人證言，或獨特魅力以塑造政黨形象。

1.主要主題類型

從表3.2可以發現，國民黨的政黨廣告幾乎全用於攻擊對手，占十四則廣告中的十三則，塑造形象的只有一則，顯示了國民黨對此次選舉的強烈危機感，必須經由攻擊對手政黨以防止選票流失。民進黨的報紙廣告主要用於塑造形象，如透過Green Party，「我們帶來和平的許諾」以塑造民進黨溫和、清新的形象，以爭取中產階級、年輕族群選民的支持。新黨的廣告攻擊對手與塑造形象各半，此外亦有四則廣告用以陳述政見。

由表3.2亦可以發現，三黨均不使用報紙廣告來反駁批評，事實上投票在即，用報紙廣告來反駁批評或修正選民的刻板印象，也是緩不濟急無濟於事。此外，三黨黨中央也不透過報紙廣告來預告活動，預告活動的廣告通常由個別候選人刊登。黨中央的廣告並不涉入。

2.次要主題類型

在次要主題類型方面，國民黨只有一則廣告順便用以反駁批評，民進黨則有一半（十則）的廣告除了陳述主要主題類型外，也用一些篇幅來攻擊對手（國民黨），而新黨廣告有四則的次要主題類型是塑造形象（見表3.3）。

3.主題展現方式

主題展現方式有負面與正面（或非負面）兩種形態，所謂負面的展現方式指攻擊或批評對手，或以比較方式，將自己優點與對手比較，或

表3.2　三黨報紙廣告主要主題類型表

	國民黨	民進黨	新黨	則數 百分比
陳述政見		1 20.0 5.0	4 80.0 14.3	5 8.1
攻擊對手	13 41.9 92.9	6 19.4 30.0	12 38.7 42.9	31 50.0
塑造形象	1 3.8 7.1	13 50.0 65.0	12 46.2 42.9	26 41.9
則數 百分比	14 22.6	20 32.3	28 45.2	62 100.0

卡方值：16.31835
自由度：4
P值：.0026
最小有效次數（Min E.F.）：1.129
有效次數小於5之格數（Cell with E.F.＜5）：3 OF　9（33.3%）
註：格內第一欄為則數，第二欄為橫向百分比，第三欄為縱向百分比。

將對手與自己比較（鄭自隆，1995a）。而正面廣告則只是展示自己的優點，不涉及對對手的攻擊或比較。

從表3.4可以發現，國民黨的廣告絕大部分是以負面的形態展現（負面有十三則，占十四則報紙稿的92.9%），民進黨與新黨則以正面展現居多，民進黨正負面比爲75%與25%，新黨爲78%與21%。經卡方分析，三黨呈現極顯著的差異。

(二)廣告設計元素的豐富性

一幅完整的商業廣告通常會包含標題、次標題、文案、圖片（插圖或照片），以及經銷商或廣告主的名稱、商標、地址等設計元素。而競選廣告則應再加上政黨標籤、政黨標準色、政黨文宣主軸等元素。

本研究即以上述的八個廣告設計元素（標題、次標題、文案、圖

表3.3　三黨報紙廣告次要主題類型表

	國民黨	民進黨	新黨	則數 百分比
陳述政見		2 100.0 10.0		2 3.2
攻擊對手		10 90.9 50.0	1 9.1 3.6	11 17.7
反駁批評	1 100.0 7.1			1 1.6
塑造形象		1 20.0 5.0	4 80.0 14.3	5 8.1
無	13 30.2 92.9	7 16.3 35.0	23 53.5 82.1	43 69.4
則數 百分比	14 22.6	20 32.3	28 45.2	62 100.0

卡方值：32.89614
自由度：8
P値：.0001
最小有效次數（Min E.F.）：.226
有效次數小於5之格數（Cell with E.F.<5）：12 OF 15（80.0%）
註：格内第一欄為則數，第二欄為橫向百分比，第三欄為縱向百分比。

為自變項，以探討三黨報紙廣告設計元素的豐富性。每項廣告設計元素視爲一分，逐項統計每則廣告中所含之設計元素，若某廣告含有四項設計元素，則編碼爲四分，餘類推，經單項式變異數分析發現，三黨呈現極顯著的差異（見表3.5）。

從表3.5可以瞭解，國民黨報紙廣告的設計元素的豐富性最差，平均每則廣告只含有上述八項廣告設計元素的五點零七項，民進黨的廣告元素最豐富，平均每則廣告含六點七項設計元素，新黨的廣告則有六點五

表3.4　三黨報紙廣告主題展現方式

	國民黨	民進黨	新黨	則數 百分比
正面	1 2.6 7.1	15 39.5 75.0	22 57.9 78.6	38 61.3
負面	13 54.2 92.9	5 20.8 25.0	6 25.0 21.4	24 38.7
則數 百分比	14 22.6	20 32.3	28 45.2	62 100.0

卡方值：22.40993
自由度：2
顯著水準：.0000 ***
最小有效次數（Min E.F.）：5.419
有效次數小於5之格數（Cell with E.F.<5）：0
註：格內第一欄為則數，第二欄為橫向百分比，第三欄為縱向百分比。

表3.5　三黨報紙廣告「廣告設計元素豐富性」之變異數分析

黨別	則數	平均數	標準差	F值	顯著水準
國民黨	14	5.0714	.9196	21.0694	.0000 ***
民進黨	20	6.7000	4702		
新黨	28	6.5357	.8812		

項。

經Scheffe's test，國民黨與民進黨、新黨呈現極顯著的差異，新黨與民進黨則彼此沒有差異。換言之，國民黨報紙廣告不及民進黨、新黨活潑。

(三)廣告訴求與表現方式

本研究將廣告訴求表現方式分爲指出特定對象、訴求內容具體（即廣告中明確提出解決方案）、指出與他黨之差異或與他黨比較、指出支持該黨的利益點、使用兩面說服、使用恐懼訴求、使用證言人、舉證說明等八項。

1.指出特定訴求對象

從表3.6可以瞭解三黨廣告中均少直接指出特定訴求對象，在大型選舉中政黨的廣告考慮的是面面俱到，但個別候選人則應有明確的選民區隔。

2.訴求內容具體性

從表3.7可以發現，三黨報紙廣告訴求內容的具體性呈現顯著差異，新黨廣告比較多具備具體性的要素，如「三黨不過半」、「週休二日」、「配票」均很具體明確，相形之下，國民黨與民進黨廣告就較少具體性。

3.指出與他黨之差異

表3.8顯示三黨在這項類目也呈現很顯著的差異，民進黨廣告最多指出與他黨之差異，新黨次之，而國民黨則只忙著攻擊對手兩黨，而忘了明確指出自己與他黨之歧異點（differential）。

4.指出該黨之利益點

表3.9也顯示三黨呈現很顯著的差異，民進黨與新黨較多在廣告中明確告訴選民投票支持該黨有什麼好處，國民黨的廣告就較少提出。

5.使用兩面說服

表3.10顯示三黨廣告均沒有使用兩面說服。

6.使用恐懼訴求

表3.11顯示三黨報紙廣告在恐懼訴求的使用沒有差異，三黨廣告均大量使用恐懼訴求。

7.使用證言人

證言人在廣告學裏指背書人（endorser），也就是出面保證商品可靠，或做使用見證的人，從表3.12顯示，除了新黨有三幅廣告使用見證人（如由鄭龍水出面說明新黨照顧弱勢族群）外，三黨均少使用證言人。

8.舉證說明

舉證說明即提出數據或相關證據以支持自己的論點，從表3.13顯

表3.6　三黨報紙廣告「指出特定訴求對象」分布表

	國民黨	民進黨	新黨	則數 百分比
否	8 17.4 57.1	14 30.4 70.0	24 52.2 85.7	46 74.2
是	6 37.5 42.9	6 37.5 30.0	4 25.0 14.3	16 25.8
則數 百分比	14 22.6	20 32.3	28 45.2	62 100.0

卡方值：4.25047
自由度：2
P值：.1194
最小有效次數（Min E.F.）：3.613
有效次數小於5之格數（Cell with E.F.＜5）：1 OF 6（16.7%）
註：格內第一欄為則數，第二欄為橫向百分比，第三欄為縱向百分比。

表3.7　三黨報紙廣告「訴求內容具體性」分布表

	國民黨	民進黨	新黨	則數 百分比
否	13 32.5 92.9	14 35.0 70.0	13 32.5 46.4	40 64.5
是	1 4.5 7.1	6 27.3 30.0	15 68.2 53.6	22 35.5
則數 百分比	14 22.6	20 32.3	28 45.2	62 100.0

卡方值：9.17620
自由度：2
顯著水準：.0102*
最小有效次數（Min E.F.）：4.968
有效次數小於5之格數（Cell with E.F.＜5）：1 OF 6（16.7%）
註：格內第一欄為則數，第二欄為橫向百分比，第三欄為縱向百分比。

表3.8　三黨報紙廣告「指出與他黨之差異或比較之」分布表

	國民黨	民進黨	新黨	則數 百分比
否	13 35.1 92.9	7 18.9 35.0	17 45.9 60.7	37 59.7
是	1 4.0 7.1	13 52.0 65.0	11 44.0 39.3	25 40.3
則數 百分比	14 22.6	20 32.3	28 45.2	62 100.0

卡方值：11.47886
自由度：2
顯著水準：.0032 **
最小有效次數（Min E.F.）：5.645
有效次數小於5之格數（Cell with E.F.＜5）：0
註：格內第一欄為則數，第二欄為橫向百分比，第三欄為縱向百分比。

表3.9　三黨報紙廣告「指出支持該黨之利益點」分布表

	國民黨	民進黨	新黨	則數 百分比
否	13 40.6 92.9	8 25.0 40.0	11 34.4 39.3	32 51.6
是	1 3.3 7.1	12 40.0 60.0	17 56.7 60.7	30 48.4
則數 百分比	14 22.6	20 32.3	28 45.2	62 100.0

卡方值：12.31973
自由度：2
顯著水準：.0021 **
最小有效次數（Min E.F.）：6.774
有效次數小於5之格數（Cell with E.F.＜5）：0
註：格內第一欄為則數，第二欄為橫向百分比，第三欄為縱向百分比。

表3.10　三黨報紙廣告「使用兩面說服」分布表

	國民黨	民進黨	新黨	則數 百分比
否	14 22.6 100.0	20 32.3 100.0	28 45.2 100.0	62 100.0
則數 百分比	14 22.6	20 32.3	28 45.2	62 100.0

註：格內第一欄為則數，第二欄為橫向百分比，第三欄為縱向百分比。

表3.11　三黨報紙廣告「使用恐懼訴求」分布表

	國民黨	民進黨	新黨	則數 百分比
否	2 25.0 14.3	1 12.5 5.0	5 62.5 17.9	8 12.9
是	12 22.2 85.7	19 35.2 95.0	23 42.6 82.1	54 87.1
則數 百分比	14 22.6	20 32.3	28 45.2	62 100.0

卡方值：1.74683

自由度：2

P值：.4175

最小有效次數（Min E.F.）：1.806

有效次數小於5之格數（Cell with E.F.＜5）：3 OF 6（50.0%）

註：格內第一欄為則數，第二欄為橫向百分比，第三欄為縱向百分比。

示，三黨廣告在此類目呈現顯著的差異，國民黨廣告較多舉證說明，民進黨與新黨則較少。

二、媒體策略

媒體策略指三黨如何選擇媒體，所選擇的媒體是否有意識形態或政

表3.12　三黨報紙廣告「使用證言人」分布表

	國民黨	民進黨	新黨	則數 百分比
否	14 23.7 100.0	20 33.9 100.0	25 42.4 89.3	59 95.2
是			3 100.0 10.7	3 4.8
則數 百分比	14 22.6	20 32.3	28 45.2	62 100.0

卡方值：3.82809
自由度：2
P值：.1475
最小有效次數（Min E.F.）：.677
有效次數小於5之格數（Cell with E.F.<5）：3 OF 6（50.0%）
註：格內第一欄為則數，第二欄為橫向百分比，第三欄為縱向百分比。

表3.13　三黨報紙廣告「舉證說明」分布表

	國民黨	民進黨	新黨	則數 百分比
否	5 12.2 35.7	15 36.6 75.0	21 51.2 75.0	41 66.1
是	9 42.9 64.3	5 23.8 25.0	7 33.3 25.0	21 33.9
則數 百分比	14 22.6	20 32.3	28 45.2	62 100.0

卡方值：7.46839
自由度：2
顯著水準：.0239 *
最小有效次數（Min E.F.）：4.742
有效次數小於5之格數（Cell with E.F.<5）：1 OF 6（16.7%）
註：格內第一欄為則數，第二欄為橫向百分比，第三欄為縱向百分比。

治立場的考量，以及如何安排媒體排期（scheduling）。

(一)媒體時間表策略

根據三黨提供之報紙廣告資料，自11月2日（候選人登記截止日）至12月2日（投票日），國民黨共刊登八十二則報紙廣告，民進黨有五十五則，新黨有四十二則，三黨合計一百七十九則。三黨報紙廣告的刊登日期與刊登量，請參見**表3.14**。

從**表3.14**可以發現，在三十二天的競選期間中，政黨的報紙廣告幾乎集中在投票日前的六天（11月27日至12月2日），這六天中共有一百一十七則的政黨報紙廣告，占全部廣告量的65%。此種媒體的排期，呈現越近投票日廣告量越多的現象，似乎不合乎U形媒體排期表的假設（鄭自隆，1991），然而若是擴大取樣範圍，如將國民黨在10月間密集刊登的「穩健領航、跨越世紀」的報紙稿雜誌稿列入統計，U形媒體排期的現象仍然存在。

此外，分別就三黨的媒體排期來看，國民黨的報紙廣告是密集集中在11月22日（法定競選活動開始日）至12月2日間刊登，尤其11月28日至投票日前一天（12月1日）刊登了五十四則，占全部刊登量八十二則之66%。民進黨有五十五則，但分布在11月4日至12月2日間，而新黨有四十二則廣告，分散在11月10日至12月2日間的十五天中。

若是以法定競選活動開始日（11月22日）作爲區分點，來檢驗三黨之媒體排期策略（vehicle scheduling strategy），可以發現呈現極顯著的差異（見**表3.15**）。

從**表3.15**可以瞭解國民黨是採取密集式的媒體排期，在選前九天集中刊登，對選民做選前的提醒，換言之，國民黨的媒體排期主要用來「固票」，以確保自己的支持者不會在選前「變節」。而民進黨是分散型的媒體策略，以爭取不斷見報的機會。至於新黨由於經費的限制，前段（法定競選活動期之前）僅有六則廣告，法定競選期間則密集出現三十六則。

三黨由於角色不同，因此所採取的媒體排期策略也就不一樣，國民

表3.14　三黨競選期間報紙廣告刊登量

月	日	競選活動	報紙廣告刊登量
11	01		
11	02	候選人登記截止日	
11	03		
11	04		B 1
11	05		
11	06		
11	07		
11	08		
11	09		
11	10		CC 2
11	11		BB 2
11	12		C 1
11	13		CCCCCC 6
11	14		CC 2
11	15		CC 2
11	16		CC 2
11	17	候選人抽籤	BBC 3
11	18		
11	19		BB 2
11	20		B 1
11	21	公告候選人名單	BBBBBBC 7
11	22	競選活動開始日	AAAAABBCC 9
11	23		CC 2
11	24		AAAAAAAAABBCCCC 15
11	25		ABC 3
11	26		BC 2
11	27		AAAAAAAABBBBBCC 15
11	28		AAAAAAAAAAAABBBBBCCCC 21
11	29		AAAAAAAAAABCCCCC 16
11	30		AAAAAAAAAAABBBBCCCC 19
12	01	競選活動截止日	AAAAAAAAAAAAAAAAAAAAAABBBBCCCCC 31
12	02	投票日	AAAAABBBBBCCCCC 15

註：A為國民黨、B為民進黨、C為新黨，每一字母代表一則新聞稿。

總計179則：國民黨82則、民進黨55則、新黨42則。

表3.15　三黨報紙廣告時間表策略

	國民黨	民進黨	新黨	則數 百分比
法定競選活動期間之前		25 80.6 45.0	6 19.4 14.3	31 17.3
法定競選活動期間	82 55.4 100.0	30 20.3 54.5	36 24.3 85.7	148 82.7
則數 百分比	82 45.8	55 30.7	42 23.5	179 100.0

卡方值：47.85244

自由度：2

顯著水準：.0000 ***

最小有效次數（Min E.F.）：7.274

有效次數小於5之格數（Cell with E.F.＜5）：0

註：格内第一欄為則數，第二欄為橫向百分比，第三欄為縱向百分比。

黨是執政黨支持者眾，因此在選前做提醒固票即可，更何況有個別候選人的廣告不斷見報，因此政黨的廣告在選前見報，即可與候選人發揮搭配效果。民進黨其支持者主要選黨甚於選人，因此政黨必須提早以廣告來促使選民的政黨認同「發酵」。而新黨採取前少後密集的策略，主要是節省經費的考慮。

(二)媒體選擇

在媒體選擇方面，三黨的報紙廣告對媒體各有偏好，綜觀此次立委選舉，三黨刊登廣告之報紙，本研究予以分為五大類：

1.第一類：屬於聯合報系與中時報系的報紙，有《聯合報》、《聯合晚報》、《中國時報》、《中時晚報》。這四份報紙在屬性上，發行量大，政治立場傾向大中國主義，而聯合報系較同情新黨，對李登輝個人的批評激烈。

2.第二類：本土性報紙，有《自由時報》、《自立早報》、《自立晚報》、《台灣時報》、《民眾日報》，這五家報紙在政治立場上較支持民進黨與國民黨的主流派，具濃厚的台灣意識。

3.第三類：官報與黨報，指由省政府經營的《台灣新聞報》、《新生報》，國民黨經營的《中華日報》、《中央日報》，以及軍方經營的《青年日報》。這些報紙在立場上是強烈支持國民黨的。

4.第四類：娛樂性、經濟性與地方報，指不具明顯統獨立場，同時也較少涉及政治性報導與評論的娛樂性報紙（《民生報》、《大成報》）、經濟性報紙（《工商時報》）或地方性報紙（《更生日報》）。

5.第五類：公關性報紙，指發行量少，但政黨爲公關性考量而刊登廣告。如《世界論壇報》、《公論報》、《中國晨報》、《聯統日報》等報紙。

三黨的報紙廣告媒體選擇的狀況（請見表3.16），呈現一個有趣而值

表3.16　三黨報紙廣告媒體選擇分類表

	國民黨	民進黨	新黨	則數 百分比
兩大報系	16 19.0 19.5	26 31.0 47.3	42 50.0 100.0	84 46.9
本土性報紙	31 51.7 37.8	29 48.3 52.7		60 33.5
官報與黨報	20 100.0 24.4			20 11.2
娛樂性、經濟性與地方報	10 100.0 12.2			10 5.6
公關性報紙	5 100.0 6.1			5 2.8
則數 百分比	82 45.8	55 30.7	42 23.5	179 100.0

註：格內第一欄為則數，第二欄為橫向百分比，第三欄為縱向百分比。

得探討的現象。國民黨在兩大報系的刊登量（十六則）遠不及在本土性報紙的刊登量（三十一則，占全部刊登則數的51.7%），在官報與黨報的報紙國民黨也有二十則的刊登量，國民黨在自己的黨報刊登廣告，同時因執政的關係而支持官營報紙這是可以理解的。此外在娛樂性、經濟性以及地方性報紙刊登廣告，這是「面」的訴求，只要媒體經費充裕當然也是應該的。至於在發行量極小的報紙做公關性的刊登，似乎沒有必要。

民進黨的廣告媒體選擇則相對單純許多，只集中在兩大報系與本土性的報紙，而且分布比率相當。而新黨的廣告則完全集中在兩大報系。

三黨與兩大報系（尤其是聯合報系）的關係也是值得探討，從表3.17可以瞭解，國民黨只在中時報系刊登廣告，與聯合報系拒絕往來，不但不在《聯合報》、《聯合晚報》刊登廣告，連沒有政治色彩的《經濟日報》也沒有刊登（相對的，則有在中時報系的《工商時報》刊登廣告，有四則），這顯示《聯合報》的社論與準社論「黑白集」的一連串「批李」文章，使雙方結怨甚深。

民進黨在兩大報系廣告的運用是《中國時報》多於《聯合報》。由於《聯合報》的大中國意識與民進黨的台灣獨立主張格格不入，民進黨的廣告較少在《聯合報》刊登。

新黨在兩大報系的廣告則是《聯合報》多於《中國時報》。新黨無論是黨中央或個別候選人對《聯合報》都是「情有獨鍾」，據統計，新黨個別候選人的廣告有75.5%集中於《聯合報》（周慶祥，1996：75），此外亦有新黨候選人表示，《聯合報》提供優惠廣告價格給新黨，甚至提供免費廣告版面（周慶祥，1996：129）。

從媒體選擇的分析可以瞭解，三黨的媒體選擇呈現滿大的差異，國民黨的廣告是面的鋪陳，除了聯合報系外，幾乎所有報紙面面俱到、皆大歡喜，連發行量小的報紙也可以分到一杯羹，民進黨則集中在兩大報系與本土性的報紙，至於新黨則只使用兩大報系，尤其特別偏愛聯合報系。

表3.17　三黨報紙廣告在兩大報系刊登分布表

	國民黨	民進黨	新黨	則數 百分比
中國時報	10 28.6 62.5	13 37.1 50.0	12 34.3 28.6	35 41.7
聯合報		7 31.8 26.9	15 68.2 35.7	22 26.2
中時晚報	6 40.0 37.5	3 20.0 11.5	6 40.0 14.3	15 17.9
聯合晚報		3 25.0 11.5	9 75.0 21.4	12 14.3
則數 百分比	16 19.0	26 31.0	42 50.0	84 100.0

卡方值：17.74046
自由度：6
顯著水準：.0069
最小有效次數（Min E.F.）：2.286
有效次數小於5之格數（Cell with E.F.＜5）：5 OF 12（41.7%）
註：格內第一欄為則數，第二欄為橫向百分比，第三欄為縱向百分比。

伍、結論與建議

一、結論

從三黨（國民黨、民進黨、新黨）的報紙廣告分析可以發現，在廣告量方面，國民黨最多，民進黨次之，新黨最少。至於三黨的訊息策略與媒體策略則分述於後：

(一)國民黨

在訊息策略方面，國民黨的報紙廣告主要在攻擊對手（如「請問新黨」系列、「支持新黨＝支持民進黨＝支持台獨」、「拒絕暴力、拒絕新暴力」、「給民進黨一個機會，就是給台獨一個機會，給中共武力犯台一個機會」、「民進黨騙票三部曲」），其主題展現方式絕大部分是負面的，廣告設計的豐富性低，廣告中亦沒有提出解決方案，也無指出支持該黨之利益點，在媒體排期方面，國民黨將廣告集中在法定競選期間密集刊登。

在媒體選擇方面，國民黨面面俱到，各報均照顧到，甚至發行量甚低的報紙，也做公關性發稿，但有趣的是不登聯合報系的報紙，《聯合報》不登，《聯合晚報》不登，《經濟日報》也不登。

整體而言，國民黨的報紙廣告攻擊性強，火力集中，雖不符合執政大黨的格調，但應該可以得到預期的固票效果。但在製作技巧方面則嫌粗糙，尤其在宣導文宣主軸「穩健領航、跨越世紀」的報紙稿與雜誌稿中（在10月間密集刊登），居然出現「領航」的輪船掛的是巴拿馬的國旗！顯示了文宣製作者的粗心與文宣主管的大意。

在攻擊性廣告方面，以《家變》一書的賣書形式出現的報紙廣告，堪稱佳作，此廣告係摘錄《家變》書中對新黨領導人物間的鬥爭內幕報導作爲主要內容，表面上是乘著政治熱季賣內幕書，事實上卻是針對新黨予以痛擊。雖然這幅廣告並沒有明示是由國民黨文宣單位刊登的，在國民黨所提供之報紙廣告媒體排期資料亦沒有列入此廣告，不過由於出現率很高，篇幅也大，遠超出賣書廣告可能的頻率與篇幅，因此一般認爲應是國民黨所刊登的。

(二)民進黨

民進黨的報紙廣告則以塑造形象爲主（如“Green Party”、「妳有多久沒愛自己了——給台灣女人一個快樂的機會」、「我們帶來和平的許諾」等），此外攻擊性廣告則完全針對國民黨。

在主題展現方面，民進黨廣告以正面主題居多，廣告設計元素豐富性最高，然而同樣在廣告中沒有具體提出解決方案，以吸引選民。在媒體排期採用均等方式，法定競選活動期間與法定競選活動之前，所使用廣告稿的量接近。在媒體選擇方面，民進黨只使用兩大報系與本土性報紙，不登官報與（國民黨）黨報。

整體而言，民進黨的報紙廣告是失敗的，花俏有餘，說服不足，選民對民進黨的疑慮在於「民進黨、台獨、中共犯台」的「三角習題」觀念糾葛，而不是「妳有多久沒愛自己了」之類的枝節。甚至在投票前一天還刊登圖片與文字意義均不明的「我們帶來和平的許諾」，推銷施明德的「大和解」，而閱讀整篇廣告文案也看不出什麼叫作大和解，如何大和解。搭配這幅廣告是數幅攝影作品，同樣也看不出這些照片和文案的關係，和大和解又有什麼關係。

此外，民進黨的廣告只攻擊國民黨而忽略了新黨，一來無法滿足民進黨傳統支持者「痛恨」新黨甚於國民黨的心理，二來也形成國民黨選票迸裂自然流向新黨，民進黨並沒有撿食到好處。

(三)新黨

新黨的報紙廣告是三黨最成功者，刊登量雖不及對手國、民兩黨，但訴求明確（三黨不過半、配票），沒有虛擲。新黨的廣告以攻擊對手與塑造形象爲主，攻擊對手主要攻擊李登輝個人及國民黨黑金，塑造形象如「我們太小」以呼籲配票，或如以鄭龍水爲例，說明新黨照顧弱勢族群。廣告主題展現也是以正面居多，廣告設計元素也很豐富，而且滿多廣告針對問題提出具體解決辦法（如「我們太小」所以要「配票」），同時也指出支特該黨之利益點。

此外，在媒體排期方面，新黨報紙廣告大部分集中在11月22日之後的法定競選期間刊登，媒體也集中使用兩大報系，尤其偏愛《聯合報》與《聯合晚報》。

二、檢討

關於此次三黨的報紙廣告，本研究提出兩項檢討。

(一)配票問題

選舉的配票並非始自此次選舉，歷次的選舉國民黨均有配票作業，每位候選人分配到責任里或特種黨部就是配票。但國民黨的配票是屬組織動員方式，由上而下的催票，而此次選舉民新兩黨的配票則是以文宣方式，由選民自動配票，由於配票成功，民新兩黨在台北市大有斬獲，成功的夾殺國民黨候選人。

配票固然是一種選戰策略，但基本上它是反民主的，違反選民自主意識而服從黨的指揮，而且只適合政黨取向型的選民，同時選民也必須強烈感受到黨的危機。此外參與配票的候選人必須素質一致，因此不見得每次選舉、每一選區均可依樣學步。

(二)政黨形象的重塑問題

民進黨在此次選舉的文宣有著嶄新的改變，從九二八黨慶晚會以及11月底兩次選前的造勢晚會Green Party，均試圖擺脫悲情，塑造快樂政黨的新形象，此外在電視廣告片也有明顯改變，拍得類似保險廣告的婦女託嬰，表現很司迪麥的少年政策，以及很像實驗電影的大陸盲流。

民進黨的改變是有其正面意義，多年來國民黨以及一些媒體加諸的「暴力、不理性政黨」，已成為民眾對民進黨的刻板印象，而這樣的刻板印象終將成為民進黨邁向執政的障礙，因此擺脫悲情與被定位成制衡的政黨，而以「快樂、準備執政」作為新定位，自然有其必要。

不過改變形象，不見得要「搞怪」，Green Party的預告廣告，大人物故作天真狀，在臉上塗抹顏色做怪模怪樣的造型，這是美式文化，不見得適合台灣。此外，民進黨也不要跳出一個框框，卻又掉入另一個框框，比正面、比溫馨，民進黨恐怕比不上主流媒介包裝下的國民黨；比逸樂、比玩耍，更比不上救國團；比年輕，也比不上新黨，因此在形象重塑過程中，如何保存自己的USP（unique selling proposition）更是重要。政黨新定位是個艱巨的工程，光是「搞怪」，並不是好主意[1]。

三、建議

(一)實務上的建議

對三黨黨中央報紙競選廣告，本研究建議如下：

1.主題類型應明確

競選文宣主題不外是本研究所列舉的四大項目，即陳述政見、攻擊對手、反駁批評、塑造形象（活動預告，即經由舉辦活動以強化政黨形象，因此也可以歸入「塑造形象」類），而文宣展示應以一項主要主題爲主，必要時再搭配一項次要主題，切忌將所有主題含混陳述，試圖一網打盡。

2.強調該黨的「獨特銷售主張」

每一個黨應建立獨特的銷售主張（USP），經由USP而塑造該黨獨特的形象，以爭取選民支持，因此在廣告中應對USP做適當的包裝與陳述。

3.報紙稿應維持系列性

三黨均有龐大數目的報紙稿，但除了新黨報紙稿以黃色做底色以維持系列性外，國民黨與民進黨很多稿子均各自獨立，稿子之間找不出共通性，事實上報紙稿可以以圍邊、色彩或是布局（layout）以維持系列性，增進形象塑造。

1 此段對民進黨Green Party的評論，摘自鄭自隆〈改變形象不必搞怪〉，《聯合晚報》1995年11月23日2版。

(二)研究上的建議

1.加強效果研究

本研究以及以往甚多的研究均以內容分析爲主要方法，內容分析僅能呈現訊息的狀況，而不能呈現閱聽人如何看訊息，換言之不能看出傳播效果。

競選訊息與閱聽人的關係，焦點團體訪談法（Focus Group Discussion, FGD）是一個值得推薦的方法，經由特定的焦點團體深入而互動式的討論，可以探討出團體成員對競選文宣的看法，而瞭解文宣訊息的效果。

2.加強廣告設計研究

本研究在報紙廣告的分析中列舉了一項「廣告設計元素的豐富性」，事實上在廣告設計方面尙有許多方向可以探討，如色彩、布局、圖片使用、字體搭配等。這些廣告設計的量化研究值得學界進一步努力[2]。

2 本文摘自鄭自隆（1997）〈一九九五年三屆立法委員選舉政黨報紙競選廣告訊息與媒體策略分析〉，《選舉研究》第3卷第3期，頁1-32，台北：國立政治大學選舉研究中心。

第四章

1995年立法委員選舉政黨新聞發布策略分析

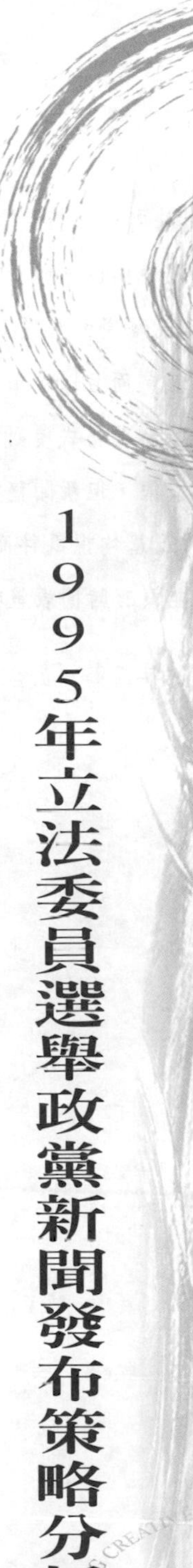

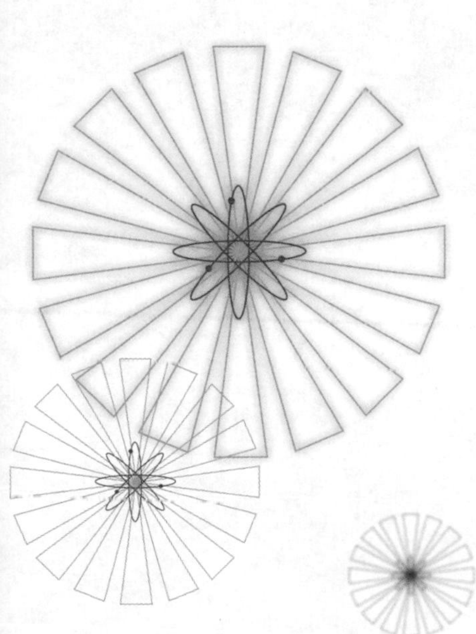

〈摘要〉

本研究以內容分析法與二手資料分析法，探討1995年台灣三屆立法委員選舉三黨（國民黨、民進黨與新黨）的新聞發布策略——包含訊息策略與時間表策略。

研究結果發現，國民黨的新聞稿格式一致，內容符合新聞寫作要求，但整體新聞價值偏低，而且以攻擊對手為主要內容，同時發布則數少，是三黨新聞稿量最低者；民進黨新聞格式凌亂，但其主題展現以正面居多；新黨新聞量多稿長，也善於掌握新聞價值，但新聞稿格式混亂，內容同樣以攻擊對手為主。

此外，三黨均視事件而發布新聞，因此新聞稿量呈現高高低低的波浪狀，換言之，三黨並沒有時間表策略的考量——越近投票日，越加強新聞發布。

關鍵詞：1995年選舉、立委選舉、新聞發布、競選公關、國民黨、民進黨、新黨

壹、研究目的

選情冷清的台灣第三屆立法委員選舉在1995年12月2日投票完竣，開票結果國民黨席次勉強過半，擺脫了在野黨訴求的「三黨不過半」噩夢，民進黨則原地踏步，比二屆只多了四席，而新黨則最有斬獲。

在區域與原住民立委中，國民黨得六十七席，民進黨得四十一席，新黨得十六席，無黨籍得四席，依各政黨得票比率分配的不分區席次，國民黨有十五席，民進黨十一席，新黨四席；僑選立委席次，國民黨分配三席，民進黨兩席，新黨一席。總計在一百六十四席立委中，國民黨得八十五席勉強過半，得票率46.1％ ，民進黨五十四席，得票率33.2％ ，新黨二十一席，得票率13.0％ ，無黨籍四席，得票率9.8％。總投票率爲67.65％。

此次選舉與往年比較顯得特別冷清，這是因爲該年景氣欠佳，房地產與股票市場都價量齊跌，以致整體競選經費萎縮，同時次年（1996）年大選活動也提前開鑼，大選候選人陸續開跑，民進黨經過四十九場的選民投票推出候選人彭明敏，國民黨則歷經波折推出李登輝，而從國民黨內分離出來的林洋港、陳履安也先後宣布參選，這些大選熱身新聞吸引了媒體與選民注意，產生了大選排擠效應，因此相對的降低了對此次選舉的關注，再加上年年選舉，選民熱情降低，以致選情極爲冷清。

此次選舉國民黨面臨「三黨不過半」的壓力，黨中央對政權的保衛有強烈的危機感，而民進黨與新黨也在席次上力求大幅突破，再加上外在情境的低迷、「閏八月」謠言效應、中共武裝演習，以及國內金融機構擠兌、李登輝訪美等事件，使得此次選舉的氣氛與以往的1989年三項公職人員選舉、1981年的二屆國代選舉、1992年的二屆立委選舉，乃至1993年的縣市長選舉、1994年的省市首長選舉均有很大的差別。

而不同政黨，由於其資源、歷史、所欲爭取之選民或主事者個人風格的不同，因此在競選文宣的表現也不同，很多研究（陳義彥、陳世敏，1990；鄭自隆，1991，1993b，1993c；唐德蓉，1992；陳炎明，1994；陳靜儀，1995；周怡倫，1995；周慶祥，1996；黃佩珊，1996）均證實國民黨與民進黨，或國民黨、民進黨、新黨三黨的文宣內容或策略，均呈現顯著的差異。

本研究即針對此次選舉三黨新聞發布策略（含訊息策略與時間表策略），予以分析，以瞭解其訊息策略和時間表策略。

在訊息策略方面包括：

1.三黨在主題類型的差異。
2.三黨在新聞價值塑造的差異。
3.三黨在新聞寫作格式的差異。
4.三黨在新聞稿長度（頁數）的差異。

在時間表策略方面，主要是三黨新聞發布時間的差異。

貳、政黨文宣與新聞發布

一、政黨文宣角色

在台灣政治廣告（political ad）包含了四種類型：政令宣導、意識形態宣揚、形象廣告、競選廣告（鄭自隆，1995）。政令宣導指政府機構的政令傳播、政績宣傳，意識形態宣揚指政府或政黨對所支持的意識形態的傳播說服，形象廣告指政黨、政治團體或政治人物透過廣告塑造良好形象，帶有濃厚的「公關」性質，而競選廣告就是在競選期間以當選爲目的的政黨、候選人或支持者所刊登的廣告。

在這四種類政治廣告中，政黨的文宣單位除了平時的意識形態宣揚、政黨與政黨領導人形象包裝外，選舉期間則以競選文宣製作爲重心。根據「中國國民黨中央委員會各處、會、院業務職掌」所述，文工

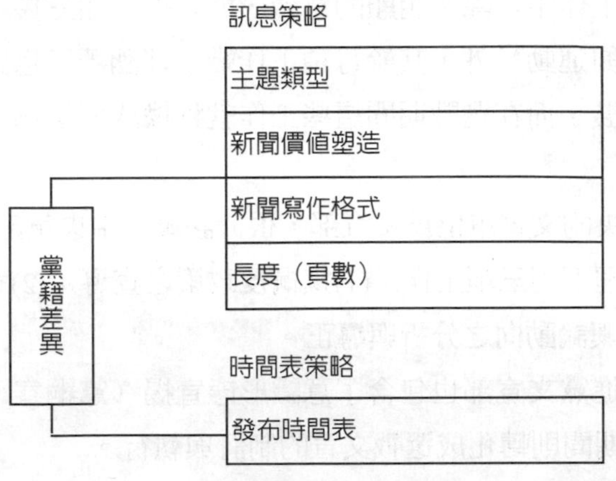

圖4.1　研究架構

會與國內文宣有直接關係的業務有——

第一室

1.輿論指導及新聞發布、聯繫。

2.電化媒體輔導與電化文宣製作。

3.出版事業之輔導與聯繫。

第二室

1.各種紀念日之宣傳工作。

2.專案宣傳。

3.輔選及反對黨文宣之研究。

第三室

1.三民主義之闡揚及相關學者聯繫。

2.口隊伍、筆隊伍之培訓。

3.重大事件之輿情聯繫配合。

4.辦理民意調查。

第四室

1.輔導與策進全國性藝文團體推展活動。

2.輔導推行中華文化復興運動及有關事項[1]。

在這些文宣工作中，除了明顯的意識形態宣揚（如三民主義闡揚、推行中華文化復興運動）外，其餘每項工作幾乎都涵蓋了意識形態的鞏固與黨的形象包裝，而在選戰期間這些工作就轉換成對選舉文宣的呼應與支援。

民進黨黨中央的文宣單位爲文宣部，根據該黨「中央黨部組織規程」所述，文宣部掌理下列三項工作：(1)黨綱及政策之宣導；(2)宣傳媒體之設計與輔導；(3)輿論動向之分析與導正。

同樣的，民進黨文宣部也包含了意識形態宣揚（黨綱宣導）與形象包裝，而在選舉期間則轉化成選戰文宣的制訂與執行。

新黨無特定的文宣部門，選舉期間由全國選舉委員會制定「選舉幕僚作業辦法」，委由秘書長對外發言及負責文宣工作。非選舉期間，仍由秘書長對外統一發言，或指定公職人員對外發言及文宣製作。

從三黨黨中央的文宣部門功能與職掌可以瞭解，黨的文宣機構平時以意識形態宣揚與政黨形象包裝爲主，戰時（選舉期間）則轉化成黨的文宣戰鬥單位，負責黨的政見陳述、形象塑造，以及攻擊對手、反駁批評。

以選舉文宣的涉入層級來看，大型的選舉通常會有黨中央、地方黨部、個別候選人三個文宣層級。

黨中央由文宣單位負責，協調整合各相關單位的意見，以提出政黨選戰文宣主軸，設計LOGO，推出選戰行動綱領，黨的共同政見，並透過媒體或黨的宣傳機構而傳播之。此外並刊登廣告，製作廣告影片，發布新聞稿，或舉辦大型造勢活動。

地方黨部以地方性文宣爲主，針對地方特色，以製作區隔性文宣或攻擊性文宣，這些不適合由黨中央或個別候選人刊登的負面文宣，就由地方黨部選擇地方性媒體刊登或以傳單方式散發之。此外，地方黨部也

1 此爲1995年當時國民黨中央黨部文工會之業務，以後因作業需要或改組，業務屢有調整更替。民進黨、新黨文宣部門業務亦復如是。

會舉辦造勢活動，以協助或聯合黨的候選人造勢。

個別候選人則以自己形象包裝爲主，或針對特定對手攻擊之。

這三個不同的文宣層級，國民黨最爲完備，民進黨與新黨由於組織規模的限制，在地方黨部的文宣協助方面顯得較國民黨弱。

從三黨黨中央文宣部門的功能與職掌，以及選舉文宣層級的分析可以瞭解，黨中央的文宣機構，平時以意識形態宣揚與政黨形象包裝爲主，戰時（選舉期間）則轉化成黨的文宣戰鬥單位，負責黨的政見陳述、形象塑造，以及攻擊對手、反駁對手批評。

綜合上述的政黨文宣活動，可以歸納在選戰開始前或選戰期間，政黨黨中央會進行如下的文宣作業：

1.民意調查：政黨文宣機構或相關單位（如國民黨之中央政策會或民進黨之選舉對策委員會）會進行數波之民意調查，調查數據會提供候選人參考。

2.文宣人員之訓練支援：民意代表選舉候選人眾多，因此所需文宣人員也多，而地方的文宣人員欠缺，甚多由非專業的人員充任，因此在選舉開始前政黨常舉辦文宣人員訓練，以提升候選人文宣人員的素質。

3.競選文宣主軸的擬訂：各黨之競選文宣主軸均由黨中央決定，然後透過黨及各候選人宣傳之，此次立委選舉三黨文宣主軸分別是——國民黨的「穩健領航、跨越世紀」，民進黨的「給台灣一個機會」，新黨的「三黨不過半」。

4.新聞發布：各黨的文宣機構均有固定的新聞發布時間，在選情緊急時甚至一天還舉行數次記者會。新聞發布是黨的正式訊息傳送給媒體的管道，經由新聞稿可以瞭解三黨在文宣主題類型、新聞價值塑造、新聞寫作技巧的差異。

5.報紙稿刊登：黨中央所刊登的報紙稿主要在陳述黨的政見，文宣主軸或經由政績的宣揚以塑造形象，除了重要行政職務（如總統選舉、省市首長選舉）外，政黨所刊登的報紙稿較少直接宣傳個別候選人。

6.廣告影片製作：中央選委會對全國性選舉所提供之政黨電視競選宣傳，均由黨的文宣單位籌畫拍攝，所拍攝之影片除提供中選會播映外，尙剪輯成不同長度或版本在衛星或有線電視系統播映。

7.造勢活動：政黨爲配合選舉亦會籌辦各種造勢活動以吸引媒體注意，所謂造勢活動，根據伏和康（1996）的分類，可以分爲如下十類：議題類、以下駟打上駟類、活動類、捉對辯論類、競選動作類、抗議類、聯合造勢類、組織活動類、意識形態類及節目類，這些活動有的由黨中央直接舉辦（如民進黨的Green Party），有的交由地方黨部舉辦，或逕與各候選人聯合舉辦。

二、新聞發布的特質

與其他競選文宣比較，新聞發布具備如下的特質：

1.不需付費：透過廣告進行文宣，必須付費購買媒體的版面或時間，但新聞發布係以記者會或新聞稿傳送的方式發布新聞，是不需付費的。

2.需經媒體的守門（gatekeeping）：很少有媒體會直接刊登政黨的新聞稿，而不經過刪改修正，此外媒體也會詢問被攻擊一方的看法，以符合「平衡報導」的新聞倫理要求，而這些新聞稿被刪減、修正、補充甚或捨棄的過程，就是媒體的守門行爲。

媒體的守門行爲，除了媒體專業上的考量外（新聞價値、新聞正確性、平衡報導……），也會因記者同化於「新聞室社會控制」，而採取符合報社政治立場的報導角度，甚至還可能來自上司的暗示或建議（如Joseph, 1985），或是來自記者與新聞來源互動關係，因對立、合作或同化，而有不同的報導觀點。

3.信賴度（credibility）較高：相對於廣告，新聞報導因客觀、中立的包裝，以及來自於媒體本身的威望，選民對其信賴度會高於廣告。

三、有效的新聞發布

綜合學者（Newsom & Siegfried, 1981; Tucker & Derelian, 1989; Nelson, 1989; Goff, 1989; Newsom & Carrell, 1991; Rayfield et al., 1991; Bivins, 1992）的看法，有效的公關新聞發布應符合以下兩個原則：

1.富新聞價值：所謂新聞價值指事件（event）應有顯著性（prominence）、時宜性（timeliness）、接近性（proximity）、影響性、怪異性（unusualness）或人情趣味（human interest）等因素，才具備被報導的價值。

2.符合新聞寫作的要求：亦即要使用倒金字塔式寫作格式，依重要性依序分段排列；導言（lead）要能顯示重點；簡潔（simplicity）、分段清楚、不必太長，同時考慮可讀性。

在競選公關新聞的發布，除了上述兩項基本原則之外，還須考慮主題類型的展現，競選文宣的主題類型不外是陳述政見、攻擊對手、反駁批評、塑造形象（鄭自隆，1995），此外新聞稿也可以「活動預告」爲主題，換言之，新聞稿的寫作要有明確主題，最好一個新聞稿只呈現一個主題。

此外，競選公關的新聞發布也要掌握時機（timing），除了緊隨事件而發布新聞外，越接近投票日，新聞發布也應越密集。

本研究即以政黨競選期間的新聞發布爲研究對象，分別探討新聞稿的訊息策略、主題類型、新聞價值塑造、新聞寫作格式、長度，以及以政黨新聞發布日期來探討其時間表策略（scheduling strategy）。

參、研究方法

本研究對於三黨新聞發布之訊息策略的分析採用內容分析法（content analysis），而時間表策略則使用二手資料的分析。

新聞稿的取樣時間同報紙廣告，由候選人登記截止日（11月2日）至競選活動終止日（即投票日之前一日，12月1日）。樣本來源為三黨所提供之新聞稿。

訊息策略分析分為四大類目，一是主題類型，包含主要主題類型、次要主題類型、主題展現方式等三項子類目；二是新聞價值塑造，包含時宜性、顯著性、接近性、影響性、人情趣味等五項子類目；三是新聞寫作格式，包含倒金字塔式寫作格式、分段、舉證等三項子類目；四為長度，以每則新聞稿的頁數為分析單位。

時間表策略則依每則新聞稿上所標示之日期分析之，以探討三黨在此段時間發布新聞稿的頻率。

肆、研究結果與發現

一、訊息策略

此次立委選舉三黨的新聞稿，在本研究的取樣時間（11月2日至12月1日）中，三黨共發布了一百七十一則新聞稿，其中新黨最多，有一百二十三則，占三黨新聞稿量的71.9%，民進黨次之，有三十四則，占三黨新聞稿量的19.9%，國民黨新聞稿最少，只有十四則，占8.2%。

(一)主題類型

1.主要主題類型

從表4.1可以發現，二黨新聞稿的主要主題類型沒有明顯差異，都是以「攻擊對手」為主要主題類型，新黨攻擊性新聞稿有五十一則，占該黨新聞稿量41.5%，民進黨有十三則，占38.2%，而國民黨攻擊性新聞稿雖只有八則，但高占該黨新聞稿量的57.1%。

除了攻擊性新聞稿外，其餘的主要主題類型，民、新兩黨均很近

表4.1 三黨新聞稿「主要主題類型」分布表

	國民黨	民進黨	新黨	則數 百分比
陳述政見		6 21.4 17.6	22 78.6 17.9	28 16.4
攻擊對手	8 11.1 57.1	13 18.1 38.2	51 70.8 41.5	72 42.1
反駁批評	3 21.4 21.4	2 14.3 5.9	9 64.3 7.3	14 8.2
塑造形象	3 9.7 21.4	7 22.6 20.6	21 67.7 17.1	31 18.1
活動預告		6 23.1 17.6	20 76.9 16.3	26 15.2
則數 百分比	14 8.2	34 19.9	123 71.9	171 100.0

卡方值：9.34047
自由度：8
顯著水準：.3144
最小有效次數（Min E.F.）：1.146
有效次數小於5之格數（Cell with E.F.<5）：5 OF 15（33.3%）
註：格內第一欄為則數，第二欄為橫向百分比，第三欄為縱向百分比。

似，民進黨新聞稿依次的主要主題類型為塑造形象、陳述政見、活動預告與反駁批評。新黨則依次為陳述政見、塑造形象、活動預告與反駁批評。而國民黨除了攻擊對手外，各另有三則為攻擊對手與塑造形象，從表中也可以看出，國民黨並沒有在新聞稿中陳述政見或預告活動。

2.次要主題類型

在次要主題類型方面，國民黨有四則攻擊對手，一則反駁批評；民進黨有六則陳述政見，四則攻擊對手，而反駁批評、塑造形象、活動預告各有一則；新黨的次要主題類型有三十二則在攻擊對手，十六則塑造形象，八則陳述政見，七則活動預告，四則反駁批評（見表4.2）。

從主題類型的分析可以瞭解，三黨均以新聞稿作為攻擊對手的工具，以發布攻擊性的新聞稿來吸引媒體注意，呈現惡質化的選舉文宣策略，也間接導致新聞報導的負面化。

3.主題展現方式

三黨新聞稿的主題展現方式呈現極顯著的差異，國民黨新聞稿絕大部分是負面的，只有一則是正面展現，民進黨則是正面展現多於負面展現，新黨正面負面各半（見表4.3）。

(二)新聞價值塑造

新聞價值衡量的標準，新聞學或採訪學、編輯學的教科書均有說明，一般而言可以歸納出時宜性、顯著性、接近性、影響性、人情趣味等項目。

1.時宜性

三黨新聞稿在時宜性方面並無顯著差異。從表4.4可以發現，三黨的廣告均重視時宜性。從新聞學的角度來看，時宜性也的確是成為新聞的最基本條件。

2.顯著性

顯著性指人的顯著、事的顯著，甚或是時、地的顯著，從表4.5發現，一是三黨新聞稿的顯著性沒有差異，二是三黨新聞稿的顯著性均不

表4.2　三黨新聞稿「次要主題類型」分布表

	國民黨	民進黨	新黨	則數 百分比
陳述政見		6 42.9 17.6	8 57.1 6.5	14 8.2
攻擊對手	4 10.0 28.6	4 10.0 11.8	32 80.0 26.0	40 23.4
反駁批評	1 16.7 7.1	1 16.7 2.9	4 66.7 3.3	6 3.5
塑造形象		1 5.9 2.9	16 94.1 13.0	17 9.9
活動預告		1 12.5 2.9	7 87.5 5.7	8 4.7
無	9 10.5 64.3	21 24.4 61.8	56 65.1 45.5	86 50.3
則數 百分比	14 8.2	34 19.9	123 71.9	171 100.0

卡方值：15.72228
自由度：10
顯著水準：.1079
最小有效次數（Min E.F.）：.491
有效次數小於5之格數（Cell with E.F.<5）：10 OF 18（55.6%）
註：格內第一欄為則數，第二欄為橫向百分比，第三欄為縱向百分比。

足，約只有一半的新聞稿具備顯著性的條件。

3.接近性

接近性指地理的接近性（geographical nearliness）或心理的接近性（psychographical nearliness），從表4.6可以發現三黨新聞稿的接近性原則呈現極顯著的差異，國民黨與民進黨的新聞稿較不注重接近性的原則，

表4.3　三黨新聞稿「主題展現方式」分布表

	國民黨	民進黨	新黨	則數 百分比
正面	1 1.1 7.1	24 27.6 70.6	62 71.3 50.4	87 50.9
負面	13 15.5 92.9	10 11.9 29.4	61 72.6 49.6	84 49.1
則數 百分比	14 8.2	34 19.9	123 71.9	171 100.0

卡方值：16.01085

自由度：2

顯著水準：.0003 ***

最小有效次數（Min E.F.）：6.877

有效次數小於5之格數（Cell with E.F.＜5）：0

註：格內第一欄為則數，第二欄為橫向百分比，第三欄為縱向百分比。

表4.4　三黨新聞稿「時宜性」分布表

	國民黨	民進黨	新黨	則數 百分比
否		5 16.7 14.7	25 83.3 20.3	30 17.5
是	14 9.9 100.0	29 20.6 85.3	98 69.5 79.7	141 82.5
則數 百分比	14 8.2	34 19.9	123 71.9	171 100.0

卡方值：3.82578

自由度：2

顯著水準：.1477

最小有效次數（Min E.F.）：2.456

有效次數小於5之格數（Cell with E.F.＜5）：1 OF 6（16.7%）

註：格內第一欄為則數，第二欄為橫向百分比，第三欄為縱向百分比。

表4.5 三黨新聞稿「顯著性」分布表

	國民黨	民進黨	新黨	則數 百分比
否	7 10.0 50.0	12 17.1 35.3	51 72.9 41.5	70 40.9
是	7 6.9 50.0	22 21.8 64.7	72 71.3 58.5	101 59.1
則數 百分比	14 8.2	34 19.9	123 71.9	171 100.0

卡方值：.93747
自由度：2
顯著水準：.6258
最小有效次數（Min E.F.）：5.731
有效次數小於5之格數（Cell with E.F.<5）：0
註：格內第一欄為則數，第二欄為橫向百分比，第三欄為縱向百分比。

表4.6 三黨新聞稿「接近性」分布表

	國民黨	民進黨	新黨	則數 百分比
否	13 17.8 92.9	27 37.0 79.4	33 45.2 26.8	73 42.7
是	1 1.0 7.1	7 7.1 20.6	90 91.8 73.2	98 57.3
則數 百分比	14 8.2	34 19.9	123 71.9	171 100.0

卡方值：45.78878
自由度：2
顯著水準：.0000 ***
最小有效次數（Min E.F.）：5.977
有效次數小於5之格數（Cell with E.F.<5）：0
註：格內第一欄為則數，第二欄為橫向百分比，第三欄為縱向百分比。

而新黨的新聞稿則多數具備接近性。

4.影響性

影響性指新聞對閱聽人的影響或後續的影響，從表4.7發現，三黨的新聞稿具有影響性的少，不具影響性的多，換言之，三黨所發布的新聞大都是瑣碎之事。

5.人情趣味

人情趣味（human interest）指新聞稿中含有一些動人或是有趣的事情，從表4.8顯示三黨的新聞稿並不注重人情趣味的事件，尤其是國民黨的新聞稿並沒有一則新聞帶有人情趣味的角度。

6.整體新聞價值

除了個別說明三黨新聞稿的新聞價值衡量標準外，本研究亦以加總的方式分析三黨新聞稿的整體新聞價值。

加總方式爲一則新聞稿若含有上述五項新聞價值衡量的標準（時宜性、顯著性、接近性、影響性、人情趣味）之一項則給予一分，含有兩項則給予兩分，以此類推，至高五項標準全部具備則給予五分。

經單項式變異數分析發現，三黨新聞稿的整體新聞價值呈現顯著的差異，新黨新聞稿的整體新聞價值最高，平均分數爲2.78分，民進黨次之，平均分數爲2.50分，國民黨新聞稿的整體新聞價值最低，平均分數爲1.78分（見表4.9）。

再以Scheffe's test檢驗，則發現國民黨與新黨、民進黨的新聞稿整體新聞價值有顯著的差異。

(三)新聞寫作技巧

新聞寫作技巧分別以倒金字塔式寫作格式、分段、舉證說明等三項因素分析之。

1.倒金字塔式寫作格式

倒金字塔式寫作格式是新聞寫作最基本的條件，從表4.10可以發現，三黨新聞稿的寫作格式呈現極顯著的差異，國民黨與新黨的新聞稿比較多合乎倒金字塔式寫作格式，而民進黨則高達三分之二的新聞稿不

表4.7　三黨新聞稿「影響性」分布表

	國民黨	民進黨	新黨	則數 百分比
否	11 12.1 78.6	14 15.4 41.2	66 72.5 53.7	91 53.2
是	3 3.8 21.4	20 25.0 58.8	57 71.3 46.3	80 46.8
則數 百分比	14 8.2	34 19.9	123 71.9	171 100.0

卡方值：5.60438
自由度：2
顯著水準：.0607
最小有效次數（Min E.F.）：6.550
有效次數小於5之格數（Cell with E.F.＜5）：0
註：格內第一欄為則數，第二欄為橫向百分比，第三欄為縱向百分比。

表4.8　三黨新聞稿「人情趣味」分布表

	國民黨	民進黨	新黨	則數 百分比
否	14 10.1 100.0	27 19.4 79.4	98 70.5 79.7	139 81.3
是		7 21.9 20.6	25 78.1 20.3	32 18.7
則數 百分比	14 8.2	34 19.9	123 71.9	171 100.0

卡方值：3.51164
自由度：2
顯著水準：.1728
最小有效次數（Min E.F.）：2.620
有效次數小於5之格數（Cell with E.F.＜5）：1 OF 6（16.7%）
註：格內第一欄為則數，第二欄為橫向百分比，第三欄為縱向百分比。

表4.9　三黨新聞稿「整體新聞價值」之變異數分析

黨別	則數	平均數	標準差	F值	P值
國民黨	14	1.7857	.8926	3.8297	.0236*
民進黨	34	2.5000	.8257		
新黨	123	2.7805	1.4572		

表4.10　三黨新聞稿「倒金字塔式寫作格式」分布表

	國民黨	民進黨	新黨	則數 百分比
否	4 7.3 28.6	22 40.0 64.7	29 52.7 23.6	55 32.2
是	10 8.6 71.4	12 10.3 35.3	94 81.0 76.4	116 67.8
則數 百分比	14 8.2	35 19.9	123 71.9	171 100.0

卡方值：20.74136
自由度：2
顯著水準：.0000 ***
最小有效次數（Min E.F.）：4.503
有效次數小於5之格數（Cell with E.F.＜5）：1 OF 6（16.7%）
註：格內第一欄為則數，第二欄為橫向百分比，第三欄為縱向百分比。

符合倒金字塔式寫作格式的要求。

2.分段

新聞寫作另一個要求是分段清楚，每段陳述一個概念，每段長度以不超過兩百字爲宜。從**表4.11**可以瞭解，三黨新聞稿的分段處理均不錯，國民黨與新黨的新聞稿有八成以上均分段清楚，民進黨也有67.6%的新聞稿合乎分段的要求。

3.舉證

政治性新聞要發揮說服的功能，通常舉證說明是一個重要因素，而在新聞寫作中加入舉證或舉例作爲說明或作爲消息來源，通常有助於提

表4.11 三黨新聞稿「分段清楚」分布表

	國民黨	民進黨	新黨	則數 百分比
否	2 5.4 14.3	11 29.7 32.4	24 64.9 19.5	37 21.6
是	12 9.0 85.7	23 17.2 67.6	99 73.9 80.5	134 78.4
則數 百分比	14 8.2	34 19.9	123 71.9	171 100.0

卡方值：3.07636
自由度：2
顯著水準：.2148
最小有效次數（Min E.F.）：3.029
有效次數小於5之格數（Cell with E.F.<5）：1 OF 6（16.7%）
註：格內第一欄為則數，第二欄為橫向百分比，第三欄為縱向百分比。

高新聞的可信賴性。

從表4.12可以發現，三黨新聞稿在舉證方面呈現極顯著的差異，新黨新聞稿有舉證的高達七成，民進黨有舉證的新聞稿占38.2%，而國民黨才只有14.3%（兩則）的新聞稿有舉證說明。

(四)長度

長度指新聞稿的頁數，經單項式變異數分析發現，三黨新聞稿長度呈現顯著的差異，民進黨新聞稿平均長度一點七九頁，最長；新黨次之，新聞稿平均長度一點四八頁；國民黨新聞稿最短，平均一點一四頁（見表4.13）。

再以Scheffe's test檢驗三黨間的差異，呈現國民黨與民進黨在新聞稿長度有顯著的差異。

表4.12　三黨新聞稿「舉證說明」分布表

	國民黨	民進黨	新黨	則數 百分比
否	12 16.9 85.7	21 29.6 61.8	38 53.5 30.9	71 41.5
是	2 2.0 14.3	13 13.0 38.2	85 85.0 69.1	100 58.5
則數 百分比	14 8.2	34 19.9	123 71.9	171 100.0

卡方值：22.71988

自由度：2

顯著水準：.0000***

最小有效次數（Min E.F.）：5.813

有效次數小於5之格數（Cell with E.F.＜5）：0

註：格內第一欄為則數，第二欄為橫向百分比，第三欄為縱向百分比。

表4.13　三黨新聞稿長度之變異數分析

黨別	則數	平均數	標準差	F值	P值
國民黨	14	1.1429	.3631	3.5687	.0303 *
民進黨	34	1.7941	1.2500		
新黨	123	1.4878	.6819		

二、時間表策略

根據三黨提供之新聞稿資料，自11月2日（候選人登記截止日）至12月1日（競選活動截止日），國民黨共發布了十四則新聞稿，民進黨有三十四則，新黨有一百二十三則，三黨合計一百七十一則。

從表4.14可以發現，三黨的新聞稿量呈現高高低低的波浪狀，換言之，三黨是視事件（event）而發布新聞，其間似乎沒有時間表策略的考量——越近投票日，越注重新聞發布。

表4.14 三黨競選期間新聞稿發布量

月	日	競選活動	新聞稿發布量
11	01		
11	02	候選人登記截止日	CC 2
11	03		BCCC 4
11	04		BC 2
11	05		
11	06		ABCCC 5
11	07		BBBCC 5
11	08		ABBC 4
11	09		CCC 3
11	10		ACCCCCC 7
11	11		CCCCC 5
11	12		BCC 3
11	13		ABCCC 5
11	14		CCCC 4
11	15		ABBCC 5
11	16		BCCC 4
11	17	候選人抽籤	BCCCC 5
11	18		ABBCCCCC 8
11	19		B 1
11	20		ABBCCCCCCC 10
11	21	公告候選人名單	BC 2
11	22	競選活動開始日	BCCCCCCC 8
11	23		CCCCCCCCCCC 11
11	24		AACCCCCCC 9
11	25		ACCCCC 6
11	26		AACC 4
11	27		CCCC 4
11	28		BC 2
11	29		ABCCCCCCCC 10
11	30		CCCCCCCCCCC 11
12	01	競選活動截止日	ABCCCCCC 8
12	02	投票日	

註：A為國民黨、B為民進黨、C為新黨，每一字母代表一則新聞稿。
總計157則，省略14則，國民黨14則、民進黨34則、新黨123則。

此外，分別就三黨來看，國民黨的新聞發布，是每間隔一至兩天發布一則新聞，在長達一個月的時間才發布了十四則新聞，顯然在量方面，較之民、新兩黨是少了很多。

民進黨則在一個月的競選期間發布了三十四則新聞，密集度較國民黨高，其發布間隔也是隔天或隔兩天，其中11月23日至27日是競選活動的緊張期，黨中央居然沒有支援新聞發布以製造媒體聲勢，顯然疏忽。

新黨是三黨中新聞量最多的，幾乎天天有新聞發布，而且有時一天多，甚至兩天（11月23日與30日）有高達十一則者，一方面顯示新黨中央非常重視這種免費的文宣──新聞發布，另方面亦呈現新黨競選總部內部管理的紊亂，人人均可發新聞。

若是以法定競選活動日（11月22日）作爲區分，以檢驗三黨新聞發布的時間表策略是否有差異。從**表4.15**發現，三黨的新聞稿時間表策略呈現很顯著的差異，國民黨在法定競選活動期間之前與法定競選活動兩個時段的新聞稿量都是一樣，各發布了七則新聞。而民進黨則是法定競選活動期間之前的新聞稿量（二十則，占83.7％）遠多於法定競選活動

表4.15　三黨新聞稿時間表策略

	國民黨	民進黨	新黨	則數 百分比
法定競選活動期間之前	7 8.3 50.0	20 23.8 83.3	57 67.9 47.9	84 53.5
法定競選活動期間	7 9.6 50.0	4 5.5 16.7	62 84.9 52.1	73 46.5
則數 百分比	14 8.9	24 15.3	119 75.8	157 100.0

卡方值：10.15590
自由度：2
顯著水準：.0062**
最小有效次數（Min E.F.）：6.510
有效次數小於5之格數（Cell with E.F.＜5）：0
註：格內第一欄為則數，第二欄為橫向百分比，第三欄為縱向百分比。

期間（四則，占16.7%）。至於新黨則法定競選活動期間的新聞稿量（六十二則，占52.1%）略多於法定競選活動期間之前（五十七則，占47.9%）。

不過特別要註明的是，民進黨的新聞稿中有十則是日期不明，新黨有四則日期不明，這些日期不明的資料列爲省略（missing）。

伍、結論與建議

一、結論

(一)國民黨

國民黨的新聞稿與其對手民、新兩黨一樣，都是以批判對手爲主要主題類型，主題展現方式以負面居多，整體新聞價值偏低，但寫作格式符合新聞寫作要求，倒金字塔式格式，分段清楚。

整體而言，國民黨新聞稿的缺點在量少（選戰一個月間只有十四則），然而其新聞稿格式一致，日期標示清楚，統一由文工會主任擔任發言人，都是勝於民、新兩黨的優點。

(二)民進黨

民進黨也是以攻擊對手爲主要主題類型，其主題展現方式是正面多於負面，整體新聞價值的塑造居於新黨與國民黨間，但寫作格式混亂，十分之六的新聞稿不符合倒金字塔式格式的要求。

綜觀民進黨新聞稿，發現缺點頗多，一是格式混亂，沒有統一的新聞稿格式；二是發言單位混亂，中常會新聞稿、文宣部新聞稿，甚至其他單位（如社運部）也可以對外發布新聞；三是絕大部分的新聞稿不符合新聞寫作格式的基本要求；四是印刷字體不一，每則新聞稿各印各的字體，沒有統一。此外，高達十則的新聞稿漏印日期。

(三)新黨

新黨的新聞稿也是以攻擊對手爲主，每則新聞稿長度均較對手多，新聞稿量也最大，而整體新聞價值的塑造也高於對手兩黨。

新黨新聞稿的優點是量多，有助於媒體曝光，其缺點是格式不一致而且顯得混亂，有打字，有手寫，有橫寫也有直寫，也有四則新聞稿遺漏了日期。

二、建議

(一)實務上的建議：新聞稿應統一格式

除了國民黨外，民進黨與新黨的新聞稿均五花八門，格式極不統一。對於政黨的新聞稿，本研究謹建議：

1.使用A4紙（便於傳眞及複印）。

2.格式固定。

3.表頭固定（應有標準字體之黨名、黨徽、地址、新聞聯絡人姓名與電話、期望之發稿日期）。

4.使用倒金字塔式寫作格式，以呈現專業性。

5.打字，不可手寫。

6.打字之字體、級數一致。

(二)研究上的建議：探討新聞稿與實際見報的關係

政黨發布新聞稿，即所謂的publicity，是一項公關活動，而媒體記者取得新聞稿後，經改寫、編輯審稿刪減等等守門（gatekeeping）的過程，所呈現出來實際見報的稿子，與原先新聞稿在方向、字數、立場等因素的關係，均值得探討[2]。

2 本文整理自鄭自隆（1997）〈一九九五年三屆立法委員選舉三黨新聞發布策略分析〉，《廣告學研究》第9集，頁131-157。台北：國立政治大學廣告學系。

1996年　總統大選

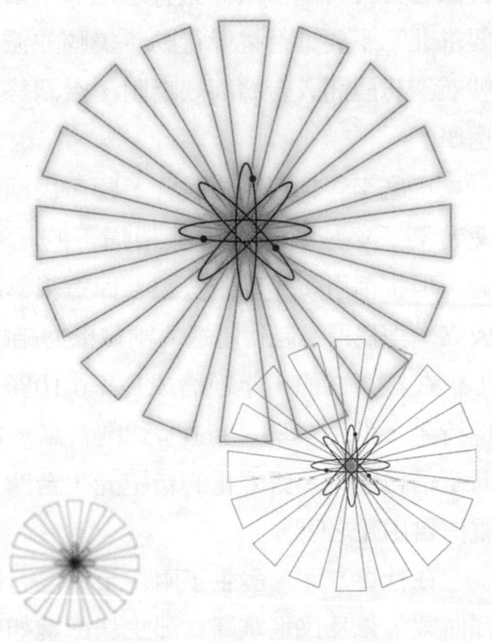

1996年的台灣社會

對台灣歷史而言，1996年是極重要的一年，四百年來台灣人第一次用自己的選票，選出自己的國家領導人——總統。

1996年3月23日李登輝當選總統，得票率高達54%，不但確立了台灣主權地位，並帶領國民黨告別「外來政權」污名。李登輝的得票率加上民進黨彭明敏的得票率（21%），二者合計75%，二氏主張的「台灣意識」清晰呈現台灣社會的主流價值。

當台灣人熱熱鬧鬧辦喜事，選自己的總統時，中國又發射飛彈威脅，3月中國在台灣海峽進行導彈試射，台股大跌，李連各地站台演講振奮人心，李登輝說中國飛彈是「空包彈」，我們有十八套劇本可以對付，連戰說大雨會把飛彈澆熄，均展現了作爲國家領導人的氣勢。世界各國也聲援台灣，歐洲議會通過「中國對台灣軍事行動威脅」決議案，要求北京不要進行挑釁行動；美國並派出「獨立號」與「尼米茲號」兩艘航空母艦開入台灣海峽嚇阻，台灣終於在國際聲援下完成「槍口下的選舉」。

年底李登輝召開國發會，國、民兩黨達成「凍省」共識，凍省可以使台灣不必成爲「一中」架構下的「一省」，有助於提升台灣主體意識，但提前引爆了李宋決裂。而選後彭明敏另組建國會，後又有建國黨成立，與民進黨越行越遠。兩黨權力結構有了微妙的變化。

在經濟方面，年經濟成長率6.10%，平均國民所得12,161美元，表現持平，但失業率（2.60%）創新高。電信三法也在該年通過，開創台灣電信自由化、國際化的新紀元，台灣目前連國中生都有手機，即是拜電信自由化之賜。

在社會方面，發生了兩件至今沒有破的大案——桃園縣長劉邦友官邸血案，以及民進黨婦女部主任彭婉如命案。此外，病死豬肉、飼料奶粉事件也造成社會恐慌。

台灣第一條捷運——台北木柵線在3月28日通車，雖然營運之初問題連連，也被供應商馬特拉「棄養」，以致陳水扁發出「馬特拉不拉，我們自己拉」的豪語，但後來捷運逐漸上軌道，並被市民稱許。

除捷運外，「霸機」也是該年交通大事，霸機成為流行，只要向航空公司所求不遂，動輒霸機不走，形成風潮，成為台灣「奇蹟」之一，亦影響台灣國際形象。

核四在該年也有一番波折，5月間立法院通過廢止核四廠興建，進行中工程停止，相關預算繳回國庫，但10月又遭國民黨動員翻案，政黨角力導致政策反覆。

此外，周人蔘電玩弊案，多名檢、警官員涉嫌收賄被押；屏東縣長伍澤元因任職省政府住都局長期間弊案，被判無期徒刑。而法務部長全台掃黑，收押一百五十多人，並有七十名角頭移送綠島，都是當年重要司法事件。

在文化方面，同志議題受到重視，同性戀雜誌G&L創刊，亦有同志婚禮，顯示台灣逐漸呈現多元價值，懂得尊重與容忍不同族群。

電視媒體，老三台老大顢頇，10月間台視新聞開天窗二十三分鐘，導致總經理下台。李登輝也嘉勉有線台的新聞節目，連劉邦友血案關係人「老三」也懂得利用TVBS獨家哭訴撇清，老三台的媒體龍頭地位遭挑戰。

網路也逐漸發燒，台北市出現網咖，中時報系上網，也使得其他平面媒體跟進，連總統大選，中選會亦提供線上開票服務，也由於網路塞車日益嚴重，Tanet、Hinet開始做骨幹升級。

「宋七力」案是1996年台灣社會指標性案件，宋七力藉合成照片表示有「分身」能力，有歛財之說，不但市井小民膜拜，連具正義、聰明形象的政治人物都牽涉其中。宋七力案、妙天禪師案以及中台禪寺的大學女生落髮剃度案，在在都顯示台灣人富裕之後的內心空虛，亟需宗教「救贖」，神棍與宗教人物經由「造神」運動，逐漸取代世俗政治人物，成了台灣人的新偶像。

第五章

1996年台灣總統大選文宣觀察

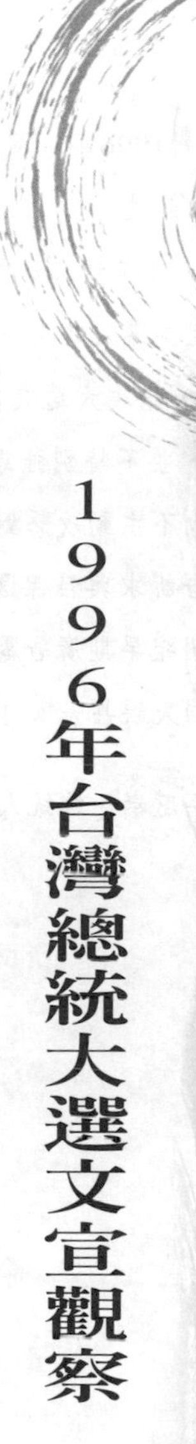

〈摘要〉

本文係針對1996年台灣總統選舉，四組候選人（李連、彭謝、林郝、陳王）之文宣策略予以評述。

分析架構為DSP模式（候選人差異化、選民區隔化、候選人定位），在此模式下分別評論四組候選人之文宣戰略、文宣主軸與LOGO、廣告表現。

整體而言，此次大選文宣以李連組的策略最為穩健，採取領導品牌策略，廣告以形象為主，並不特別強調商品特質（政見）。同時掌握議題領導輿論，讓追隨者跟隨，此外也不主動攻擊對手，以避免產生拉抬對手的效應。而廣告表現則以陳王組為佳，廣告訴求與目標選民契合，影像表現符合中產階級的收視習慣——迂迴但看得懂。彭謝組早期廣告零散，至後期方有突出作品。至於林郝組，無論文宣策略與廣告表現均失誤甚多。

關鍵詞：1996年選舉、總統大選、競選傳播、李登輝、國民黨、民進黨

壹、前言

號稱「四百年第一次」或「五千年來第一次」的1996年台灣總統選舉已於3月23日舉行，投票結果與選前的民意調查一致，李連組以5,813,699票當選，得票率54%。其餘三組候選人得票率依次為，彭謝組2,274,586票，得票率21.13%；林郝組1,603,790票，得票率14.9%；陳王組1,074,044票，得票率9.98%。

此次選舉是台灣選舉史上，層級最高、選區最大、政黨動員最龐大，對未來政局走向影響也最大的選舉，而四組候選人在文宣方面也投注大量的經費與心力，因此針對四組候選人的文宣策略予以分析，以呈現文宣表現與當選落選的脈絡，或與得票數的關係，自然有其必要。

貳、分析架構

本文的分析架構主要根據DSP模式而發展（鄭自隆，1992a），也就是以候選人特質與選民區隔為基礎，而確立候選人定位，再根據定位展開文宣活動。

企畫競選文宣最基礎的工作是幫候選人定位（positioning），塑造候選人鮮明的個性與獨特的魅力。而在定位之前，則必須先進行兩項工作，一是做候選人與對手的特質分析，二是對選民進行分析。這就是競選文宣的DSP（differential-segmentation-position）模式。

所謂的候選人與對手的特質分析，也就是經由客觀的比較後，找出自己的候選人與競爭對手之間有什麼明顯差異的地方，以呈現商品的歧異性（differential），有了歧異性才可以凸顯候選人獨特的個性或魅力。

分析候選人及其對手的特質應站在選民的角度，而不是站在己方的角度，也就是一定要客觀的呈現出候選人及其對手在選民心目中的圖像，即使這個圖像是不正確的、被扭曲的、被抹黑的、被誤解的，也應該完整而客觀的呈現。

其次就是分析選民，並且從選民的分析中找出特定的區隔。很多人有這樣的誤解，認爲商品的銷售對象越廣越好，最好是不分男女老少、不分社經背景、不分地域都一網打盡，事實上這是錯誤的觀念，不同氣質的商品適合不同的客層，候選人也是一樣，不同特質的候選人同樣也要「搭配」不同的選民，經由選民區隔才可以找出己方的支持者、對手的支持者以及游離未定的選民。對己方的支持者，應該透過文宣強化（reinforce）他們的態度，對游離的選民，則由文宣達成催化效果（activation effect），引起動機，促動隱藏的興趣，以引導他們投入我方的陣營；至於對手的鐵票，文宣要促使他們「起義來歸」的機率甚低，不如節省資源，不必刻意訴求。

經候選人與對手的特質分析以及選民的分析後，方能找出候選人清晰的圖像，例如李登輝最吸引他的區隔選民特質是：第一位台灣人總統，以及面對中國時所展現的尊嚴與骨氣，而他的當選不會帶給台灣激烈的改變，較符合大部分民眾企求安定的心理。這也是李登輝與其他候選人最明顯的區隔。

有了候選人獨特的圖像後，就必須進行定位工作，也就是將特質予以具體化、符號化，而具體化、符號化就是CIS的擬訂。

所謂CIS的原意就是企業識別系統（corporate identity system），但在選戰中，CIS也可說成是選戰（campaign）識別系統，也就是將候選人或政黨的理念，運用整體傳播系統傳達給選民。CIS包含三個層次：理念識別（mind identity, MI）、視覺識別（visual identity, VI），與行爲識別（behavior identity）。

1.理念識別：也就是選戰方針或整體方向的擬訂，這表現在所謂的競選「文宣主軸」中。
2.視覺識別：指選戰理念的符號化、視覺化、具象化。而LOGO即是視覺識別的核心。在CIS的管理，視覺識別應予充分運用傳達，出現在各種相關的廣告與事務用品上，如帽子、旗幟、胸章、背心、舞台背景、貼紙、看板，乃至平面與電視廣告都可以看到視覺識別的應用，以形成強大的視覺效果。

3.行爲識別：指選戰理念具體化、視覺化後的實踐，也就是如何透過文宣來傳達理念。亦即廣告（平面、電視）、公關、人際傳播、

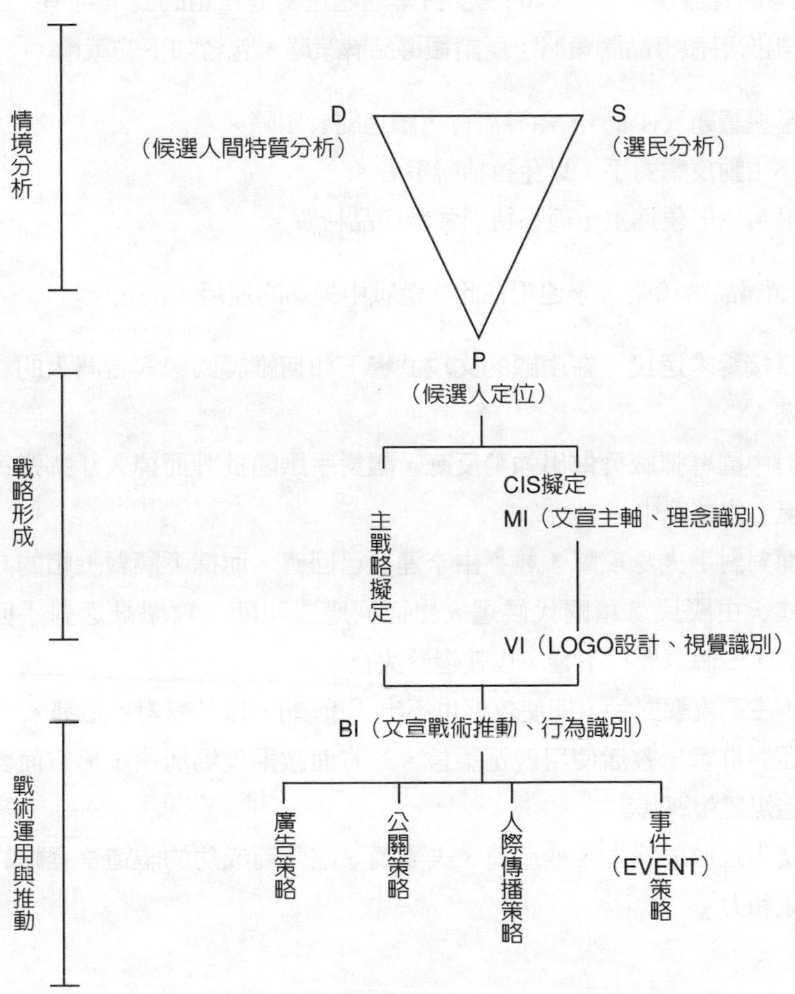

圖5.1　選戰文宣企畫架構圖

事件（event）等策略的執行均扣緊文宣主軸，同時呼應主戰略[1]。

參、戰略分析

李連組的文宣採用「領導品牌」（leading brand）的主戰略，由於選前的民意調查發現，李登輝的受支持率遠超過其他三組的競爭對手，因此李連組採用領導品牌策略；所謂領導品牌策略，包含如下的戰術：

1.掌握議題（issue），領導流行，讓追隨者跟隨。
2.不主動攻擊對手，以免拉抬競爭者。
3.廣告以形象為主，而不特別強調商品特質。

對領導品牌策略，李連組在此次選戰中純熟的運用，例如：

1.直接訴求選民，在中國的文攻武嚇下如何維護國家與台灣人的尊嚴。
2.對中國導彈威脅做出強勢反應，讓對手跟隨批評而掉入「拂逆民氣」的漩渦中。
3.面對對手人身攻擊，並不由李連自己回應，而採下駟對上駟的方式，由國民黨籍國代候選人出面回應或叫陣，攻擊缺乏對手回應，一個銅板打不響，也就趨於沈寂。
4.不主動攻擊對手，即使攻擊也不出「重拳」，以免幫對手造勢。
5.面對群眾，靈活使用競選語言，一方面激揚現場情緒，另方面製造媒體報導焦點。
6.廣告以形象為主，戒菸篇、夫妻篇、吃苦篇成功的塑造李登輝的親和力。

1 分析架構部分內容摘自鄭自隆〈如何推銷總統？〉，《政策月刊》第15期，頁4-5。

用選票做總統的後盾

多一張選票 多一份力量
讓我們第一位全民選出來的總統
站出來 走出去 大聲講話 大力做事

中國國民黨

中華民國85年3月23日首任直接民選總統即將誕生

圖5.2
用選票做總統的後盾（李連報紙廣告）。

李連組領導品牌的戰術運用在廣告、公關、人際傳播、事件（event）都可以看到，而形成整合傳播的效果。也由於領導品牌戰略的成功，而迫使李連組的競爭對手採取追隨者策略（挑戰者策略）。所謂的追隨者策略包含：

1.隨著領導品牌的議題而起舞，以分享議題帶來的光暈效果，自己則缺乏製造議題、引領風騷的能力。
2.透過不斷攻擊領導品牌以凸顯自己。
3.廣告必須特別關照某項特質，方能形成鮮活形象；若是全盤照應，形象反而模糊。

分析彭謝組、林郝組、陳王組的廣告策略，均可以看到「追隨者」的作法[2]。

2 戰略分析摘自鄭自隆〈如何推銷總統？〉，《政策月刊》第15期，頁5。

肆、文宣主軸與LOGO

文宣主軸是理念識別的呈現，而LOGO則是視覺識別的核心，兩者都在表現候選人定位，以顯示有別競爭者的特質。

一、文宣主軸

此次選舉四組的文宣主軸分別是：

李連組：尊嚴、活力、大建設。

彭謝組：和平尊嚴、台灣總統。

林郝組：新領導、新秩序、新希望。

陳王組：和平、救台灣。

其中定稿最早的是林郝組，而李連組是在1月10日由該黨中常會定案，兩組定案後均沒有改變[3]，而彭謝組與陳王組的文宣主軸則有數次更改，彭謝組最早有「終結外來政權」，後來又改爲「要獨立、反統一、愛台灣」，陳王組也有「新世代、新希望」、「服務性國家、服務性政府」等口號的推出。

在廣告學裏衡量一組廣告運動或是一則廣告的好壞，通常有一些標準，在此則以這些標準來評論這四組的文宣主軸。

1.排他性（exclusive）：也就是這個主軸只適合這個候選人用，別人不能用、不合用。「要獨立、反統一」是彭謝的「專利」，當然具排他性，「新領導」也滿適合郝柏村軍人的特質。不過林郝的

3 李連組的文宣主軸在1月8日的主席早餐會報中，原就「尊嚴、活力、再創高峰」與「尊嚴、活力、大未來」二則中擇定後者爲文宣主軸，後因「大未來」的台語諧音意義欠佳，而改爲「大建設」。

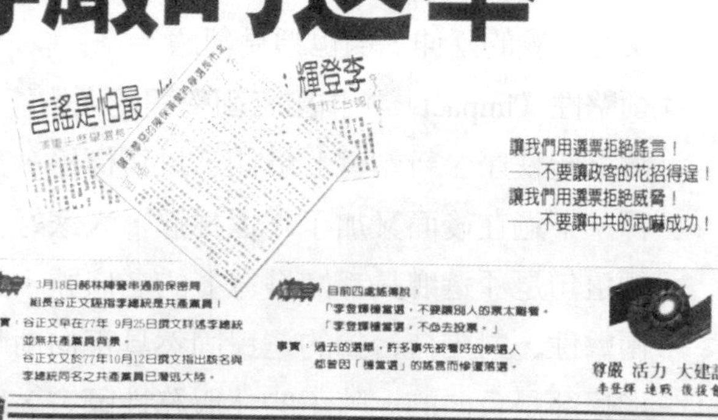

圖5.3
用選票維護尊嚴的選舉（李連報紙廣告）。

「新希望」與彭謝的「愛台灣」都不排他，因爲各組人馬都可以講自己是「新希望」（陳王配就曾喊「新世代、新希望」），而且各組也都講自己「愛台灣」；而陳王的「服務性國家、服務性政府」也同樣沒有明顯的排他性。至於李連組的「尊嚴、活力」，「尊嚴」是滿貼切部分民眾對李登輝的認知——挺起腰桿面對中國，表現台灣人的尊嚴，突破外交困境追求國家尊嚴，這的確也適當的凸顯李登輝的個人魅力。

2.關聯性（relevant）：指廣告與商品的關聯程度。四組主軸，都契合商品（候選人）的個性或選民對其認知。

3.原創性（original）：指廣告作品是來自自己的創意，具原創性格。林郝主軸的「新」基本上是抄自新黨，尤其「新秩序」在1994年台北市長選舉趙少康就曾使用，較不具原創性。彭謝的

「要獨立、反統一」以及「台灣總統」是民進黨的基本政策，其原創性是屬於該黨而不是候選人個人。最具原創性的是李連的「尊嚴、活力」，至於「大建設」比原來提出的「大未來」格局小，也較缺乏想像空間，但適合以台語讀出。「大未來」雖然是來自托弗勒（Alvin Toffler）的書名，但把名著引爲選舉文宣主軸，屬於文字意義的延伸，倒也頗見創意。

4.衝擊性（impact）：指廣告衝擊閱聽人的能力。這以林郝的「新領導、新秩序、新希望」最佳，以新標榜，文義清楚，不用費辭解釋。不過在後面又加了「選林郝，大家好」則屬續貂矣，有人批評這句是「選鄉長都嫌發霉」的老口號。彭謝的「要獨立」也具衝擊性，對支持台獨的選民固然具正向衝擊性，但對反對台獨的選民卻是負向的。陳王的「服務性國家，服務性政府」衝擊性最弱。至於李連的主軸，「尊嚴」若經適當詮釋意義，是可發揮不錯的衝擊性。

5.對抗性：指廣告對抗競爭者的能力，也就是戰鬥性。這以李連的主軸最好，它可以左批彭謝──「尊嚴、活力，就是愛台灣」，更可以右打林郝──「有尊嚴，何必新領導」、「有活力，不要新秩序」、「尊嚴，活力，就是新希望」。

6.可運動性（campaignable）：指廣告的持續性、整體性、傳播性。四組的文宣主軸只要配合適當的廣告都符合可運動性的條件。但其中以李連的主軸最可以發揮，一方面有吸納性，「尊嚴、活力、愛台灣」、「尊嚴、活力、新希望」，在選戰過程中，除了可以對抗對手外，還可以發揮「吸星大法」效果吸納對手議題，另方面它還具備強烈的話題性，可以創造「接龍」效果。

二、LOGO

這次選舉四組的LOGO分別是：

李連組：黨徽的太極圖構成。

彭謝組：以鯨魚象徵台灣。

林郝組：山巒與太陽。

陳王組：火炬。

這四組LOGO在設計上各有不同的考量。

國民黨李連組用的是國旗圖案的變形，以國旗紅藍主色作爲兩股曲線而相綻至中間的黨徽，黨徽並稍變形而成太陽似的光芒。據國民黨全球資訊網路的解釋，此種造型爲「太極」與國旗的結合，「太極爲萬物之源，其生生不息的活力所衍生兩股巨大力量，象徵在中華民國國旗飄揚下，結合了族群的融合、社會的和諧與全民的團結，綻放出耀眼的光芒，共同建設大台灣，也展現出中華民國生生不息、日新又新的新氣象」[4]。

民進黨彭謝組LOGO是代表海洋精神的鯨，而鯨魚的造型就取自橫置的台灣地圖，「在視覺語言上的考量是透過海洋的藍色及陸地的綠色相融合，再輔以具有高貴、典雅、含蓄的紫色『飛白』筆觸，象徵波濤洶湧，輾轉前進的時代巨浪」，而「整體設計的意涵，是以水平呈現的方式將台灣化身爲鯨魚，試圖對台灣衍生新的思考方向」[5]。

林郝配原先推出的LOGO是孫中山與林郝並列的圖像，這類似於國民黨早期宣傳的「堯、舜、禹、湯、文武、周公」似的傳承，但由於其圖像複雜，比率不對，並不適合作爲LOGO之用，後來改用「山巒與太陽」的圖像，一方面象徵旭日東升，一方面似也有以「太陽」與國民黨競逐正統的意味。此外，該圖案中包含了象徵國民黨的藍、民進黨的綠與新黨的黃，也有超乎政黨顯示政黨融合的意義。

林郝配LOGO的涵意佳，可惜其造型與1991年二屆國代選舉社民黨象徵第三勢力的「兩座山與上升的太陽」的圖案極爲雷同，失去了原創

---

4 國民黨LOGO說明摘自中國國民黨全球資訊網路。

5 民進黨LOGO說明摘自彭明敏文宣小冊「彭明敏與台灣的故事」之說明。

投票給不會當選的人，就像下一盤已死局的井字遊戲，毫無意義。唯有投給②李連，您這一票才有價值，2100萬人才能走出活局。

民主要確保，團結選②號

圖5.4
井字遊戲（李連報紙廣告）。

性（originality）[6]。

陳王配的LOGO原先曾擬議採用海外支持者所設計的蝴蝶，後來才定案使用富宗教意味的火炬圖案。大紅色的火把象徵陳王年輕、熱情、活力、希望的特質，也象徵「浴火鳳凰」帶領台灣走向二十一世紀，此外也可以解釋爲祥雲，代表吉祥、瑞氣與歡喜[7]。可惜「火炬」與陳王組的文宣主軸「和平、救台灣」似乎不能呼應。

LOGO除了配合競選理念外，還應考慮到設計上的要件——簡單、比率、動感。

6 鄭自隆曾指出林郝組的LOGO與社民黨1991年選舉的LOGO近似，見鄭自隆〈總統候選人廣告策略分析〉，《動腦月刊》第240期，頁22（1996年4月）。

7 參考自《聯合報》1996年2月3日第8版之報導。

1.簡單：LOGO必須線條單純，即使縮小也不會模糊，以方便各種辦公用品及文書印刷處理，形成視覺識別核心。基本上四組LOGO都符合簡單的條件。

2.比率：LOGO以正方形或長方形爲佳，若使用長方形也應符合黃金比，不應有狹長型的設計，以方便各種文宣品搭配使用。林郝組原先擬用的「孫中山與林郝」就不符合這項要件。

3.動感：LOGO最好有躍動的感覺，不要讓人覺得它是靜止的。以此項來看，李連組的國旗最富動感，有太極圓動的感覺；彭謝組的鯨魚就太靜止了，而且將台灣橫置，感覺也不好，若能將鯨魚（台灣）站起來，而且處理成向右傾斜四十五度的造型，魚背朝上，魚腹朝下，形成「鯨躍」的感覺，則不但富動感而且涵意更佳。

伍、廣告分析

此次大選四組候選人的廣告以電視爲主要媒體，據潤利公司統計，自2月1日至3月20日間，李連組播出衛星與有線電視廣告有十四種版本，播出金額約五千四百萬元，四組中排名第二，次於陳王組；陳王組電視廣告有八種版本，播出金額約八千九百萬元，排名第一；排名第三的是彭謝組，廣告影片有三種版本，播出金額約三千三百萬元；至於林郝組播出金額略遜於彭謝組，爲二千六百萬元，但播出影片版本卻高達十三種。

四組候選人電視競選廣告播出秒數與推估金額請參見**表5.1**，影片版本參見**表5.2**。

四組候選人的廣告，以李連組的策略最爲穩健，採用領導品牌策略貫徹執行；而廣告表現最佳者爲陳王組，「廣告」訴求與「選民」完全契合。換言之，廣告表現合乎目標選民的收視習慣。彭謝組早期廣告零散，訴求沒有集中，也沒有適當區隔彭明敏與李登輝，以消除 「棄彭保

表5.1　1996年台灣總統大選四組候選人電視廣告播出統計

組別	播出總秒數	推估金額（元）	排名
李連組	329,405	54,900,830	2
彭謝組	202,892	33,815,333	3
林郝組	156,855	26,142,500	4
陳王組	539,820	89,970,000	1

註：1.推估金額以30秒5000元計。
2.統計期間：1996年2月1日至3月20日。
3.由於三台不接受競選廣告，所以上列廣告均在有線電視及衛星電視播出。

資料來源：摘自《廣告與市場》第24期（1996年3月24日，潤利公司出版）。

表5.2　1996年台灣總統大選四組候選人文宣策略分析表

項目	李連組	彭謝組	林郝組	陳王組
戰略	領導品牌策略	追隨者（挑戰品牌）策略		
D（候選人特質）	1.第一位台灣人總統 2.中國最不喜歡的人	堅定的台獨意志者	1.草根性與親和力（林洋港） 2.外省人的精神領袖（郝柏村）	年輕、清廉、有慈悲心
S（選民區隔）	全民；不刻意區隔。但主要支持者為年老、本省籍選民	本省籍選民、主張台獨者	反李選民；新黨支持者、主張統一者	年輕選民
P（候選人定位）	帶給台灣人尊嚴的總統	真正的台灣總統	反李、反台獨的領導人	新領袖
文宣主軸	尊嚴、活力、大建設	和平尊嚴、台灣總統	新領導、新秩序、新希望	和平、救台灣
文宣目標	1.鞏固李連 2.動搖彭謝 3.吸納游離 4.駁斥林郝 5.不理陳王	1.鞏固民進黨基本票源 2.防杜「棄彭保李」效應	1.打擊李登輝，凝聚反李票源 2.鞏固新黨基本票源	1.塑造陳履安認同本土形象 2.攻擊三位有政黨支持之對手，以吸納游離票
文宣主調	李登輝魅力	台灣悲情	反李、反戰	1.陳履安形象重塑（前期） 2.攻擊三黨（後期）

（續）表5.2　1996年台灣總統大選四組候選人文宣策略分析表

項目	李連組	彭謝組	林郝組	陳王組
戰略	領導品牌策略	追隨者（挑戰品牌）策略		
廣告影片篇名與數量	1.大建設篇 2.夫妻篇 3.戒菸篇 4.活力篇 5.交響樂篇 6.尊嚴篇 7.團結篇 8.街頭訪問篇 9.厝邊隔壁篇 10.求學之苦篇 11.修憲篇 12.楊麗花篇 13.自由篇 14.非常人物篇	1.反統一篇 2.為台灣永不悔 3.理想篇	1.好朋友篇 2.和平篇 3.鄉村篇 4.都市篇 5.李登輝不能篇 6.光榮入伍篇 7.理念篇 8.積木篇 9.親民篇 10.融合篇 11.國政說明篇 12.鐵證如山篇 13.歷史證言篇	1.手篇 2.注音變化篇 3.西瓜國語篇 4.西瓜台語篇 5.高爾夫球篇 6.蛋糕篇 7.黨字國語篇 8.黨字台語篇
公關、人際傳播與事件策略	1.競選組織龐大，透過各地競選總部、後援會進行公關活動、人際傳播、布樁 2.採取傳統演講、拜票方式，不使用特別之造勢活動	1.建立特殊之助選團體（海洋媽媽、螞蟻兵團、綠色鐵馬兵團、種籽矩陣） 2.造勢活動： (1)彩繪馬路、歡送鯨魚出海 (2)二二八紀念活動 (3)拍賣總統座車	1.與新黨合辦全國巡迴國政說明會 2.林洋港、郝柏村新書發表會	1.王清峰「每日一問」 2.陳履安「行腳祈福」自2月22日至3月10日，徒步環島十八天
得票數	5,813,699 （當選）	2,274,586	1,603,790	1,074,044

註：1.李連組「文宣目標」摘自聯廣公司「總統大選文宣策略提案」。
　　2.廣告影片篇名與數量摘自《廣告與市場》第24期（1996年3月24日，潤利公司出版）。本研究稱「反統一篇」為「李姥姥篇」、「理想篇」為「台大篇」。

李」效應。至於林郝組則以「批李」爲主，整體策略廣告表現失誤甚多。

有關四組候選人之廣告表現，謹評論於後。

一、李連組

李連組是今年選戰的大贏家，不但得票遙遙領先，李登輝更是獨領風騷，搶盡了光彩，成了此次選舉的超級明星，而使得此次選舉「非常李登輝」[8]。

李連組的文宣大概是四組中最能按照「劇本」演出者，所有的文宣戰略與執行步驟，在選戰開打前已經擬妥，而且按部就班的逐步執行演出；同時文宣班底穩定，選戰開打到結束沒有一個人退出，有助維持文宣調子的一致性。

由於選戰開打前的民調顯示與對手有很大的差距，因此李連組採用領導品牌策略，在這個策略下，李連對中國搗蛋（導彈）採取強勢的反應，不但可以激揚民氣，吸引媒體報導焦點，同時誘使對手跟隨批評，而拂逆民氣失掉支持。

此外，李連組的廣告不主動攻擊對手，即使有攻擊也由下駟（國代候選人）出手，偶爾由李連出面也是隨意「消遣」並不出重拳，以免拉抬對手。尤其不攻擊彭明敏本人，而讓「棄彭保李」自然擴散發酵。

戒菸篇、夫妻篇、吃苦篇等系列性廣告片成功塑造李登輝的親和力，展現了領導人物的毅力，也使得高高在上的總統李登輝，變成親切隨和、和你聊天的鄰居李先生。

二、彭謝組

彭謝組的廣告是今年四組中最難做的。難做的原因是與競爭對手的同質性太高，而更糟糕的是，對手是強勢品牌，自己處於弱勢。而自己的消費者充滿「棄彭保李」氣氛。

8 可參閱鄭自隆〈今年大選「非常李登輝」〉，《聯合報》1996年3月22日第11版。

選戰初期彭謝組的廣告也是以形象塑造爲主，但並沒有成功，沒有明顯的將彭明敏與李登輝區隔出來。一直到選戰後期所推出的片子，才看得到「李登輝是李登輝，彭明敏是彭明敏」。

「李姥姥」篇是攻擊李登輝的一個中國政策，以大富翁卡通方式表現，可惜內容鬆散，連俄羅斯、越南、印度都擺進去；幾時聽過國民黨主張說俄羅斯、越南、印度是中華民國領土？攻擊既失去準頭，內容就會顯得零散。

「台大」篇是區隔李、彭最明確的一部片子，批評李登輝向權力靠攏。此片對年輕的選民或有說服力，但年齡大或對政治有深入瞭解的選民，恐怕不見得會同意。李登輝晚至四十餘歲才加入國民黨，他的竄起是因緣際會的歷史偶然，說他主動向權力靠攏可能並不公平。

另一支以CM SONG爲背景的片子（「爲台灣永不悔」）也處理得不錯，片子結束出現「你甘願五十年的打拚，只爲了李登輝？」、「你忍心讓彭明敏、謝長廷繼續孤獨的走下去？」確實可達到「固票」的功能。這支片子除了固票外，還有悲情的訴求，1995年立委選舉民進黨的文宣一直想走出悲情，極力營造希望、快樂的形象，可惜此次選舉因找不到著力點而再走回悲情。從學理上來看，無論是政黨或候選人及其所訴求的議題都必須維持其形象的一貫性或穩定性（Joslyn, 1984；鄭自隆，1995a）。政黨形象的塑造是長期性的，一定要保持穩定性，不能每次因應選舉而變來變去，這點民進黨的文宣主管得拿定主意。

此外，面對中國的導彈威脅，彭謝組的文宣也沒有充分利用，只拍了一支「固守家園」篇，失去了對議題（issue）的主導權，這也是很可惜的地方。

三、林郝組

林郝組的廣告可以歸爲兩類，一是負面文宣主攻李登輝，另一類是議題廣告——「反戰」。

攻擊李登輝有兩個主軸，一是攻擊李的「誠信」，有兩支片子，一支是「李登輝的不能」，攻擊李登輝爲什麼不能和李元簇一起退休，一支是到投票日前一天還在播的「誠信」篇，以李登輝記者會說要退休的片子來攻擊李的誠信。李登輝的「誠信」是個被炒爛的議題，它在1995年國民黨內鬥期間已經發酵過了，對選民一點也不新鮮，而且對支持李的選民已經有了「免疫力」，沒有作用。攻擊李登輝的第二個主軸是在選前一週提出的「李登輝參加共產黨」的質疑，林郝組期待此「新」資訊可以使李登輝「英雄變狗熊」，因此配合記者會、傳單、電視展開全面傳播。不過似乎也沒有發揮預期效果；其原因可能有兩方面，中華民國總統參加共產黨，蔣經國是第一個，而且他還曾寫公開信要和蔣介石斷絕父子關係，這都無礙於他當總統直到老死。以參加共產黨的標準來責李，那林郝口中念茲在茲的「經國先生」怎麼辦？此外，林郝組搬出谷姓老特務來做「證人廣告」，對這種在戒嚴時期視人命如草芥、民眾畏之如蛇蠍的特務，不但本省人痛恨，外省人同樣咬牙切齒，這又如何發揮「證人」效果？林郝組此招看似高明，但是低估了選民的智慧。

除了主攻李登輝外，林郝組也配合中國的演習，推出「反戰」廣告以側攻李。「反戰」不是不可做，但應以人性或愛作爲出發點，而不應基於畏戰而反戰，這又何異於投降？與民進黨的「在戰火，和您的下一代共守家園」的廣告片相比，林郝組的反戰片不但格調全無，而且也悖離了選民的認知與基本信念──愛國心。

林郝組的反戰片有三支，基調類似，一支是「月台篇」，描述一對中年夫婦在月台上送孩子去當兵，媽媽擔心孩子，希望孩子不要調到外島，爸爸安慰說「免驚」；接著旁白說：雖然嘴巴說免驚，但心中還是怕怕的，不要眞的打起來，連我這個老的也會抓去當砲灰。

另一支反戰片是「農村」篇，以旁白說，以前庄內有人去當兵，都是歡喜去相送，但現在有人去當兵，大家都爲他擔心，怕他抽到「金馬獎」。

這兩支片子都是典型的恐懼訴求。廣告中先陳述令選民恐懼的現象（戰爭），接著分析引起恐懼的原因（暗示李登輝引來戰爭），最後則提出紓解的方法（投票支持林郝）。這樣的訴求包含了Nimmo（1978）所謂的對「個人」的恐懼訴求——生活標準、經濟成就的破壞，以及對「國家」的恐懼訴求——戰爭、對國家前途的憂慮。

雖然恐懼訴求的邏輯性有問題，即恐懼現象與引起的原因不必然有因果關係（如戒菸廣告常說抽菸導致肺癌，但肺癌卻不見得全是抽菸引起的）。不過由於其結構嚴謹，因此頗具說服力，也是廣告上常見的方法。但也因爲它具說服力，因此在使用時更須愼重，以免產生不良的後遺症。

很遺憾的，林郝組的片子恐怕會有嚴重的後遺症。男生當兵是憲法明定的義務，而軍人的天職就是保國衛民；而作爲總統大選的競選廣告，卻以「金馬獎」、「砲灰」來做訴求，告訴選民說調到外島是很可怕的事，這恐怕與林洋港競選中華民國總統的身分不相當。

台灣的競選廣告使用恐懼訴求以威嚇選民，當然不是始自林郝組。1991年二屆國代選舉，國民黨就以恐懼訴求——台獨會引起中國武力犯台，來對抗民進黨的台獨主張。自該年起只要一有選舉，國民黨一定祭出恐懼牌、中國牌，幾年下來弄得台灣民眾心防盡失，由以往堅決的「反共」到現在人心惶惶的「恐共」；若再加上不當競選廣告的催化，恐怕就會變成「降共」了。

林郝組的第三支反戰片是以積木做片頭，像極了政府宣導片，更談不上有說服力。不值一提。

在林郝組的電視文宣中，似乎只有一支「仁者無敵」來打形象，可惜這支片子其差無比。片子出現一連串林郝的圖片，然後是一張林洋港全身的仰角照片，字幕打上「仁者無敵」。幾張照片，沒有說明、沒有舉證，就可以塑造「仁者無敵」？既沒感性訴求，也無理性說服，文宣人員未免太想當然爾。

四、陳王組

一般認爲陳王組的廣告是最成功的，陳王組廣告最大的特色是「廣告」與「選民」完全契合，陳王組的支持者以年輕學生、上班族居多，而陳王組的廣告表現也完全迎合這些目標選民的需求。從「新世代、新希望」、「眞實的台灣、我們的承擔」，以至於選前密集播出的「拳頭篇」、「西瓜篇」、「蛋糕篇」、「錢與權篇」的表現手法，完全針對中產階級的影像偏好而設計——表達方式迂迴，但看得懂。

此外，陳王組的廣告與商品（陳履安、王清峰）的形象一致，並適當的凸顯個人特質，從廣告中不斷散發出「年輕」、「有反省能力」、「用心愛台灣」之類的訊息，而這樣的訊息正是陳王組與其他三組最明確的區隔。

陳王組廣告的另一項特色是階段性清楚，文宣不打混戰，選戰初期以形象塑造爲主，如「新世代、新希望」、「眞實的台灣、我們的承擔」就很清楚的表達陳履安的形象；而這個形象也與陳履安學佛、割捨財產的形象相一致。換言之，選戰廣告強化了陳履安的原有形象。

在選戰後期，陳王組也採用攻擊性廣告，與林郝組的廣告比較，陳王組的「拳頭篇」、「錢與權篇」，其至「蛋糕篇」就顯得有格調，不會赤裸裸的修理對手，甚至還留下一些讓選民思考的空間[9]。

陸、公關、人際傳播與事件策略分析

整體選戰文宣除廣告外，尙應包含公關策略、人際傳播策略與事件（event）策略，其中除事件（也有稱「造勢活動」），因須形諸媒體以造成輿論吸引選民，而可以直接由新聞報導查知外，其餘如公關策略、人際傳播策略都是檯面下的動作，外人不易得知，抑或得知亦僅是表象資料，沒法判定眞正意圖或查知來龍去脈。本文謹由觀察所得，對各組之公關策略、人際傳播策略、事件策略評述如下：

9 四組之廣告分析摘自鄭自隆〈總統候選人廣告策略分析〉，《動腦月刊》第240期，頁22-31。

一、李連組

李連組候選人由於是現任總統與行政院長，掌握豐沛行政資源，因此其競選組織也遠較其他三位候選人來得龐大。

競選組織除了全國競選總部外，還有地方競選總部，以及各式各樣的後援會，除全國競選總部總理選舉事務外，地方的競選總部與後援會可以說是負責公關與人際傳播布椿的單位。

李連全國競選總部工作人員高達兩百四十八位，委員顧問四百位；地方競選總部有二十七個，輔選幹部達千人以上；在後援會方面，全國直屬後援會有二百五十八個，其他支援民眾團體的後援會達一千個以上，此外並有一百五十八個海外後援會，其中美洲五十二個、歐非五十三個、亞太地區八十個[10]。

在造勢活動方面，由於是領導品牌，李連組不需要採取「怪異型」的造勢活動，而是採取傳統的演講拜票，於各地競選總部成立時，以演講方式凝聚民氣，並以聳動內容（如十八套劇本、飛彈在大雨中會澆熄）吸引媒體報導，據統計，李連選戰期間拜會跑場超過一千場次，繞行台灣各縣市拜票四次，行程超過三千公里，李登輝並創下一天握過七千隻手的紀錄，選戰期間所握過的手超過十萬隻[11]。

二、彭謝組

相對於國民黨縝密而龐大的競選組織，民進黨彭謝組固然也有全國競選總部、地方競選總部與後援會的組織，但在數量或規模上均較李連組小了許多。然而彭謝組仍成立了一些頗具特色的助選團體：

10李連競選組織摘自威肯公關公司《Catch選舉》第5期，頁16-17。

11李連拜票資料摘自威肯公關公司《Catch選舉》第5期，頁17。

1.海洋媽媽：台北市競選總部的組織，平時接聽電話、協助義賣、散發宣傳品，此外並組成巡迴助選團全省巡迴助選。

2.螞蟻兵團：機動性高的「小蜜蜂」，散發傳單，並參與造勢活動。

3.綠色鐵馬兵團：廠商提供漆成綠色的腳踏車，高雄市競選總部召募一千四百名學生騎上腳踏車巡迴街道宣傳拉票。

4.種籽矩陣：各大專院校設置聯絡人，徵集支持彭謝的學生。

這些助選團體固然有特色，但發揮的「吸票」功能可能有限。

在造勢活動方面，12月21日競選總部開幕，在馬路彩繪鯨魚的活動頗具創意，接著新黨抗議，以致1月8日歡送鯨魚出海，都能吸引媒體報導。此外，3月14日的「拍賣總統座車」也有別於一般募款餐會的設計。除此之外，其他的活動規劃大抵不出演講、拜會、餐會等傳統形式。甚至可以掌握主導權的二二八紀念活動，規劃也不具備「媒體注意、選民關心」的造勢活動條件。整體而言，造勢活動不夠強化彭明敏個人的魅力形象。

三、林郝組

林郝雖然是獨立候選人，但因獲新黨支持，因此在組織動員，新黨也出力甚多，全國競選總部、各地競選總部乃至各種後援會均有新黨人士參與。

在造勢活動方面，有與新黨合辦巡迴全台十場的「春雷響起」活動，作爲林郝的國政說明會。此外，林洋港的《新領導——林洋港的治國藍圖》、郝柏村的《郝總長日記中的經國先生晚年》的新書發表會，也是有別他組候選人的造勢活動。

四、陳王組

陳王組缺乏政黨奧援，是眞正獨立的候選人，其競選組織也是陳履安投入選戰後再匆促編組，在組織部署上遠較其他三組候選人艱困。

在造勢活動方面，王清峰推出「每日一問」，但沒有引起媒體注意，效果也低於預期。但陳履安的「行腳祈福」則是本次大選中最具特色的造勢活動。

「行腳祈福」自大年初四（2月22日）展開至3月10日共十八天，每天媒體的追隨報導，在電視螢幕上出現的陳履安，穿著夾克，腳踏球鞋，頭戴斗笠，再罩件透明雨衣，神情肅穆。

「行腳祈福」所塑造的氣氛有助於強化陳履安的形象──誠懇、有慈悲心，再加上文宣所宣傳的，徒步環島的意義在於展現陳履安對台灣土地及人民的愛，的確對陳履安個人形象也有助益。

不過在活動設計上，3月14日環島行腳的終站大安森林公園的「祈福之夜」固然帶來高潮，不過距離投票日尚有兩週時間，在氣勢上無法延續，這是很可惜的，若能將祈福之夜延後至投票日前，效果或許會更好。

有關四組候選人文宣整體比較，請參閱表5.2。

柒、結論、討論與建議

一、結論

綜觀此次四組文宣策略，有的是出自專家之手，有的似乎是業餘之作，然而選舉文宣決策時間短、與競爭對手互動性強，因此即或表現粗糙、思慮不夠周延，若予嚴責亦有失公允。

整體而言，此次大選廣告表現以陳王組最爲搶眼，而策略運用以李連組最爲成功，尤其李連組銷售的是「好賣的商品」，「好賣的商品」搭配「好文宣」，自然是紅花綠葉相得益彰；而彭謝組至最後一週的廣告，才有出色表現，至於林郝組則失誤甚多。

此次大選「非常李登輝」，李登輝成爲媒體與選民注意的焦點，主要來自他的「氣勢」，而李登輝氣勢形成的原因有三個方面：

第一是李登輝個人的魅力，李登輝以第一位台灣人總統以及對台灣悲情的認同，吸納了台灣人的支持，他已經成了台灣人「救贖」的象徵，再加上任內對本土化的努力，終於形成李登輝情結，而濃得化不開的李登輝情結也在此次選舉成功發酵。

再加上李登輝以現任總統之尊走下「神壇」，以民眾語言演說、握手、拍照，與民眾一起歡呼，要求民眾「化身李登輝」，靈活的選舉身段讓「在位蔭三分」的效應充分發揮。

其次是中國與民進黨「助選」，對岸陳置重兵頻頻演習，雖然中國明擺是衝著李登輝而來，但很多人認爲我們選總統是辦喜事，對岸卻在鬧場，這種對中國的嫌惡轉換成對李登輝的支持──「欺負李登輝就是欺負台灣人」，因此對岸越囂張，李登輝的票也越穩固。

民進黨與新黨的大和解，傷透很多支持者的心，很多支持者不諒解民進黨爲什麼與新黨結合來修理已經本土化的國民黨。這種對民進黨的不滿，也拉抬了李登輝的氣勢。

第三是李連陣營文宣的成功，戒菸等系列廣告成功的塑造李登輝的親和力，以及展現李登輝的毅力，使得高高在上的總統李登輝，成了選民鄰居的李登輝先生。而且幕僚作業成功，每次李登輝講詞都可以找出新聞點，儘管有爭議，但卻能吸引媒體注意，此外，李登輝採取強勢品牌策略，廣告只塑造形象而不主動攻擊別人，尤其不攻擊彭明敏，成功的消除民進黨支持者內心的認知不和諧，而間接讓「棄彭保李」自然擴散。

二、討論

(一)DSP模式在文宣策略形成之意義

本文建構了DSP模式以分析競選文宣。所謂D指differential，S指

segmentation，P指position。D在文獻上指「商品歧異性」，就是候選人與其競選對手不一樣的特質，S則指所欲爭取的選民。DS兩因素可以是互動的，亦即可以由D來區隔S——由本身的特質來區隔出所欲爭取的選民，可以是由S來凸顯候選人的某項特質。

換言之，D可以是候選人原具的特質（如高學歷、肢體殘障、特殊抗爭經驗），或所欲塑造的特質，經由DS的互動考量後，再由P（定位）予以「包裝」或具體呈現。

DSP在文宣策略的形成有其重要意義，「定位」不是憑空杜撰的，它必須以「候選人特質」與「選民區隔」爲基礎，考慮「選民要什麼？」、「自己能包裝成什麼？」，然後以文宣主軸、LOGO，以及後續的戰術〔廣告、公關、事件（event）〕呈現「包裝」後的「成品」。

(二)文宣表現與當選與否的關係

候選人文宣表現與當選與否是否有關係，在文獻上並無定論，即或二者有關聯，只是統計上的關聯，未必是二者因果關係的呈現（鄭自隆，1991）。這在地方性的選舉特別顯著。

但在全國性的大選，候選人無法以人際傳播的方式直接接觸選民，因此媒體的影響力相對增大，從此次的觀察似乎可以看出文宣對選票的凝聚還是有助益的。不過如何測量文宣對選民的影響，還有待學界努力。

三、建議

在選舉文宣實務運用上，本文提出如下建議：

(一)文宣主體精神應貫徹並保持一致性

競選文宣的主體精神應表現在文宣主軸與LOGO上，文宣主軸與LOGO不但扮演著強化候選人定位的角色，而且應該貫徹在所有文宣品上，然而此次大選中部分候選人文宣主軸一變再變，非但不能凸顯候選人特質，而且混淆了選民認知，LOGO也成了妝扮功能，只因別組有，所以也跟著倉卒推出，成了可有可無的點綴。

除了文宣主軸精神應貫徹外，廣告呈現的格式（format）也應保持一貫性，以強化視覺效果。

(二)處理危機必須謹慎

在選舉期間候選人必然會遇上各式各樣的危機（如被對手指控賄選、失言，或文宣出現重大錯誤），此時處理危機必須特別謹慎。

此次大選期間，中國故意導彈演習，干預我國選舉，這對台灣與李連組均形成危機，李連組文宣對此事件反應可稱允當，此時暫停所有廣告，僅由李連兩人在各地政見會以口語傳播方式激揚民氣。如此處理有兩項好處：

1.經由聳動式的回應（如「十八套劇本」、「大雨中飛彈會澆熄」）可以激勵現場情緒，再經媒體主動報導，更可以形成議題效果。

2.這些聳動式的回應是不宜表現在廣告上，要由廣告做其他的回應，也難拿捏，一來容易成爲八股（如反共或愛台灣），二來若是形成怯戰或好戰印象，反而不好。

在此時，林郝組推出的一系列反戰片，形成「競選中華民國總統」卻要選民不要抽到「金馬獎」的訴求，就是對危機反應不當的例子。

(三)文宣處理應專業化

很多人以爲會寫文章就會寫文宣，會畫畫就會畫競選海報，會拍電影就會拍競選廣告片，其實這是不對的看法。

此次大選，很多傑出的廣告均出自專業人士的作品，尤其李連組的廣告獲得國際行銷傳播經理人協會（Marketing Communication Executives International, MCEI）舉辦的國際行銷傳播卓越競賽的銀牌獎，更可以證明競選文宣由專業人士參與的重要性。

此次大選是台灣人第一次選總統，也是眞正的「四百年來第一戰」，從此次文宣的分析發現：文宣不是告知——告訴選民，某人要參選總統，或某位對手不適合當總統。而是形象的再明確化（reshaped）——某人比別人更適合當總統，換言之，也就是領袖魅力（charisma）的塑造與強化[12]。

12本文摘自鄭自隆（1997）〈一九九六年總統大選四組候選人文宣策略觀察〉，金溥聰編《總統選舉與新聞報導》，頁30-60，台北：國立政治大學新聞學系。

1997年　縣市長選舉

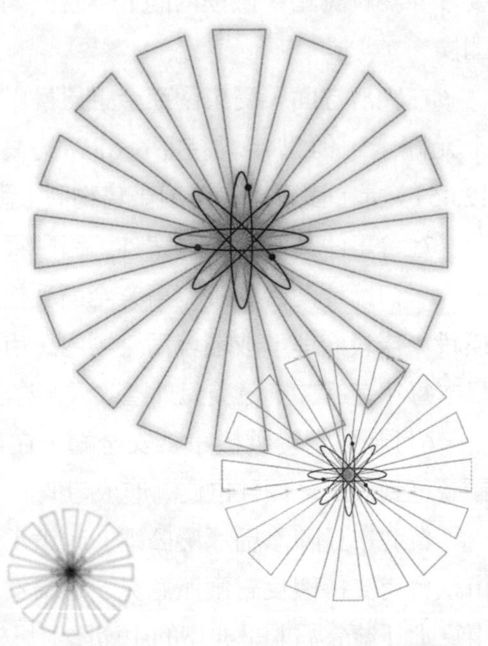

1997年的台灣社會

1997年年中，中國接收香港，而年底的縣市長選舉讓國民黨口中的「中華民國在台灣」變成「中華民國在金馬」、「中華民國在花東」。

縣市長選舉，民進黨大勝，西部富饒縣市執政權大都由民進黨或無黨籍取得，國民黨只贏得金門、馬祖、澎湖等外島，以及花蓮、台東、嘉義、雲林、彰化等八縣。

除縣市執政「藍天」變「綠地」外，1997年最大的政治事件是「凍省」，1996年底國發會議決「凍省」。1997年7月國大修憲，明訂省長及省議員任期至1998年12月20日止，期滿不再辦理選舉。而省長宋楚瑜抗拒變革，發明「請辭待命」與中央抗爭。

因白曉燕案、陳進興流竄所引起的五〇四遊行、五一八遊行，民眾要求「總統認錯、撤換內閣」，8月內閣改組，連戰下台，由蕭萬長接任閣揆。

在經濟方面，受東南亞金融風暴影響，股匯市大跌，台幣雖貶破三十元關卡，但當年維持了6.68％的高經濟成長率，平均國民所得為12,457美元，表現不差，但躉售物價上漲率為－0.45％。

社會事件，除白曉燕案外，因中國仔豬走私進口導致的口蹄疫影響最大，口蹄疫使台灣養豬事業全面受挫，全國有三百八十五萬頭豬遭受撲殺，撲殺掩埋形成環境污染，內銷市場國人不敢吃豬肉，而豬肉出口日本每年有近二十億美元外匯收入，亦全面停頓，經濟損失極大。

6月起強制騎乘機車戴安全帽，在重罰五百元的嚇阻下，都會地區顯著達到效果，並且也逐漸形成習慣。

台北市長陳水扁「廢公娼」政策，也是該年重大的社會事件，不但市議會有支持與反對兩派意見，連婦女團體、社工團體也有不同意見，事實上「廢公娼」是典型的中產階級思維，以建構「乾淨」城市神話。

文化方面，民視開播，符合在野人士的期望，但本質上它只不過是三台之外的另一座商業電視台罷了，節目內容與老三台差別不大。

整體電視的表現令人失望，白曉燕案的兇手陳進興竄入南非駐台武官官邸挾持武官家屬與警對峙，電視台均派出轉播車現場轉播，但處理粗糙，不但讓陳進興對著鏡頭向國人辯白，成功的將自己塑造爲黑色英雄，還有一些女主播在鏡頭前淚漣漣的扮演心理諮商師角色，以一位母親的立場勸陳回頭是岸，演出脫線，完全忘了什麼叫「新聞專業」。

李昂的新書《北港香爐人人插》，因影射某位名女人，不但造成轟動帶來銷售熱潮，還延燒到年底選戰，台中市國民黨候選人文宣人員對這位名女人從「香爐」開罵到「尿桶」，文宣品味低俗，而幫倒忙的結果，讓民進黨贏得台中市選戰。

林清玄事件也極具震撼，林清玄的書一向幽雅空靈，擄獲大批女性讀者的心，但現實生活的負心行爲曝光後，他的形象指數和書的銷售數字一樣，從顚峰跌到谷底，顯現了台灣人對偶像不切實際的想像與期望，也證明台灣社會「偶像」的易起易落。

行動電話的普及率逐漸提升，而年輕人除了流行紋身貼紙外，也沈迷於電子雞，從4月到暑假結束的9月，估計銷售三百萬隻，電子寵物與眞實寵物的區別在於「虛擬化」，也因爲虛擬，因此沒有「責任」問題，這也解釋了「飼養」電子雞會在青少年間流行的原因，電子雞的流行如同一陣風，9月開學後電子雞被「棄養」，不是開學後功課繁重，而是新鮮不再，一隻電子雞從數千元猛跌至數十元。

年輕人玩紋身貼紙、電子雞，成年人在1997年則耽溺於紅酒、電子股與健康食品。紅酒象徵品味、社會地位，嗜食健康食品也是。使用健康食品的表面理由是爲了健康，但深層的文化意涵則是社會地位的象徵，這也是中產階級思維的投射。至於購買電子股股票與共同基金，則爲了累積財富。「財富」是成爲中產階級的必要條件。

1997年7月1日，香港在一夕間更替主權，11月29日台灣的國民黨在一夕間喪失了地方執政權，但對台灣社會而言，1997只是牆上月曆的一個年份，沒有特別意義與影響。

第六章

1997年縣市長選舉文宣觀察

〈摘要〉

1997年縣市長選舉具關鍵性意義，國民黨第一次得票率與席次均低於在野黨，國民黨主張的「中華民國在台灣」變成「中華民國在金馬」，「中華民國在花東」。

國民黨整體文宣表現並不差，策略一致，前期以報紙廣告主打形象，第二波廣告則以「吸票」為主要考量，對民進黨展開攻擊。攻擊主軸為——打破民進黨綠色執政神話。在這個主軸下，無論傳單、報紙稿、電視廣告、參加電視談話性節目，均環繞這個主題；甚至台北市議會的「打扁」也是呼應這個主軸而演出。

民進黨文宣以造勢活動（如辣妹團、花車隊、陳水扁旋風等）為主，經由造勢活動吸引媒體注意。廣告則集中在電視，報紙稿與雜誌稿甚少見。雖然電視廣告是民進黨文宣主力，但分散於多種主題，缺乏整體性的串聯。

由於縣市長選舉是政黨一對一式對決，因此負面廣告盛行，個別候選人均以攻擊對手為主要訴求，文宣品味低劣。

關鍵詞：1997年選舉、縣市長選舉、競選傳播、國民黨、民進黨

壹、前言

1997年縣市長選舉於11月29日投票，開票結果民進黨大贏，總計十二席，得票率43.32%；國民黨慘敗只得八席，得票率42.12%，其中三席外島（金、馬、澎），本島五席則爲花蓮、台東、雲林、彰化、嘉義等五縣，無黨籍有三席（南投、苗栗、嘉義市），得票率8.41%。投票「一夕變天」，北台灣、南台灣已全面「綠化」，中台灣的台中縣市也改由民進黨執政，亦即超級大縣台北縣、五個省轄市，以及幾個指標性的縣市，均由民進黨候選人當選。這次選舉開創了國民黨選舉史的新紀錄——第一次得票率低於在野黨，國民黨主張的「中華民國在台灣」變成「中華民國在金馬」、「中華民國在花東」。

貳、廣告量

此次選舉電視競選廣告量，請參見**表6.1**、**表6.2**。

表6.1爲政黨與候選人電視廣告量，從表中可以發現國民黨、謝深山、民進黨分占電視廣告金額的前三名，蘇貞昌爲第四名。由此可見台北縣選情的激烈，謝蘇兩人均勢在必得。此外，國民黨雖然廣告金額最大，但購買的檔次卻少於謝深山，這顯示每檔價格可能偏高，也就是所選擇的均爲高單價的節目，然而這些高單價的節目收視率卻不怎麼樣。國民黨的GRP爲1119，不但遜於謝深山（GRP2032），也敗給蘇貞昌（GRP1337），這顯示國民黨電視媒體選擇不恰當。

表6.2爲各電視台競選廣告狀況表，民視是此次競選廣告收入的大贏家，有線的民視新聞與無線的民視台合計有九千三百餘萬元的收入。就廣告效果而言，TVBS的八百二十四檔GRP爲3110，最高；民視新聞台次之，一千八百九十四檔GRP爲1419。

表6.1　1997年選舉政黨與候選人電視競選廣告一覽表

名次	商品名稱	檔次	秒數	G.R.P	金額（元）
1	中國國民黨	2,219	113,630	1,199	132,243,600
2	謝深山後援會	3,641	109,230	2,032	90,013,350
3	民主進步黨	670	49,500	806	47,781,500
4	蘇貞昌	1,809	48,020	1,337	41,140,750
5	余政憲	658	39,310	261	23,451,600
6	林志嘉	702	39,115	470	35,366,925
7	新黨	971	21,430	477	21,817,500
8	陳唐山	279	16,440	227	15,417,000
9	許添財	354	10,620	280	6,969,000
10	周荃後援會	285	8,550	69	3,826,500
11	張溫鷹	400	8,000	513	7,579,000
12	蘇嘉全	89	7,300	51	5,130,000
13	廖永來	124	5,520	157	5,284,000
14	宋艾克	249	4,980	189	3,535,000
15	阮剛猛	79	4,740	68	6,804,000
16	黃達業	227	4,515	57	2,147,500
17	廖大林	142	4,260	156	4,347,000
18	李炷烽	152	3,040	48	2,920,000
19	楊泰順	147	2,960	42	2,459,000
20	陳振盛	148	2,960	28	2,105,000
21	高家俊	162	2,725	57	2,325,000
22	洪昭男	92	2,460	171	1,941,500
23	劉文雄	188	1,880	284	1,377,000
24	劉守成	62	1,860	90	1,647,000
25	李雅景	21	1,260	41	450,000
26	彭百顯	17	340	6	220,000

統計時間：1997年11月。

資料來源：潤利公司《廣告與市場》第114期（1997年12月14日）。

表6.2 1997年選舉各台電視競選廣告一覽表

排名	台別	檔次	秒數	G.R.P	金額（元）
1	民視新聞	1,894	75,940	1,419	85,677,500
2	環球電視	1,599	47,510	297	24,547,500
3	三立綜藝台	750	31,005	425	20,470,000
4	中視HERTV	369	30,920	87	77,775,000
5	TVBS	824	29,990	3,110	31,375,250
6	TVBSN	795	28,165	922	11,922,500
7	東森綜合台	613	26,385	377	27,058,000
8	霹靂衛星電視	558	21,690	100	10,327,500
9	傳訊中天	692	21,635	189	41,822,500
10	聯登電影台	504	16,395	299	14,642,000
11	緯來體育台	395	15,320	94	14,498,400
12	三立台灣台	361	13,720	81	7,000,000
13	緯來日本台	337	13,455	112	5,610,000
14	非凡商業頻道	308	11,990	114	4,360,000
15	真相新聞台	384	11,520	83	4,965,000
16	衛視中文台	404	11,425	195	14,659,500
17	東視電影台	337	11,050	192	8,257,500
18	非凡新聞台	246	10,810	48	4,810,000
19	超級電視台	304	10,975	312	6,942,375
20	春暉電影台	316	10,410	130	13,614,000
21	超級二台	232	7,735	42	512,500
22	東視育樂台	205	7,110	29	1,464,000
23	TVIS	286	6,630	113	2,347,500
24	好萊塢電影台	165	5,900	43	0
25	民視	83	5,755	82	9,833,000
26	GOGOTV	237	5,485	81	2,400,000
27	緯來電影台	108	5,325	24	1,987,200
28	傳訊大地	109	4,140	20	8,175,000
29	GTV27	124	3,720	49	2,208,000
30	GTV28	111	3,330	31	1,776,000
31	TVBSG	31	1,650	27	1,125,000
32	DISCOVERY	6	180	3	216,000

統計時間：1997年11月。

資料來源：潤利公司《廣告與市場》第114期（1997年12月14日）。

參、文宣現象觀察

這次雖然是地方選舉，但因競爭激烈，因此呈現幾個有趣現象，值得觀察與討論。

首先，主席「折舊」了，國民黨的主席牌始自1993年的縣市長選舉，李登輝在那次選舉說要替候選人站台助選，許信良還笑他沒有面對群眾的經驗，消遣他是「三流的助選員」；哪料到李主席一站台「從台灣頭罵到台灣尾」，台下萬頭攢動，人人爭睹主席風采，成了那年選舉的「人氣王」。主席牌從1993年開始發飆，一直到1996年總統大選到達高峰。這次國民黨選輸了，居然有後生小輩出來逼宮，主席眞的「折舊」了。

其次，終結了意識形態對抗，此次選舉三黨重要人物演出錯亂，國民黨要戒急用忍，許信良卻主張「三通」。彭明敏指控許信良「通匪」，國民黨加入打「許」，說「許在中國有事業」，李登輝說「台灣就是台灣，台灣是主權獨立的國家」，彭明敏讚揚「在野領袖不及李登輝強硬」。統派新同盟會龍頭許歷農支持民進黨的候選人，許信良表示「地方選舉無關統獨」。這些政治人物的言行，顯示了台灣選舉意識形態訴求的式微。

第三，選民不再激情，台灣年年有選舉，選民已經選「皮」了，不再隨著選將笛子起舞；而且選將們的招式已老，老狗耍不出新把戲，玩來玩去就是黑函、緋聞、高官站台、火燒宣傳車，選民胃口「越呷越重鹹」，清淡已經吸引不了人。再加上股市匯市大跌，陳進興插花，轉移了選民注意力；同時有線電視爲廣告收益大量報導選情，選民寧願在家呷茶看分身，不願出門擠車看本尊。要不是台中脫線演出「尿桶事件」，以及盧修一在投票前日下跪，創造高潮的總結，這次選舉實在「不精彩」。

除了上述現象外，就是負面廣告盛行，該年的選舉是香爐與尿桶齊飛，口水、汗水、淚水混成一團的選戰，集各式各樣負面文宣之大成，兩黨黨中央的廣告還好，而個別候選人自製的文宣多是品味低俗，手法拙劣，觀察此次候選人廣告及相關造勢活動，可以歸納出三種現象：性，謊言，牛肉場。

香爐，尿桶，「借」別人老婆「用」，公布對手與女人合照，婚外情，可以歸為「性」；富聲光與「笑」果，熱鬧有餘而內涵不足就是「牛肉場」，如候選人下跪，提名哭不提名也哭，懸賞緝拿「紅包蓮」，摸彩外加清涼秀，「保外就醫」者脫線辦「感恩」餐會，助選員演布袋戲，說自己勤政愛民，配角變主角，可以歸為「牛肉場」；至於謊言，十篇有八篇皆是，不用枚舉。

肆、兩黨廣告分析

一、國民黨

國民黨此次的文宣並不差，整體策略滿一致的，前期（10月）有兩批以形象為主的報紙廣告，第一批以各行各業人說國民黨與民眾在一起。此批報紙稿的特色在媒體購買策略，廣告打破傳統報紙版面造型，以全新設計呈現，如二十五版全十批跨頁至三十二版全十批（見圖6.1），或是將兩個半全十批以對角線方式同時刊登在一個版面上（見圖6.2），媒體創意極為出色活潑。

第二批的形象廣告以黨徽為主，將黨徽變形搭配各種主題呈現，如「因為安定，這塊土地文明先進，生活方便敏捷」，將黨徽變形為各種高科技產品（見圖6.3），「因為安定，這塊土地四通八達，處處充滿契機」呈現交通建設；「因為安定，這塊土地希望無限，生命完美成長」，黨徽變為孕婦與十二位包著尿片的小嬰兒；「因為安定，這塊土地散發光熱，青春自由舞動」，則以年輕人做訴求。這兩波形象廣告由黃禾廣告

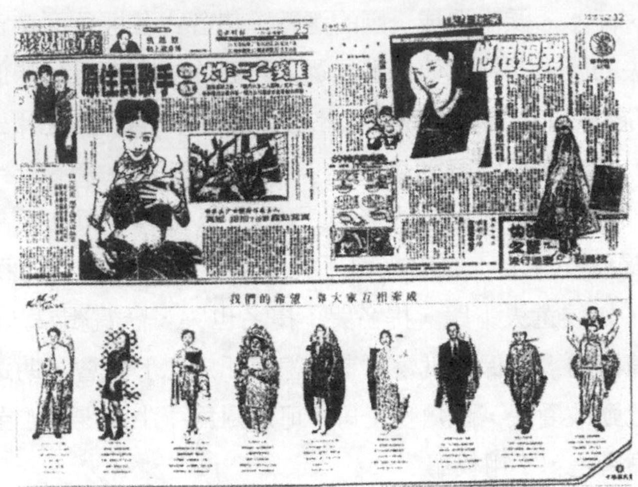

圖6.1
國民黨跨頁報紙廣告。
廣告打破傳統報紙版面造型，以全新設計呈現，如25版全十批跨頁至32版全十批。

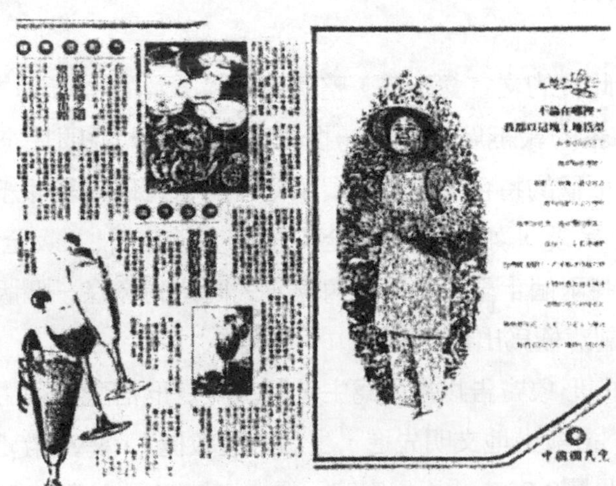

圖6.2
國民黨報紙廣告。
以對角線方式同時刊登在一個版面上，媒體創意極為出色活潑。

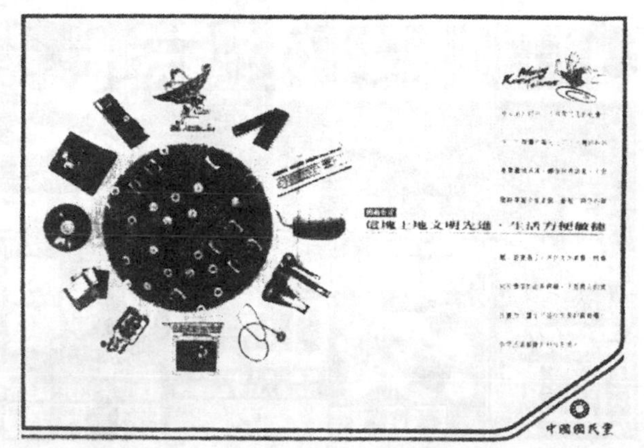

圖6.3
國民黨全十批報紙廣告。
以黨徽為主，將黨徽變形搭配各種主題呈現。

承製，表現突出，完全以正面形態出現，沒有攻擊他人。

當然這種正面訴求的廣告只是重塑或強化國民黨形象，並沒有「吸票」功能。因此，在選舉密集展開的第二波廣告，則完全以「吸票」為主要考量，對民進黨展開攻擊。國民黨第二波攻擊廣告可以歸納出一個主軸——打破民進黨綠色執政神話。在這個主軸下，無論傳單、報紙稿、電視廣告、參加電視談話性節目，均環繞這個主題；甚至台北市議會的「打扁」也是呼應這個主軸而演出。

圖6.4不是電影廣告而是國民黨修理民進黨綠色執政的廣告，標題「民進黨出品，觀眾沒信心」，以電影片為名稍加變動帶出攻擊點，如空軍「N」號（原名「空軍一號」）攻擊台南縣長陳唐山任內出國十六次，全省第一。「淹水世界」（原名「水世界」）攻擊高雄縣淹大水。「北線大逃亡」（原名「火線大逃亡」）攻擊台北縣林肯大郡倒塌案。「返家是萬里」（原名「返家十萬里」）攻擊民進黨反商，宜蘭縣人口外流。「翻臉」（原名「變臉」），攻擊呂秀蓮上任七個月換掉七位桃園縣府一級主管。這幅廣告是負面廣告的上上乘之作，以幽默、柔情訴求結合時事與電影，風趣醒目，對年輕人應有特別效果。

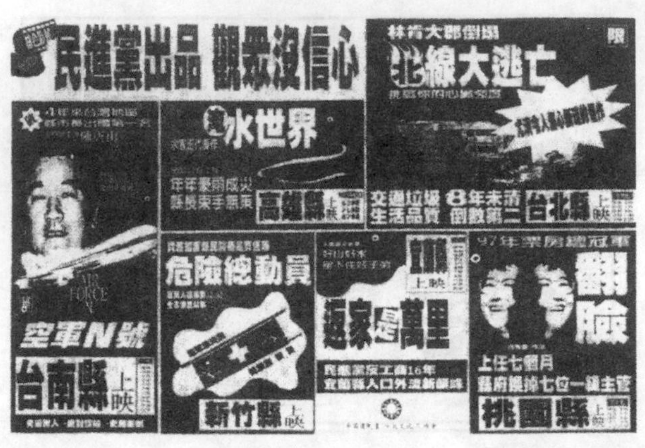

圖6.4

國民黨報紙廣告。

不是電視廣告而是國民黨修理民進黨綠色執政的廣告，標題「民進黨出品觀眾沒信心」，以電影片名稍加變動帶出攻擊點。

這幅廣告，由於效果不錯，不但有續集（見圖6.5），將民進黨候選人一網打盡，還出了電視版，製作電視廣告。

圖6.6「政客噴口水，百姓淹大水」，以水患攻擊民進黨現任四位縣

圖6.5

國民黨報紙廣告。

這幅廣告，由於效果不錯，不但有續集，將民進黨候選人一網打盡，並推出了電視版，製作成電視廣告。

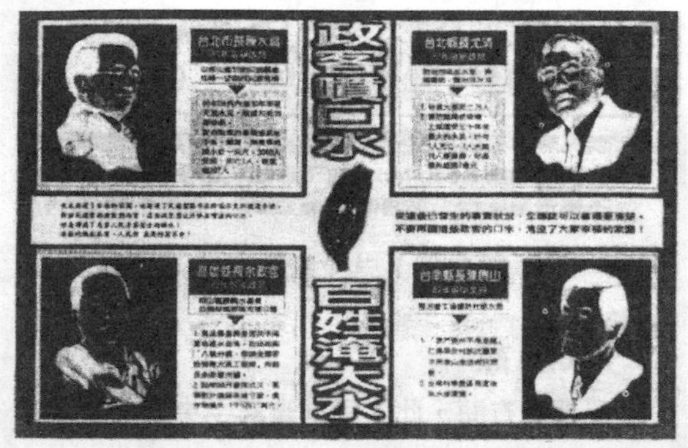

圖6.6
國民黨廣告。
「政客噴口水，百姓淹大水」，以水患攻擊民進黨現任四位縣市長——陳水扁、尤清、余政憲、陳唐山。

市長——陳水扁、尤清、余政憲、陳唐山，分別以1993年（陳水扁爲1994年）四位縣市長治水的選舉政見，對照最近的淹水現象；構圖爲民進黨黨旗，四位縣市長照片以負片方式展現（避免爲對手造勢），攻擊犀利，也是佳作。

圖6.7「霸權大市長，悲情小市民」是呼應台北市議會的「打扁」。陳水扁施政固然有爭議，但從民調來看還是褒遠大於貶，因此打扁只能針對個案做點的戳破，而不宜流於意氣的全面動作，這種一味打扁顯然是悖離選民的認知，難怪選後打扁動作無疾而終。

國民黨這次也創造一個飛哥，配合KMT（國民黨縮寫）的英文新解Keep Moving Taiwan組成選戰LOGO（圖6.8），這也是一個不錯的點子；不過飛哥造型有點類似Fido Dido，原創性差些。至於有人批評Keep Moving Taiwan英文不通，其實何必拘泥，廣告如詩，本來就可以做文字的變形與組合的變化，一味要求合乎文法，那余光中也不可以說「今夜天空非常希臘」了。國民黨（KMT）在投票日以小廣告訴求“Kiss Me Today”，在投票日以小幅廣告幽默式的提醒，又不違反選罷法，是不錯的點子。

圖6.7

國民黨報紙廣告。

「霸權大市長，悲情小市民」是呼應台北市議會的「打扁」。

圖6.8

國民黨報紙廣告。

國民黨這次也創造一個飛哥，配合KMT（國民黨縮寫）的英文新解Keep Moving Taiwan組成選戰LOGO，不過飛哥造型有點類似Fido Dido，原創性差些。

二、民進黨

民進黨方面，此次民進黨黨中央的文宣不以廣告，而以造勢活動（如辣妹團、花車隊、陳水扁旋風等）吸引媒體注意。民進黨集中在電視廣告，報紙稿與雜誌稿甚少見。**圖6.9**是一則少見的報紙稿，這則廣告訴求女性安全，但主題呈現稍嫌雜亂，標題以恐懼訴求方式點出女性安全；但中段卻用來攻擊國民黨，下段又恢復陳述民進黨女性安全政見。調性不統一。

電視廣告是民進黨文宣主力，但分散於多種主題，缺乏一個整體性的串聯。

主題之一是攻擊國民黨黑金，以監牢門表現，並具體呈現國民黨籍縣市長犯案的劣跡，攻擊點佳，廣告表現也不錯；並同時推出國語版、台語版、客語版，以適合地區性有線電視的播出。

主題之二訴求女性手語「我有話要說」，接著剪接三種不同方式的版本；有兒童說「我要吃早餐，我要平安回家」，用來攻擊國民黨。以

圖6.9
國民黨報紙廣告。
廣告訴求女性安全，但主題呈現稍嫌雜亂，標題以恐懼訴求方式點出女性安全。

兒童安全攻擊國民黨，我們都可以理解。但兒童不吃早餐是社會變遷的結果，與國民黨何干？民進黨執政，爸媽仍然要一大早出門，兒童一樣吃不到早餐。

另一個版本，以男生說他們夫妻在台北工作，小孩必須留在南部給爸媽看，接著出現田秋堇的旁白（這是1992年立法委員選舉，民進黨電視廣告中的一段），說女性必須工作無法兼顧小孩的無奈。同樣的，這也是台灣快速變遷的結果，並不是更換一個縣長或市長可以解決的。

第三個版本更好笑，以眞人搭配卡通方式演出：一位夜歸的女生在類似提款機，以平安卡按鍵選擇需要的保鏢服務，有第六感的大麥町、終極保鏢大叮噹、霹靂戰警小蜜蜂等。大麥町、小蜜蜂固然是民進黨候選人的吉祥物或綽號，不過用此方式連結顯然不合適，對其他縣市的選民也沒有意義。

在訴求女性安全主題的三個版本中均銜接一段不知所云的卡通，有沙皮狗、大叮噹、鯨魚、小蜜蜂、電燈泡；雖然民進黨所有的候選人均面面俱到擺了進去，不過畫面是一團亂，看不出重點。

訴求女性安全是政見廣告，也是民進黨這次唯一的電視政見廣告；這或許是文宣主事者個人的偏好，女性安全固然是重要議題，不過不應過度包裝，似乎成了民進黨唯一的議題。

主題之三「修理」蔡壁煌，以飛哥的造型作爲國民黨發言人，它一直說謊，鼻子變長，最後謊言說多了，被擔架抬走。這時一頭沙皮狗出來，由陳文茜配音說「當國民黨的發言人可眞難」。以政黨廣告攻擊另一政黨的發言人，似乎犯了「上駟打下駟」的錯誤。

另外在這支影片中，有一頭卡通鯨魚「翻肚」；魚「翻肚」代表死亡，而這頭卡通鯨的造型就是彭明敏1996年競選總統的LOGO，言者或許無意，但看起來總覺得礙眼。

主題之四「螢火蟲」廣告，畫面「溫柔婉約」，不知所云，不曉得要訴求什麼。

伍、結論：負面廣告的反省

此次選舉，負面廣告成了最大特色，要探討候選人爲什麼偏愛性、謊言、牛肉場，應該先倒過來分析候選人不喜歡「牛肉」的原因。

首先，以政見爲主軸，討論公共政策，容易變成「菁英參與」，一般選民插不上嘴，曲高和寡沒有「集客力」，換言之沒有票房。菁英是一票，普羅大眾也是一票，更何況菁英常有預存立場很難說服，與其說服菁英，倒不如「秀」給普羅大眾看。

其次，公共政策常是一體兩面甚至多面，例如中部是否興建國際機場，贊成有贊成的說詞，反對有反對的看法，其他的人甚至還可提出修正意見，菁英討論問題引經據典，皆有理論依據，公有公理婆有婆理，一般民眾「霧煞煞」，在一堆口水中，候選人反而模糊了自己的立場與形象。

最後，「牛肉」通常會因枯燥而欠缺新聞點，尤其是電視媒體通常不會喜歡候選人談政見，電視媒體適合感性或激情演出，平鋪直敘的說政見，攝影機如何取景？又如何剪輯？但「牛肉場」不一樣，顯著性、接近性、時宜性、影響性、衝突性，甚至人情趣味，無不具備，演出既具新聞價值，當然可獲媒體青睞。

負面文宣氾濫，「牛肉場」盛行，效果又是如何？

負面文宣最大的效果在「集客力」，而不在「銷售力」，有集客力常然可在短時間拉抬聲勢，就如同夜市經過一番吆喝可以把人找來台前一樣，不過有集客力並不保證有銷售力，影響銷售的因素太多了，候選人本身的條件、政黨因素、選民人際網絡影響等等，聲勢只是其中之一，更何況「牛肉場」所造成的聲勢，不見得是正面的。

此外，負面文宣使用不當容易擦槍走火，造成自傷，此次台中市的「尿桶」事件就是一個活生生的教訓，聰明的候選人與文宣人員自會考量分寸有所拿捏。

至於負面文宣是否對候選人往後的人格造成傷害，這不需多慮，台灣選舉文化本身就是這樣，選戰激情人人投入，但選後迅速恢復理性，士農工商各歸其位，賺錢去也，沒有人會再理會文宣的訊息內容，記得1993年台北縣長選舉，有一位候選人出文宣攻擊另一位候選人，說某人「號稱小市民的代言人，理一次頭要一萬三千元」，試問選後還有誰有興趣理會此公理髮是一萬三還是一百三？

當然，太過分的負面文宣還是不好，不過不宜由選務機關或司法機關出面規範或干預，一來文宣本來講究創新，法令規範無法完備，其次經過司法程序，延宕費時，恐怕審判確定任期也結束了，更何況選務機關或司法機關介入，會形成幫人造勢的效果。

因此，與其政府出面規範負面文宣，倒不如選前由廣告、傳播與法政學者、執業律師組成中立的「文宣觀察團」，主動觀察或接受他人檢舉，一有問題立即評論，並由媒體披露，以收時效，換言之，以民間「自律」替代「法律」介入[1]。

---

1 本文摘自鄭自隆（1998）〈一九九七年縣市長選舉兩黨競選廣告分析〉，《中華民國廣告年鑑》第10輯，頁50-56，台北：台北市廣告代理商業同業公會。

1998年　北高市長、議員暨立委選舉

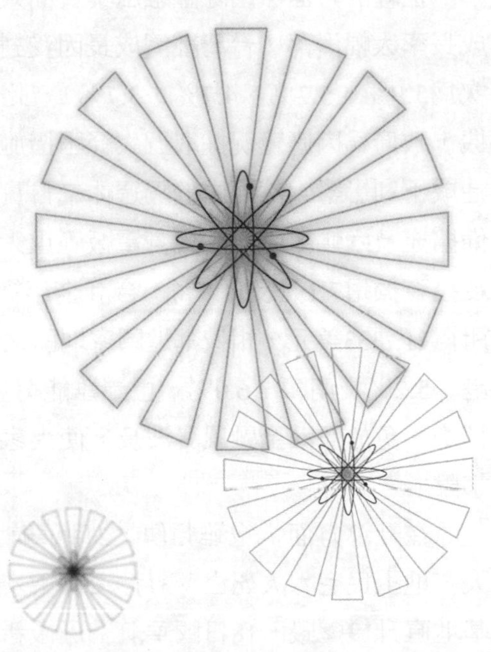

1998年的台灣社會

1998年的第一件政治大事是「凍省」，台灣「省」走進了歷史。

依「台灣省政府功能業務組織調整暫行條例」，12月10日第十屆省議員任期屆滿，即「精」省，省議會改爲官派省諮議會，省政府名號仍在，但爲行政院派出機關，非自治團體，凍省後的第一任省主席爲連戰親信趙守博。「凍省」有其必要，台灣面積不大，縣市與中央可直接溝通，何必有省。

另一件政治大事是北高市長選舉，選舉結果「豬羊變色」，現任者統統「摃龜」，台北市國民黨馬英九贏了現任者民進黨陳水扁，高雄市民進黨謝長廷贏了現任者國民黨吳敦義。這也牽動後來的政治版圖，落選的陳水扁，塞翁失馬，反贏得2000年總統大選。

在經濟方面，國際金融風暴負面效應持續發酵，全球貿易量及經濟成長率大幅滑落，台灣經濟成長因受對外貿易縮減，逐季走緩（各季依次爲5.9%、5.2%、4.7%、3.7%），此外國內多家大型企業爆發財務危機，政府爲因應變況採取五大紓困措施，雖然眾多事件現象對整體經濟造成不利影響，然而由於隔週休二日實施、國際航點擴增、民營電信設備擴充及六輕、南科、民營電廠等重大工程推動，亦分別帶動民間消費及投資擴增7.1%及11.9%，合計全年經濟成長率4.57%，平均每人國民所得11, 333美元，相較鄰近國家地區之新加坡零成長、日本－2.9%、香港－5.2%及南韓－6.0%，已屬難能可貴，政府的「操盤」，穩定了台灣經濟，免於亞洲金融風暴波及，使大家的財產不致大幅縮水，應該給予掌聲。

在社會方面，空難頻傳，2月華航大園空難，機上乘客一百九十六人，地上民宅六人死亡；3月，2日德安航空直升機墜海，17日陸軍輕航基地直升機墜毀、18日國華航空班機新竹外海失事，五名機組員與八名乘客罹難，20日空軍F16戰機澎湖外海墜毀，24日空軍教練機失事。

雖然空難頻傳，但台灣航空業在1998年可是「大車拚」，各家賣力促銷競爭，形成連檳榔攤也在賣機票的怪現象，市場一片混亂，後來業者達成協議，自隔年（1999）元旦起，停售國內線空白機票，取消對旅行社切票，以整頓國內航空市場秩序。

腸病毒也在1998年大流行，奪走七十餘位小朋友生命，小朋友度過一個沒有游泳池與夏令營的暑假。腸病毒流行，大人們也沒閒著，1998年的台灣男人得了「威而剛」熱，藍色小藥丸成了台灣男人的「救贖」，也是社交圈最體貼的小禮物，這種集體的性焦慮也帶動了媒體對名人緋聞的熱中——宋楚瑜親信、省政府新聞處長黃義交與兩位名女人（一位活躍媒體圈，另一位活躍社交圈）的緋聞，連續幾天占了媒體的大版面。

女人更忙，除了延續1997年流行的「美容瘦身」外，SKII廣告更帶動了「愛面子」風潮，相信使用廣告商品後，「妳可以再靠近一點」。

除了男人性焦慮與女人愛美外，1998年的台灣社會也有「形而上」的風潮——「迎佛牙」。

迎佛牙係宗教活動，政府首長本應嚴守政教分際不應介入，但爲了選票竟也參與跪迎，而「佛牙」的眞假也帶來爭議，主辦單位先說佛牙是眞的，後說佛牙眞假不重要，把好端端的正信佛教變成拜「物」教。

台灣社會的確需要來教化人心，1998年台灣發生了一名叫林清岳的年輕人夥同朋友弒親謀財的人倫慘劇，雖是極端個案，但也顯示在急遽社會變遷中，家長與小孩價值觀的偏差。大人忙著賺錢，以錢來堆砌親子關係，小孩則視享樂與父母的「供奉」爲當然。

除了威而剛、SKII外，1998年也有一些必須提到的流行現象，小朋友玩四輪驅動車、買凱蒂貓，高中生、大學生戴扁帽、喝五百西西飲料、用行動電話預付卡，而不分大人小孩統統忙著吃蛋塔。

葡式蛋塔，1998年7月第一家叫瑪嘉烈店開張後，不到一個月市場如雨後春筍般冒出數十家類似的專賣店，人人排隊買蛋塔，而且還限量，每人只能買若干個，這股蛋塔熱也迅速延燒到中南部。但三個月後，蛋塔似乎一夕間退燒，價格一路崩跌，從此不起。

這股蛋塔熱呈現了台灣社會的某種特質——湊熱鬧、瞎起鬨，熱情來得快，退得更快。

第七章

1998年北高市長選舉文宣觀察

〈摘要〉

1998年北高市長選舉呈現意外的結果——兩市的現任者陳水扁、吳敦義統統落選，挑戰者馬英九、謝長廷當選。

高雄市長的選戰文宣，雙方鮮少就市政議題提出討論，所有文宣幾乎集中在對方個人人格爭議上，雙方以負面事件互擲泥巴。

台北市長選舉，陳水扁文宣的CIS、文宣主軸均與1994年調性接近，其優點是可以喚醒支持者四年前的熱情，但從缺點來看，會讓人覺得文宣原地打轉，沒有進步。在廣告方面，此次陳水扁的廣告呈現三項特性：主打形象、缺乏議題、攻擊力弱。而這三項特性也是此次陳水扁文宣的主要缺失。

馬英九的文宣，係運用大量密集的廣告以進行「形象重塑工程」——將外省權貴、年輕開明的國民黨官僚形象轉化為「艋舺囝仔」、「台灣人」，與本土連結，選前再由李登輝賦予「新台灣人」符號，完成洗禮。

此次選舉呈現明顯省籍效應，據TVBS在投票當天投票口外民調（exit poll）顯示，本省閩南籍選民支持陳水扁有56.4%，支持馬英九則高達39.7%，而外省籍選民，支持馬英九則高達82.2%，支持陳水扁僅有10.3%，浮現省籍效應。

關鍵詞：1998年選舉、台北市長選舉、高雄市長選舉、競選傳播、陳水扁、馬英九

壹、前言

1998年「三合一」公職選舉（立法委員、北高兩市市長與議員選舉），於12月5日開票，台北市長由國民黨籍馬英九獲勝，得票數766,377票，得票率51.13％，現任市長、民進黨籍陳水扁落敗，得票數688,072，得票率49.51％，新黨籍王建煊，僅得44.452票，得票率2.96％。

高雄市由挑戰者、民進黨籍謝長廷獲勝，得票數387,797票，得票率48.71％，現任市長、國民黨籍吳敦義落敗，得票數爲383.232票，得票率爲48.13％，此外新黨籍吳建國6,457票、無黨籍鄭德耀18,699票，兩人得票率分別爲0.81％、2.35％。

立委方面，國民黨大勝，獲得一百二十三席，得票率46.43％，民進黨七十席，得票率29.56％，新黨挫敗，僅得十一席，得票率7.06％，此外，民主聯盟四席，非政黨聯盟三席，建國黨一席，新國家連線一席，無黨籍及其他十二席。

此次選舉雖然是集三項公職一齊投票的「三合一」選舉，但選民與媒體的焦點均集中在北高兩市市長的選舉，本文僅就兩市市長選舉文宣提出看法。

貳、廣告量

此次選舉，北高兩市市長候選人馬英九、陳水扁、吳敦義均投注大量的電視廣告費，尤其馬英九，據潤利公司統計（統計日期10月1日至12月5日），電視廣告量的推估金額近五千萬元（參閱表7.1）。

在政黨廣告量方面，國民黨的電視廣告與報紙廣告量相當，約爲五千七百萬元。民進黨則報紙廣告量高於電視，報紙廣告量四千三百萬元，電視爲三千八百萬元，新黨報紙廣告爲三千七百萬元，但電視廣告量僅投注一千四百萬元（參閱表7.2與7.3）。

表7.1　北高兩市市長候選人電視廣告量　　單位：千元

候選人	檔次	秒數	推估金額
馬英九	8,054	429,090	49,357
陳水扁	3,796	175,955	18,936
吳敦義	2,780	134,620	12,488
謝長廷	601	30,420	4,974

統計日期：1998年10月1日至12月5日
資料來源：《廣告與市場》，頁10（1998年12月號），潤利公司出版。

表7.2　政黨競選廣告量（電視）　　單位：千元

政黨	檔次	秒數	推估金額
中國國民黨	10,605	371,135	57,637
民主進步黨	6,426	275,280	38,824
新黨	4,021	122,990	14,578
新國家連線	336	13,365	1,635
民主聯盟	233	10,650	1,381
建國黨	425	10,980	1,275
勞動黨	119	2,38	151

統計日期：1998年10月1日至12月5日
資料來源：《廣告與市場》，頁10（1998年12月號），潤利公司出版。

表7.3　政黨競選廣告量（報紙與雜誌）　　單位：千元

政黨	報紙推估金額	雜誌推估金額
中國國民黨	57,179	3,221
民主進步黨	43,182	2,291
新黨	37,223	--
民主聯盟	3,257	827
新國家連線	1,627	338
建國黨	1,347	--
勞動黨	289	42

統計日期：1998年10月1日至12月5日
資料來源：《廣告與市場》，頁10（1998年12月號），潤利公司出版。

參、文宣主軸

此次選舉雖焦點集中台北市長選戰，但因尚有立委與市議員選舉，所以仍被三黨視爲全國性選戰，三黨均推出競選文宣主軸。

最早推出的是國民黨，它以黨內二中全會的口號作爲年底選戰的主軸——「公平正義新社會，繁榮穩定好生活」。接著新黨也由趙少康在8月31日喊出「統一、人道、平權」；而民進黨經過一番斟酌後也在9月9日定案：「我們應該過得更好」。

國民黨的主軸以對仗方式呈現，四平八穩，充分呼應了台灣選民的期望，而且發揮「吸星大法」吸納了「公平正義」。「公平正義」是以往一些民進黨人士所主張的。但近年來民進黨壯大後，似乎已不再談「公平正義」，於是國民黨順利接手。或許有人會質疑原創性，這倒無所謂，原創者是聖經，不論哪一黨都可用。

此外，「繁榮穩定好生活」可以看到1991年二屆國代選舉國民黨文宣主軸「革新、安定、繁榮」的影子；雖然是新瓶舊酒，不過議題還是挺熱的。「治安」、「經濟」永遠是台灣選民最關切的兩件事。但在文字上，「穩定」卻沒有「安定」來得直接明瞭。

民進黨原先考慮的主軸尚有兩個「穩定、信賴、愛台灣」與「穩定台灣的進步力量」。後來擇定「我們應該過得更好」，它的長處是有現代感、不八股，可以迎合年輕選民的胃口；此外也有兩面說服的手法。一方面契合選民的認知，肯定過去（以前是過得好），另方面則賦予選民期待（未來要更好）。

不過問題就出在這裏，既然肯定過去，也就是間接肯定國民黨執政的貢獻，因此國民黨可以順水推舟搭個便車——先來個「謝謝民進黨的肯定」廣告，再來個「既然過去做得好，未來我們當然會更好」。

除了主軸外，民進黨也以"Trust DPP, you can be better"作爲主軸配套使用；其實這麼拗口，倒不如向海尼根啤酒打個商量「Green Your

Heart，支持綠色執政」。

國、民兩黨的文宣主軸是集體動腦的結果，而新黨似乎是一人之作。很奇怪居然以「統一」作為主軸，「統一」在台灣沒有市場是人人皆知的事；再從傳播理論的「先後效果說」來看，統獨這種高爭議性的議題是先講先輸，應該等對手先挑起再反擊。

再說對「統一」的迫切性是中國遠高於台灣，而「人道」、「平權」也不是台灣社會急需的；倒是對岸來得需要些，所以「統一、人道、平權」是適用於中國而非台灣。

國民黨與民進黨的文宣主軸均向台灣社會的主流價值靠攏，而新黨似乎與台灣漸行漸遠[1]。

肆、電視競選宣傳

由於此次選舉包含立法委員選舉，屬中央民代層級的選舉，因此中選會亦安排「政黨電視競選宣傳」時段，徵召民視、華視、公視，分別於11月30日、12月1日、12月2日晚間九時至十時播出，計有七個政黨跨過「門檻」（推薦五名以上候選人），可以分配免費播出時間，其中國民黨最長，二十四分鐘，民進黨次之，十六分鐘，其他依序新黨七分鐘，民主聯盟四分鐘，建國黨三分鐘，新國家連線兩分鐘，全國民主非政黨聯盟一分鐘。

綜觀此次政黨電視宣傳，兩大黨由於時間分得多（國民黨二十四分鐘、民進黨十六分鐘），也投注較多心力拍攝，內容比較扎實，較具「可看性」，至於小黨就比較凌亂。

民進黨部分，由「阿嬌與阿炮」串場演出，分為經濟篇、環保篇、福利篇、黑金篇四個單元，段落明確，每一段落先由「阿嬌」與「阿炮」

1 文宣主軸的評論摘自鄭自隆（1998）〈文宣主軸「三黨過招」〉，《動腦》第270輯，頁15（1998年10月）。

做戲劇式的引言，再加上一支廣告影片畫龍點睛，最後來一段「錦惠的家」做實例式的補充說明，結構嚴謹。

除了段落明確、結構嚴謹外，「錦惠的家」中的女主人演出生動自然，言談扣緊主題，剪輯也很明快，應具說服力。此外，「最近比較煩」的廣告影片也處理得不錯。

在缺點方面，首先是攻擊不夠，攻擊國民黨的黑道、賄選這種嚴肅的議題，不應只由「阿炮」用演的；而搭配的攻擊字幕轉軸快，無法細讀，也就失去了說服力。其次是攻擊焦點模糊，攻擊經濟面選民未必同意；攻擊股市，又與新黨雷同；至於攻擊環保，因地方由民進黨執政，也未必能說服選民，反而會自曝其短。第三，在結尾的處理，應在火車的形象廣告中形成高潮就結束，加入了民進黨縣市長畫面，與孕婦的訴求，則屬蛇足。

國民黨的演出有進步，傳統文工會式的國旗、歷任主席畫面，在今年已經減少或淡化，反而以相當多的「民間的聲音」凸顯國民黨以人民做「頭家」的精神。

在長達二十四分鐘的影片中，國民黨試圖區分出讓人民安心、有執政能力、維持經濟成長與保障台灣安全四個主題，可惜中間缺乏適當的區隔，而有連成一串的感覺。事實上，在長的宣導影片中間，必須有明確的區隔，以紓解觀眾情緒，並協助觀眾形成結論。

此外，在運用民眾訪談方面，立意雖然不錯，但是民眾言談太過單薄，一堆人在那兒對國民黨歌功頌德，這是製作單位的疏忽。對民眾的訪談應有適當的引導，使其切入製作單位要的主題，而不是只單純說國民黨好。

最後整支影片中馬英九的分量似乎太重些，政黨廣告應著重政黨政策說明，給予人民願景，個別候選人的訴求，不宜出現太多，否則反客為主，反而不好，更何況在片中出現的馬英九廣告已在電視中密集播出，不具新鮮感。

新黨的表現令人訝異，以往新黨在政黨的電視競選宣傳，都是以黨為主題，候選人必須跟著黨，但此次卻完全相反，只有候選人演出沒有黨。

其他新興小型政黨，由於是第一次演出，所以表現平平。其中全國民主非政黨聯盟演出如新黨，都以候選人拜票爲主，而民主聯盟則忙著攻擊國民新三黨。

新興政黨在文宣上要搶眼，必須有明確的主題或文宣主軸，可惜他們在這方面都甚少著墨。

中選會主辦的政黨電視競選宣傳，今年是繼1991、1992、1995、1996年後第五次播出，這是以公費補助政黨投入選舉的措施，值得肯定。不過基於保護小黨的精神，若能秉持「門檻提高」(政黨推薦候選人人數的限制稍微提高)，「時間均等」(只要跨過門檻，每黨分配的廣告時間一樣)，如此更能凸顯「公費選舉」的意義[2]。

伍、電視辯論

此次選舉的電視辯論以台北市長候選人第一場辯論最受矚目，該場辯論10月24日在台北市社教館舉行，由《中國時報》、公共電視聯合主辦，《中國時報》黃肇松擔任主持人，《中國時報》陳國祥、公視方念華、《新新聞》王健壯擔任提問人。

整體而言，此次辯論較四年前（1994）的台北市長選舉黃大洲、陳水扁、趙少康的辯論，無論在內容與技巧均有顯著進步。

首先「中華民國萬歲」、「中華民國快要完蛋了」這種煽情畫面不見了，代之的是比較理性的陳述；其次在技巧上，無論開場的政見發表、中間的提問與回答、結尾的結辯，三位候選人均懂得將陳述政見、攻擊對手、反駁批評、塑造形象四種選舉辯論的議題輪流呈現，使十分鐘的政見發表、結辯或三分鐘二分鐘的詢答顯得生動活潑，不似四年前

2「政黨電視競選宣傳」，摘自鄭自隆評論稿，《聯合報》1998年12月1日15版。

（1994）有參選人將全部三分鐘或二分鐘用於攻擊對手或反駁批評，而顯得呆板沈悶。

就個別候選人而言，陳水扁失掉了四年前的運氣。四年前陳水扁抽中「籤王」，在發言順序上，政見發表是第一位，最能吸引注意，而結辯是最後一位，可以全力修理對手，今天陳水扁政見發表是在中間，結辯是在第一位，剛好給兩位對手「上沖下洗、左搓右揉」的機會。

陳水扁的優點是打政績牌，數據引用很多，顯示對市政嫻熟，此外對時間的掌控是三位候選人中最佳的，時間一到自然帶到結論而終止，不拖泥帶水。不過連任的壓力，以及不想讓人有伶牙俐齒的感覺，因此顯得有些綁手綁腳放不開。除了結辯中「馬特拉不拉，我們自己拉」外，用詞均不活潑。

此外，陳水扁以馬英九抓賄選但被抓者有些沒被起訴，來反駁馬英九對自己「知法犯法」的攻擊是一大失誤。抓賄選是馬英九的大賣點，何苦自己先提出來拉抬對手？這應該避而不談，或是等對手炫耀後再反駁，對對手的特色先提出攻擊是不對的。

馬英九抽到最佳順位，政見發表第一，結辯最後一位。馬的表現已明顯有選將的架式，他的表現應該超過選民對他的預期，在技巧上使用很多對仗句，如他當選「民主不倒退、台北會進步」，攻擊陳用人從「用人唯才」到「用人唯黨」，均有畫龍點睛的效果。

馬英九在開場的政見發表均以攻擊爲主，似乎可以更柔性些。對方念華「爲何退出政壇又回來」的提問，也忘了回答，只忙著談國統綱領。此外，有些段落的時間掌控不好，結論來得匆促或沒有結論。

相對於陳水扁與馬英九小心翼翼，深怕有所閃失，王建煊因爲無壓力因此顯得放得開，反正怎麼辯也是「第三名」，所以表現比陳馬活潑。

王建煊的優點是以「宣教」的方式參加辯論，應該有人會感動他的愛心與投入，不過一開始就以身高攻擊陳水扁，以及中間以「台灣國語」消遣陳水扁，又顯得不厚道。

從傳播效果來看，陳水扁與馬英九的表現對自己的支持者會有「強化」的功用，王建煊應該會因姿態低而爭取到同情票，不過這些同情票應會隨著選戰激烈，到了投票日又回到「理性面」，做了其他的選擇[3]。

很多人期待電視辯論候選人能提出政見，端出「牛肉」，此次的辯論，陳、馬都有端出「牛肉」，但試問有幾位選民記得那些「牛肉」，而且可以分辨「牛肉」的好壞呢？

這顯示政見只能「談」不能辯，事實上台北市民享用的不是「牛肉」，而是陰雨週末的午後，集聲光與偶像的「牛肉場」秀。

陸、北高市長選舉文宣

一、高雄市長選舉文宣

高雄市長的選戰文宣，自始至終都是一場泥巴戰，雙方鮮少就市政議題提出討論，所有文宣幾乎集中在對方個人人格爭議上，雙方互擲泥巴，一場選舉下來，雙方全身都沾得一身髒。

從表7.4「高雄市長選舉文宣事件表」可以發現，謝長廷對吳敦義的攻擊較為瑣碎，但是新的資訊，如「插乾股」、「世田介一冰晶案」、「喝花酒」。而吳敦義對謝長廷的攻擊卻集中在「宋七力案」與「陳進興案」兩件事情上。這兩個案件雖然是全國事件，不過卻是舊資訊，而在選舉文宣的運用上，舊資訊除非是賦予新的意義、新的角度（如1992年選舉，民進黨將1979年美麗島事件翻案，即是舊資訊賦予新的詮釋），否則對選民不特別具吸引力。

而高雄市長選戰會豬羊變色，也應與吳敦義不當炒作這兩個案件有關。

從民調發現，吳敦義與謝長廷原先的支持率相距十個以上的百分

3 電視辯論摘自鄭自隆評論稿，《聯合報》1998年10月25日15版。

表7.4 高雄市長選舉文宣事件表

日期	事件	謝長廷陣營	吳敦義陣營
6月17日	市政跳票	攻擊對手「不動如山」；四大沈疴未解決，成立「市政跳票中心」	回應「高雄市無土石流」；積極向中央爭取建設；成立「市政檢驗中心」
8月22日	文宣抄襲	攻擊對手「抄襲政見」、「抄襲文宣」	回應「不違法」；「有帳本可查驗」；攻擊對手「有地下秘密帳戶」
10月1日	插乾股	攻擊對手「掛名副董事長」、「未繳入股金」、「利益輸送」	攻擊對手「宋七力事件」
10月3日	智慧說	攻擊對手「世田介一冰晶案」	回應「人格清白可檢驗」
10月7日	喝花酒	攻擊對手「喝花酒，人格操守出問題」	回應「請拿出證據」
10月28日	黑函	攻擊對手「以黑函抹黑」	回應「世新大學民調還我公道」
11月2日	民調	攻擊對手「遠見雜誌民調全國最後一名」	攻擊對手「替壞人辯護」
11月12日	好人vs.壞人	回應「化解國際人質危機」	回應「剪接變造」、「有幕後黑手」
11月18日	緋聞錄音帶	回應「轉移焦點」	大舉散發白冰冰「控訴壞人」錄影帶
11月30日	白冰冰「控訴壞人」錄影帶	播放李鴻禧證言廣告稱讚謝長廷的勇氣、膽識	大舉散發白冰冰「控訴壞人」錄影帶。
12月3、4日	負面電視廣告		密集在電視播放「跪拜宋七力」、「阿進仔」負面廣告

資料來源：原表刊載於《自由時報》1998年12月6日4版（該報記者陳錦豐製表），本表係經本文潤飾整理與補充。

點，差距大就應該使用領導品牌策略，氣定神閒，只說自己的好就可以了，犯不著攻擊對手，對對手的攻擊也用不著回應，只要把焦點拉回自己的議題就可以了。

所謂領導品牌策略，包括如下的戰術：

1.主導議題，讓對手追隨。

2.不主動攻擊對手，以免拉抬競爭者。

3.當雙方差距很大的時候，對對手的攻擊不必回應，以免幫對手造勢。

4.廣告以形象爲主，而不特別強調某項政見。

1996年總統大選，李登輝從不攻擊對手，他只在電視上談戒菸、談洗廁所；對中國飛彈威脅，也對媒體說這是「空包彈」，我們有「十八套劇本」，讓對手追著新聞罵，這就是領導品牌的表現。

而這次吳敦義沒有學到李登輝的氣度與架式，領導品牌卻玩陰的，先弄個白冰冰「控訴壞人」錄影帶大量放送，選前兩天再上電視密集播放「阿進仔」與「跪拜宋七力」廣告，然後面對記者訪問時，對著鏡頭裝出一臉無辜相，說這些片子都與他無關，從頭到尾都沒有他的名字。

這次高雄市長選情大逆轉，相信與上述的錄影帶及兩支負面電視廣告有關。1997年台中市長選舉，國民黨候選人就是被「尿桶」文宣玩掉的，殷鑑不遠，可惜總有人不懂得記取教訓。

二、台北市長選舉文宣

(一)陳水扁文宣

陳水扁此次文宣的選戰識別系統（campaign identity system, CIS）與1994年參選台北市長的CIS調性接近，LOGO、色彩、戰旗、標準字都與四年前的選戰相同或接近，其優點是可以喚醒支持者四年前的熱情，而從選前選後的表現，這個項目應該是達到效果。不過從缺點來看，會讓人覺得阿扁的文宣是在原地打轉，沒有進步。

再從文宣主軸來看，1994年喊的是「希望、快樂」，而此次1998年喊的是「認眞、魄力」，希望、快樂延伸的意義是「希望的城市、快樂的市民」，換言之是對選民提出願景，而認眞、魄力是對個人形象的描述，與市民的連結性低，因此顯得格局較小。

在廣告方面，此次陳水扁的廣告呈現三項特性：主打形象、缺乏議題、攻擊力弱。而這三項特性也是此次陳水扁文宣的主要缺失。

如果將新聞局引用選罷法第五十條之一的規定，不准候選人在競選期間播電視廣告的起始日（11月20日）作爲分界點，而區分爲第一階段（前競選期間）與第二階段（正式競選期間），可以發現在這兩個階段，陳水扁的電視廣告均以形象爲主，而且偏重證言式廣告（參見**表7.5**）。

陳水扁需要側重形象廣告嗎？似乎沒這個必要，台北市民對阿扁的形象是固定而且是正面的，阿扁陣營實在沒有必要花那麼多工夫在形象廣告上。

相反的，陳水扁的施政滿意度高達七成（《聯合報》選後的民調，阿扁的施政滿意度更高達七成六），因此應主打「政績牌」，將政績轉換成議題，將議題變成廣告，不斷以廣告向選民訴求四年執政的成就，可惜阿扁陣營未能朝此方向著力，跟馬英九比形象是攻堅，但比市政可是阿扁的拿手。

早期打形象尚可以說，接近投票日，扁陣營還在打形象（如「吳念眞篇」、「李遠哲篇」）就犯了戰略上的失誤，越近投票日選民越面臨抉擇，此時形象廣告不能救急，必須改以攻擊對手與「喊救命」，以激發危機感或促動投票，可是投票日前，無論是電視廣告或報紙廣告，都沒有看到在「喊救命」，顯然是太篤定了。

形象廣告當然可以打，不過要打得早，台灣選戰通常有這樣的戰法，初期塑造形象，中期陳述政見，晚期攻擊對手，最後一兩天喊救命。12月3日扁陣營找來吳念眞站台，12月4日找苦苓站台，他們的演出極爲精彩，若能提早一個月，再將他們的演講剪成廣告影片，或做成錄影帶散發，不但可強化阿扁形象，更可以攻擊對手。

在攻擊方面，此次陳水扁陣營的文宣攻擊力太弱，除了第一階段的兩人成長背景的對照式比較廣告，以及第二階段「同黨篇」（選市長也選他的同黨）外，幾乎看不到攻擊的電視廣告，雖然「挑戰者主攻、現任者主守」，但兩人民調接近，現任者也應該攻擊。

表7.5　台北市長選舉電視廣告一覽表

第一階段：法定競選期間之前（11月19日前）

類別	表現方式	候選人	廣告篇名
形象	證言式廣告	陳水扁	吳淑珍篇
			游錫堃篇
	CM song 廣告歌曲	陳水扁	有夢最美
		馬英九	風神的歌詩
			咱的台北咱的家
	自白式廣告	陳水扁	感性篇
		馬英九	捐血篇
			跑步篇
	比較式廣告	陳水扁	陳vs.馬對照篇
			馬vs.陳對照篇
議題	證言式廣告	陳水扁	計程車司機篇
			戶政服務篇
	直接攻擊廣告	馬英九	停車篇
			竊盜篇

第二階段：法定競選期間（11月20日至12月4日）

類別	表現方式	候選人	廣告篇名
形象	證言式廣告	陳水扁	李遠哲篇
			吳念真篇
		馬英九	李登輝推薦篇 I
			李登輝推薦篇 II
			王清峰篇
	直接攻擊廣告	陳水扁	同黨篇
		馬英九	心口不一篇
			違建拆除篇
			螃蟹篇
			陳水扁批李篇

註：1.第一階段之表摘自鄭自隆〈台北市長選舉電視廣告觀察〉，《動腦雜誌》第272期，頁76（1998年12月）。
2.「螃蟹篇」係以吳念真為攻擊對象。
3.此表為本文蒐集整理，並不代表雙方陣營僅有這些廣告影片。

整體而言，此次陳水扁的文宣，除了扁帽工廠外，缺乏創新，廣告表現偏重形象，缺乏議題，也缺乏對對手的攻擊，比起1994年顯得遜色許多。

(二)馬英九文宣

馬英九的文宣，讓人最鮮明的印象是大量密集的廣告，有人說「選舉無師傅，用錢買就有」，對馬英九而言，卻是「選舉無師傅，用錢堆就有」。馬陣營投注了大量的廣告，用以進行「馬英九形象重塑工程」。

馬英九原先的形象當然是正面而且受歡迎的，馬的形象大概會讓人聯想到年輕、開明、掃黑抓賄選的從政表現、以跑步作爲運動、熱心於捐血、聯合勸募的公益活動。

不過這些形象，對從事選舉助益不大，一來這些形象是建立在相對於國民黨的老人政治、保守、黑金、小白球，以及官夫人炫耀式珠光寶氣公益的參考架構上（見**表7.6**），這些選民對國民黨的刻板印象，凸顯了馬英九的清新與開明，二來這些形象與本土沒有任何連結，並不利於選舉，因此必須進行形象重塑工程，將外省權貴、年輕開明的國民黨官僚轉化爲「艋舺囝仔」、「新台灣人」。

形象重塑工程首先是透過密集的電視廣告，重新「定位」馬英九，如「風神的歌詩」、「咱的台北咱的家」、「跑步篇」。

這三支電視廣告在理論或技術的層面均有問題，「風神的歌詩」以台語唱出日式的軍歌，違背了競選廣告必須與候選人形象一致的原則；「咱的台北咱的家」，片長六十秒，但商品（馬英九）直到四十秒時才出現，主題不明顯，乍看之下會不知道它在「賣」；而「跑步篇」拍得很美，呈現了馬英九的短褲與肌肉，但它只是提供了舊資訊——馬英九會

表7.6 馬英九形象及其參考架構

馬英九形象	參考架構
1.年輕	國民黨的「老人年金」
2.開明	國民黨的「保守」
3.從政表現（掃黑、抓賄選）	國民黨的「黑金」
4.運動（跑步）	國民黨高官的「小白球」
5.公益（捐血參與聯合勸募）	國民黨高官及官夫人炫耀式珠光寶氣的公益活動

說明：馬英九的形象係建立在民衆對國民黨刻板印象的參考架構上。

跑步。

但廣告的魔力也就在這裏，只要密集反覆大量的播出，就能逐漸改變民眾對馬英九的認知，而增加馬英九的「本土」色彩。

馬英九的形象重塑工程的第二個動作是透過事件（event）活動，如向歌仔戲前輩演員廖瓊枝學戲，並穿了戲服在媒體面前秀了一段；或參拜反對運動精神堡壘的萬華龍山寺等。

有人認爲此次馬英九的勝選是因爲李登輝主席賦予馬「新台灣人」光環的關係，當然「新台灣人」對馬英九的「本土性」是有畫龍點睛的效果，不過若沒有前面的廣告與事件（event）的「畫龍」，「新台灣人」則無法順利「點睛」。這如同女生化妝一樣，有了廣告與事件（event）的打底功夫，「新台灣人」才可以上妝！

除了形象重塑工程外，馬英九廣告攻擊力強，負面電視廣告「竊盜篇」、「停車篇」主題凸顯，攻擊點明確。「竊盜篇」以小偷破壞門窗的畫面帶出具體的治安數字：「平均每一里被偷過一百次以上」，而「停車篇」以一堆車搶一個車位以及違規拖吊，來攻擊市府規劃停車場不力，這兩支影片均以「議題」爲攻擊點，而不攻擊對手個人形象，而且訴求清晰、剪輯明快、手法幽默，這是近年來負面廣告難得的佳作。

而後期的廣告，如「心口不一篇」、「違規拆除篇」、「陳水扁批李篇」則回到了對對手個人形象的攻擊，雖然以剪輯新聞影片來攻擊陳水扁，手法粗糙，但在選前密集播出，應有殺傷力。

馬英九中期的另一支攻擊影片「螃蟹篇」則是攻擊吳念真，吳念真替陳水扁拍廣告，做廣告證言人，而招致馬陣營的攻擊，台灣以往的負面競選廣告中，從來都是以對手或是對手的政黨爲攻擊對象，這種將砲火對準對手的廣告證言人卻是台灣競選廣告第一遭，馬陣營開創了台灣競選廣告的「新紀錄」！

在商業廣告中，廣告代言人基本上只是扮演演員的角色，在競選廣告中，代言人當然有「背書」（endorsement）的意義，但即使是背書，也是憲法所賦予的言論自由，對手沒有攻擊的道理。但馬陣營卻推出全十批報紙廣告與電視廣告攻擊吳念真，不但罵吳，還連帶罵了其他吳念員所拍攝的啤酒、眼鏡、冰棒、魚丸、奶粉、冷氣、汽車、房地產。

這種以攻擊「廣告代言人」來間接修理對手的方式實在荒謬，張小燕賣過冷氣機、中興米，也賣過百服靈與一匙靈。試想一匙靈的死對頭白蘭洗衣粉可以播出這樣一則廣告來修理張小燕嗎？——張小燕是大明星，自己不洗衣燒飯，憑什麼推薦中興米、一匙靈。

此外，馬陣營的廣告也沒有「一路走來，始終如一」。

11月底扁陣營刊登一群律師、學界與藝文界人士支持陳水扁的證言廣告，馬陣營隨即來一篇「陳水扁偏愛名人推薦，小馬哥感謝人民支持」的反制廣告，攻擊陳水扁使用名人證言廣告（《聯合報》1998年11月27日）。

但隔日（11月28日），馬陣營即以後援會名義也在《聯合報》刊登一千九百個教授的連署信；12月2日推出董氏基金會董事長嚴道的證言廣告，12月3日推出王清峰律師的證言廣告，是嚴道、王清峰不是名人？還是馬陣營「一路走來，不見始終如一」？

綜合看來，馬陣營的廣告攻擊力強，而且成功的透過密集廣告完成了形象重塑工程——將馬英九變成「艋舺囝仔」、「新台灣人」。

柒、結論

決定選戰勝負的因素很多，文宣只是其中之一，不過從此次北高兩市市長選舉的文宣可以形成以下的四個結論：

1.負面廣告要審慎運用，尤其注意格調，以免走火自傷。

2.當雙方勢均力敵，看好度相當時（如台北市長選舉），廣告更能發揮臨門一腳的作用。

3.不應迷戀於往日的成功（如陳水扁的LOGO、Slogan、標準字、標準色均與1994年的選舉接近），每次選舉都應視為新的出發賦予新的動力。

4.競選必須投注大量的文宣費用，「選舉無師傅，用錢買就有」，台灣正逐步走向「富人政治」[4]。

此外，這次台北市長選舉呈現明顯省籍效應，據TVBS在投票當天投票口外民調（exit poll）顯示，本省閩南籍選民支持陳水扁有56.4%，支持馬英九則高達39.7%，而外省籍選民，支持馬英九則高達82.2%，支持陳水扁僅有10.3%，而本省客家籍則各半，有48.9%支持馬，46.5%支持陳，浮現省籍效應[5]。

4 本文部分整理自鄭自隆〈一九九八年北高兩市市長選舉競選文宣策略分析〉，《中華民國廣告年鑑》第11輯，頁48-53，台北：台北市廣告代理商同業公會。

5 摘自TVBS民調中心資料，由於尚有新黨王建煊參選，加入王的支持數據，總計方有100%。

2000年　總統大選

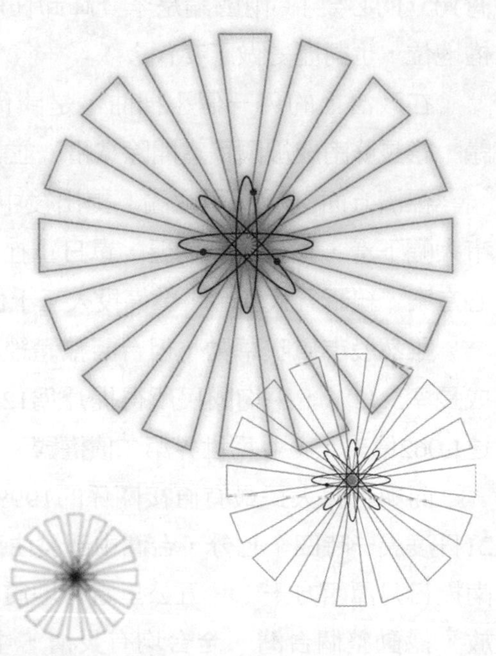

1999年的台灣社會

1999年，台灣沒有選舉，但隔年的總統大選已經開跑，熱鬧滾滾。

凍省後，宋楚瑜「請辭待命」，李登輝送他「諸法皆空、自由自在」八字箴言。宋楚瑜決意脫黨參選總統，宣布後民意支持度極高，但「興票案」爆發，聲望急遽下挫，終至落選。「興票案」使宋「勤政、愛民、清廉」的形象框架崩解，這也是台灣選舉史上，重要選舉候選人因單一事件落選之首見。

除「興票案」外，李登輝提出「兩國論」，更是1999年重要的政治事件，7月9日李登輝接受「德國之音」訪問，表示「自1991年修憲以後，我國政府統治的正當性就只有來自台灣人民的授權，與中國人民無關。1991年修憲以後，兩岸關係是特殊國與國關係，所以沒有再宣布台灣獨立的必要」。兩國論是李登輝卸任前的重要談話，再度確立台灣主權地位，也對歷史做了交代。

在政治上的另一個小插曲，是國代延任案，引起「攬權自肥」爭議，議長蘇南成被國民黨開除黨籍，並註銷國代資格。

經濟方面，受「兩國論」提出後中國激烈反應影響，7月14日起股市大幅下滑，16日幾近崩盤，單日重挫五百零六點，財政部推出鞏固信心方案，統籌五大基金，準備投入三千億元搶救股市。

雖然股市風吹草動，但台灣整體經濟還是很健全，1999年實質經濟成長率5.42%，平均國民所得提升爲12,100美元，外匯存底亦創新高，達1,062億美元，並爲世界第二債權國。

而與台灣人民最有直接關係的1999年大事則是九二一大地震。9月21日凌晨一時四十七分，台灣中部發生芮氏地震儀7.3的強震，震央位於南投日月潭西方十二．五公里處，地震深度才一公里，地殼擠壓能量釋放，撼動整個台灣。全台均有災情，中部尤其慘重，中寮、埔里、東勢、雙崎幾成廢墟，中橫公路寸斷，連台北市亦有十二層的東星大樓倒塌。

統計九二一所造成的直接損失有數百億元，災後重建應數倍於此，檢討災變，固然天災，但過度開發，導致大地反撲，以及建管督導馬虎等人禍亦是原因，大地震震亂了生活秩序，因此產業與消費一片蕭條，但從台灣人對災區的捐輸與熱情，卻又看到了台灣人的自信與愛。不過媒體的表現卻是暴露了許多專業缺失——求快而不求證，鼓勵對立、製造衝突。

與民生攸關的還有一件大事，就是「米酒」風波。

米酒是台灣人的生活必需品，價廉且處處可購，一點也不珍貴。但風聞加入世界貿易組織（WTO）後，一瓶米酒會漲到百餘元，民眾瘋狂搶購囤積，造成米酒缺貨必須限購，立委質詢、官員挨罵、公賣局無奈，這又一次顯示了台灣淺碟式的社會形態，互動緊密，容易連動。米酒風波也延燒到次年總統大選，民進黨陳水扁還拍了一支廣告消遣國民黨候選人連戰——「連」米酒也買不到。

1999年天搖地動，但整個台灣社會還是健全樂觀而有信心，休旅車成為都會男人的憧憬，大人們在麥當勞門口排隊，為的是幫小孩買凱蒂貓玩偶，也會拐到隔壁的星巴克買一杯咖啡，回到家偶爾也喝罐保力達「蠻牛」提提神，同時下載MP3聽聽歌。假日郊外旅行，則帶瓶加味水，然後找家日式拉麵館來碗味噌拉麵。

行動電話普及率在1999年大幅提升，手機建構了「虛擬溝通」，沒有表情與眼神接觸，只有語言訊息的傳送，缺乏面對面互動，使得這種溝通看似親密卻又疏離。此外，手機成了數位項圈（digital necklace），只要有號碼，即可找到對方，手機成了讓現代人無所遁形的「狗鍊」，形成緊密而無奈的人際網絡。

2000年的台灣社會

史家在撰寫台灣歷史時，一定不會忽略2000年，這一年的台灣面臨急遽的政治與社會變遷。

2000年3月18日台灣總統大選，人民第二次直接以選票選出自己的總統，民進黨陳水扁以39.3％得票率當選，政黨輪替，終結了國民黨在台灣五十年的統治，5月20日新舊任總統交接，也象徵了十二年「李登輝時代」的結束。

政黨輪替之後政局紛擾，7月颱風導致的「八掌溪事件」，因媒體密集報導，重創了新政府的形象；接著10月3日唐飛請辭行政院長，由張俊雄接任，張氏於10月27日宣布停建核四，引發在野的國新親三黨立委要連署罷免才開始要做事的新任總統、副總統。

政客吵嚷連帶台灣經濟遭殃，股市匯市持續下跌，失業率攀升，2000年10月的失業率為3.19％，至11月激增至4.8％（平均年失業率為2.99％，與1999年的2.92％接近），以往台灣工人不願意加班，現在變成很多人願意工作、願意加班，卻找不到工作，在經濟蕭條的情況下，立法院居然還通過國民黨版的縮減工時案，工作時間縮減為每二週八十四小時，並於2001年1月開始實施。

廢國大也是2000年的政治大事，國民代表大會是國民黨仿蘇聯共產黨蘇維埃式的設計，在民主化國家並沒有這類機構，即使在國民黨式的五權憲法下也屬多餘，如同盲腸。4月國大第五次會議通過憲法增修條文，即當立院提出憲法修正案，國土變更案或總統、副總統彈劾案時，方採政黨比例代表制選出國大代表，間接廢了國大。

政黨輪替後的第一年整體經濟表現並不差，實質經濟成長率5.86％，平均每人國民所得亦創新高，達12,916美元。但由於政客吵嚷、媒體唱衰，使得人心惶惶，直覺經濟不景氣，台灣前途堪虞。

感覺上的不景氣改變了民眾的消費習慣，許多開始「減量俗賣」，根據2000年11月的調查發現，有八成的都會區民眾已感受到不景氣的威脅，其中有半數的民眾開始採取減少購買或購買折扣品的行動，並從減少食、育、樂的支出開始。

3C流通業與網路咖啡店（俗稱「網咖」）是不景氣中還持續成長的行業；南部著名的家電製造商燦坤投入了3C流通業，一些賣場占地寬廣，有自己的停車場，規模近似大型量販店；而宏碁旗下的兩百餘家宏碁資訊廣場改名eloha資訊棧，不再專賣宏碁的產品；全國電子門市也將陸續改名爲全國電子e-life生活館，顯示台灣似乎逐漸進入了e化社會。

「e化社會」影響了台灣人的休閒生活，台灣休閒流行風的改變十分明顯，1990年代初是MTV時代，以太陽系爲代表，特色是舒適小包廂，內有聲光俱佳的設備，隱秘性高；至1996年，接著流行漫畫風，以「漫畫王」連鎖店爲代表；1999年開始流行網咖，「戰略高手」、「網際共和國」、「網路星球」三大連鎖系統鼎立市場；2000年網咖整體市場產值有六十五億元，預估2001年將倍數成長達一百三十億元。

當然新的流行並沒有完全取代舊的流行，KTV仍然是民眾休閒另一個最愛，錢櫃與好樂迪也是兩大系統，2000年11月好樂迪又和國民黨黨營的中廣合作，開設V-Mix KTV，耗資三億元裝潢，強調個人化行銷，號稱全世界最大的KTV。

此外，健身中心與大頭貼也是2000年的流行風，隨著現代人更重視外在形象與身體健康，都會白領階級，男的跑健身中心，女的去SPA；而高中國中的學生則流行大頭貼，對e世代而言，照片不只是記憶的儲存，更是具備社交功能的工具，現拍現看，隨即送給朋友。

雖然2000年的休閒流行多采多姿，但現代人對生活滿意度卻下降，民眾對自己生活感到滿意的比例，由1994年64%下降爲54%，而對自己生活不滿意的比例，由1994年31%上升至2000年的42%。

整體而言，網路的使用仍是2000年的特色，網路人口突破六百五十萬人，平均每週使用電腦時數爲二十五點五小時（比1999年增加七小時），平均每天上網時數爲兩小時。雖然2000年台灣網路市場成長趨緩，許多網站鞠躬下台，但整體網路廣告支出卻明顯增加，2000年網路廣告約八億元，占台灣總廣告支出約0.8%[1]。

2000年、世紀末的台灣，正悄悄走入網路時代。

1 本文部分摘自《中華民國廣告年鑑》第13輯，頁13-14。

第八章

2000年台灣總統大選文宣觀察

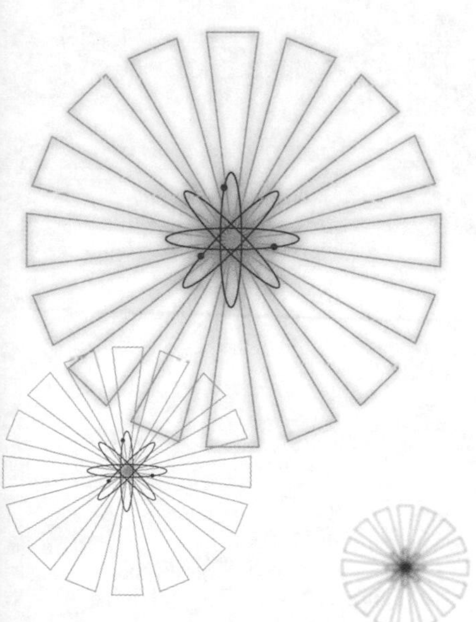

〈摘要〉

本文係分析2000年台灣總統大選主要三組候選人陣營——陳水扁、呂秀蓮；連戰、蕭萬長；宋楚瑜、張昭雄之競選文宣策略。

研究結果發現，扁陣營廣告調性一致，文宣成功的補強候選人的「缺點」，消除了選民對陳水扁當選帶來「兩岸關係最大變數」的疑慮；連陣營廣告量大，但訴求失焦，缺乏對「政績」的強調，此外，廣告新聞化、爭議廣告多亦是其缺點；宋陣營的負面廣告相對比較少，廣告集中強化「勤政愛民」形象是其優點，但電視廣告畫面製作粗糙。

此外，本研究亦歸納此次大選文宣八個獨特現象——「抄襲」廣告、匿名廣告、廣告新聞化、對抗式廣告、畏戰廣告、「棄保」廣告、「移花接木」廣告，與負面名人訴求。

關鍵詞：2000年選舉、總統大選、競選傳播、陳水扁、國民黨、民進黨

壹、導論

台灣第二任民選總統（即中華民國第十任總統），於2000年3月18日投票。開票結果，民進黨提名候選人陳水扁獲勝，得票數4,977,737票，得票率39.30%；其餘候選人，依得票數序爲，獨立參選人宋楚瑜得票數爲4,664,932票，得票率36.84%；國民黨提名候選人連戰，得票數爲2,925,513票，得票率23.10%；獨立參選人許信良，得票數79,429票，得票率0.63%；新黨提名候選人李敖，得票數16,782票，得票率0.13%。

此次，全國選民總數爲15,462,625人，投票總數爲12,786,671人，有效票總數爲12,664,393票，投票率高達82.69%。

這次大選呈現四個意義：

一是民進黨從在野黨躍升爲執政黨，國民黨交出執政權。民進黨在1997年縣市長選舉大勝，二十三縣市中贏得十二席，包含四省轄市（基隆、新竹、台中、台南），以及台北、宜蘭、桃園、新竹、台中、台南、高雄、屏東等大縣，完成多年來「地方包圍中央」的企圖；1998年選舉，民進黨雖然輸掉台北市，但贏得高雄市，再加上此次選舉，中央「變天」，民進黨已經成爲從地方到中央「完整」的執政黨。

其次，新總統產生，李登輝總統於5月20日卸下總統職務，結束了十二年（1988至2000）的「李登輝時代」，李登輝主政十二年，執行民主化、本土化，使台灣脫離威權統治，確立台灣主權概念。而新總統的選出，一方面象徵「李登輝時代」的結束，但另方面卻也是「李登輝路線」的延續[1]。

第三是棄保效應，1994年台北市長選舉，陳水扁、趙少康、黃大洲三強鼎立，選前幾天傳言棄保；而這次大選，棄保不再以耳語擴散，而

1 奇美企業董事長、李登輝總統好友許文龍說，陳水扁是最能延續「李登輝路線」的人（見3月14日各大報），這種說法呈現了一些台灣民眾的看法。

是形諸廣告，並由候選人在造勢活動上公然呼籲，此外，這次棄保也非選前才發酵，而是三組候選人確立時，即有棄保之說，可見棄保已成了台灣選戰的主要策略之一。

第四，由於三強鼎立，非等到票開出來，誰也說不準誰會當選，因此三組候選人的文宣也就競爭激烈，而且格調下降，大量使用負面廣告，使總統選戰打成如同縣市長選舉。

此外，三組陣營的廣告量也頗可觀，據潤利公司統計，三組陣營的電視廣告量，若依媒體訂價直接計價，則合計高達三十六億元（參見表8.1）。廣告以連蕭配最多，約二十億元，陳呂配八億六千萬元，宋張配七億七千萬元。

這次選舉是台灣選舉史上最激烈的一次，三組候選人陣營均投注大量心力與經費，本研究即針對三組主要候選人陣營的文宣予以分析，以呈現此次大選文宣的脈絡。

表8.1　總統大選廣告量　　　　**單位：千元**

候選人	無線電視	有線電視	報紙	雜誌	電台	總計	播出量百分比
連戰 蕭萬長	536,160	1,158,076	249,592	13,388	28,849	1,986,065	54.60%
陳水扁 呂秀蓮	68,203	679,336	109,960	3,660	897	862,056	23.70%
宋楚瑜 張昭雄	118,220	562,015	95,745	300	2,431	778,710	21.41%
李敖 馮滬祥			4,993			4,993	0.14%
許信良 朱惠良		5,535	297			5,832	0.16%
總計	722,583	2,404,962	460,586	17,348	32,177	3,637,657	100.00%

資料來源：潤利公司

註：1.本表統計期間，電視為1999年12月1日至2000年3月16日，報紙、雜誌、廣播為1999年12月1日至2000年2月29日，由於本研究截稿前，電視量尚未計算至3月17日，而報紙、雜誌、廣播也未統計3月1日至3月17日的廣告量。引用時，請特別注意。

2.上述金額係潤利公司依各媒體廣告訂價直接計算，並不含折扣、搭配、贈送等條件。

貳、戰略與戰術分析

選舉文宣廣告必須跟著戰略跑，個別一支或一幅廣告創意傑出並無特別意義，選舉文宣戰略通常會有兩種思考：

第一是對手間聲勢或民調接近時，民調遙遙領先者就應採用「領導品牌策略」，所謂領導品牌策略就是——

1.掌握議題（issue），領導流行，讓對手追隨。
2.不主動攻擊對手，甚至對對手的攻擊也不屑回應，以免拉抬對手。
3.廣告以形象爲主，不須特別強調某一特點（特點太多，所以無須特別強調）。

1996年大選，由於李登輝總統民調遙遙領先其他三組，因此就採取領導品牌戰略，廣告中只見李總統談戒菸、談洗廁所、談夫妻相處，「政見」並不特別強調。廣告中也不攻擊對手，對對手的攻擊（誠信、早年加入共產黨等問題）也不回應（鄭自隆，1997a；1998b）。

而民調落後者就必須採取「利基（niche）戰略」，強調自己獨特的銷售主張（unique selling proposition, USP），以強化形象，1996年大選陳履安的「眞實的台灣，我們的承擔」系列廣告，凸顯陳履安與台灣土地的連結，就屬於這種作法。

其次，當對手聲勢或民調預測接近時，就必須採取「比較戰略」，透過比較，以顯示自己的強或對手的爛，也就是負面文宣的呈現。這次大選，三方會互擲泥巴也就是這個原因。

比較戰略在戰術上的運用是有攻有守，也就是傳統「攻、打、守、辯」的戰法，「攻」是展己之長，「打」是擊人之短，「守」是護己之短，「辯」是解人之打[2]；攻打守辯在此次大選文宣上透過三個方向來展

2「攻、打、守、辯」概念摘自國民黨文工會編印（1989）《文宣錦囊》，頁17。

開。

一是凸顯個人特色，也就是展己之長，如連陣營應強調安定，扁陣營強調改革魄力，宋陣營以「勤政愛民」來包裝，都是凸顯特色展己之長。

二是攻擊對手，也就是擊人之短，三組候選人中，由於連陣營具執政優勢，連戰也是民調中選民最不討厭的候選人，而國民黨也具省籍吸納效果，可以同時吸引本省與外省選民。此外，連宋、連扁的選民會互通，亦即連的選民會流向宋，宋的選民會流向連，產生所謂棄保效應。至於宋扁的選民則無交集，民調中兩邊的支持者互相最討厭對方的候選人，根據國民黨中央政策會於2000年2月兩次民調資料顯示，支持連戰選民，「棄連保陳」大於「棄連保宋」（比例5：3）；支持陳水扁選民，「棄陳保連」大於「棄陳保宋」（比例7：2）；支持宋楚瑜選民，「棄宋保連」大於「棄宋保陳」（比例5：4）[3]。因此三組陣營支持者的板塊就如圖8.1。

在此情況下，連陣營就會腹背受敵，同時受到兩陣營的攻擊，而扁宋之間只會偶爾交鋒，不會全力投入主攻對方，甚至還會隔山觀虎鬥坐收漁利，如當連陣營主攻興票案時，扁陣營袖手旁觀，坐等民調上升，就是一例。

三是個人負面形象的「消毒」，也就是護己之短與解人之打。如連陣營必須消除民眾對國民黨黑金與對連能力的疑慮，扁陣營則必須拆解

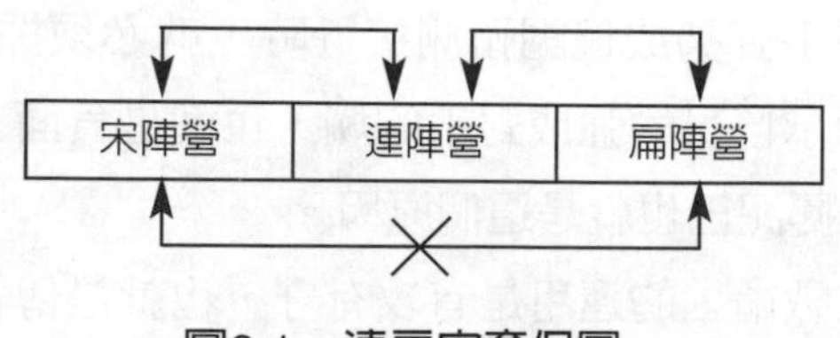

圖8.1　連扁宋棄保圖

3 資料取自文忠國（2000）〈選情民調與棄保效應〉，《政策月刊》第56期，頁50-52。

扁是「兩岸不安變數」的刻板印象，而宋陣營必須彌補因興票案而帶來的形象框架破滅。

從表8.2三組候選人陣營文宣戰術分析表可以發現，陳水扁對對手攻擊「鴨霸」並沒有回應，這是對的，「鴨霸」與否是主觀認定，是長期累積的刻板印象，無法在短期間以廣告消除。同樣的，宋楚瑜的興票案，數據均在，也沒辦法以廣告「消毒」，而國民黨的黑金，也是長期累積的刻板印象。這些負面形象均很難在短期間使用廣告予以扭轉。

但是連陣營對「安定」，以及對連戰沒有作爲的負面形象沒有回應或回應不夠卻是不對的，「安定」以及「連戰作爲」的文宣方向可以以「政績」作爲訴求，政績與政見不同，政見是未來方向或作爲的描繪，選民未必當眞，甚至還會引來質疑或不可預期的聯想，訴求「黨產信託」沒有帶來預期效果即是一例，而政績則是成績單，過去成果的具體呈現，較符合選民的經驗與認知。

連陣營的政績，事實上可具體往三方向發展，一是財經能力，使台

表8.2 三組候選人陣營文宣戰術分析表

戰術運用	陳水扁陣營		連戰陣營		宋楚瑜陣營	
	文宣方向	廣告表現	文宣方向	廣告表現	文宣方向	廣告表現
凸顯個人特色	改革魄力	打擊黑金；政黨輪替；年輕台灣、活力政府；清流共治	帶來國家安定	—	勤政愛民	勤政愛民
攻擊對手	攻擊連戰	多金	攻擊宋楚瑜	A錢	攻擊連戰	沒有作為
	攻擊國民黨	黑金	攻擊陳水篇	「台北經驗」；帶來戰爭		
負面形象「消毒」	兩岸不安的變數	感性訴求	沒有作為	—	「清廉」形象的框架破滅	—
	人格特質「鴨霸」	—	國民黨黑金	—		

註：1.“—”代表沒有回應，或不特別強調。

2.此表係整體觀察結果，零星廣告呈現並不列入。

灣免於亞洲金融風暴的波及，此點訴求符合中智選民的認知，可以具體展現連蕭兩位院長的能力，雖然連陣營文宣有觸及此議題，但只有一張報紙稿，顯然是不夠的；其次是全民健保，可以針對年紀大的選民或農村地區選民，連陣營也有觸及，但是用一支只有中智選民才看得懂的電視片「雨傘篇」，廣告表現與訴求對象並不契合，幾張報紙稿也是陳義過高；第三可以大力著墨的是電信自由化後，人手一機大哥大，這可以針對年輕族群做訴求，可惜連陣營只在一支廣告片中以一句話帶過。

連陣營文宣在「政績」訴求的疏忽，使得自己的長處（「安定」「穩健」）沒辦法凸顯，亦使得自己的短處（「沒有作為」）沒辦法消毒，戰術上的失誤連帶使後續的廣告抓不到準頭，形成廣告量大但沒有焦點的「失焦文宣」現象。

參、廣告分析

一、報紙與電視廣告

三組陣營的報紙、電視廣告互有短長，但整體而言，扁陣營的廣告似略勝連宋。

(一)扁陣營廣告

扁陣營廣告最大的優點是調性一致，而廣告調性一致的原因是文宣團隊自始至終都是同一組人馬；1996年大選獲勝的李連陣營，文宣團隊也是由聯廣全權負責，陣前換將或因利益瓜分而加入不同概念的人馬，只是徒亂陣腳而已。

綜觀此次扁陣營的文宣可以看出以下一些優點：

1.「缺點」補強、消除疑慮：選民對陳水扁最大的疑慮是「兩岸關係最大變數」的刻板印象，若是無法消除，選票恐怕投不下去，因此除了候選人在這段期間關於兩岸關係的談話特別謹愼低調外，廣告還做了適當的補強，「官田鄰居」篇、「一朵小花」廣告歌曲篇密集播出，都適時減輕一些疑慮，而報紙稿陳致中的「當兵」篇更是傑出，圖片主題呈現，標題處理明快，訴求清楚明確，極富說服力。

2.攻擊對手，引起話題：一些負面攻擊的片子處理不錯，如電視廣告「搶銀行」篇，攻擊國民黨黑金，「高爾夫球」篇、「米酒」篇攻擊連戰個人，訊息均很清楚。而攻擊宋張兩家十一口卻有六本美國護照的報紙廣告，張昭雄回應時不愼說應有「七本」，更引起話題效應擴大渲染效果，加深了選民印象。

3.名人訴求、正負對照：通常廣告中的名人訴求只是用正面名人以加強對自己的背書，扁陣營此次所用的名人訴求，不但用正面名人（李遠哲、張榮發、許文龍、殷琪、蕭新煌）給自己「加分」，更用負面名人（伍澤元、羅福助、郭廷才、顏清標）讓對手「減分」，正面名人與負面名人同列報紙電視，對照強烈，是極具創意的作品。

4.口號響亮、易記易懂：相對於宋陣營沒有口號（文宣主軸）、連陣營的口號平淡（「心手相連，台灣起飛」），扁陣營早期的「年輕台灣，活力政府」與晚期的「政黨輪替」就顯得個性凸顯、易記易懂。

當然，扁陣營的廣告也有一些值得檢討，「兩性共治，全民幸福」的報紙稿，密密麻麻的文字，版面安排呆板，LOGO以「水興太平，蓮開盛世」呈現，再搭配一排小字「支持陳水扁，太平年年；支持呂秀蓮，幸福綿綿」，說有多俗就有多俗，以名字做口號顯得拼湊空洞，像極了十餘年前地方鄉紳的競選傳單，1989年選舉有位「英美」的女性候選人，她的口號就叫「英美爲鄉親，鄉親選英美」。此外，這幅廣告只有出現副手呂秀蓮照片，也不適當。

扁陣營的一些廣告也有「道德性」的爭議，高爾夫球在台灣雖然是貴族運動，但也是合法運動，但扁陣營卻以打高爾夫球來負面化、貴族化連戰，並不恰當；使用負面名人訴求，雖然富創意，但疏忽了對伍、羅、郭、顏等非選戰直接對手人格權的尊重，而文字上更出現「黑道大哥」「貪官污吏」等涉及誹謗的字句。

「連戰vs.劉泰英」篇，針對連戰對國民黨黨產信託的主張，剪輯連戰說法與劉泰英不相干的談話，故意形成牛頭不對馬嘴、雞同鴨講的印象。

這支片子固然有抵消連戰主張正面加分的功能，不過在廣告倫理上有問題，廣告可以「不實」（誇張演出）但不能「引人錯誤」，這支片子顯然是「引人錯誤」，故意讓選民以為劉泰英反對連戰黨產信託的主張，也是「不道德」的廣告。

另一幅攻擊連戰的報紙稿，說「他打一場球，台灣同時發生九件暴力犯罪案」，是典型的「口水」廣告，以刑案統計數字的六小時平均值來說連戰打一場球的六小時中，台灣有三個人被搶，三十六個家庭遭竊，一個殺人案件，九件暴力犯罪，還有一個婦女被強暴，廣告把毫無關聯的兩件事硬把它說成因果關聯。對這種無聊的廣告，連陣營居然還回應，他們也刊登廣告說：「陳水扁度一次假，台北市同時發生十一人死於非命！」真是口水對口水。

還有一幅攻擊連戰的廣告也令人覺得不舒服，廣告說「他嫁女兒用的蛋糕，一個二十五萬元」，這幅廣告忽略了人性，也忽略了一個做父親的心情，任何一個做父親的只要有能力，誰都願意把女兒的婚禮辦得風風光光的。廣告往人性攻擊，就顯得刻薄。

(二)連陣營廣告

連陣營在此次選舉廣告量投注最多，可惜同時委託多家廣告公關公司，因此顯得雜亂無章，不但廣告間調性不一，而且看不出訴求主力擺在哪裏，一般民眾思索一下，也許可以找出幾支較有印象的廣告，但可能對連陣營的廣告「到底想講些什麼」，理不出一個整體印象來。

訴求失焦、議題分散是連陣營廣告最主要的缺點，政見、政績、候選人個人形象補強、攻宋不清廉、攻扁的「台北經驗」與「兩岸關係」、棄保、反棄保，再加上軟調、失焦的「千禧新願」篇、「蘭陽舞蹈團」篇、「機場工作人員」篇，眞看不出連陣營的文宣主訴求到底是擺在哪裏。文宣主其事者或許只看單一影片的企劃案，而沒有思索此廣告與整體戰略及候選人定位的關係。

其次，政績陳述太少太弱也是一大缺點，當選民質疑連戰執政能力與厭惡國民黨黑金時，連陣營的文宣訴求更應以政績爲重點，而不需去刻意扭轉形象（如「捍衛戰警」篇），形象是長期累積塑造，不是選前一、兩支影片可以克竟其功的。台灣民衆接受政治人物「會吃也會做」，但不接受「會吃不會做」，這也是興票案揭發後宋楚瑜仍維持一定支持率的原因。因此連陣營只要將「政績訴求」作爲文宣主力，針對中智階級訴求亞洲金融風暴，連內閣的傑出表現，對一般民衆訴求全民健保與人手一機大哥大（電信自由化），相信可以部分消除民衆對國民黨「會吃不會做」的印象。

第三，打扁失焦，連陣營此次攻宋的廣告還不錯，如宋的「國旗」篇推出，連陣營即來個「星條旗」篇反制，表現傑出。但打扁廣告卻失焦，此次扁陣營絲毫不提陳水扁的「台北經驗」，但連陣營卻對拔河斷臂窮追猛打，推出「吹笛人」卡通，長達兩分鐘，只在講「拔河斷臂」四個字，還用卡通呈現，無論廣告表現、影片長度與訴求對象都處理失當。

第四，畏戰廣告失格。「我現在要出征」篇，以及將陳水扁比擬爲希特勒、墨索里尼的「政黨輪替」篇都是極失格的廣告。總統候選人競逐總統大位，當然應該號召全民保家衛國，焉能以戰爭恐嚇人民，教民衆畏戰拒戰。而將對手比擬爲希特勒，就如同餐廳裝潢成希特勒集中營一樣，是欠缺知識的表現。

第五，廣告新聞化。廣告訴求民調領先，版面編排如同新聞，這是典型的廣告新聞化，連陣營如此處理極不適當。

第六，爭議廣告多，初期「政績」篇，陳述方式如同信義房屋，翻牌的表現方式抄自英國Buxton礦泉水廣告；「刮鬍子」篇的老片新用；「捍衛戰警」篇的Nike表現風格，均引來廣告業界的爭議與討論[4]。

第七，只考量單一廣告創意是否傑出，而忽略了這支廣告與整體戰略及候選人定位的配合，投注四百萬元製作費拍攝的「捍衛戰警」就是一個例子。

「捍衛戰警」篇以白隊的機器戰警一人獨力對抗黑色魔鬼球隊的各種攻擊，影片最後打上「迎向挑戰、連戰連勝」的字幕。

這支廣告在春節期間密集在各電視頻道播出，顯示連陣營似乎滿喜歡這支廣告，事實上，這支廣告在學理上還是有一些可以討論的地方。

競選廣告的內容必須與候選人的形象維持一致性（Joslyn, 1984; 鄭自隆，1995），原本溫和形象的候選人就不要在廣告裏張牙舞爪，而強調魄力的候選人也不必刻意去當baby kisser。連戰溫文的形象怎麼也沒辦法和廣告中的機器戰警連結在一起。

連戰的原先訴求中曾以「國家團隊」來對抗「個人英雄主義」，這是一個好主意，以團隊來補強候選人溫文形象，但這支廣告卻背道而馳，顯然廣告只顧個別創意不顧整體策略。

另一則廣告與戰略或外在議題發生誤差的例子，是1月18日在《中國時報》刊登的「連戰向黑金宣戰」廣告，這幅廣告刊登之日，行政院也通過「宗教直航」（17日通過，18日報紙大幅討論），媒體一致認爲與顏清標有關，爲爭取地方政客支持而改變既定大陸政策，還同一天登廣告說「向黑金挑戰」，連陣營文宣主事者恐怕欠缺政治敏感度。

(三)宋陣營廣告

宋陣營廣告的優點在於與對手相較，負面廣告較少，而且媒體運用正確，電視廣告集中塑造宋的「勤政愛民」，報紙廣告再用來陳述政見

4《動腦》月刊第287期，頁122-128（2000年3月號），討論此次大選連陣營委託汎太公司製作的廣告片創意是否抄襲。

與攻擊對手。

然而電視廣告畫面，由於多剪自存檔的新聞片，除了畫面粗糙外，各廣告片間也呈現影像雷同，選民不易區別。另有一張報紙稿將李登輝總統裝扮成日本兵，沒有維持對國家元首起碼的尊敬，也不尊重本省族群的集體記憶，令人遺憾。

二、網站廣告

此次三組候選人的網站都頗見用心，各具特色，連戰的YES2000（www.yes2000.org.tw）色彩豐富動感活潑，充分發揮多媒體設計的特性；陳水扁網站（www.abian.net）資訊豐富，富攻擊力；宋楚瑜的「老宋小鋪」（www.soong.org.tw），平實親切，互動性高。本研究從體貼性、互動性、資訊性與工具性來比較三位候選人的網站。

所謂體貼性，指的是user-friendly，也就是網路設計是否可親可近，可令網友樂於使用。三組的體貼性似以連扁略勝一籌，連扁均有外語版本（扁除英語版外，尚有日文版），而且均有下拉式選單，方便網友在網站中盡情「衝浪」，還知道自己身處何處，可以隨時「歸隊」不虞迷途，而老宋小鋪只有簡單的頁框（frame），並無第二層選單，較為不便。

三組候選人網站均有提供影片、音效下載，雖然內容有異，桌面、競選歌曲、廣告、電子賀卡各組不一，倒也各具特色。在相關網站連結方面，雖然三組都有，但連扁只連結「友軍」網站，而宋的網站尚可連結其餘四組對手的網站，「包容性」大些。

其次談互動性，宋楚瑜的老宋小鋪顯得較為完整，無論留言板、聊天室均具備，而且還提供候選人與網友直接互談，可以呈現虛擬的人際傳播效果，雖然選戰激烈，不見得主角可以天天現身，但有此設計可以凸顯「親民」形象。此外，陳水扁網站的即時討論區，提供網友即時互動的聊天室，讓網友可以立即對談、交換意見，有強化、凝聚支持的效果，是個不錯的設計。

第三談到資訊性，指的是網站所提供資訊類別、資訊量與質。

三組候選人均有提供「電子報」訂閱服務，只要訂閱，每隔一段時間就會收到候選人的電子文宣。此外，也有提供當日新聞，連宋以報紙、網路居多，扁的網站除報紙、網路新聞外，尚提供電視新聞。而新聞回顧，則以扁的網站較爲完整，新聞以日、週、年分類，便於檢索。

候選人的宣傳資訊，各組網站各有長短，候選人當日行程，宋網站缺；活動預告與服務據點的提供，連網站均沒有；候選人介紹，三組當然都有；候選人家庭成員，扁網站缺，宋網站介紹夫人與女兒，連網站介紹夫人、家庭，以及居家實景，可以滿足網友的「偷窺慾」；副手資料，連網站無介紹；政績介紹，以連網站最爲詳盡；政見與政策白皮書，三組當然都具備。

網站內檢索，主要提供新聞搜尋功能，如輸入「興票案」關鍵字，則可以出現與興票案相關的新聞，新聞檢索非常方便，連扁網站均有此功能，宋網站沒有，入站人數計數器爲網站常有的基本資訊，宋網站缺；而「選戰倒數」以激勵網友士氣，連網站沒有。

第四爲工具性，指的是網站作爲廣告媒體工具以及電子交易工具的功能。

扁與宋的網站均提供電視版廣告的點播，以擴大電視廣告的效果，可惜連的網站忽略了，從「認知不和諧」理論來說，支持者對所支持候選人的廣告，會有一再暴露的衝動，以強化自己的決定，因此在網站內提供電視廣告點播確有其必要。

網站版廣告也是，比較麻辣、不適宜在電視播出的，均可製作成網路版廣告「不計成本」的出現，扁網站的網路版廣告是一大特色，或許下次選舉還可以來個徵求網路版廣告，以提高網友支持者的參與熱情。

網站電子交易的電子商店與線上捐款是在野候選人的「專利」，「老宋電子商店」的紀念品、價錢、尺碼、顏色、產品描述詳細。而扁網站的線上購物則是外包處理，系列的扁帽商品，圖片呈現方便選購。此外，扁網站還提供線上捐款功能，網友可以用信用卡直接線上捐款，是三位候選人網站中獨創的設計。

表8.3 三組總統候選人網站內容比較

	網站構成因素	陳水扁 www.abian.net	宋楚瑜 www.soong.org.tw	連戰 www.yes2000.org.tw
親切性	多語版本	英文版、日文版	無	英文版
	下拉式選單	有（上方）	無	有（上方）
	相關競選網站連結	有	有（尚有對手網站的連結）	有
	多媒體設計（動畫、影音）	多	少	少
	多媒體物件下載	廣告、競選歌曲	廣告、競選歌曲、電子賀卡	桌面、競選歌曲、電子賀卡
	新聞檢索	有	無	有
互動性	留言板	有	有	有
	即時討論區（聊天室）	有（即時互動）	無	無
	網站服務信箱	有	有	有
	候選人直接與網友對談	有	有	無
資訊性	電子報	有	有	有
	當日新聞提供（電視、報紙、網路）	電視、網路、報紙	報紙、網路	報紙、網路
	新聞回顧	以日、週、年分	以日分	以日分
	候選人當天行程	有（時間地點可依地區搜尋）	無	有（時間地點）
	活動預告	有（時間地點可依地區搜尋）	有	無
	服務據點	有（可依地區搜尋）	有	無
	候選人介紹	有	有	有
	候選人家庭成員介紹	無	夫人、女兒	家庭、夫人、居家環境
	副手資料	有	有	無
	政績	依事件分	依地區分	依部門分
	政見與政策白皮書	有	有	有
	入站人數統計	有（計數器）	無	有（計數器）
	選戰倒數	有	有	無
工具性	電視廣告	有	有	無，但有歌曲
	網路廣告	有	有	無
	線上購物	有（附圖片）	有（無圖片）	無
	線上捐款	郵政劃撥帳號、信用卡、線上捐款	郵政劃撥帳號	無

綜觀三位候選人網站，連網路最吸引人，宋網站文字過多，有點像「剪貼簿」，扁網站則最爲創新，陳水扁的競選文宣常有神來之筆，1994年參選台北市長，首創BBS站，並創先推出軟性的「春天的花蕊」錄影帶、競選歌曲錄音帶，甚至還大量發送市政白皮書的電腦磁片，1998年則推出扁帽工廠，在台灣競選文宣史上均有其意義。

此次三位候選人網站在大選中發揮多少吸票效果，並無實證數據可以佐證，不過候選人網站提供支持者一個虛擬園地，讓這群支持者相濡以沫，創造內聚與互動效果。

此外，從這次大選候選人網站與其他網站競選廣告的觀察，似乎也可以得到這樣的結論——網站終結了網路廣告。選戰期間，與其投注大量費用購買入口網站或電子報的網路廣告，不如找個響亮易記的網址開辦自己的網站。

肆、結論

一、文宣「特色」

今年總統大選是台灣選舉史上最激烈的一次，此次三組陣營的廣告，可以發現下列八項獨特現象：

(一)「搭便車」廣告

很多廣告被指責抄襲，連陣營的「連戰政績篇」，不但口述形式與信義房屋廣告的演出雷同，甚至翻牌子的方式也抄襲英國Buxton礦泉水的廣告，引起廣告界的質疑與討論。另外，連陣營的「刮鬍子」篇，畫面是用多年前的舒適牌刮鬍刀廣告，再配上攻擊陳水扁的旁白。而另一支「機器戰警」篇，也有人說風格與Nike廣告接近。

而扁陣營的「長官在打球」篇，最後畫面侍衛轉身，食指置於嘴上做噤聲的動作，學自大衛杜夫高爾夫賽廣告。宋陣營的一些陳述政見的報紙稿，也直接貼上了“just do it”的小紙條。

這種廣告搭便車的現象，或許可以稱之爲「拉裙角」(coat-tailing)策略的運用，競選活動的「拉裙角」是不同位階的選舉同時進行，低位階選舉的候選人緊跟著高位階的候選人，如市議員候選人緊跟著市長候選人沾光一樣。廣告的拉裙角，就是上述緊拉著名廣告的現象，是否抄襲，見仁見智，但創意人員是稍微偷懶些。

(二)匿名廣告

今年匿名廣告充斥，不但報紙廣告匿名，連電視廣告也匿名，廣告多的是「一群國民黨黨員」登的廣告攻擊國民黨，「一群民進黨黨員」攻擊民進黨，分化陳水扁與謝長廷，「一群曾經投票支持陳市長的小市民」說他以前投錯票，「一群討厭見人說人話見鬼說鬼話的納稅人」攻擊陳水扁騙選票，「愛台反瀆聯盟」，要宋退選與負起土石流責任；還有「小市民清流聯盟」與自稱「知識分子」的挺宋罵連扁。而電視上也有很多廣告攻擊某位候選人，結束時也不見廣告主的名稱。

上述廣告統統匿名，但媒體統統予以刊播，一個全十批的廣告動輒二、三十萬元，眞會有一群國民黨員、民進黨員、「知識分子」與什麼聯盟的跑去刊登？很明顯的是對手陣營刊登的。

匿名廣告在消息來源可信度(source credibility)未必比政黨或候選人陣營高，而且又違背廣告倫理，意見廣告應有可以辨認的廣告主(an identified sponsor)，其廣告內容應可以被質疑、批評、反駁或討論，所以署名當然有其必要。

(三)廣告新聞化

匿名廣告在以往選戰中亦曾出現，但以廣告新聞化的方式呈現，此次是第一遭。

3月初各大報紙曾出現一則全十批的「新聞」，報導的重點是股票族或其他民調預測，「連看漲，宋扁看跌」，報導以新聞編排方式呈現，有標題、內文還有圖表，乍看之下以爲它是新聞報導，更有些報紙把它處理得更像新聞，把它置於上半版，下半版則刊登一般的商業廣告。

這則當然是廣告而不是新聞，它不但匿名，更以廣告新聞化方式呈現，而媒體居然也接受，廣告主與媒體均應受譴責。

(四)對抗式廣告

所謂對抗式廣告就是以廣告來回應對手的廣告，也就是以廣告來反制廣告。

宋陣營的「國旗篇」廣告播出後，不久連陣營就播出「美國國旗篇」予以反制，此廣告做得不錯，片子一開始國旗上升又倒帶下來，乍看之下還以爲電視台出問題，極具趣味。另一組對抗式廣告，是扁陣營的「米酒篇」，說「連」米酒也買不到，接著一連串以「連」字開頭的負面現象來攻擊連戰，而連陣營推出的反制廣告也是以「連」開始，說「連」學生都有手機，再接「連」一些正面政績予以反制，這支對抗廣告，是形式一樣，但議題沒有交集，所以趣味不及「美國國旗篇」。

報紙也有對抗式廣告，扁陣營推出「連戰無能篇」，說「他打一場球，台灣同時發生九件暴力犯罪案」的全版廣告，而連陣營也立即以全版廣告予以回應，說「陳水扁度一次假，台北市同時發生十一人死於非命」。

對抗式廣告通常是口水對口水，只要富趣味不胡扯，倒也無傷大雅，但要注意不要幫對方忙，1991年二屆國代選舉，民進黨推出兩支當時大家都看不懂的廣告片「塑膠娃娃」與「飼料雞」，國民黨居然用報紙廣告予以回應，「幫忙」解讀，那就有些多此一舉了。

(五)「移花接木」廣告

宋陣營推出一支六位民進黨籍縣市長肯定宋楚瑜的廣告，引來一陣錯愕，六位縣市長在3月14日立刻召開記者會，抨擊宋陣營「移花接木」，把他們過去肯定宋楚瑜省長任內的「客套話」，剪接成競選廣告，誤導民眾。

而宋陣營的回應是時間、地點、場合都十分明確，何來「移花接木」，何況擔任縣市長就應該表裏如一，怎麼可以到了選舉就說之前講的是客套話。

這個廣告的處理，宋陣營並沒有錯，如同扁陣營剪輯宋楚瑜以前擔任新聞局長、文工會主任期間的談話來抨擊宋「反本土化」，宋陣營也不能抗議一樣，政治人物本來就要「一路走來，始終如一」，接受歷史檢驗。

(六)畏戰廣告

針對陳水扁的台獨立場，連陣營推出兩支畏戰廣告，一支是「我現在要出征篇」，以陳水扁的台獨會導致戰爭，年輕男子投入戰場，配合穿各種便服、身披彩帶的男生排隊行進，高唱「我現在要出征」的畫面。另一支是「政黨輪替篇」，畫面是陳水扁喊政黨輪替，再連接希特勒、墨索里尼，以及各種戰爭的畫面。

「台灣獨立」或「反台獨」雖然是各居兩極的信仰，但也可透過討論來整合某種程度的交集，動輒簡約爲台獨等於戰爭的論調並無助於共識，何況身爲總統候選人追求總統職務，本來就有責任號召全民保家衛國，怎能以畏戰、懼戰作爲訴求？

此外，將對手比喻爲希特勒、墨索里尼也極爲不當，連陣營文宣主其事者批准這樣的廣告是欠缺考慮。

(七)棄保廣告

棄保廣告是此次大選廣告的另一特色，棄保效應始於1994年台北市長選舉，以後每一選舉只要三強對峙，總會有棄保傳聞。但以往的棄保，只透過耳語，或經由新聞報導擴散，而這次卻形諸廣告。

連、宋兩陣營在最後一週投注大量報紙廣告與電視廣告用來呼籲「棄宋保連」或「棄連保宋」，在連陣營電視廣告中，在最後一週李登輝主席的畫面似乎比候選人連戰多。

(八)負面名人訴求

以往負面廣告均攻擊對手候選人、對手政黨或政黨領導人，此次還出現攻擊對手的「朋友們」。

當連戰在屏東造勢，羅福助、伍澤元出面站台，以及顏清標出面挺宋後，扁陣營推出一支電視廣告，畫面出現宋的身旁有顏清標、劉松藩，連的身旁有伍澤元，而顏、劉、伍三人的頭部均有用紅圈特別標記，另有兩張報紙稿，一張以伍澤元、羅福助、郭廷才的照片攻擊連，另一幅報紙稿，連宋一併攻擊，畫面出現連戰、伍澤元、羅福助並列，以及宋楚瑜、顏清標並列的照片。此種負面名人訴求方式雖具趣味性也富傳播效果，不過運用時應考慮非參選人的人格尊重與可能涉及的誹謗問題。

二、討論

從上述對此次大選文宣的觀察，可以提出以下問題予以討論。

(一)大選文宣如何維持一定格調？

此次大選文宣，三組候選人陣營處理得如同縣市長選舉，格調低俗。如何在格調與效果之間保持平衡，這是以後參選陣營應該注意的問題。

事實上，總統大選文宣效果如何並沒有定論（Holbrook, 1996），既無定論，文宣運用保持一定的格調與品味，應是可以考慮的作法。

(二)負面文宣的功能與負功能如何？

大選文宣之沒有格調與缺乏品味，主要是負面文宣的濫用，負面文宣的功能與負功能在很多國外著作中均有述及（如Kern, 1989; Diamond & Bates, 1992; Johnson-Cartee & Copeland, 1991a; Kamber, 1997;

Ansolabehere & Iyengar, 1995; West, 1997），但在本土經驗中，負面廣告是否有效？是否會導致擦槍走火，或選擇性理解等負面效果？應予思考。

(三)特殊文宣現象的意義如何？

本研究歸納出本次大選八個特殊的文宣現象：

1.「抄襲」廣告。
2.匿名廣告。
3.廣告新聞化。
4.對抗式廣告。
5.畏戰廣告。
6.「棄保」廣告。
7.「移花接木」廣告。
8.負面名人訴求。

這些獨特現象呈現了台灣獨特的選舉文化，應該加以討論。

(四)對未來競選文宣提出什麼建議？

除了傳統的競選文宣作法外，面對新世代選民應有什麼樣的作爲，以激發他們的熱情與認同？新媒介（如網站廣告）在選戰中又可以扮演什麼角色？此外，這次大選中，突發事件介入特別多，如興票案、李遠哲效應、李登輝效應、朱鎔基效應都引導著選民情緒與候選人聲望的漲落，文宣又如何適時適當的回應這種突發事件？都值得提出建議[5]。

5 本文摘自鄭自隆（2000）〈二○○○年台灣總統大選競選文宣觀察〉，第八屆中華民國廣告暨公共關係學術研討會發表（2000年4月），國立政治大學廣告學系主辦。

第九章

2000年總統大選候選人電視廣告表現與文宣策略分析

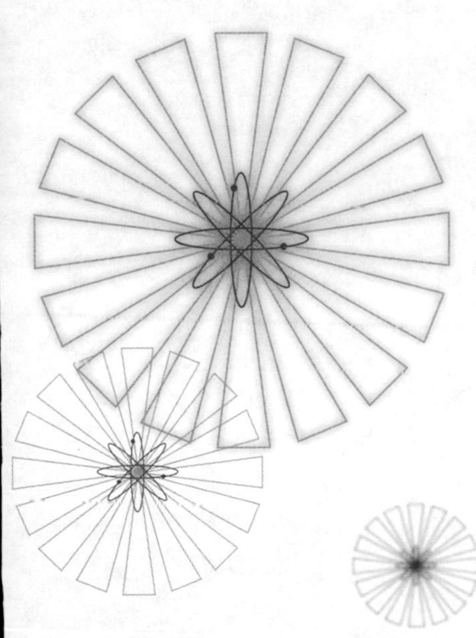

〈摘要〉

本文係根據品牌理論、定位理論以分析2000年台灣總統大選三位候選人陣營（連戰、陳水扁、宋楚瑜）之電視廣告，並以之探討三組候選人文宣策略與廣告表現的關聯性。

分析結果發現，連戰陣營的電視廣告議題分散，無法協助形成候選人定位。陳水扁陣營廣告訴求集中，有效的形成候選人是「政治現狀改革者」定位，此外也由廣告反駁對手對其是「兩岸不安變數」的批評。宋楚瑜陣營廣告的策略性亦強，訴求焦點集中在強化選民認為候選人「勤政愛民」的刻板印象。

此外，本研究亦歸納出「整體策略考量比單一廣告創意重」、「不必試圖修正候選人形象」、「廣告應避免引起爭議」，以及「廣告應提供新資訊」的結論。

關鍵詞：2000年選舉、總統大選、競選廣告、電視廣告、國民黨、民進黨、連戰、陳水扁、宋楚瑜

壹、前言

2000年總統選舉是台灣第二次大選，也是世紀末的最後一次選舉，與1996年第一次大選相較，不但候選人投注廣告文宣金額龐大[1]，而且文宣呈現了和以往不同的表現方式，鄭自隆（2000）曾歸納了此次大選文宣的八個獨特現象——「抄襲」廣告、匿名廣告、廣告新聞化、對抗式廣告、畏戰廣告、「棄保」廣告、「移花接木」廣告，與負面名人訴求，甚多文宣呈現方式迥異從前。此外，文宣格調下降，候選人彼此間互貼負面標籤，形成選民對候選人的認知是「阿舍」、「A錢」、「鴨霸」的印象。

因此思考這些有趣或怪異、溫馨或刻薄、感性呼籲或理性說服的大選廣告，到底是隨性之作還是有策略性的脈絡可循，實在是有趣的課題，本研究即以廣告理論——品牌資產說（brand equity）與定位說（position）來建構三組候選人陣營（連戰、陳水扁、宋楚瑜）的策略，並以之與電視廣告表現對應，探討三組候選人競選廣告是否能反映文宣策略？

貳、文宣策略

候選人陣營的文宣廣告策略，當然是列入機密管制，外人不得而知，然而卻可以從理論的角度，以推論候選人陣營應該採取什麼樣的文

1 據潤利公司統計，此次大選廣告量，連戰陣營爲1,986,065,000元，陳水扁陣營爲862,056,000元，宋楚瑜陣營爲778,710,000元，李敖陣營爲4,993,000元，許信良陣營爲5,832,000元，五組候選人陣營廣告量合計3,637,657,000元（資料來源：《廣告與市場》，2000年3月號，頁19，潤利公司出版）。

宣策略。

一、品牌策略

政黨或候選人，對選民而言當然是一種可選擇的品牌，因此也就會形成「品牌資產」。

brand equity，亦有學者以財務會計的術語翻譯為品牌權益，它指的是一種附加價值，是經由品牌所建立的市場地位，而超過其實體資產價值的附加增值，也就是說，它是歸因於品牌名稱（brand name）的附加價值，而非單指此品牌在功能屬性上的特色。

換言之，品牌資產是消費者主觀的認知，Keller（1998）認為它是消費者對某一品牌行銷效果的反映，是品牌知識、品牌知名度、品牌形象所形成的聯想網路記憶模式。簡單的說，品牌資產就是消費者比較此品牌與競爭品牌所形成的價值（Russell & Lane, 1993）。

Aaker（1991）認為品牌資產涵蓋了五個重要內涵，一是品牌忠誠度（brand loyalty）；二是品牌知名度（brand awareness）；三是知覺品質（perceived quality），亦即相對其他品牌而言，消費者對其產品的主觀滿意度；四是品牌聯想（brand association），指消費者記憶中任何與品牌有關聯的事物，如品質、使用者、使用方式、產品特色等；五是其他品牌資產（other assets），以政黨品牌而言，則是政黨歷史、政黨資源、執政優勢等。

因此品牌資產在政治行銷或選舉上可以形成如下的利益：一是協助選民解釋、處理、儲存或回憶政黨或候選人品牌資訊；二是形成投票支持決策；三是經由品牌資產以對抗競爭者。

從品牌資產思考可以形成三種不同的品牌競選文宣策略：

一是領導品牌策略（leader branding），即市場上的獨大品牌所形成的品牌戰術，包含：

1.掌握並主導議題（issue），讓追隨者追隨。

2.不主動攻擊對手，甚至被對手攻擊也不回應。

3.廣告以整體形象爲主，不特別強調商品特質（政見）。

1996年總統大選，李登輝的廣告就是領導品牌策略的運用——

1.直接訴求選民，在中共的文攻武嚇下如何維護國家與台灣人的尊嚴。

2.對中共導彈威脅的強勢反映，讓對手跟隨批評而掉入「拂逆民氣」的漩渦中。

3.面對對手人身攻擊，並不由李連自己回應，而採下駟對上駟的方式，由國民黨籍國代候選人出面回應或叫陣，攻擊缺乏對手回應，也就趨於沈寂。

4.不主動攻擊對手，即使攻擊也不出「重拳」，以免幫對手造勢。

5.面對群眾，靈活使用競選語言，一方面激揚現場情緒，另方面製造媒體報導焦點。

6.廣告以形象爲主，戒菸篇、夫妻篇、吃苦篇成功的塑造李登輝的親和力。

第二是利基品牌策略（niche branding），即基於市場區隔概念，強力訴求某一特點，而形成獨特銷售主張（unique selling proposition, USP），以爭取區隔化的選民支持。

第三比較品牌策略（comparative branding），也可稱爲競爭品牌策略（competitive branding），亦即將自己和對手予以比較，以爭取競爭優勢。

三種品牌策略的選擇，並不以候選人角色（現任者或挑戰者，執政黨或在野黨）爲考量，而應以反映品牌資產的民調支持度數據爲基礎，當選前民調支持率遙遙領先對手時，應採取領導品牌策略（如1996年之李登輝廣告），當民調支持率與對手互有領先形成拉鋸時，則採取比較品牌策略，此次大選選前民調，三組候選人互有輸贏，因此三組候選人均應採取比較品牌策略。

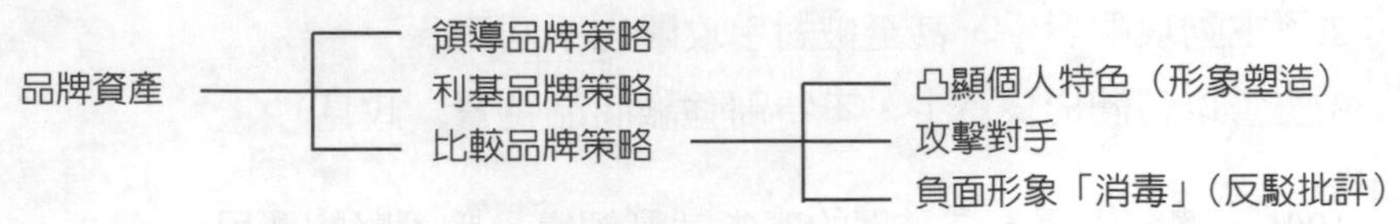

圖9.1　選舉文宣之品牌策略

比較品牌策略應該運用三種戰術，一是凸顯自我特色，也就是形象塑造或強化，二是反擊對手，針對對手個人或其政黨予以攻擊，三是自我負面形象的「消毒」，也就是針對批評予以反駁。

二、定位策略

候選人定位，就是塑造候選人在選民心目中獨特的形象，簡單的說，就是經由文宣讓選民認為「他是一個什麼樣的候選人」，以形成鮮明的個性或獨特的魅力。

根據DSP模式（鄭自隆，1992，1997），候選人定位（position, P）與候選人特質分析（differential, D）、選民區隔（segmentation, S）是三個相互關聯的因素，進行候選人定位，可以先分析候選人與其對手的特質，及選民特質，以作為分析的基礎。

所謂候選人與對手的特質分析，是從選民的角度，根據幾項指標，找出自己候選人與競爭對手之間的差異，以呈現品牌的歧異性，有了歧異性，經適當的「包裝」，即能呈現候選人獨特的個性或魅力。

而候選人特質的分析指標，可以有學歷、從政經驗、具體政績、地緣血緣關係、人格（品德、操守）爭議、特殊遭遇等。分析時必須從選民的角度切入，以清晰呈現候選人及對手在選民心目中的圖像，即使這個圖像是錯誤的、扭曲的，也應完整而客觀的呈現，而不是先去辯解它或修正它。

選民區隔則是根據市場區隔指標，以區隔出選民，區隔指標可以是地理性指標、行為指標、心理指標、人口學指標（Smith & Saunders,

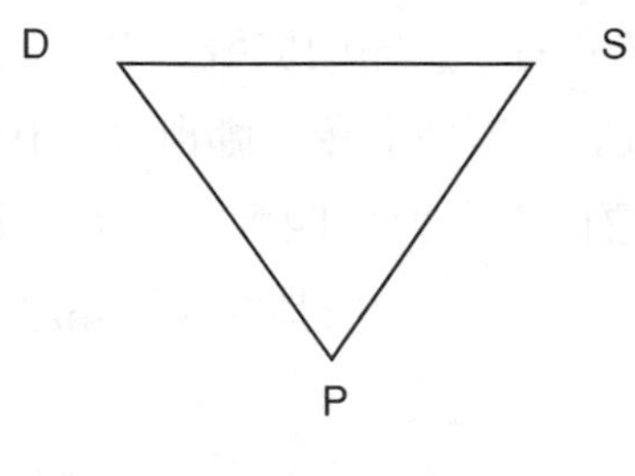

圖9.2 DSP模式

1990）。除此之外，省籍認同、政治態度（國家認同、統獨立場）在台灣也可以作爲區隔指標。

DSP模式的運用，可以由兩個因素來決定另一個因素，如上述由候選人特質、選民區隔來決定候選人定位，但也可由一個因素來推定另兩個因素，如新人參選，他亦可先定位，然後再找出符合的候選人特質，同時再區隔選民。但此次大選，三個候選人均是著名政治人物，選民對三位候選人均有認識甚至形成刻板印象，因此其DSP均必須順著一般選民的認知而構成。

候選人與對手的特質、選民區隔可以不必表現在文宣上，但文宣卻必須能充分呈現候選人定位，換言之，文宣廣告的功能之一就是清晰地呈現候選人定位。

參、三組候選人電視廣告分析

本研究以三組候選人電視廣告爲分析對象，以探討候選人電視廣告是否能充分回應其文宣策略。三組候選人電視廣告取材時間爲1999年12月1日至2000年3月17日，取材方式爲本研究側錄及向三組候選人陣營索閱，總計分析廣告影片，連戰有四十四支，陳水扁十七支，宋楚瑜二十五支。

以下則依連戰、陳水扁、宋楚瑜順序分析三組候選人廣告，其中篇名係依其內容由本研究命名，主題則依競選廣告的四大主題——陳述政見、攻擊對手、反駁批評、塑造形象（鄭自隆，1995）分類之，部分主題不明顯，如只有催票而沒有上述四大功能者，則以「不明顯」標示之，而「分析與評論」則由本研究依其內容評論之。

一、連戰廣告

編號：1-1
篇名：包公篇
主題：陳述政見
分析與評論：

以包公問案及現代法庭開庭的場景，帶出候選人政見（司法改革）。

冗長的旁白，並不容易讓選民瞭解訴求內容。而基本上，電視媒體本就不適合用來陳述政見。

此爲系列性廣告，以下之「德蕾莎修女」篇、「孔子」篇，評論均如上。

編號：1-2
篇名：德蕾莎修女篇
主題：陳述政見
分析與評論：

以德蕾莎修女帶出候選人對照顧弱勢族群的訴求。

編號：1-3
篇名：孔子篇
主題：陳述政見
分析與評論：

以孔子的行止帶出候選人的教育政策主張。

編號：1-4

篇名：「連戰主張」篇

主題：陳述政見

分析與評論：

剪輯候選人在政見會上的主張（黨產信託等），以陳述政見。

此事件在媒體上已有廣泛報導，本廣告固然有強化功能，但卻只是新聞畫面重現，沒有對論點予以討論延伸，因此屬「舊資訊」，發揮拓展票源的功能可能有限。

編號：1-5

篇名：「扁．變．騙」篇

主題：攻擊對手（陳水扁）

分析與評論：

以負面事件及對手的名字做內容而呈現「扁．變．騙」的訴求，格調低俗。

編號：1-6

篇名：刮鬍刀篇

主題：攻擊對手（陳水扁）

分析與評論：

以十餘年前舒適牌刮鬍刀廣告的影像（班長與連長在浴室的對話）與主訴求「刮別人鬍子以前，先把自己刮乾淨」，套入此次選戰以攻擊對手陳水扁。

此廣告曾被批評爲「抄襲廣告」。

編號：1-7

篇名：「局長打電話」篇

主題：攻擊對手（陳水扁）

分析與評論：

由演員扮演台北市政府某局長與時任市長的陳水扁通電話，帶出對手陳水扁在台北市長任內賀伯颱風期間滯美不歸的事件。片長一分鐘。

此片的呈現方式與「吹笛人」篇雷同，其缺點也是一樣。

此次大選，陳水扁並未以「台北經驗」做訴求，因此若覺得攻擊對手的「台北經驗」有策略上的必要，就應以直接、明示的方式呈現，並予理性討論，此種間接、戲劇性的表現方式並不合適。

編號：1-8

篇名：吹笛人篇

主題：攻擊對手（陳水扁）

分析與評論：

以童話「吹笛人」的故事，攻擊對手陳水扁在台北市長任內「拔河斷臂」的事件。片長兩分鐘。

負面廣告呈現應明確的指出對手的疏失，而不是此種「猶抱琵琶半遮面」的方式，此種方式會使選民產生選擇性理解（selective perception），而形成不同解讀。

此外，以長達兩分鐘的廣告時間，來陳述一個舊資訊──「拔河斷臂」也不無可議，台北市民認為陳水扁處理拔河斷臂不對的人，在兩年前的態度已經形成，此片對他們不具意義，而認為陳水扁處理沒有錯的人，同樣也在兩年前形成態度，只靠一支影片並不能改變他們的看法，換言之，此片成了「空包彈」。

而且，對台北市以外的民眾，「拔河斷臂」恐怕也缺乏接近性（nearliness）的興趣或認知，因此對絕大部分的選民而言，此片不但沒意義而且還看不懂。

編號：1-9

篇名：「阿扁的親人」篇

主題：攻擊對手（陳水扁）

分析與評論：

剪輯彩券案對手陳水扁堂弟陳天福、弟媳、嬸嬸的說詞，以攻擊對手。

此為負面的證言廣告，但畫面中證言人說詞以情緒性指控為主，證據力薄弱，因此衝擊力不強。

編號：1-10

篇名：矛盾篇

主題：攻擊對手（陳水扁）

分析與評論：

以對手陳水扁主張新中間路線，卻高喊獨立萬歲萬萬歲，以及主張開放中資，而攻擊對手「搖擺、矛盾、危險」。

訴求清楚、明確。

編號：1-11

篇名：希特勒篇

主題：攻擊對手（陳水扁）

分析與評論：

以對手陳水扁陳述「政黨輪替」的畫面，跳接至希特勒、墨索里尼，以及砲擊與戰爭的畫面，明示對手「政黨輪替」主張會帶來戰爭。

此廣告在策略上有問題，一是以「政黨輪替」主張會帶來戰爭，顯然不足以說服選民； 二是以畏戰恐嚇選民，不足取；三是將選舉對手與希特勒、墨索里尼畫上等號，不符合文明社會政治廣告倫理，在西方社會中政治人物不會指控政敵是「希特勒」、「墨索里尼」。

編號：1-12

篇名：「我現在要出征」篇

主題：攻擊對手（陳水扁）

分析與評論：

以對手陳水扁說「台獨萬萬歲」，帶出戰爭的恐懼性訴求。

廣告表現沒有問題，用「我現在要出征」選民都熟悉的歌曲，配合著各式便服身披彩帶的年輕男子部隊式行進的畫面，畫面處理簡潔明快。

可是本廣告的創意卻是不對的，候選人要競選的是中華民國總統，當然應該呼籲全體國民保家衛國，焉能以戰爭來恐嚇選民？候選人可以攻擊對手主張，但卻不宜以「畏戰」來訴求，「畏戰訴求」一方面削弱國民心防，另方面也降低候選人參選總統的正當性。此外，從傳播效果來看，此片除了強化「反台獨」票源外，對候選人擴大支持票基也無助益。

編號：1-13

篇名：「數字」篇

主題：攻擊對手（宋楚瑜）

分析與評論：

為興票案的延伸廣告，以類似傳眞機輸出一連串的數字，以攻擊對手宋楚瑜「貪瀆」。

本廣告對興票案繁雜的數據有歸納功能，可惜沒有署名廣告主，在廣告倫理上有問題。

編號：1-14

篇名：興票案篇

主題：攻擊對手（宋楚瑜）

分析與評論：

以監察院興票案調查報告，宋巨款匯美、未申報財產以及在美置產五幢房子等一連串事件，質疑對手「誠實」與「守法」。

訴求清楚、明確。

編號：1-15

篇名：宋楚瑜篇

主題：攻擊對手（宋楚瑜）

分析與評論：

綜合興票案、巨款匯入兒子帳戶、兒子具美國籍、在美國置產有五幢房子等事件，攻擊對手宋楚瑜。

訴求明確，對對手負面事件予以歸納呈現，對選民有「彙整資訊」的功能。

編號：1-16

篇名：星條旗篇

主題：攻擊對手（宋楚瑜）

分析與評論：

以國旗升上，但倒帶後換成星條旗升上，一方面以隱喻方式對抗對手宋楚瑜的國旗篇廣告，另方面旁白則以宋自己的陳述——若在夏威夷有別墅，則要退選，配合宋在美有五幢房子的字幕，質疑對手隨時準備「落跑」，以攻擊對手對國家的忠誠。

廣告表現富創意，訴求清楚、明確。

編號：1-17

篇名：林弘宣篇

主題：攻擊對手（陳水扁、宋楚瑜）、形象塑造

分析與評論：

由美麗島事件受難者林弘宣以獨白方式出面呼籲支持候選人連戰，並攻擊兩位對手，一位在人格上有重大缺點（指宋楚瑜），一位是準備不足（指陳水扁），而連戰則是可信賴的人。

此廣告屬證言式廣告（testimonial ad）。由在「常理」上應支持民進黨候選人的美麗島事件受難者來支持國民黨候選人，自有其影響

力，但因證言人知名度較弱，因此衝擊不大。

編號：1-18
篇名：「棄宋保連」篇
主題：攻擊對手（陳水扁、宋楚瑜）
分析與評論：

以「投宋＝助扁」、「阿扁＝台獨＝動亂」，而呼籲「棄宋保連」。訴求明確，訊息清楚。

編號：1-19
篇名：「反政黨輪替」篇
主題：反駁批評
分析與評論：

針對對手陳水扁的「政黨輪替」廣告的對抗廣告。

對抗廣告在競選文宣上要審慎運用，處理不當會造成擴大議題的反效果，政黨輪替本是民主政治常態，因此訴求「反政黨輪替」說詞反而不好著墨，會讓選民有「硬拗」的感覺。

編號：1-20
篇名：翻牌篇
主題：形象塑造
分析與評論：

以演員獨白並不斷翻牌，露出候選人「連戰」姓名的方式，說出候選人政績。

此廣告符合策略——以政績訴求彌補候選人「親民」形象的不足，以及對手對候選人能力的指控，但表現方式值得討論，一是陳述政績太多太快，選民可能無法吸收瞭解；二是特點太多等於沒特點，選民無法歸納記憶出候選人最傑出的政績；三是演員快速口白陳述的方式，被指責抄襲自「信義房屋」廣告，而這項指責更在網路上廣泛流傳，對候選人形成負面影響；四是《動腦》雜誌三月號以專文〈抄襲廣告再現?!〉，指出此廣告之表現方式與英國礦泉水Buxton廣告雷同，亦對候選人陣營形象有間接影響。

編號：1-21

篇名：機器戰警篇

主題：形象塑造（候選人形象修正）

分析與評論：

以一位白色機器戰警的球員，一人獨力對抗一組黑色的魔鬼球隊呈現，最後畫面出現「迎向挑戰．連戰連勝」，以及候選人所屬政黨黨名、黨徽。

此廣告企圖爲候選人進行形象重塑工程，然而忽略了候選人的刻板化印象是無法在選戰期間靠一支廣告片就可以修正的事實，不但徒勞無功，而且還與候選人原先的定位「國家團隊」、「不愛秀」、「不凸顯個人主義」不符，是典型的講究廣告創意，但忽略了廣告與策略、廣告與定位配合的例子。

編號：1-22

篇名：消防隊員篇

主題：形象塑造（政黨形象）

分析與評論：

以一位等夜遊孩子回家的消防隊員父親，帶出「玩家哪知道持家的辛苦」，以比喻在野黨與執政黨的關係。

廣告意義明確，但片子略長（一分鐘），而且加入不相干的數字（全國義消、警察……值班人員數字），削弱了廣告的張力。

編號：1-23

篇名：全民健保篇

主題：形象塑造

分析與評論：

以全民健保爲訴求，畫面出現一排人，下雨了，有人有雨傘（喻有醫療保險），而有人卻沒有傘，這時候選人出現，天空降下傘，讓人人有傘可以遮雨。

此廣告符合策略（強調候選人政績），但表現方式卻與傳播對象不符，全民健保最直接最有益的受惠者應是年齡大、社經地位差，或是農工漁業的民眾，可惜片中所呈現的語言卻是中產階級的視覺語言，充滿了隱喻與符號（下雨、雨傘），年齡大教育程度低的民眾恐怕不容易瞭解。

編號：1-24

篇名：婦女節篇

主題：形象塑造

分析與評論：

配合婦女節向婦女賀節，畫面出現「女」字再轉爲「安」字，明示候選人可以提供「安全的台灣」。

強調安全，訴求明確，但缺乏提供更多資訊，流於口號式的訴求。

編號：1-25

篇名：九二一地震篇

主題：形象塑造

分析與評論：

以CM song方式呈現，片長一分鐘，除救災畫面外，主要出現候選人連戰慰問災民的畫面，但慰問畫面流於制式，像是官方版的宣導片，與對手宋楚瑜的類似廣告相比，宋所呈現的戲劇張力（災民向宋哭訴、宋以電話指揮救災）遠勝於此片。

編號：1-26

篇名：電信自由化篇

主題：形象塑造

分析與評論：

以候選人在行政院長任內確立電信自由化政策，而形成手機流行通訊方便的現象做訴求。

此廣告在方向上是正確的，可惜傳播對象區隔不適當，畫面中以茶園農民在山中的通訊爲主要呈現，但最直接感受手機方便性以及普及率最高的卻不是「農民」這一族群，候選人在年輕族群中一向支持率偏低，此片若改爲以年輕學生爲對象，以「手機」來向年輕選民溝通，效果會更佳。

編號：1-27

篇名：「連」字篇

主題：形象塑造（政績陳述）、反駁批評

分析與評論：

此片爲對抗式廣告，因以對抗對手陳水扁的「連米酒也買不到」廣告。

廣告內容以「連」字帶出候選人政績——年輕朋友有大哥大、小朋友可以上網、出國觀光、黨產信託、大陸政策等。最後畫面出現「讓連戰做事，讓阿扁批評」。

廣告雖富趣味性，但選民對此種對抗式廣告的反映，恐怕也止於有趣而已，並不容易對候選人政績形成深刻印象。

編號：1-28

篇名：總統的證言篇

主題：形象塑造（名人證言）

分析與評論：

以李登輝總統支持候選人做訴求，以消除棄保負面效應。

編號：1-29

篇名：陳履安篇

主題：形象塑造

分析與評論：

以名人（陳履安）訴求方式來推薦候選人。片長一分半鐘。主要著重兩岸安全的訴求。

訴求明確，並可以呈現候選人所欲呈現的特質——在兩岸關係上最穩健的候選人。

編號：1-30

篇名：「馬英九」篇

主題：形象塑造

分析與評論：

證言式廣告，由台北市長馬英九出面呼籲支持候選人連戰，片長三分鐘，可惜證言人陳述台北市政府政績過長，模糊了焦點，亦減損了說服力。

編號：1-31

篇名：「蔣方智怡」篇

主題：形象塑造

分析與評論：

由蔣家媳婦方智怡來籲請支持。

此爲防杜棄保效應廣告，訴求明確。

編號：1-32

篇名：高清愿篇

主題：形象塑造

分析與評論：

名人訴求廣告，由商界名人高清愿籲請支持。

編號：1-33

篇名：國旗歌篇

主題：形象塑造

分析與評論：

一群小朋友升旗的畫面，以「國旗歌」做背景音樂。

本片訴求愛國，但表現調性與另一對手宋楚瑜一致，反而強化對手，對候選人自己助益不大。

此外，畫面字幕說國旗已經飄揚了九十年，與史實不符，民國創立時，並非使用青天白日滿地紅旗。

編號：1-34

篇名：「連家三代」篇

主題：形象塑造

分析與評論：

以連家三代——連雅堂、連震東、連戰和台灣的關係，呼籲支持。

此廣告強調候選人三代與台灣土地的連結，當然在選戰上有其意義，不過在策略上有可議之處，一是此廣告應在選戰初期播出方有效果，在選戰末期（3月16日）播出，由於訴求軟性，只有強化（reinforcement），較難改變立場；二是廣告內容陳義太高，引用《台灣通史》文字並不是一般民眾可以吸收瞭解，若以知識分子為訴求對象，亦是失策，對知識分子選民，並不是一支廣告可以改變態度的。

編號：1-35

篇名：機場篇

主題：不明顯

分析與評論：

以除夕夜機場工作人員的狀況呈現，片長一分鐘，除了中間短暫出現「有人一年四季，默默工作」、「有人四年一到，否定一切」字幕外，看不出任何訴求點，廣告時間冗長，卻沒有提供選民明顯的利益，是錯誤的廣告。

編號：1-36

篇名：蘭陽舞蹈團篇

主題：不明顯

分析與評論：

以蘭陽兒童舞蹈團的畫面呈現，最後由候選人說出「台灣的格局要看得遠，除了這一代，還有下一代」。

只有口號，訴求空洞。

編號：1-37

篇名：四季紅篇

主題：不明顯

分析與評論：

CM song式的廣告，以台語老歌「四季紅」爲主調，配合支持候選人連戰的歌詞，最後出現「咱的連戰·咱的希望」，以及選舉LOGO。

口號式的訴求，無說服力。

編號：1-38

篇名：美麗新樂園篇

主題：不明顯

分析與評論：

CM song的呈現方式，長達兩分鐘，是爲選戰量身訂作的歌，因此對選民而言是陌生的，而內容雖以年輕人畫面爲主，但歌曲不明快，畫面呈現也很「救國團化」（以團體活動爲主體），恐不易爲年輕人接受。

編號：1-39

篇名：台灣是咱兜

主題：不明顯

分析與評論：

CM song的呈現方式，長達一分鐘台語唱出。沒有提出明確的利益點，無說服力。

編號：1-40

篇名：台灣是我們共同的家

主題：不明顯

分析與評論：

以地震、颱風爲背景，然後畫面將台灣變成蝴蝶，呈現連戰的LOGO，最後並出現「心手相連，台灣起飛」的LOGO。

訴求空泛，只是LOGO設計意念的呈現。

編號：1-41

篇名：「千禧新願」篇

主題：不明顯

分析與評論：

以各種節慶歡樂的畫面，訴求安定，呼籲支持。

強調安定，訴求明確，但流於口號式的呼籲。

編號：1-42

篇名：地雷篇

主題：不明顯

分析與評論：

自己種下「希望與包容」，對手埋入「仇恨與危機」，最後畫面出現「要怎麼收穫，先那麼栽」的字幕。

沒有明確指出攻擊對象，訊息含混。

編號：1-43

篇名：「中共潛艇」篇

主題：不明顯

分析與評論：

以中共潛艇畫面，配合字幕「十二顆核子彈頭……一百枚M族飛彈，時時刻刻瞄準台灣……」。

以敵人來威脅自己同胞，不但格調低，更容易引起選民反感，是極端錯誤的廣告。

編號：1-44

篇名：「選舉激情」篇

主題：不明顯

分析與評論：

以選舉激情，但投票應回歸理性做訴求。

廣告策略正確，候選人連戰與其他兩位對手比較是相對不具魅力型的政治人物，因此越激情，連戰會越吃虧不看好，所以回歸理性思考，對候選人連戰有利。可是本片以軟性推銷（soft-selling）方式呈現，出現太多軟性的畫面，試圖用感性對抗激情，反而模糊了焦點，不能引領選民往傳播者的方向思考，若能改用硬性推銷（hard-selling），只以文字方式呈現，明確告訴選民回歸理性的好處，訊息會更為明確，效果會更佳。

二、陳水扁廣告

編號：2-1

篇名：「黑臉」篇

主題：陳述政見

分析與評論：

以打擊黑金不惜扮黑臉，來陳述候選人政見。此廣告畫面單純，口號明確，彌補了電視廣告不適合陳述政見的缺點。

編號：2-2

篇名：「搶銀行」篇

主題：攻擊對手（國民黨）

分析與評論：

以搶銀行畫面，配合具體數字（東港信合社被掏空二十三億元，全國銀行逾期放款六、六九四億元），以攻擊對手政黨「搶銀行」。訴求明確，畫面簡潔有趣，並呼應候選人「打擊黑金」主張，是成功的廣告。

編號：2-3

篇名：「政黨輪替」篇

主題：攻擊對手（國民黨）

分析與評論：

以一般民眾做代言人，訴求「政黨輪替」的好處。

此亦是證言式廣告，只是廣告代言人換成「尋常消費者」，由於主題明確，廣告代言人就是尋常選民，因此不但說服力高，而且還具民調式的引導效果。

這種假性民調廣告，在1992年的立委選舉，國民黨就曾使用過，用以攻擊民進黨，因此廣告的表現方式在競選廣告中並非創舉。

編號：2-4

篇名：「長官在打球」篇

主題：攻擊對手（連戰）

分析與評論：

以高爾夫球場及對手連戰打球的畫面，攻擊對手打球、有球證，及巨額財產。

在台灣，打高爾夫球雖是貴族化運動，但也是合法運動，以此來攻擊對手顯然是在利用民粹（民間一般對高球有負面看法），而且廣告中居然還強調對手在行政院長任內「犯罪率增加44%」，把對手打球和犯罪率提升擺在一起，顯然又是不當的類比。

此廣告雖具創意，但卻是值得檢討的廣告。

編號：2-5

篇名：「米酒」篇

主題：攻擊對手（連戰）

分析與評論：

以「連」米酒也買不到、蒜頭買不起、沒有救難犬、伍澤元當選立委、牛羊口蹄疫、婦女夜歸不安全、學童怕綁架、HBO斷訊等大眾熟知的事件，來攻擊對手政黨與對手無能。

此廣告利用大眾習知事件做訴求，表現活潑，而且以「連」字串接各項負面事件，對對手展開攻擊，亦富創意。

編號：2-6

篇名：「連戰vs.劉泰英」篇

主題：攻擊對手（連戰）

分析與評論：

針對對手連戰黨產信託的主張，剪輯連戰談話與劉泰英不相干談話，故意形成兩人不對盤、雞同鴨講的印象。

這支廣告有廣告倫理的問題，廣告可以「不實」（誇大演出），但不能「引人錯誤」，但這支廣告顯然是「引人錯誤」，故意造成選民認爲劉不支持連的印象，是「不道德」的廣告。

編號：2-7

篇名：「美國護照」篇

主題：攻擊對手（宋楚瑜）

分析與評論：

攻擊對手宋楚瑜及副手張昭雄，全家十一口人中有七本美國護照，以質疑對手的國家認同，是此次大選中陳水扁攻擊宋楚瑜的唯一電視廣告。

攻擊明確，表現有趣。

編號：2-8

篇名：「年輕領袖」篇

主題：反駁批評

分析與評論：

針對對手對候選人太年輕的批評，此廣告以比爾·蓋茲、楊致遠、愛因斯坦、甘迺迪、布萊爾、柯林頓、孫中山等名人爲例，說明候選人參選的適當性。

此廣告針對批評，提出證據予以理性反駁，佳作。

編號：2-9

篇名：「公文」篇

主題：反駁批評

分析與評論：

針對彩券案候選人堂弟陳天福的指控，廣告以出示公文方式表示候選人在市長任內即指稱陳天福行騙，以反駁批評。

編號：2-10

篇名：「李遠哲」篇

主題：形象塑造、攻擊對手（連戰、宋楚瑜）

分析與評論：

一方面以名人訴求，由中研院長李遠哲來推薦候選人，另一方面也攻擊對手，出現宋楚瑜與顏清標、劉松藩，連戰與伍澤元同台的畫面。

此廣告一方面採用正面的名人訴求給自己加分，另方面使用負面名人訴求給對手減分，戰術運用成功。

編號：2-11

篇名：「大家站出來」篇

主題：形象塑造

分析與評論：

剪輯各式CM song片的軟性畫面，以及名人訴求畫面（李遠哲、殷琪、張榮發……），以呼籲選民「大家站出來」在投票日支持候選人陳水扁。

此爲催票式廣告，但亦帶有名人訴求的功能。

編號：2-12

篇名：「官田鄰居」篇

主題：形象塑造、反駁批評

分析與評論：

當對手以「兩岸最大變數」來攻擊候選人，指稱候選人當選會帶來兩岸不安。候選人此廣告，以官田的親友做訴求，暗示不會挑起戰爭，以消除選民的疑慮。此外，這廣告也強調候選人出身民間，亦具形象塑造功能。

編號：2-13

篇名：「一朵小花」篇

主題：形象塑造

分析與評論：

以「一朵小花」歌曲配合軟調畫面呈現，以籲請支持，屬提醒式催票廣告，但畫面呈現本土人物，亦有隱含「愛台灣」的訊息。

編號：2-14

篇名：「時代在改變」篇

主題：形象塑造

分析與評論：

以旁白「時代在改變」、「選就要選阿扁」及廣告歌曲方式呈現。訴求雖不明確。但以本土人物影像呈現，亦隱含「愛台灣」的符義。

編號：2-15

篇名：「鐵漢柔情」篇

主題：形象塑造

分析與評論：

針對情人節，以候選人與妻子相處爲內容，強調候選人十五年來每天晚上要起來兩次抱妻子上廁所。

候選人妻子的故事在候選人每次參選時，都會作爲文宣素材，因此係屬舊資訊，舊資訊必須賦予新角度，方能感動選民，此廣告將訊息單純化，不談早年「政治車禍」，只是強調十五年來每天晚上候選人都要起來兩次抱妻子上廁所，而且只作爲情人節的賀節廣告。處理尙謂適當。

編號：2-16

篇名：「返鄉投票」篇

主題：不明顯（催票）

分析與評論：

爲選前催票的廣告。

編號：2-17

篇名：「門神」篇

主題：不明顯

分析與評論：

將候選人陳水扁及副手呂秀蓮的大頭照套貼在門神上向選民拜年。過年的賀年廣告，並無拓展票源的能力。

三、宋楚瑜廣告

編號：3-1
篇名：「宋安」篇
主題：攻擊對手（連戰、陳水扁）
分析與評論：

攻擊「連偏．扁騙」，畫面由「宋」變「安」，係農曆過年期間的賀年廣告。

賀年廣告宜和諧溫馨或熱鬧，以攻擊訊息爲主並不適宜。而且此廣告亦流於「口水」式的攻擊，只有口號，沒有眞正的資訊。

編號：3-2
篇名：恐嚇篇
主題：攻擊對手（連戰、陳水扁）
分析與評論：

以對手陳水扁國政顧問團名單指出，「李登輝的親友＝陳水扁的國政顧問」，並以之推論李登輝「棄連保扁」，再由此訴求對手陳水扁的台獨主張會引起中國武力犯台，「台灣已在戰爭邊緣」，廣告中明顯呈現報紙媒體的中國武力威脅報導，以恐嚇選民。

編號：3-3
篇名：「百姓心聲」篇
主題：攻擊對手（連戰）、形象塑造
分析與評論：

以九二一震災爲背景，先攻擊對手連戰藉「洗個手」離去不理災民「哀求」，再對照候選人對「百姓心聲」「聽到了、看到了」，以塑造

「勤政愛民」形象。

本片搭配新聞議題，極具攻擊性。

編號：3-4

篇名：「建設」篇

主題：形象塑造

分析與評論：

畫面出現候選人政績——宜蘭泰雅大橋、南方澳跨港大橋、冬山國小、西濱快速道路、中投公路等建設畫面，以對選民做政績訴求。創意雖平庸，但具接近性效果，對與建設有直接間接關係的選民有提醒作用。

編號：3-5

篇名：「淹水」篇（I）

主題：形象塑造

分析與評論：

由地方人士談淹水的處理，「長官沒來」、「宋省長來了」，由具體政績來塑造候選人「勤政愛民」形象。

編號：3-6

篇名：「淹水」篇（II）

主題：形象塑造

分析與評論：

以候選人當省長時處理地方淹水的新聞畫面呈現，來塑造「勤政愛民」形象。

編號：3-7

篇名：救災現場篇

主題：形象塑造

分析與評論：

以候選人在現場指揮救災的新聞畫面，塑造勤政愛民形象。

編號：3-8

篇名：「鋪設自來水」篇

主題：形象塑造

分析與評論：

以候選人省長任內協助屏東鋪設自來水管的新聞畫面，塑造「勤政愛民」形象。

編號：3-9

篇名：省長篇

主題：形象塑造

分析與評論：

以候選人談話，以及擔任省長期間訪問民眾、視察災區的畫面，來塑造「勤政愛民」形象。

編號：3-10

篇名：「李登輝推薦」篇

主題：形象塑造

分析與評論：

以1994年李登輝主席推薦宋楚瑜的檔案影片，來作爲李登輝推薦的訴求。此廣告主要用來「消毒」。

編號：3-11

篇名：廖正豪篇

主題：形象塑造

分析與評論：

前法務部長廖正豪的獨白，以籲請支持。屬名人證言廣告。

編號：3-12

篇名：「陳萬水」篇

主題：形象塑造

分析與評論：

以候選人夫人陳萬水女士接受訪問的畫面呈現，以塑造候選人平易近人的形象。此外，訪問人張艾嘉爲影視明星，因此本片亦具名人證言的功能。

編號：3-13

篇名：「張昭雄」篇

主題：形象塑造

分析與評論：

以副手張昭雄的獨白介紹候選人並攻擊對手。

編號：3-14

篇名：「人在做．天在看」篇

主題：形象塑造

分析與評論：

剪輯候選人省長任內的新聞影片，以塑造「勤政愛民」形象。

編號：3-15

篇名：拜拜篇

主題：形象塑造

分析與評論：

以候選人夫人陳萬水及副手夫人在廟內與義工老太太的對話，間接籲請支持。

此片雖以婦女爲對象，區隔明確，但演員演出生硬，對話拗口，減損了說服力。

編號：3-16

篇名：「民進黨縣市長推薦」篇

主題：形象塑造

分析與評論：

剪輯六位民進黨籍縣市長在公開場合讚揚省長宋楚瑜的話，以塑造候選人「勤政愛民，不分黨派」的形象。

此廣告播出後，六位民進黨籍縣市長旋即召開記者會，說以前所講僅是「客套話」，但宋陣營亦發表聲明說此影片均據實呈現，並未作假。雙方往來，亦讓廣告具話題性。

編號：3-17

篇名：「原住民少女」篇

主題：形象塑造

分析與評論：

以原住民少女的獨白介紹候選人宋楚瑜。

本片係屬「尋常消費者」的證言式廣告，具系列性，畫面溫馨，對特定族群（原住民）的選民應有「吸票」功能。

編號：3-18

篇名：「殘障青年」篇

主題：形象塑造

分析與評論：

以殘障青年來介紹候選人，與「原住民少女」篇同屬系列性廣告。

編號：3-19

篇名：癌症小孩篇

主題：形象塑造

分析與評論：

以一患有惡性腫瘤的小孩爲背景，訴說候選人對他的關懷，與「原住民少女」篇同屬系列性廣告。

編號：3-20
篇名：小屌斗篇
主題：形象塑造
分析與評論：
由台灣演員小屌斗籲請支持，屬名人證言廣告。

編號：3-21
篇名：女子篇
主題：形象塑造
分析與評論：
以一位不知名的女子用台語呼籲投票日要投票支持候選人。

編號：3-22
篇名：年輕人篇
主題：形象塑造
分析與評論：
呈現各式年輕人畫面，最後歸納年輕人選擇宋楚瑜的訴求。
雖具傳播對象的區隔性，但訴求流於口號，無說服力。

編號：3-23
篇名：「美國總統」篇
主題：形象塑造
分析與評論：
候選人以獨白方式，在車內以美國總統爲例，訴說如何做一位好總統。
此廣告內容平淡，攝影機以仰角拍攝候選人，拍攝角度欠佳。

編號：3-24
篇名：獨白篇
主題：形象塑造
分析與評論：

在攝影棚內製作，以候選人獨白方式，訴說兩黨忽略民眾心聲，只有他聽到了，以籲請支持。

傳統式的拜票廣告，提供資訊少，只有口號式的訴求。

編號：3-25
篇名：「國旗」篇
主題：形象塑造
分析與評論：

以國旗升起的畫面，做愛國性的呼籲。

對固定的支持者（年老榮民、外省籍選民）有強化支持功能。

四、三組候選人電視廣告比較

三組候選人電視廣告主題呈現之比較如表9.1，從表中可發現三組候選人中，連戰廣告主題最為分散，陳水扁與宋楚瑜廣告較為集中，而主題分散並不利於凸顯候選人定位。

從連戰廣告的分析與評論可以發現，連戰廣告什麼都談，四支廣告談四個不同政見（編號1-1、1-2、1-3、1-4），談司法改革、照顧弱勢族群、教育、黨產信託。有十支廣告（占22.7%）直接或附帶攻擊對手陳水扁，主要攻擊陳水扁的「台北經驗」（編號1-6、1-7、1-8、1-9、1-10），其中刮鬍子篇、局長打電話篇、吹笛子篇對非台北市民的選民可能看不懂而顯得毫無意義，阿扁的親人篇係因彩券案由對手陳水扁的嬸嬸出面控訴，但毫無具體內容，只是情緒性的謾罵，而編號1-5的「扁變騙」篇以對手名字作文章，類似小學生以同學名字來塗鴉，顯得毫無格

表9.1 三組候選人電視廣告主題比較表

廣告主題	連戰		陳水扁		宋楚瑜	
	則數	百分比	則數	百分比	則數	百分比
陳述政見	4	9.1	1	5.9	—	—
攻擊對手						
1.攻擊連戰	—	—	6	35.3	3	12.0
2.攻擊陳水扁	10	22.7	—	—	2	8.0
3.攻擊宋楚瑜	6	13.6	2	11.8	—	—
反駁批評	2	4.5	3	17.6	—	—
塑造形象						
1.政績宣揚	5	11.4	—	—	7	28.0
2.名人推薦	5	11.4	2	11.8	7	28.0
3.選民推薦	—	—	—	—	6	24.0
4.呼籲愛國	1	2.3	—	—	1	4.0
5.台灣認同	1	2.3	3	17.6	—	—
6.政黨宣揚	1	2.3	—	—	—	—
7.安全與安定	1	2.3	—	—	—	—
8.候選人自我宣揚	—	—	1	5.9	2	8.0
9.候選人形象修正	1	2.3	—	—	—	—
主題不明顯	10	22.7	2	11.8	—	—
電視廣告則數	44		17		25	

註：部分廣告包含兩個主題，因此個別則數加總大於「電視廣告則數」，百分比加總亦大於百分之百。

調。此外還攻擊陳水扁的台獨立場，對手的政治立場當然可以攻擊，不過以戰爭作爲訴求，以敵人恐嚇自己同胞，就失掉了作爲「總統」的氣度（見編號1-11、1-12）。而對宋楚瑜的攻擊，集中在打破對手「清廉」的框架，以興票案作爲訴求（編號1-13、1-14、1-15、1-16），訴求明確清楚。

反駁批評有兩篇，一支針對政黨輪替做反映（編號1-19），並不出色，一支針對對手的「無能」攻擊（「米酒」篇，編號2-5）的回應，表現精彩，不過廣告呈現形式與對手相同，容易令人有「口水對口水」的感覺。

在塑造形象方面，連戰廣告主題極爲分散，事實上應集中焦點來凸顯候選人的特色，而不應該什麼都談。其中更不應該嘗試修正選民對候選人的刻板印象，「機器戰警篇」（編號1-21）就是一個愚蠢的例子，刻板印象是經年累月累積的印象，焉能用一支影片予以修正，如此想當然爾，未免太天眞了。

此外，連陣營有十支影片（占22.7%）主題不明顯，這些片子都是軟調、呈現安和樂利景象的片子，而且大都以歌曲方式呈現，選戰期間選民涉入感（involvement）極高，這種軟調找不到訴求重點的片子是沒有「集票」功能的。

陳水扁廣告的焦點集中，主要訴求「打擊黑金」「政黨輪替」，同時爲自己的負面形象（「兩岸不安的變數」）「消毒」。

陳述政見廣告只有一支，主攻「打擊黑金」（編號2-1）。攻擊對手方面，攻擊對手連戰「多金」（編號2-4）、「無能」（編號2-5），攻擊對手政黨黑金（編號2-2、2-3），此外還攻擊另一對手宋楚瑜家人持美國護照，質疑其對國家的認同（編號2-7）。

反駁批評的廣告有三支，對手攻擊陳水扁年輕不適合當總統，於是有「年輕領袖」篇（編號2-8）回應，以「公文」篇回應堂弟對彩券案的指控（編號2-9），此外針對對手對台獨引起戰爭的質疑，用極軟調的「官田鄰居」篇（編號2-12）回應。

在塑造形象方面，主要用以凸顯個人特色，經由名人推薦，塑造「清流共治」形象（編號2-10、2-11），同時以軟調的影片訴求台灣認同（編號2-12、2-13、2-14），而「鐵漢柔情」篇（編號2-15）則爲候選人自我宣揚的片子，是情人節的應景廣告。

陳水扁陣營有兩支廣告不能歸入上述四大主題中，一支是催票廣告（編號2-16），另一支是過年的賀歲片「門神」篇（編號2-17），此廣告也是過年的應景廣告，但處理較情人節廣告遜色，不具感動選民的功能。

宋楚瑜電視廣告焦點最爲集中，所有焦點均集中在「勤政愛民」上，無論政績宣揚、名人推薦、選民推薦均集中塑造「勤政愛民」的形象，甚至在攻擊對手連戰時也是用以襯托宋楚瑜的「勤政愛民」。

表9.2　三組候選人文宣策略與廣告表現比較表

文宣策略		連戰陣營		陳水扁陣營		宋楚瑜陣營	
		文宣方向	廣告表現	文宣方向	廣告表現	文宣方向	廣告表現
比較品牌	形象塑造——凸顯個人特色	帶來國家安定	—	改革魄力	打擊黑金；政黨輪替；年輕台灣、活力政府；清流共治	勤政愛民	勤政愛民
	攻擊對手	攻擊宋楚瑜	A錢	攻擊連戰	多金	攻擊連戰	沒有作為
		攻擊陳水扁	「台北經驗」；帶來戰爭	攻擊國民黨	黑金		
	反駁批評——負面形象「消毒」	沒有作為	—	兩岸不安的變數	感性訴求	「清廉」形象框架的破滅	—
		國民黨黑金	—	人格特質「鴨霸」	—		
候選人定位呈現		?		政治現狀改革者		勤政愛民者	

綜合而言，連戰陣營廣告由於主題分散而產生「失焦」現象，因此無清晰呈現候選人定位，而陳水扁卻可以從比較品牌戰術運用，塑造「政治現狀改革者」的定位，同樣的，宋楚瑜也成功的形成「勤政愛民者」定位（見表9.2）。

肆、結論

本研究以品牌理論、定位理論來分析三組候選人電視廣告，研究結果發現，連陣營廣告訴求分散，無法凝聚候選人形象，以形成清晰定位。

扁陣營的廣告訴求集中，有效的攻擊對手連戰與對手政黨 ，另外不但成功的形成候選人是「政治現狀改革者」的定位，也成功的反駁對手的批評——兩岸不安的變數。除了整體策略成功外，部分廣告也頗見創意。

宋陣營廣告的策略性亦強，訴求焦點比扁陣營更爲集中，有效的強化選民對候選人「勤政愛民」的刻板印象。可惜太多廣告是剪輯候選人在省長任內活動的新聞影片，不但畫面品質差，而且雷同性高，因此較不吸引人。

綜合對三組候選人文宣策略與電視廣告影片的觀察，可形成如下的結論：

1.整體策略考量比單一廣告創意重要。策略指導廣告，在競選廣告中單一廣告創意傑出並無意義，以連陣營的「機器戰警」篇（編號1-21）爲例，雖然頗見創意，但卻忽略了整體策略配合，因此也就成了失敗廣告。

2.不必試圖修正候選人形象。選民對候選人的形象是刻板化的結果，它不是在選戰期間，高涉入感的情況下，看了一兩支廣告影片就可以修正的，連陣營的「機器戰警」篇就是試圖修正候選人形象而失敗的例子。相反的，當民間普遍認爲宋楚瑜「勤政愛民」時，宋陣營廣告順著選民的刻板印象去發揮就容易成功。

3.廣告應避免引起爭議。連陣營的「翻牌」篇（編號1-20）、「刮鬍子」篇（編號1-16），其表現手法與某些商業廣告雷同，而引起「抄襲」的討論，雖然亦有廣告業者主張這也是創意的發揮，但在選戰期間這種可能引起負面效果的討論就應避免。

4.廣告應提供新資訊。舊資訊通常引不起選民興趣，或是選民已有預存立場而失掉說服功能，連陣營攻擊陳水扁「台北經驗」的廣告（編號1-8之「吹笛人」，編號1-7之「局長打電話」篇）均屬舊資訊。而扁陣營的「鐵漢柔情」篇（編號2-15），訴說陳水扁與夫人的情況也是舊資訊[2]。

2 本文發表於「二○○○年總統大選傳播行銷暨策略研討會」，世新大學民意調查中心舉辦（2000年11月3日）。

第十章

2000年總統大選候選人競選網站分析

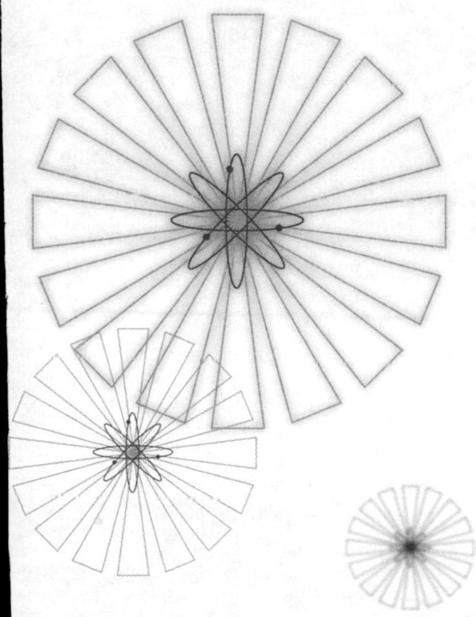

CREATIVE ADVERTISING CREATIVE ADVERTISING CREATIVE ADVERTISING

〈摘要〉

本研究係針對2000年台灣總統大選三組主要候選人（陳水扁、連戰、宋楚瑜）之競選網站（www.abian.net、www.yes2000.org.tw、www.soong.org.tw），分析其構成要素、對突發性事件之反應，並提出對競選網站經營之建議。

所謂網站構成要素，指親切性、互動性、資訊性、工具性等四個構面所衍生之競選網站構成要素。此外，本研究並擇「中國介入」事件（2月21日中國發表「台灣問題」白皮書，與3月15日中國總理朱鎔基談話）作為個案，用以檢驗候選人網站對突發事件的反應，並比較三組候選人反應的差異。

研究結果發現，陳水扁網站多媒體呈現、內容豐富；連戰網站色彩豐富、排版專業；宋楚瑜網站文字太多、視覺效果比較弱。至於危機反應，三組候選人網站無論在「傳播來源」與「訊息處理」上均無差異，同樣對「中國介入」表達「不示弱」的態度，並尋找「替罪羔羊」轉移攻擊對象。

關鍵詞：2000年選舉、總統選舉、競選傳播、網站、網路、陳水扁、連戰、 宋楚瑜

壹、研究目的

2000年台灣總統大選於3月18日投票，開票結果，民主進步黨提名人陳水扁獲勝。此次選舉，一方面終結了國民黨執政，完成政黨輪替，另方面固然是「李登輝時代」（1988至2000）的結束，但卻也是「李登輝路線」的延續，台灣繼續往本土化、民主化邁進。

此次選舉競爭激烈，負面廣告盛行，三組主要候選人（陳水扁、宋楚瑜、連戰），由於選前民調數據接近，因此採取「比較策略」，以攻擊對手及與對手比較爲主要戰術，三方「互擲泥巴」，將大選格調下降至如同縣市長選舉（鄭自隆，2000a）。

報紙廣告、電視廣告固然負面文宣充斥，但三組主要候選人的網站卻相對比較「純淨」，台灣選舉網站廣告始自1994年的台北市長選舉，當時的民進黨候選人陳水扁率先成立「市政資訊BBS站」，成了台灣網路選戰的第一個個案（鄭自隆，1995a；莊伯仲、鄭自隆，1996）。接著1995年立委選舉，新黨、民進黨籍國民黨依次成立專屬各黨中央黨部的WWW網站，雖然內容貧乏，缺乏適時更新，只是報紙文宣的網路版，但卻是台灣首次政黨文宣搬上網際網路（internet）國際舞台；1996年首次台灣總統大選，李登輝、彭明敏、林洋港、陳履安四組候選人均成立直屬競選總部的網站；1997年縣市長選舉，1998年北高兩市市長、議員與立委選舉，更多的候選人均有了競選網站的設置（莊伯仲，2000）。

本研究之研究目的一，即依文獻與網站媒體特性、建構網站構成要素，分析三組候選人網站，以呈現該年選舉候選人網站之面貌，早期的競選廣告內容單調，只是將平面文宣「翻版」在網路上，但此次三組候選人的網站內容都精彩活潑，無論親切性（user-friendly）、互動性、資訊性、工具性均有其特色。

其次，本研究試圖以一個案事件，用以檢視三組候選人對此突發事件的反應，並比較三組候選人反應的差異。候選人網站即是候選人的專屬媒體，也是候選人訊息的呈現，換言之，網站第一頁至最後一頁的內容均是候選人所試圖傳送的訊息，也是他的「廣告」。因此從網站對事件的訊息處理，當然可以看出候選人陣營對事件的態度。

本研究所選擇之個案爲「中國介入」事件，所謂「中國介入」事件包含兩件但互爲關聯的中國試圖影響選舉的事件，一是2月21日中國發布「一個中國原則與台灣問題」白皮書，與3月15日中國總理朱鎔基對台灣立場強硬及恫嚇性談話。此種外力介入試圖影響選舉結果的動作，在選舉活動中可以歸爲事件（event），而此事件，就大環境（台灣安全）而言，是爲危機（crisis），但對個別候選人卻不一定，對某位候選人來說固然是危機，但對另一位或另兩位候選人卻可能因選民恐懼對手當選導致戰爭，使選票流向自己而獲利。或是因危機處理適當，改變選民觀感，也有可能自危機處理中得利。因此檢視候選人網站新聞對危機的回應，以瞭解各陣營對危機處理的態度，自有其必要。

因此本研究之研究目的二，即是透過內容分析，一方面瞭解三組候選人網站對事件的反應態度，並比較三組候選人反應的差異。

貳、文獻探討

一、網站構成要素

網路上的競選文宣不同於傳統媒介。網友使用網路的行爲是主動的檢索、互動的溝通，而非被動的收受。且網路多媒體的特性使其內容呈現得以涵蓋文字、聲音、影像、動畫等。台灣初期的網路競選文宣，內容貧乏單調，僅是將平面文宣數位化、電子化，然而2000年的總統大選，各組候選人的競選網站，都已較以往網路文宣成熟，不但結合了影音的呈現，並加入更多互動性功能，充分結合網際網路的特性。

莊伯仲（2000）認爲候選人運用網路媒體具有以下八點趨勢：

1.參與程度高：網路是高互動性的媒體，網友多爲主動造訪，因此心理涉入感大、參與程度高，較容易被傳播來源所說服。

2.訊息深度夠：網路多媒體的特性容納了文字、聲音、影像，其內容設計不僅可以刊登政見、問政紀錄、競選文宣，尙可提供選民留言等複雜資訊。

3.成本效益高：網站站台的架設、維護、更新成本遠比一般大眾媒體來得低。對小黨或缺乏財力的候選人而言是較佳的選擇。

4.機動性佳：候選人網站可隨時更新資料，應付緊急事件。且沒有傳統媒體時段、版面限制，與製作時間耗時的問題。

5.可重複暴露：候選人網站可提供競選文宣，供網友閱讀、下載甚至代爲傳送。沒有傳統媒體接收不便、保存不易的缺點。

6.具恆久性：候選人網站得提供從競選開始到結束不同時期的競選文宣，讓網友得以超越時間限制，接收到非同步傳播的訊息。

7.涵蓋面廣：傳統媒體有其發行及傳送疆界的限制，而網路是跨區域的媒體，即便是海外的支持者，都方便加以串聯、動員。

8.區隔性佳：網路的資源浩瀚，空間、版面、內容幾乎可以無限制的擴張，因此可以針對不同地區、不同領域、不同階層的網友設計不同版面，以投其所好。

另外，Ireland和Nash在*Winning Campaigns Online*（2000）一書中，也提出網路競選的優勢包括競選經費的募集、電子新聞信的廣泛傳布、資訊量豐富、成本低廉、接觸受眾多等特點。

針對鄭自隆（1995a）所提出競選廣告的四種未來趨勢，莊伯仲、鄭自隆（1996）認爲電腦媒介傳播在競選活動的應用有：

1.文宣專業化：專業的網路服務公司出現，使不懂得網路、電腦理論和實務的候選人能享受到網際網路這個新媒介，也普及了它的運用趨勢。他們提供WWW架設的全套服務（從系統規劃到美工設計），也教導候選人的幕僚人員如何維護和管理站台，如何加入新資訊，以及未來成本的評估等事項。

2.通路多元化：所謂通路，就是候選人接觸選民的媒介。近年來就競選文宣通路的變化而言，很明顯的有雙向化、電腦化、私密化的趨勢。換言之，選民接收訊息的管道將不再只是傳統的大眾媒介，網路已成爲候選人的專屬媒體通路。

3.選民區隔化：一個候選人不可能獲得全部選民的支持，所以必須進行選民區隔化，而具有高度互動性質、訊息更新迅速容易、且內容可以是各類選民所需而多樣化設計的BBS和WWW，正是適合區隔化的新興媒介。候選人的網站內容與服務，可針對不同區隔的選民設計不同內容以吸引之。

4.候選人明星化：BBS和WWW，正是候選人的個性化媒介。除了可以表達複雜的訊息來具體介紹候選人的特色、理念、政績和政見外。相較於電視、報紙等資源有限的大眾媒介，網路上的資訊是無限的，目前也無相關法令來規範，故訊息可以隨心所欲的設計和使用。而WWW多媒體的展現方式更是將候選人做明星化的包裝。跨國界、跨區域、無版面限制、不受傳統媒介守門人影響的網際網路，使候選人得以盡情闡述競選理念，因此，若宣傳得當，可獲得相當選民的注意，自然提高獲選的機會。

另外，本研究根據網際網路的特質，再加入下列兩種現象，說明如下：

1.選民與候選人間的高度互動化：網路最大的特性之一就是互動性高。在以往的政治傳播形態中，選民與候選人之間的資訊是單向傳送，或透過傳播媒體，或透過競選總部，但網際網路的高互動性卻可讓選民主動搜尋，整個過程是一種較爲主動的資訊取得。不僅如此，選民可以透過候選人專屬網站發表意見、與其他網友共同討論議題。而透過競選網站所提供的服務信箱或留言板，也可使候選人瞭解並貼近選民的反應及需求。

2.資訊傳送的即時化：網路的另一特性就是即時快速，候選人得以自行發布消息，並對臨時發生的事件做出回應。傳統媒體的截稿時間並不適用於網路空間，就競選網站而言，對事件的即時反應，可以不再依賴傳播媒體的報導及解讀；而對選民而言，則可隨時上網取得候選人的最新消息，不再受限於傳播媒體的二手資料。

Klinenberg和Perrin（1996）分析1996年美國總統大選候選人網站內容，依競選的目標與活動分爲六個類型，分別說明如下：

1.組織、建立關係網絡與競選經費的籌募：包括全國各地競選支部的地址、電話、負責人名稱、名人推薦名單、地方性的重要資訊（以超連結方式呈現此位候選人對當地建設所做出的承諾）、徵求志工及籌措競選經費等。

2.政治教育及主旨：運用網路龐大的資訊負載量，提供候選人立場聲明書、演說全文、新聞稿、當地的參議員投票紀錄、轉載文章、照片、電視廣告的下載及視訊短片給有興趣的選民，並提供候選人生平介紹、歷史性的照片。

3.建立社群：藉由提供聊天室及候選人圖片、標語的下載以建立支持者的線上社群。不過必須依照不同族群建立不同的社群區，並儘量避免呆板枯燥的討論主題。

4.頌揚網路科技：強調候選人對高科技產品的支持，及如何應用在其網站上。在其競選網站中運用各種新技術，塑造候選人走在時代尖端的形象。

5.提供其他網站的連結：利用網際網路超文本、超連結的特性，提供其他政治性網站，以協助政黨聯盟的建立、教育及動員，或與其他競爭者比較。

6.互動性：是網際網路最重要的創新之一，提供網友競選活動的資訊，並回覆網友的疑慮。例如競選網站依時事推出各項資訊（資訊的呈現方式可以是電子新聞信、電子卡片等），並且儘快答覆網友提出的問題。

美國將WWW運用在競選文宣上的主要功能，並不僅限於單向的新聞發布，還提供公共論壇、深度資訊檢索、線上籌募競選基金，以及和選民互動等功能（莊伯仲、鄭自隆，1996）。

本研究依上述文獻並根據網路特性，加上對此次三組主要候選人網站的觀察整理，將網站構成分為四個構面，建構網站構成要素用以分析三組候選人網站：

1.親切性：指的是user-friendly，也就是網站設計是否可親近，便於網友使用，包括網站內容的語言系統、相關網站的連結、影音多媒體的設計、視訊短片的下載、搜尋引擎等功能。

2.互動性：候選人與網路使用者、使用者與網站、使用者之間的溝通。Schultz（1999）將網站的互動性功能分為電子郵件（e-mail）、聊天室、民意調查、討論區、網友個人網頁、數位名片等。

3.工具性：指網站作為媒體廣告文宣、電子交易及競選經費募款的功能，工具性的使用可以說是競選網站的附加價值，由於競選網站是候選人的專屬媒體，因此，競選網站提供其他媒體廣告文宣的下載，可以強化文宣的宣傳效果；而美國多項報導指出，競選網站主要的功能之一，就是線上籌募競選基金。故本研究將其他媒體廣告文宣的下載、線上購買候選人的相關競選產品、線上捐款等稱為工具性構面。

4.資訊性：是網站所提供的資訊類別及資訊的量與質，運用網際網路超連結及龐大的資訊負載量特性，提供所有與候選人相關的訊息，包括電子報、新聞資訊、候選人活動行程、各地競選總部的聯絡方式、政績或政見、政策白皮書等。

二、危機反應策略

本研究係以大選期間「中國介入」事件作為候選人網站處理危機的

個案，競選網站的危機處理基本上還是以語文訊息（verbal message）的呈現爲主，亦即以語言或文字來報導危機，陳述立場或反駁批評。由於網路的匿名性，因此使得網路上的文字訊息失去了傳統傳播媒介應有的威望（prestige），因此特別著重消息來源的可信性（source credibility）自然有其必要，此外，網路文章仍須考量其處理危機訊息應有的相關因素。

競選網站的危機事件訊息應考量的「消息來源」，本研究認爲應包含三個重要構面，一是誰是「發言人」，所謂「發言人」是指網站文章中主要陳述觀點的人，通常會有候選人本人、自己政黨主要負責人或競選重要幕僚，若是反駁對手的批評，則發言人也可能是對手候選人，或對手政黨重要人士或幕僚。Belch、Belch和Villarreal（1987）歸納廣告傳播效果研究發現，認爲廣告傳播者應考量兩個因素，一是可信度（credibility），二是親和力（attractiveness）。另外Percy和Rossiter（1980）的主張，除了上述兩個因素外，尙加上知名度（visibility）與權威性（power），構成VisCAP模式。由於網站文章係屬文字媒體，因此在選擇網站文章消息來源時，可信度與知名度均是考量的條件。

第二個消息來源的因素應是「第二發言人」，所謂第二發言人即補充第一發言人的人或是針對第一發言人的發言，予以反駁批評的人。第二發言人若屬自己陣營的人，當然仍須考量其可信度與知名度，若是對手陣營的人，則可以在可信度予以適當的貶抑。

第三個消息來源因素爲「新聞來源」，絕大部分的競選網站文章都摘自其他媒體，包含報紙、電子報，甚至電視。而媒體立場或意識形態是會影響到候選人網站文章選擇，這也是一個有趣的課題。陳義彥、陳世敏（1990）研究1989年第三項公職人員選舉，即發現民進黨新國家連線參選人不使用黨營《中央日報》與官營《台灣新聞報》刊登廣告，而國民黨參選人則較少使用《首都早報》；另外，鄭自隆（1996）研究1995年立法委員選舉也有類似的發現，即國民黨中央的選舉廣告不刊登《聯合報》、《聯合晚報》，甚至沒有政治色彩的《經濟日報》也不使用。

競選網站文章對反應危機事件的「訊息處理因素」，本研究提出六個構面：

1.反應策略：Coombs（1995）對危機因應提出五個不同處理的建議，策略一「徹底否認有危機發生」，策略二「冷淡回應」，策略三「積極表示回應及處理表現危機誠意」，策略四「承認錯誤並忍受屈辱」，策略五「面對痛苦、承擔效果」。這五個反應策略，呈現危機處理人姿態由極高（策略一）至極低（策略五）的處理態度，可以用來檢視三組候選人網站文章對「中國介入」事件的看法。

2.轉移攻擊對象：「中國介入」事件雖然來自中國，但候選人必須轉移攻擊對象，將攻擊對象轉移至競選對手，以引導選民將中國的不滿轉移至競選對手身上，如此方有實質的利益，這也是一種尋找「替罪羔羊」（scapegoat）的作法。

3.批判中國：台灣的選舉，「中國因素」是選戰中的「票房毒藥」，尤其是總統層級的選舉，候選人（尤其被認爲有親中傾向的候選人）不能對中國示弱，否則不但招致對手攻擊，還會流失選票。

4.訊息立場：這是古典的傳播理論——單面（one-sided）說服或是雙面（two-sided）說服的運用，網站的使用者均爲年輕、高學歷的選民，因此不見得只能使用有利自己的訊息，適度的使用雙面的訊息，更能顯示出候選人的氣度。

5.訊息長度：網站文章固然沒有長度的限制，但太長的文章卻不利於閱讀，此外，文章的長度也似乎暗示了事件的重要與否，因此考量訊息長度（字數）當然也有其必要。

6.訊息順序：這也是C. Hovland的古典傳播理論——展示順序（order of presentation）。研究結果發現，第一條最能吸引人注意，其次是最終一條，不過網站文章在排列上是越前面顯得越重要，因此可以從訊息的排列順序，探討候選人網站對「中國介入」事件反應的重視程度。

亦即，本研究即透過如下的架構以分析三組候選人網站對「中國介

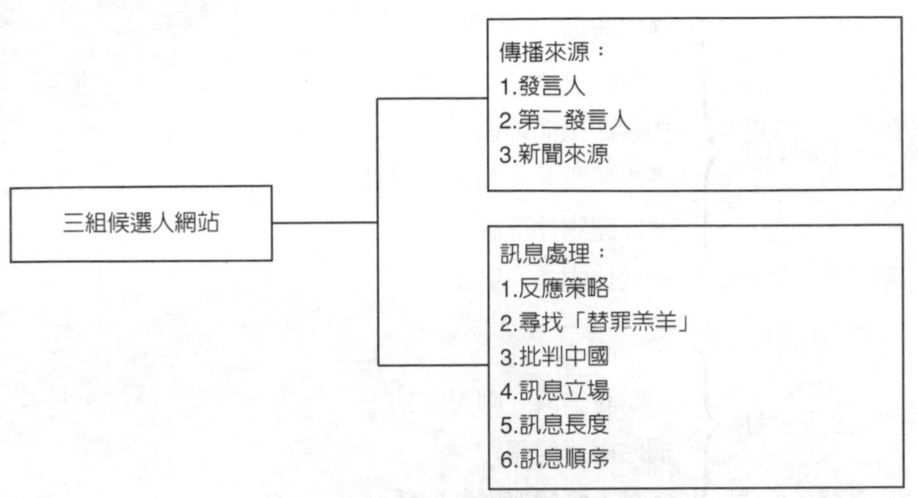

圖10.1　候選人網站回應突發事件之架構

入」事件的反應態度。

參、研究方法

一、網站構成要素之建構

根據文獻及對歷年候選人網站的觀察，本研究將競選網站區分爲四大構面：親切性、互動性、資訊性、工具性。所謂親切性，係指網站是否好用、活潑美觀，讓使用者樂於上網；互動性，指的是網主與使用者、使用者與使用者間溝通管道是否順暢；資訊性，是指網站內容是否提供充分的選戰資訊，以爭取使用者支持；工具性，即候選人是否把網站規畫成選戰工具，成爲選戰廣告媒體，或作爲捐款、購買選戰商品的管道。

在四大面向上，本研究亦發展出每一構面的測量指標：

1.親切性
- 多語版本
- 下拉式選單
- 相關競選網站連結
- 多媒體設計（動畫、影音）
- 多媒體物件下載
- 新聞檢索

2.互動性
- 留言版
- 即時討論區（聊天室）
- 網站服務信箱
- 候選人直接與網友對談

3.資訊性
- 電子報
- 當日新聞提供（電視、報紙、網路）
- 新聞回顧
- 候選人當天行程
- 活動預告
- 服務據點
- 候選人介紹
- 候選人家庭成員介紹
- 副手資料
- 政績
- 政見與政策白皮書
- 入站人數統計
- 選戰倒數

4.工具性
- 電視廣告
- 網路廣告
- 線上購物
- 線上捐款

分析對象爲三組候選人之網站，即陳水扁（www.abian.net）、宋楚瑜（www.soong.org.tw）與連戰（www.yes2000.org.tw）。

二、內容分析：危機反應策略

(一)網站

即上述之三組候選人網站。

(二)取樣日期

「一個中國」白皮書發表於2月21日，因此本研究取樣爲自當日起一週，即2月21日至28日；朱鎔基談話在3月15日，因此取樣日期爲3月15日起至3月18日（投票日）。

(三)分析對象

爲各候選人網站第一層之新聞或評論文章，無論其爲自撰或引自其他媒體，均爲本研究之分析對象。

(四)分析類目與測量標尺

本研究之分析類目有九項，包含：新聞主角（發言人）、第二發言人、新聞來源、反應策略、轉移攻擊對象、對中國批判、訊息立場、訊息長度與訊息順序等九項。各類目及其測量標尺如**表10-1**。

表10.1　分析類目及測量標尺

類目	測量標尺
類目一：發言人	1.候選人
	2.對手
	3.自己政黨及幕僚
	4.對手政黨及幕僚
	5.事件當事人
類目二：第二發言人	1.候選人
	2.對手
	3.自己政黨及幕僚
	4.對手政黨及幕僚
	5.事件當事人
	6.無
類目三：新聞來源	1.聯合報系
	2.中國時報系
	3.自由時報
	4.中央日報
	5.其他網站
	6.電視
	7.自撰
	8.其他
類目四：反應策略	1.徹底否認曾有危機發生
	2.冷淡回應
	3.積極表示回應，展現處理危機誠意與能力
	4.承認並忍受羞辱
	5.面對痛苦、承擔結果
類目五：轉移攻擊對象	1.攻連
	2.攻宋
	3.攻扁
	4.攻擊其他兩位候選人
	5.無
類目六：對中國批判	1.有
	2.無
類目七：訊息立場	1.有利自己
	2.不利自己
	3.無特定立場
類目八：訊息長度	長×寬＝字數（四位數）
類目九：訊息順序	1.第一條
	2.第二條
	3.第三條
	4.第四條以後

肆、研究結果與發現

一、競選網站的構成要素

三位總統候選人的網站，陳水扁競選網站（www.abian.net）的多媒體呈現相當豐富，從首頁出現的「e廣告」、右側豐富齊全的選項、阿扁的生平介紹，乃至各項政策白皮書，都以圖像方式呈現。連戰的網站（www.yes2000.org.tw）色彩鮮明，整個網頁的配色及排版條理分明，相較於另外兩位候選人，其網站幾乎沒有大幅改版過。宋楚瑜的競選網站（www.soong.org.tw）則顯得中規中矩，雖到競選後期才出現網路廣告，但首頁多達十餘則的文字新聞稿，缺乏圖片潤飾，使人有置身字海的感覺。本章將以親切性、互動性、資訊性及工具性比較三位候選人網站。

(一)親切性

所謂親切性，指的是user-friendly，也就是網路設計是否可親可近，令網友樂於使用。三個網站中，親切性以連、扁爲佳，兩者均有外語版本（扁除英語版外，尙有日文版）。相較於宋楚瑜網站只有簡單的頁框，連、扁網站尙有下拉式選單，將網站內容分門別類，方便網友在網站中盡情「衝浪」而不慮迷途。

三組候選人均提供多媒體檔案下載，陳水扁網站以附圖方式介紹旗下的電視廣告，並將下載方式分爲一般用戶的撥接版和專線用戶的寬頻版，這對網友而言是較爲體貼、方便的設計。宋網站僅以標題介紹電視廣告，沒有圖片的輔助說明，網友們較難瞭解其內容爲何。且下載檔案動輒5到6MB，對非使用專線的網友，吸引力恐怕不大。至於本文討論的連戰網站（www.yes2000.org.tw）並無提供廣告下載的服務，而是放在其另一競選網站「連蕭戰鬥網」（www.v2000.org.tw）中。

相關連結方面，相對於連、扁網站只提供友軍網站的連結，宋楚瑜的老宋小舖不但提供了友軍，還有另外四組候選人的網站連結，包容性爲三者中最大者。網站內的新聞檢索，連、扁均有提供，可讓使用者依關鍵字查詢，如輸入「興票案」，則會出現與興票案有關的新聞，這是一項方便使用者搜尋資料的設計。

陳水扁的競選網站在親切性這個構面最爲成功。多語版本打破了語言藩籬，大量圖片爲主的設計風格使網友方便瀏覽、易於接收，新聞搜尋使查找資料變得容易。對各項使用工具的介紹及提供，則拉近了使用者和網站之間的距離。

(二)互動性

其次談互動性，也就是使用者與網站、使用者與其他使用者間的溝通。和其他媒介相比，網路除了囊括電視的聲光效果、報紙的詳細描述、廣播的音樂內容外，還多了互動的特性。三位候選人網站都有留言板的設計，讓網友得以抒發己見。陳水扁的競選網站有多個即時互動的聊天室，本研究曾多次上線參與討論，聊天室中平均都有數十人，可依不同的主題加入不同的聊天室，聊天室內提供各種代表符號、表態語句等，讓網友得立即對談、交換意見，是很好的一項設計。老宋小鋪雖然沒有即時互動的聊天室，但宋楚瑜和網友的直接對談經驗，亦是一項突破。

在互動性方面，扁網站略勝一籌。雖然三網站都有留言板的設計，但陳水扁網站的即時互動聊天室對於支持者有強化、凝聚的作用。使用者有問題，通常可藉由對其他網友的發問而得到解答。換句話說，即時聊天室的存在給予使用者一個「黏」在網站上的理由，而網友間的溝通交流，可提高對競選事務的參與性。不過，對於其他陣營的網友而言，聊天室的功能可能僅止於謾罵。因此，網站管理者如何解決這些問題，往後還有討論的空間。

(三)資訊性

談到資訊性，指的是網站所提供資訊類別及資訊的量與質。

三組候選人都提供了電子報的訂閱服務，原則上以每日寄發爲主，內容多爲網站內的新聞摘要。至於網站中當日新聞的提供，連、宋的消息來源以報紙、網路爲多，扁網站除了報紙、網路新聞外，尙提供電視新聞稿的內容，是不同於另外兩組候選人之處。在新聞回顧方面，扁網站以日、週、月、年分，最爲完整。

至於候選人的宣傳資訊，以服務據點、活動預告以及候選人當日行程三項指標來看，陳水扁競選網站的建構完善，不但日期、時間詳盡且可依地區尋找，是三組人馬中設計最佳者。老宋小鋪對於今日行程並沒有交代，但關於活動預告、服務據點的說明非常清楚。連戰的網站則僅有候選人當日行程的交代，活動預告、服務據點都付之闕如。

候選人資料，陳水扁競選網站以圖片的方式對陳水扁做介紹，算是較具新意的表現。對家庭成員方面，連戰、宋楚瑜分別以「連方瑀」、「母姐會專區」做介紹。陳水扁則僅有幾則小故事，著墨較少。副手資料，宋楚瑜、陳水扁都成立專區，唯獨連戰的網站缺乏對蕭萬長的介紹。另外，連戰的競選網站中有提供居家環境圖像的連結，網友可以三百六十度環繞視角看到連戰家中的裝潢、擺設，網友若有興趣，還可以深入探訪某些特定的房間。

三位候選人的競選網站都將白皮書公布在網路上。至於候選人的政績，連戰以過去擔任公職任內的建設主題做描述。陳水扁以台北市長任內的「台北經驗」爲主力。宋楚瑜則以全台各縣市做分類，配合地圖，效果頗佳。

資訊的提供，三者各有所長。網站設計人員也都充分介紹候選人的優點。網站作爲候選人自有的傳播媒介，沒有內容、篇幅的限制。三組人馬皆以新聞媒體的消息爲主。比較重要的是新聞回顧部分，網站將新聞數位化的結果，使閱聽人能更方便、更迅速找尋既往資料。唯在新聞的選擇上，難免會有偏頗的情況發生。

表10.2　三組候選人網站構成因素比較表

	網站構成因素	陳水扁 www.abian.net	宋楚瑜 www.soong.org.tw	連戰 www.yes2000.org.tw
親切性	多語版本	英文版、日文版	無	英文版
	下拉式選單	有（上方）	無	有（上方）
	相關競選網站連結	有	有（尚有對手網站的連結）	有
	多媒體設計（動畫、影音）	多	少	少
	多媒體物件下載	廣告、競選歌曲	廣告、競選歌曲、電子賀卡	桌面、競選歌曲、電子賀卡
	新聞檢索	有	無	有
互動性	留言板	有	有	有
	即時討論區（聊天室）	有（即時互動）	無	無
	網站服務信箱	有	有	有
	候選人直接與網友對談	有	有	無
資訊性	電子報	有	有	有
	當日新聞提供	電視、網路、報紙	報紙、網路	報紙、網路
	新聞回顧	以日、週、月、年分	以日分	以日分
	候選人當天行程	有（時間地點可依地區搜尋）	無	有（時間地點）
	活動預告	有（時間地點可依地區搜尋）	有	無
	服務據點	有（可依地區搜尋）	有	無
	候選人介紹	有	有	有
	候選人家庭成員介紹	無	夫人、女兒	家庭、夫人、居家環境
	副手資料	有	有	無
	政績	依事件分	依地區分	依部門分
	政見與政策白皮書	有	有	有
	入站人數統計	有（計數器）	無	有（計數器）
	選戰倒數	有	有	無
工具性	電視廣告	有	有	無，但有歌曲
	網路廣告	有	有	無
	線上購物	有（附圖片）	有（無圖片）	無
	線上捐款	郵政劃撥帳號、信用卡、線上捐款	郵政劃撥帳號	無

(四)工具性

就工具性而言，指的是網站作爲廣告媒體工具及電子交易工具的功能。扁、宋的網站均提供電視廣告的點播，以擴大電視廣告的效果。陳網站還將電視廣告、平面廣告設立專區，方便網友瀏覽。並把平面廣告加以動態化，成爲網路版的「e-廣告」。宋網站在選舉後期於首頁加入網路廣告，但並沒有以多媒體方式呈現，像是文字及照片的集合。至於連戰，在www.yes2000.org.tw並未提供電視廣告的下載，亦沒有網路廣告。

網站的電子交易部分，老宋小鋪內的「老宋電子商店」有爲數眾多的紀念品，價錢、尺碼、顏色、產品描述都非常詳盡。陳水扁則將其線上購物委外處理，販售物品包含一系列的扁帽商品、紀念章等，圖片直接附在說明旁，讓網友方便選購，是不同於宋楚瑜的設計。陳水扁甚至還提供線上捐款的功能，讓網友直接以信用卡線上捐款，是三位候選人網站中的獨創設計。

工具性的使用可說是競選網站的附加價值。就競選廣告的提供而言，若以傳播中的「認知不和諧」理論解釋，支持者對所支持候選人的廣告，會有一再暴露的衝動，以強化自己的決定。競選網站作爲候選人的「御用」媒介，這點無疑提供了最大的宣傳效果。易言之，候選人在網站中提供廣告點播確有其必要。此外，將廣告放上網路亦可節省資源，網路有其大量傳播、複製成本低的特性，支持者在將廣告下載後，可利用電子郵件傳送給其他人，擴大宣傳範圍。

至於電子交易，雖不至於成爲競選經費的來源，但藉由選舉所衍生的競選商品，可增加支持者的認同感，從扁帽系列到宋楚瑜的紀念商品熱賣，可得到證明。

二、危機反應策略

所謂選戰事件（campaign events），在美國指的是提名大會、候選人辯論、副總統提名、主要講演、重要人士背書、競選策略的改變、醜聞或競選重要幕僚的更替（Holbrook, 1996）。但在台灣，「中國介入」事件則有更重大的影響，由於選民的涉入感高，因此候選人陣營的反應更是小心翼翼。

(一)三組候選人網站的反應

「一個中國原則與台灣問題」白皮書，中國於2月21日發布，當日宋楚瑜在中國發布之前即做了反應，顯示宋對中國介入的影響極為關注，接著22日起至26日，連續六日均摘錄有關新聞於網站上。連戰陣營則於次日方有反應，認為白皮書在於批扁，完全沒有批連，至於批李登輝總統，則是終結李時代，「並不影響連戰」：連陣營發言人李慶平表示，「過去中共動武條件是外國勢力介入台灣、台灣發生內亂和宣布獨立，現在則加入了『重大事變』及『無限期拒絕談判』，而解釋權則操在中共手中；其所謂『被迫採取一切可能的斷然措施、包括使用武力』，更具有警告的意味。」顯示連戰陣營對此事件採取旁觀者、置身事外的處理態度。

扁陣營則遲至24日才發表談話，陳水扁認為，中國此次試圖利用白皮書對台灣施壓的作法，「表現得過火了，只會招致反效果，讓兩岸人民更加分離」、「台灣人民不會在壓力或是妥協下選出他們的領導人」。

就此事件之後的一週觀察，陳水扁陣營只發表三則有關談話，占這八天的網路新聞量的6.5%，是三組候選人中最少的，顯示扁陣營對此事件的低調與謹慎；相對的，宋陣營的事件相關發言則有十則，占網路新聞量的10.6%，連陣營則有十一則，亦占網路新聞量的10.3%（參閱表10.3）。

中國總理朱鎔基恫嚇性的談話發表於3月15日，由於靠近投票日（3月18日），因此扁陣營反應迅速，立刻由執行總幹事邱義仁、副總幹事游盈隆、大陸政策小組召集人陳明通發表談話回應，3月16日更由陳水扁提出「個人看法」，認為北京的說法已經違背了大多數台灣人的意願。接著17日由黨主席林義雄發表兩篇看法，一篇認為「新政府會積極

表10.3　三組候選人網站對「中國介入」事件之反應表

（甲）中國白皮書事件

日期	陳水扁			宋楚瑜			連戰		
	當天則數	與事件有關新聞數	比率（%）	當天則數	與事件有關新聞數	比率（%）	當天則數	與事件有關新聞數	比率（%）
2月21日	7	0		10	1	10.0	14	0	
2月22日	6	0		12	1	8.3	14	1	7.1
2月23日	3	0		17	2	11.8	13	2	15.4
2月24日	5	1	20.0	12	3	25.0	13	2	15.4
2月25日	10	2	20.0	13	2	15.4	13	3	23.1
2月26日	5	0		11	1	9.1	13	2	15.4
2月27日	5	0		8	0		13	0	
2月28日	5	0		11	0		14	1	7.1
小計	46	3	6.5	94	10	10.6	107	11	10.3

（乙）朱鎔基談話事件

日期	陳水扁			宋楚瑜			連戰		
	當天則數	與事件有關新聞數	比率（%）	當天則數	與事件有關新聞數	比率（%）	當天則數	與事件有關新聞數	比率（%）
3月15日	5	1	20.0	13	0		13	0	
3月16日	5	2	40.1	8	1	12.5	13	5	38.5
3月17日	5	3	60.0	10	0		9	2	22.2
3月18日	5	3	60.0	10	0		9	2	22.2
小計	20	9	45.0	41	1	2.4	44	9	20.5

展開與北京的談判對話」，另一篇則轉移攻擊對象，指「連戰失格」，說連戰身為副總統，但面對中國恐嚇時，不但沒有挺身而出，反而附和中國，意圖取利。此外，陳水扁亦於當天發表談話，保證當選後將致力追求台海的永久和平。從15日至18日四天中，扁陣營的網站新聞有二十則，其中反映朱鎔基談話的新聞高達九篇，占45%。

而宋陣營對朱鎔基談話的反應，極為低調，僅間接表示看法，認為「李遠哲達成兩岸對談」。在四天的四十一則新聞中，僅有上述的一則表示看法，除此之外，並無任何回應。

連陣營的回應則高達六則，在隔日（3月16日）即有五則新聞，包含陳履安的談話，連戰的主張「擱置一個中國爭議建立兩岸熱線」，以及「兩岸不應等著瞧，應該坐著談」、「家裏的小孩不乖，我們自己會管，別人不必替我們管小孩」，此外亦刊登連戰的記者會問答全文。連陣營在四天的四十四則網路新聞中有九則與朱鎔基談話有關，占網路新聞則數之20.5%（參閱**表10.3**）。

(二)三組候選人反應之差異

1.主要發言人

從**表10.4**可以發現，三組候選人網站所使用之主要發言人並沒有差異，都是以「候選人」自己發言居多，尤其宋楚瑜與連戰均由自己發言，而扁陣營之主要發言人則較具彈性些，有半數的新聞由候選人自己擔任主要發言人，另一半的新聞則由自己的政黨主席或主要幕僚擔任發言人。

表10.4　三組候選人網站新聞「發言人」之比較

	陳水扁	宋楚瑜	連戰	
候選人	6 50.0 19.4 14.3	9 29.0 90.0 21.4	16 51.6 80.0 38.1	31 73.8
自己政黨及幕僚	6 54.5 50.0 14.3	1 9.1 10.0 2.4	4 36.4 20.0 9.5	11 26.2
	12 28.6	10 23.8	20 47.6	42 100.0

卡方值：5.27155
自由度：2
顯著度：.0717
最小有效次數：2.619
有效次數小於5之格數：2 OF 6 （33.3%）
說明：格内第一排為次數，第二排為縱向百分比，第三排為橫向百分比，第四排為該格值與總數之百分比。

2.第二發言人

從表10.5可以發現，三組候選人網站新聞之第二發言人（即新聞中次要的發言人角色）之使用亦無差異，以沒有第二發言人居多，若有第二發言人，也是以自己政黨有關人士或競選幕僚擔任。

表10.5 三組候選人網站新聞之「第二發言人」之比較

	陳水扁	宋楚瑜	連戰	
候選人		1 100.0 10.0 2.4		1 2.4
對手	1 100.0 8.3 2.4			1 2.4
自己政黨及幕僚	2 33.3 16.7 4.8	2 33.3 20.0 4.8	2 33.3 10.0 4.8	6 14.3
事件當事人			3 100.0 15.0 7.1	3 7.1
無第二發言人	9 29.0 75.0 21.4	7 22.6 70.0 16.7	15 48.4 75.0 35.7	31 73.8
	12 28.6	10 23.8	20 47.6	42 100.0

卡方值：9.55914

自由度：8

顯著度：.2973

最小有效次數：.238

有效次數小於5之格數：12 OF 15 （80.0%）

說明：格內第一排為次數，第二排為縱向百分比，第三排為橫向百分比，第四排為該格值與總數之百分比。

3.新聞來源

從表10.6可以發現，扁陣營的十二則有關「中國介入」事件之新聞均由自己的網路部自撰，並不使用外稿；而宋陣營則較偏愛聯合報系，全數十則新聞中有五則摘自聯合報系或《聯合晚報》；連陣營的新聞來源則較平均，二十則新聞中有五則摘自聯合報系，八則摘自中時報系，

表10.6　三組候選人網站新聞「新聞來源」之比較

	陳水扁	宋楚瑜	連戰	
聯合報系		5 50.0 50.0 11.9	5 25.0 50.0 11.9	10 23.8
中時報系		2 20.0 20.0 4.8	8 40.0 80.0 19.0	10 23.8
中央日報			3 15.0 100.0 7.1	3 7.1
自撰	12 100.0 100.0 28.6			12 28.6
其他		3 30.0 42.9 7.1	4 20.0 57.1 9.5	7 16.7
	12 28.6	10 23.8	20 47.6	42 100.0

卡方值：47.37000

自由度：8

顯著度：.0000

最小有效次數：.714

有效次數小於5之格數：14 OF 15 （93.3%）

說明：格內第一排為次數，第二排為縱向百分比，第三排為橫向百分比，第四排為該格值與總數之百分比。

表10.7　三組候選人網站新聞「反應策略」之比較

	陳水扁	宋楚瑜	連戰	
徹底否認曾有危機發生	3 60.0 25.0 7.1		2 40.0 10.0 4.8	5 11.9
冷淡反應	2 100.0 16.7 4.8			2 4.8
積極表示回應，處理危機誠意與能力	7 20.0 58.3 16.7	10 28.6 100.0 23.8	18 51.4 90.0 42.9	35 83.3
	12 28.6	10 23.8	20 47.6	42 100.0

卡方值：9.32000
自由度：4
顯著度：.0536
最小有效次數：.476
有效次數小於5之格數：6 OF 9 （66.7%）
說明：格內第一排為次數，第二排為縱向百分比，第三排為橫向百分比，第四排為該格值與總數之百分比。

三則摘自《中央日報》，另有四則來自其他媒體（如中央社）。

4.反應策略

由Coombs（1998）對危機反應的看法來看三組候選人網站對新聞的反應，從表10.7可以發現，宋陣營與連陣營的反應較爲積極，而扁陣營的回應則略爲迂迴，不願正面回應，以避免將大環境的危機變成自己的危機。

5.轉移攻擊對象

面對危機的另一個反應是尋找「替罪羔羊」，轉移攻擊對象，讓選民將厭惡焦點從中國轉移至對手，以謀取選戰利益；從表10.8可以發現，扁陣營將攻擊焦點大都轉移至連，而連陣營同樣也將攻擊焦點轉移至扁，宋陣營爲求在事件中「不缺席」，因此同時攻擊連扁，不過篇數

表10.8　三組候選人網站新聞「轉移攻擊對象」之比較

	陳水扁	宋楚瑜	連戰	
攻連	5 83.3 41.7 11.9	1 16.7 10.0 2.4		6 14.3
攻扁		2 28.6 10.0 4.8	5 71.4 25.0 11.9	7 16.7
攻擊其他兩位候選人			6 100.0 30.0 14.3	6 14.3
無	7 30.4 58.3 16.7	7 30.4 70.0 16.7	9 39.1 45.0 21.4	23 54.8
	12 28.6	10 23.8	20 47.6	42 100.0

卡方值：19.58333
自由度：6
顯著度：.0033
最小有效次數：1.429
有效次數小於5之格數：9 OF 12 （75.0%）
說明：格內第一排為次數，第二排為縱向百分比，第三排為橫向百分比，第四排為該格值與總數之百分比。

不多，一篇攻連，兩篇攻扁。

6.對中國批判

從表10.9可以發現，三組候選人以網路新聞中均對中國採取批判的態度，扁陣營十二則新聞中有五則有批判中國，宋陣營十則新聞中，高達八則在內文中有涉及對中國不滿，而連陣營二十則新聞中有十則對中國有負面批評。顯示在選戰中對中國「示弱」會對候選人有不良影響。

7.訊息立場

從表10.10可以發現，三組候選人對「中國介入」事件的回應都是

表10.9 三組候選人網站新聞「對中國批判」之比較

	陳水扁	宋楚瑜	連戰	
有	5 21.7 41.7 11.9	8 34.8 80.0 19.0	10 43.5 50.0 23.8	23 54.8
無	7 36.8 58.3 16.7	2 10.5 20.0 4.8	10 52.6 50.0 23.8	19 45.2
	12 28.6	10 23.8	20 47.6	42 100.0

卡方值：3.58490
自由度：2
顯著度：.1666
最小有效次數：4.524
有效次數小於5之格數：1 OF 6 （16.7%）
說明：格內第一排為次數，第二排為縱向百分比，第三排為橫向百分比，第四排為該格值與總數之百分比。

表10.10 三組候選人網路新聞「訊息立場」之比較

	陳水扁	宋楚瑜	連戰	
有利自己	12 36.4 100.0 28.5	8 24.2 80.0 19.0	13 39.4 65.0 31.0	33 78.6
無特定立場		2 22.2 20.0 4.8	7 77.8 35.0 16.7	9 21.4
	12 28.6	10 23.8	20 47.6	42 100.0

卡方值：5.47273
自由度：2
顯著度：.0648
最小有效次數：2.143
有效次數小於5之格數：3 OF 6 （50.0%）
說明：格內第一排為次數，第二排為縱向百分比，第三排為橫向百分比，第四排為該格值與總數之百分比。

表10.11　三組候選人網路新聞「訊息長度」之比較

	篇數	平均數（字數）	標準差	F值	P值
陳水扁	12	596.25	193.87	1.3323	.2756
宋楚瑜	10	608.40	393.06		
連戰	20	790.00	437.70		

採取有利於自己立場去詮釋，缺乏兩面說服（two-sided persuasion）的運用。

8.訊息長度

從表10.11可以發現，三組陣營對「中國介入」事件的反應，新聞長度（字數）均接近，沒有統計上差異。

9.訊息順序

「訊息順序」係用以發現有關「中國介入」事件在網路新聞中出現的順序，其目的在於檢驗三組候選人陣營對此類新聞重視程度，從表10.12可以發現，三陣營對新聞出現順序之處理並無顯著差異——都是「重視」，但卻較少以頭條新聞呈現。

伍、結論與建議

一、結論

(一)網站構成要素

此次大選三組主要候選人網站構成均各有長處，就親切性而言，扁網站較爲突出，多語性版本、大量圖片、方便搜尋、提供多項多媒體下載物件等，均拉近了使用者和網站的距離。

在互動性方面，三位候選人網站均不錯，三個網站均有留言板，此

表10.12　三組候選人網站新聞「訊息順序」之比較

	陳水扁	宋楚瑜	連戰	
第一條	1 20.0 8.3 2.4	1 20.0 10.0 2.4	3 60.0 15.0 7.1	5 11.9
第二條	4 57.1 33.3 9.5		3 42.9 15.0 7.1	7 16.7
第三條	4 57.1 33.3 9.5	2 28.5 20.0 4.8	1 14.3 5.0 2.4	7 16.7
第四條以後	3 13.0 25.0 7.1	7 30.4 70.0 16.7	13 56.5 65.0 31.0	23 54.8
	12 28.6	10 23.8	20 47.6	42 100.0

卡方值：10.46783
自由度：6
顯著度：.1063
最小有效次數：1.190
有效次數小於5之格數：9 OF 12 （75.0%）
說明：格內第一排為次數，第二排為縱向百分比，第三排為橫向百分比，第四排為該格值與總數之百分比。

外，扁網站設有及時討論區（聊天室），可以讓網友立即對談交談意見；而宋網站的候選人與網友直接對話更是突破性的設計，雖然選戰繁忙，候選人眞正出現的次數不多，不過此項「貼心」設計，更可以凸顯候選人所欲塑造的「親民」形象。

資訊性方面，三組候選人網站均很傑出，電子報、新聞提供、候選人介紹、候選人以往政績、政見白皮書等均有設置，以提供網友充足資訊作爲選擇候選人參考，而連網站的候選人居家「實景」電腦線上導覽，可以滿足選民的「偷窺慾」，更是不錯的設計。

工具性方面，主要作爲候選人廣告媒介工具及電子交易工具，宋扁均有電視廣告的呈現，甚至還有「e-廣告」，也就是網站專用的廣告，將不適合在大眾媒體（電視）呈現的廣告，用小眾媒體（網站）的通路播出。此外，作爲在野的候選人，扁宋的網站均有線上購物與線上捐獻的設計。

(二)危機因應策略

從統計上發現，三組候選人網站對「中國介入」事件的反應並沒有顯著的差異。

從「訊息來源」來看，三組候選人在網站上對危機回應的發言卻是以自己爲主角，第二發言人則爲自己政黨重要人士或選戰幕僚，而新聞來源扁以自撰爲主，宋連則引述自其他媒體居多。

從「訊息處理」策略來看，三組候選人同樣對危機表現「重視但低調」之態度，不正面回答，只是以迂迴的方式來表達自己或陣營的看法；此外，各陣營也積極尋求「替罪羔羊」，將民眾對中國的不滿轉調對手身上，以謀取實質的選戰利益；同時各陣營的回應也滿堅定，以表示候選人對中國「不示弱」的態度。

二、建議

(一)競選網站經營之建議

本研究根據上述的研究發現以及相關的研究（莊伯仲，鄭自隆，1995；Ireland & Nash, 2000），謹提出如下的建議以供設置及經營競選網站者參考：

1.應有「永續經營」觀念

由於總統大選爲跨區域的全國性選舉，故三位候選人以「全球資訊網」（world wide web, WWW）作爲網路上的宣傳工具。競選結束後，只有陳水扁陣營的網站維持經營、更新資訊。連戰的網站曾出現短暫的停擺，宋楚瑜的老宋小鋪則停留在3月21日的頁面，未再更新。

截至1999年12月止，目前國內網際網路的使用者爲四百八十萬人[1]，各種寬頻技術的普及，如「非對稱式數位用戶迴路」（Asymmetric Digital Subscriber Line, ADSL）、「線纜數據機」（cable modem）、「衛星上網」（direct PC）等，網路環境的問題比起1995年已獲得改善，因此候選人可投注部分心力於網站經營上。

2.釐清定位

網站在候選文宣上只是輔助性媒體而非主要媒體，候選人無法只靠網站就能贏得選戰，這是候選人在設置網站時所應有的認識。

此外，候選人也必須釐清網站的定位——是形象塑造，或是理念行銷，甚至是選戰商品的銷售，何者爲主何者爲副，定位釐清方能進修網站內容設計。

3.區隔傳播對象

此次三位候選人網站的設計都呈現對年輕族群的重視。廣泛的使用年輕人的術語，像是陳水扁網站的「阿扁答錄機」、「網站大頭貼」，宋楚瑜老宋小鋪中的「政治搖滾特區」、「異次元空間」，連戰網站中「阿戰的故事」、「連戰電玩特區」等。隨著網站的多元與多樣，候選人網站也有必要視情況做進一步的區隔。同樣的以「年輕人」爲對象，是否必要用「性別」區隔？是否必要用「職業」（學生、上班族）做區隔？這都是競選網站經營者必須做前瞻性思考的。

4.豐富內容設計

網站內容隨著科技發展與軟體工具的更新，呈現了無限的可能，此次大選三組候選人網站中，陳水扁網站較能跳脫出傳統媒體的思維，以大量的圖片、動畫、音效來呈現內容，即時聊天室的設計，也充分發揮了網路互動的特性。連戰、宋楚瑜的網站大致以文字爲主，忽略了網站是一個適合多媒體的傳播環境。不過，三位候選人都將其文宣放在網站

1 資料摘自http://www.finds.org.tw/usage.asp經濟部技術處委託資策會推廣服務處。

上供使用者下載，以提高文宣影響效果。而網站基本上都有導覽的設計，是方便網友的可取設計。

除了建構多媒體的傳播內容外，在資訊更新上也必須注意，尤其每日新聞、候選人行程必須適時更新，不能有舊文出現，否則將會自暴其短，傷害候選人形象。

5.及早申請網域名稱

「網路蟑螂」（cybersquatter）盛行，候選人必須儘早申請合適的網域名稱。這方面以陳水扁最爲積極，早在1998年台北市長選舉時，陳水扁便有一個好記又富個人化的網域名稱——www.abian.net。宋楚瑜的老宋小鋪www.soong.org.tw，亦是富個人化的網域名稱，不過成立時間不若陳陣營早。至於連戰的網站www.yes2000.org.tw，不易讓人聯想到連戰，yes2000的名稱在2000年總統大選後也失去意義，就長久經營的觀點來看，是較爲不適的網域名稱。另外，若經費允許，最好在申請網域時能將.com的網域名稱一併申請，因爲一般使用較習慣到代表營利組織的.com網域，而非代表非營利組織的.org網域，這在無形中，便增加了網站的暴露機會。

6.選擇適當入口網站

此次三網站都在著名的入口網站、新聞媒體上形成連結。使用者不論藉由蕃薯藤、奇摩站或是中時電子報，都能連結到所欲到達的候選人網站。因此選擇適當入口網站自然有其必要。

7.注意系統安全

此次大選期間陳水扁、連戰競選網站都曾出現使用者無法順利獲取資料的情形。不論是遭入侵或者網管問題，對使用者而言都是不愉快的經驗。在三網站中，只有連戰在首頁有保護網友隱私的聲明，是很好的一項設計。

因此如何適當設置「防火牆」以避免敵對陣營或「駭客」入侵，也是選舉網站必須注意的問題。

8.選擇專業經營者

許多支持者熱心爲候選人架設網站的結果，造成選民不知何者爲正式的官方網站。若能集中資源，將官方網站視爲網路的競選中心，不但較有公信力，對於號召支持者、吸收義工都能發揮較大的功效。事實上，在選戰中，網路並不是一種科技，而是一種媒體。能如此看待，其功能方可發揮。所以其應用需要既懂得系統規劃、硬體維護、軟體操作、美工設計、資訊管理，又懂得心理學、社會學、廣告學，和政治傳播（這也是最重要的）的專業網路服務公司來承辦。

9.提供安全的線上交易機制

此次大選，選戰商品成爲流行風潮，因此在以後的選舉中，候選人推出選戰商品應會成爲一種時尚，一方面募集競選經費，一方面也可以凝聚支持爭取選民，不過透過網路交易以銷售選戰商品，則必須注意線上交易安全問題。

電子商務日趨普及，競選網站最好有讓使用者放心的電子交易機制，像是SSL（secure sockets layer）或是「安全電子交易」（secure electronic transaction, SET）。讓線上捐款者、線上交易者能放心的捐款、購物。三網站中，唯陳水扁網站提供線上捐款。線上交易方面，扁網站亦在頁面顯示出「所有資料在傳送及處理過程皆經過SSL加密保護，安全性絕無疑慮」的字樣，是讓網友放心交易的設計。

(二)競選網站回應突發事件之建議

根據研究結果並驗證相關理論，本研究對競選網站如何回應突發事件，提出如下實務的建議：

1.擴大議題或集中焦點

如果突發事件指涉對象是己方，或因己方因素而導致危機，此時網站應採取「擴大議題」策略，亦即將危機引導至更大情景，也就是以更大的視野來審視危機（position it in a larger context than crisis）。如歹徒因漢堡店暴利而放置炸彈，此時漢堡店必須擴大議題討論「社會價値觀偏差」，而不是被放置炸彈本身。

相反的，如果突發事件是因對手而起，則自己的網站必須集中焦點討論，並指控對手模糊議題。

無論是擴大議題或集中焦點，網站的作法必須是刊載相關文章，並置於顯著版面，以吸引注意。

2.擴大傳播來源

從本研究發現，對「中國介入」事件的反應，三組候選人網站均以自己的候選人爲主要發言人，事實上基於傳播來源可信度的考量，網站所選取資訊應擴大發言面，應多引述具傳播來源可信度的訊息。

3.採用兩面說服

本研究發現，三組候選人網站均使用有利自己的訊息，亦即使用單面說服，事實上由於網路使用者的知識水準高，採用兩面說服應是可行的設計。

4.應有策略性的考量

候選人網站對突發事件是回應或不回應、回應是輕是重、是擴大議題是集中焦點，均應有策略性的考量，不宜隨意而爲，從本研究發現，扁陣營網站對白皮書事件的反應極爲消極，只有三篇評論，占全部新聞量的6.5％；但對朱鎔基談話的反應，則積極回應，有九篇評論，占全部新聞量（二十則）之45.0％，扁網站對此二事件不一樣的回應態度，是否有策略性的考量，本研究自不宜臆測，但各候選人陣營對突發事件的回應態度，具策略性的考量則是必要的[2]。

2 本文發表於「二○○○年傳播管理研討會」(2000年5月6日)，銘傳大學傳播學院主辦。

2001年　立委暨縣市長選舉

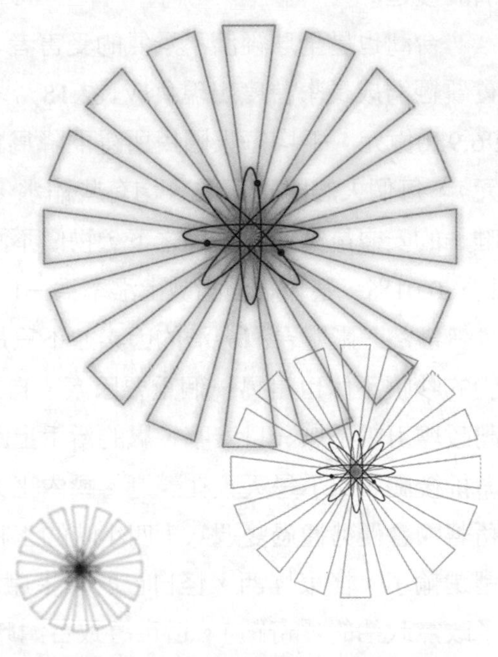

2001年的台灣社會

2001年，二十一世紀的第一個年頭，仍然尾隨著上世紀末的紛擾，並不平靜。

全球經濟景氣仍在谷底盤旋期待回升之際，九一一的恐怖攻擊讓人們的希望落空，回教世界長期積壓對白人世界基督文明的不滿終於爆發，奧薩瑪賓拉登旗下的戰士劫持民航機，飛向美國國防部與紐約世貿大樓。高聳的雙子星大樓經電視轉播，全世界的人眼睜睜的看著它被撞、崩塌、瓦解。這個攻擊造成千億美元的損失，奪去數千條生命，打碎了美國人的驕傲與安全感——從來沒有敵國可以直接威脅美國本土，所有的紛擾與戰爭都在美國境外。這個羞辱，迫使布希總統號召全球反恐戰爭，也隱然成爲基督教文明與回教文明的對抗，當然更延遲全球經濟的復甦。

台灣也是全球經濟不景氣的受害者，2001年失業率攀升至4.57%，實質經濟成長率首度出現負成長2.18%，國民生產毛額（GNP）下降至96,980億元，平均每人國民所得下降爲11,637美元（2000年爲12,916美元），每個人的財富與收入均有些縮水，整體進出口貿易也略爲萎縮。唯一的安慰是，通貨緊縮之下，物價不漲反降，消費者物價指數年增率爲－0.01%，躉售物價指數上漲率爲－1.34%。

當然，影響台灣經濟的因素並不只是全球經濟的不景氣，國內政客們的吵嚷不休也是另一個重要因素。自2000年5月20日政黨輪替後，台灣政壇可說是無一日安寧，贏的新手上路尙在摸索，輸的輸得不甘心拚命扯後腿，似乎是天天在競選。國內工人已經找不到工作做，國民黨還藉著國會優勢通過雙週八十四小時的工時案，並在2001年開始實施；大選選輸了，怪東怪西，怪自己的黨主席，最後還把他「撤銷黨籍」，成了政黨政治的「奇蹟」。這也導致台灣政壇的板塊挪移，形成兩大兩小（民進黨、國民黨、親民黨、台聯），泛綠與泛藍的對抗。而對抗的結果，在2001年立委選舉攤牌——民進黨成爲國會第一大黨，但總席次率仍然泛藍高於泛綠。

在政客的口水中，台灣民間仍然充滿了蓬勃的社會力與多元觀點，小林善紀的《台灣論》呈現不同於國民黨統治下的黨國價值觀，有人批判但也有人認同；「哈利波特」熱，電影、小說、周邊商品熱賣，顯現台灣人樂於擁抱西方的魔幻想像；相對於哈利波特，李安「臥虎藏龍」的東方封建價值也同樣爲台灣人所歡迎；年輕人哈日、哈韓，接受了松嶋菜菜子的「大和拜金女」，但也崇拜本土「流星花園」的F4，以及醜男扮醜女、以俚語演繹的脫口秀「鐵獅玉玲瓏」。

政治模仿秀也在2001年持續流行，侯冠群的「李登輝」、唐從聖的「陳水扁」、高凌風的「張俊雄」等，這些模仿秀延伸了台灣人對政治人物的想像，「本尊」不會出現的語言與動作，「分身」可以大膽演出，模仿秀顚覆政治人物尊貴的形象，成了市井小民消遣吐槽的對象，灌飽演藝人員的荷包，也成了部分藝人通往政治的終南捷徑，例如侯冠群就當選2002年的台北市議員。另有兩個政治演藝化的例子，其中之一是璩美鳳的情色光碟，它滿足了台灣人的「偷窺慾」，形成集體的敗德；另一個例子是陳文茜，白天她是立委，監督官員，晚上她是媒體，監督其他立委，在三權分立的角色中，她同時擁有第二權的「立法」，與監督三權的第四權「媒體」，這也是另一項的「台灣奇蹟」。

經濟不景氣也悄悄改變了台灣人的一些行爲，結婚率下降，2000年結婚率爲8.2%、2001年下降爲7.6%，諷刺的是離婚率卻略爲上升，2000年離婚率爲2.4%，而2001年爲2.5%，結婚率下降離婚率上升導致生育率連年下降，1991年爲15.7%，2000年尚有13.8%，但2001年陡降爲11.7%，經濟不景氣使得台灣人不想生孩子。

儘管經濟不景氣，台灣民眾還是有一些無厘頭、來一些苦中作樂，前兩年一窩蜂流行的紅酒熱徹底退燒了，紅酒再也不是高不可攀的貴族品味，而是成了一般餐廳的佐餐酒，飛入尋常百姓家。不過，「紅標米酒」在2001年倒是非常搶手，民眾風聞加入世界貿易組織（WTO）後米酒會漲價，於是大批搶購囤積，也管不得是否需要、是否有保存期限的限制。紅標米酒從1999年開始發燒，歷經2000年的總統大選，候選人還推出廣告「『連』米酒也買不到……」來消遣對手。這項全民運動持續到2001年，一直到2002年許多加油站拋出囤積即將逾期的米酒，打出「加油送米酒」的口號才退燒。

在2001年提前退燒的有網路，.com在1998年、1999年被當作「神」，過度神化的結果使得網路神話提早破滅，2001年2月《明日報》宣布停刊，創刊年餘，當初風風光光的網路報，曾以高薪大量網羅平面媒體記者與高層主管，在虧損數億元之後黯然吹了熄燈號。經營媒體應從「人」的角度出發，而不是單純的「科技決定論」，科技當然無所不能，但科技的使用者畢竟還是「人」，思考媒體經營應從「人」的角度出發。此外，網路報若視爲「報」（平面媒體）就應該有發行與廣告收入；若視爲「電視」，則內容應該聲光動畫吸引人，再以廣告作爲主要財源。《明日報》兩者（平面媒體、電視媒體）皆像又兩者皆不像，只有廣告收入而無發行收入，使用對象局限於年輕人與知識分子，對象局限當然也局限了廣告來源。

不過2001年仍有兩項與網路有關的產業發燒著，一是網咖，一是線上遊戲。網咖被官方視爲電動玩具店，所以有比較嚴格的管制，而線上遊戲則被官方視爲軟體產業，受到肯定與鼓勵，二者呈現微妙的矛盾。

2001年另外有個小產業也迅速竄起流行，那就是「驗鈔筆」。政府發行新版千元鈔、五百元鈔，一時之間僞鈔氾濫，連2001年立委選舉登記的保證金，選務單位還搬來驗鈔設備，也果然找出保證金中有僞鈔。而市井攤販最簡易的驗鈔設備就是「驗鈔筆」，一時間它成了商家的基本配備，發明驗鈔筆的人扣緊社會脈動，買的人用它驗假鈔，賣的人用它換眞鈔，各取所需。

在媒體方面，除了上述的《明日報》停刊外，另一個令人特別難過的是《自立晚報》停刊。創刊於1947年10月10日的自立晚報，於2001年10月2日出刊最後的五大張報紙後，由自立工會宣布停刊。自立晚報爲台灣耆宿吳三連先生創刊，爲台灣民主化、本土化運動最主要的發聲管道。解嚴前台灣民眾要獲知不同於國民黨的官方說法，最主要的媒介就是《自立晚報》。而《自立晚報》卻不能在政黨輪替後，媒體多元與競爭的環境下繼續存在，令人惋惜。除了《自立晚報》停刊外，三大報紙媒體（《自由時報》、《中國時報》、《聯合報》）同樣也面臨市場萎縮的壓力，《中國時報》為節省營運成本，撤銷南部新聞中心，引起員工抗爭。人事老化帶來人事營運成本的問題，《中國時報》、《聯合報》兩個老媒體最為嚴重。

媒體競爭，並不限於平面媒體，電視媒體的競爭更為慘烈，整體而言，民眾的閱報時間下降，而電視收視習慣則由無線台轉向有線台。這種變化使得三家無線台（台視、中視、華視）的廣告收入大幅降低。其中台視尤其嚴重，以往「三台兩報」的風光歲月已不復見。

媒體的廣告萎縮，一方面是全球景氣的影響，另一方面何嘗不是媒體自己唱衰台灣，倡導企業出走，「錢進中國，債留台灣」。當媒體一再恫嚇自己民眾，一再塑造中國經濟憧憬，企業焉能不出走？企業走了、工廠關門了、民眾失業了，既沒有消費力又何來廣告？台灣媒體廣告量的萎縮，有一部分是唱衰台灣的媒體咎由自取。

當台灣媒體哀鴻遍野時，仍然有外來媒體大膽跨入台灣市場，香港《壹週刊》於2001年5月31日創刊，《壹週刊》創刊前的前導廣告吸引人但具爭議性，並導致新聞局對播出的電視台採取罰鍰處分。《壹週刊》創刊後更為勁爆，內容聳動，政界、影視界名人個個人人自危，並有不知今夕何夕的藝人率眾至新聞局抗議，要求官方勒令停刊，焉不知出版法已廢，基於新聞自由的保護，官署不得干涉平面媒體的內容。

《壹週刊》目前為台灣發行量最高的雜誌，它呈現出台灣社會的多元價值，可以容納不同的觀點與聲音。它徹底撕毀政商娛樂界名流的假面具，給處於政治、經濟低氣壓的台灣民眾一個紓解情緒的管道。以傳播理論來說，這稱為通便劑效應（catharsis effect）。

2001年並不平靜，九一一恐怖攻擊導致一連串的恐怖與反恐戰爭，台灣更是「歹年冬」，連續的桃芝與納莉颱風，讓北部一片汪洋，台北市熱鬧的忠孝東路成了「忠孝東河」，SOGO泡湯，捷運成了超級大水溝，停擺了好幾個月，台北人的生活亂成一團。

風總會去，雨總會停，2002年台灣社會又是一番新氣象[1]。

1 本文部分摘自《中華民國廣告年鑑》第14輯，頁13-16。

第十一章

2001年立委暨縣市長選舉文宣觀察

CREATIVE ADVERTISING CREATIVE ADVERTISING CREATIVE ADVERTISING CREATIVE ADVERTISING

〈摘要〉

本研究係探討2001年台灣立法委員暨縣市長選舉各政黨之文宣戰略、廣告訊息表現與媒體策略。

在戰略方面，國民黨與民進黨均以攻擊為主，親民黨市場區隔明確，台聯則以「廣告代言人」（李登輝）彌補新品牌（政黨）新商品（候選人）知名度與被信賴度的不足。

廣告訊息，國民黨優點是廣告量密集、廣告片多，缺點是各廣告片間缺乏一致調性，只有攻擊而未形塑支持理由，而且太倚重創意，只求逗趣不求有票；民進黨的優點是攻擊明確，但攻擊點（對手立委刪預算）在廣告倫理有爭議；親民黨以「宋」進立法院為主調；台聯則訴求零亂。

媒體策略，各黨均倚重電視廣告，國民黨與親民黨採取reach型策略，屬於面的擴散，民進黨與台聯採frequency型策略，屬於點的加強；在報紙廣告方面，各黨均使用end-up型時間表，但在媒體選擇，國民黨使用多種報紙，為分散型，其餘三黨則使用集中策略，只使用少數報紙，並呈現了政黨意識形態與媒體立場契合的微妙關係。

關鍵詞：2001年選舉、立委選舉、縣市長選舉、競選傳播、民進黨、國民黨、台聯、親民黨

壹、導論

2001年縣市長暨第五屆立法委員選舉在12月1日完成投開票；縣市長部分，總投票率爲66.45％，國民兩黨各當選九個縣市，親民黨當選兩縣（台東、連江），新黨一縣（金門），苗栗縣、嘉義市則由無黨籍人士執政，較之上屆，國民黨原執政八縣市，本次屬小贏，共取得基隆市、桃園縣、新竹縣、新竹市、台中縣、台中市、雲林縣、花蓮縣、澎湖縣等九縣市執政權；民進黨則從上屆的十二縣市掉至九縣市：台北縣、宜蘭縣、彰化縣、南投縣、嘉義縣、台南縣、台南市、高雄縣、屏東縣。

立委部分，總投票率爲66.16％，民進黨區域立委當選六十九席，分得僑選三席，不分區十五席，合計八十七席，較之第四屆的七十席，有顯著成長，國民黨區域立委當選五十三席，分得僑選兩席，不分區十三席，合計六十八席，較之第四屆一百二十三席，呈現大幅度滑落，親民黨區域立委當選三十五席，僑選兩席，不分區九席，合計四十六席，台聯區域立委當選八席，取得僑選一席，不分區四席，合計十三席，新黨僅當選一席區域立委，無黨籍則有十席。選舉結果民進黨已取代國民黨成了國會第一大黨，但泛藍陣營（國親兩黨）合計一百一十四席，仍超過泛綠陣營（民進黨與台聯）的一百席。各黨當選席次與得票率請見表11.1。

此次選舉是2000年台灣政權輪替後的第一次選舉，國民兩黨競逐國會主導權，新黨藉選舉試圖跨過5％的門檻不被泡沫化，再加上第一次投入選戰的新政黨——台聯與親民黨，各黨在選舉作爲均力求突出，而選舉結果則形成「市場消長、品牌更替」，立委得票率與席次，國民黨消、民進黨長，民進黨成了國會第一大黨，而親民黨崛起，台聯踏出第一步，新黨未跨過5％門檻退出舞台，是台灣政治市場中次要品牌的更替。

由於各黨對選舉的重視，因此均投注大量廣告經費，據潤利統計自

表11.1　2001年選舉各黨當選席次與得票率

黨籍	縣市長		立法委員	
	當選席次	得票率	當選席次	得票率
國民黨	9	45.27%	68	28.56%
民進黨	9	35.15%	87	33.38%
親民黨	2	2.36%	46	18.57%
台聯			13	7.76%
新黨	1	0.17%	1	2.61%
無黨籍	2	17.06%	10	9.12%
合計	23席		225席	

10月1日起至12月1日投票日止，各黨投注之競選廣告經費近九億元，其中國民黨最多，約四億三千萬元，占政黨廣告經費之四成八；親民黨其次，約二億二千萬元，占二成五；民進黨第三，約一億七千萬元，占二成（參見**表11.2**）。此次選舉國民兩黨的廣告均迥異以往，親民黨委託專業公司、調性一致內容統一，台聯略顯零散，各黨文宣表現均值得探討。

表11.2　2001年選舉政黨廣告統計表　單位：千元

政黨	無線電視	有線電視	報紙	雜誌	總計	占有率
國民黨	95,096	256,027	71,095	6,790	429,008	48.00%
親民黨	70,073	133,941	16,436	850	221,300	24.76%
民進黨	24,224	119,245	23,157	0	176,626	19.76%
台聯	0	32,933	17,189	540	50,661	5.67%
新黨	0	0	16,181	0	16,181	1.81%
總計	199,392	542,146	144,058	8,180	893,776	100.00%

註：1.統計日期自2001年10月1日至12月1日，其中10月1日至11月25日之廣告量摘自《廣告與市場》2001年11月號，頁17，潤利公司出版。11月26日至12月1日之報紙廣告量係本研究自潤利之廣告統計量資料檔中摘取累加。

2.廣告金額係潤利公司以實際刊播之數量、檔次、秒數乘以各媒體廣告定價，不計算折扣、搭配、贈送等條件。

貳、策略分析

一、國民黨

國民黨在整體策略上有兩個失誤，一是大戰略的失誤，二是在廣告表現上太倚重創意、賣弄創意，忘了形塑選民支持的理由。

國民黨最主要是大戰略的失誤：放棄大餅、競逐小餅。1996年總統大選，李登輝得票率54%，彭明敏得票率21%，二者合計75%，這是台灣的主流價值，國民黨理應和民進黨競爭這75%的選民，並擴大基礎使「反台傾中」的非主流意識邊緣化，形成兩黨政治良性競爭，但國民黨逆向操作，開除李登輝與本土市場畫清界線，只准說泛藍不准談國民黨與民進黨合作，反向爭取25%的小餅，而這小餅國、親、新都要搶之做基本票源，棄大逐小，焉能不敗？

在廣告策略上，國民黨廣告最大的缺點在於賣弄創意，「貢丸篇」、「KTV篇」都是創意花俏，極富娛樂效果，但選舉要的是選票而不是去娛樂選民。美國著名廣告人奧格威（David Ogilvy）在《奧格威談廣告》一書的開場就說，「廣告不是藝術或娛樂，我的廣告不在乎你是不是覺得它有創意，我在乎你會覺得它有意義而去購買。」換句話說，廣告只知賣弄創意，忘了銷售，是捨本逐末的作法。

國民黨的廣告重點應置於「告訴選民支持國民黨的理由」，一味攻擊出氣，廣告片從「國會亂源」、「貢丸」、「等一等」、「荒腔走版」、「白賊」一路打下去，情緒是宣泄了，但忘了形塑選民支持國民黨的理由；廣告還找來孫中山、蔣經國當「神主牌」，這兩位「神主」只能感動年老、外省籍的選民，年輕選民並無感覺，對本土傾向強烈的選民甚至有反作用，既然去年大選失敗，就應反省並提出前瞻願景，而不是去回溯威權時代的領袖與風光。

二、民進黨

民進黨的市場成長是拜敵之賜，國民黨大戰略失誤，新黨又喊出三合一泛藍軍團結，激起了支持者的危機感，加上台聯新品牌進入市場，使得民進黨必須「趨中」──往中間選民靠攏開發新票源。

在廣告策略上，民進黨的電視廣告求「有效」，而不是「好看」。雖然早期「國會篇」陳義高，訴求不明顯，但後期四支「野蠻篇」卻支支力道十足，殺傷力強，這四支片子可以列入負面廣告的範例，點名攻擊，地區、金額、項目明確，符合該地區選民的「接近性原則」，沒有多餘創意也不去娛樂選民，但效果明顯。不過它有道德上的爭議，立委看緊預算是職責，以「簡化議題」手法攻擊對手，有失風度。

三、親民黨

親民黨的成功在於市場區隔明確，整體形象上與國民黨、新黨明顯區隔，在競爭市場中，當品牌形象不能區隔時，大品牌對小品牌會有吸納效果，當大小品牌沒有區別時，消費者幹嘛棄大就小？這也是新黨所犯的錯誤，當小品牌無特色時，大品牌的「吸星大法」絕對會吞噬小品牌。因此當面對三合一時，親民黨回應是正確的，左打大品牌（國民黨）是爛蘋果，以抗拒被吸納，右打小品牌（新黨）是泡沫化的公司，以吸納小品牌的顧客。在文宣策略上，廣告唯「宋」馬首是瞻，候選人言必稱「宋」，不但強化親民黨一人黨的形象，也似乎回到了蔣介石時代，這種「新威權」就長期來看並不利該黨的發展[1]。

---

1 本文對國民黨、民進黨、親民黨策略的評論摘自鄭自隆〈市場消長、品牌更替〉，《自由時報》2001年12月3日15版。

四、台聯

台聯與親民黨一樣是第一次投入選戰，但與親民黨不同的是，親民黨打的是2000年總統選戰延續，但台聯卻是新品牌試銷。因此台聯在策略上使用「廣告代言人（李登輝）」的強力背書，以彌補新品牌（政黨）、新商品（候選人）知名度與被信賴度的不足，這種作法屬於「以次要品牌聯想的槓桿作用建立品牌資產」（Keller, 1998），是累積品牌資產的一種方法，也是台聯「易開罐」、「速食麵」式的選戰策略。

參、廣告分析

一、廣告訊息

此次選舉，四黨（國民黨、民進黨、親民黨、台聯）均以電視廣告爲主，遲至11月15日才有第一張台聯政見報紙稿，以及國民黨反駁民進黨電視廣告「野蠻篇」的報紙稿。報紙媒體的功能在於理性訴求，透過文字陳述與讀者可以反覆閱讀的媒體特性，報紙廣告適合政見的展現；而電視媒體因富聲光效果，訊息一閃而過，較適合花俏、煽色腥（sensational）的演出，所以電視廣告以感性爲主，可以攻擊對手，更適合塑造形象。但這次選舉四黨均側重電視廣告攻防之下，演出煽情，互擲泥巴，就是不見「牛肉」。

競選文宣除了活動預告、呼籲投票、募款等告知性資訊外，依其說服功能可以分爲以下四個項目。(1)陳述政見：即未來施政構想的提出，或擘畫願景；(2)攻擊對手：攻擊對手政黨、候選人或政黨領袖，攻擊的切入點可以是以往政績、投票紀錄、人格爭議，也可以是前瞻式，即某人當選會如何、某黨執政會如何；(3)反駁批評：對於對手攻擊的回應，可以站穩立場強勢對抗，也可以否認並展開反擊，當然更可以避開指控，以另一項負面議題攻擊對手；(4)塑造形象：強調政績、回顧過去，或透過他人保證，或以口號、標籤感性呼籲，來塑造利基、凸顯特色，尋求選民支持。

10月17日候選人登記開始，而10月初國民黨即有電視廣告推出，至11月20日止，四黨電視廣告合計共有二十七支[2]。

(一)國民黨

國民黨電視廣告共十支：

1.「國旗篇」：匸合廣告製作，10月初推出；以擰乾已溼透的國旗，說「水總會乾、天總會藍」暗示國民黨將可再執政，帶來藍天。

2.「亂源篇」：匸合廣告製作，10月中旬播出；剪輯以前電視新聞中，張俊雄摑打當時立法院長梁肅戎耳光與陳水扁撕預算書的畫面，國民黨雖是在野黨卻通過八十條法案，以說明「數字會說話，民進黨才是國會亂源」。

3.「貢丸篇」：奧美廣告製作，10月19日起播出；以賣貢丸的小市民來嘲弄扁政府執政無能。

4.「藍手套篇」：匸合廣告製作，10月25日推出；以歌曲演唱方式(沈文程唱)，宣示競選口號。

5.「等一等篇」：匸合廣告製作，10月29日推出；以股市、失業、八掌溪事件的畫面，攻擊陳水扁「樣樣爭第一」，執政後卻「樣樣等一等」。

6.「卡拉OK篇」：匸合廣告製作，11月8日推出；以藝人模仿陳水扁、呂秀蓮、謝長廷、吳乃仁在KTV唱歌，嘲諷「台灣已經荒腔

2 新聞局依選罷法第五十條之一規定，自競選活動起始日（11月21日）起即禁止播映電視競選廣告。

走板，有人還抓著不放」。

7.「求職篇」：匚合廣告製作，11月9日推出；以失業的父子應徵清潔隊員，搬沙包的體能測試，來攻擊扁政府執政失業問題嚴重。

8.「白賊篇」：匚合廣告製作，11月18日推出；反駁民進黨「野蠻篇」的攻擊。

9.「國旗染綠篇」：匚合廣告製作，11月18日推出；以國旗被潑綠色油彩，來暗示民進黨執政會變天。

10.「馬英九播報篇」：以馬英九擔任新聞主播，推薦台北市南北區黨籍立法委員，此片均選擇台北市有線電視系統台頻道播出。

此外，國民黨尚有一支配合11月10日「反失業、救經濟」全台遊行的廣告片，此片僅為活動預告，並無陳述政見、攻擊對手、反駁批評或塑造形象的文宣功能，所以不列入討論。

國民黨電視廣告的優點在於篇數多、密集推出，對選民有震撼效果，在廣告的3M效果（message、media、money）中占了媒體與廣告量的兩大優勢，而「求職篇」推出隔日（11月10日），即是連戰領軍的「反失業、救經濟」全台大遊行，以廣告呼應事件有相乘效果。此外，「攻擊明確」也是國民黨廣告的優點，以經濟議題攻擊、也攻擊對手政黨領導人，形成交叉火網；至於應改善之處，則有以下五點：

1.符號運用陳義太高：「擰乾篇」中弄溼的國旗、「貢丸篇」的貢丸，「那棵大樹」、「藍手套篇」的藍手套，均是有豐富意涵的符號；而這些符號的呈現，是使用中產階級的視覺語言，換言之，只有中產階級的知識分子，才會看懂這些片子，固然選民區隔明確，但卻沒有擴大票基的效果。

2.攻擊變成「助敵」：「亂源篇」剪輯以前的國會新聞畫面——張俊雄掌摑梁肅戎、陳水扁撕毀預算書；這些畫面對痛恨民進黨的人固然有強化作用，但同樣會強化民進黨支持者，等於再度「英雄化」張俊雄與陳水扁，兩兩抵消，此片亦無吸票功能。

3.「逗趣」並不等於「有票」：「貢丸篇」、「卡拉OK篇」固然有趣，但有趣並不等於有票，競選文宣的功能在於「吸票」而不在於「娛樂大眾」，這也是早期的「恐懼性訴求」會小兵立大功的原因，現在很多文宣主事者迷信「創意」，以龐大預算讓廣告公司的人「玩」創意，而忘了思考「創意」和「吸票」之間的連結。

4.缺乏一致的調性：10月初至11月15日止，國民黨電視廣告共推出七支片子，固然大都來自同一家廣告公司，可是調性卻極不一致；當新片推出，選民腦海中還殘留舊片的形象時，會有突兀的感覺，換言之，選民得到的印象會是片段而凌亂的。事實上，若國民黨已規劃要推出多支廣告，而非臨時起意的話，則應以連續劇的形式處理，如泛亞的「老鳥菜鳥篇」，選民還會多些期待。

5.沒有形塑支持國民黨的理由：絕大部分的國民黨廣告，均是用來攻擊民進黨的，當然在野黨攻擊執政黨是天經地義，而且是絕對必要；但是假設選民看了國民黨的廣告，也接受了廣告的論點，他只會建構「民進黨爛」這樣的印象，而找不到應該轉而支持國民黨的理由，那只是口號式的宣示，沒有足夠的說服力。

(二)民進黨

民進黨的電視廣告有六支依序為：

1.「主席篇」：10月18日推出；以謝長廷在國會的回顧，來訴求民進黨的國會改革理想。

2.「棒球篇」：10月30日推出；以黨籍候選人、棒球明星陳義信和太巴塱國小球隊的演出，呼籲國人團結合作為「台灣加油」。

3.「在怎麼野蠻」系列：第三、四、五、六支均為攻擊性廣告——「在」怎麼「野」蠻系列之「兒童福利篇」、「網路學習篇」、「排水改善篇」，於11月8日起陸續推出；點名國民黨立委刪除兒童福利預算、補助國小學童的網路資訊發展預算、水土保持預算、凍結地方建設預算等四項議題。

民進黨廣告的優點則是「攻擊明確」：「在」怎麼「野」蠻系列廣

告支支擊中要害，政黨廣告點名攻擊對手黨的個別候選人，是新創也是一絕，逼得國民黨於11月15日在各大報，刊出全版廣告「反駁批評」，但根據傳播理論的「先後效果」說（primary-recency effect），當選民的先入爲主印象已經形成時，事後消毒的功效恐怕有限。

民進黨廣告的缺點在於：兩支形象塑造廣告的功能太弱、而且沒必要。「主席篇」以長秒數，由黨主席謝長廷來訴說國會改革的理想，像極了早期的國民黨莒光日教學片，感覺肉麻而無說服力。「棒球篇」訴求族群融合，也顯得冗長、抓不到重點；不過，在世棒賽期間播出，沒有政治味的廣告較易被選民接受，此外，這支片子和親民黨「棒球篇」的高飛接殺相比，也顯得正面而積極。

(三)親民黨

親民黨八支電視廣告均爲伊登廣告製作，依序爲：

1.「方向篇」：10月18月推出，由宋楚瑜演出；以開車上高速公路上錯方向，攻擊民進黨執政方向錯誤。
2.「師傅篇」：10月18日推出，由張昭雄演出；由廚師加錯調味料，攻擊民進黨「差一點就差很多」。
3.「打拚救台灣篇」：10月22日推出，廣告歌曲式，台語唱出；以國小學童的互動，訴求族群融合。
4.第四、五、六篇「棒球篇」、「翹孤輪篇」、「雙人枕頭篇」：10月29日同時推出；「棒球篇」由宋楚瑜演出，以高飛接殺訴求「差一點、差很多」；「翹孤輪篇」由張昭雄演出，以雙輪來訴求族群融合；「雙人枕頭篇」以張昭雄夫人爲代言人，用夫妻相處一張床，來訴求族群融合。
5.「陳萬水篇」：11月14日推出；由宋楚瑜夫人以獨白的方式，呼籲選民支持親民黨。
6.「火車篇」：11月17日推出，以火車走走停停、搭錯車來攻擊扁政府無能。

親民黨的廣告中，攻擊、形象的訴求各半，優點在於各片調性一致、有整體感；缺點是攻擊點缺乏明確訊息，訴求「差一點、差很多」，不曉得要攻擊民進黨什麼，或凸顯自己什麼，而形象廣告主攻族群融合，但族群融合是一個各黨都同意的概念，因此也不能特別凸顯親民黨的形象。此外，廣告太倚重宋楚瑜，宋楚瑜在各式造勢活動中密集曝光，廣告中就不需要出現，否則只是更徒增了親民黨「一人黨」的印象而已。

(四) 台聯

台聯的電視廣告僅有三支，依序爲：

1.「填字篇」：以填字遊戲完成「台灣團結聯盟」黨名。
2.「水牛篇」：以水牛象徵台灣精神。
3.「公道篇」：推崇李登輝先生鞏固台灣民主政治，並以連戰影射以及馬英九逼宮，訴求「還李登輝一個公道」。

台灣團結聯盟是新品牌，新品牌著重「形象塑造」是正確的，但「水牛篇」、「填字篇」整體力道不足，「填字篇」訴求尤其零亂，畫面閃爍、文字出現太快，且內容不明，兩段文字「社會心理學中學習帶領團體課程？」、「歷史上如何解決分裂衰敗危機？」不知道在講什麼，和廣告內容有什麼關聯？而「公道篇」強化代言人李登輝，雖是不錯的想法，但與李登輝爲台聯站台的密集播出新聞相比，廣告卻顯多餘[3]。

二、廣告媒體

此次政黨廣告在媒體策略上有兩個顯著的特色，一是媒體選擇的變

3 本文對四黨廣告的評論參考自鄭自隆〈互擲泥巴、不見牛肉〉，《動腦》第308期，頁24-29（2001年12月），與鄭自隆〈政黨廣告應告訴我「選你的理由」〉，《聯合報》2001年11月21日15版。

化，以往的選舉，早期倚重報紙廣告，1995年以後報紙、電視均重。但此次的各黨廣告則完全以電視爲主；二是廣告時程的差異，台灣選舉文宣有其基本的運作模式，先期塑造形象，接著陳述政見，近決戰日期攻擊對手並反駁批評，最後一兩天喊救命，本次選舉則完全跳開政見陳述，直接以電視攻擊對抗，在野黨如此，執政黨亦如此。

(一)電視

1.廣告量：國民黨最多（約三億五千萬元），親民黨次之（約二億四千元），民進黨第三（約一億五千萬元）。各黨均以有線電視台爲主，無線電視台的廣告量遠不及有線電視台（參見**表11.2**）。

2.廣告素材：各黨均採用多素材策略，即在選戰期間使用不同的廣告片呈現，國民黨有九支，民進黨有六支，親民黨八支，台聯三支（參見**表11.3**）。

3.節目選擇：國民黨所選擇節目較爲分散，其他三黨則較集中，尤其民進黨大部分集中在新聞節目。

4.廣告排期：國民黨在10月21日呈一波高峰後隨即下降，至10月28日再上升，呈U型發展，而其餘三黨則呈end-up型發展。

5.GRPs總量：國民黨及親民黨GRPs總量較民進黨與台聯多。

6.整體而言，國民黨與親民黨採取reach型（到達率）的媒體策略，即面的擴散，其主要到達率數值大都超過50%，而民進黨與台聯則採用frequency（頻率）的策略，即針對目標選民做點的加強。

(二)報紙

1.廣告量：國民黨最多（約七千萬元）、民進黨次之（約二千三百萬元）、親民黨第三（約一千六百萬元）（參見**表11.2**）。

2.廣告素材：國民黨偏好大版面，全二十批有四十七篇，占30%，全十批有一百篇，占63%。民進黨以全十批爲主，有四十篇占45%；親民黨則較分散，尤其偏好外報頭或報頭邊（參見**表11.4**）。

3.報別選擇：國民黨幾乎所有報紙均使用，尤其兩大報系（《聯合

表11.3　2001年選舉各黨電視廣告功能分析

政黨	電視廣告篇名	文宣功能			
		陳述政見	攻擊對手	反駁批評	塑造形象
國民黨	1.國旗篇		v		v
	2.國會亂源篇		v		
	3.貢丸篇		v		
	4.藍手套篇				v
	5.等一等篇		v		
	6.卡拉OK篇		v		
	7.父子求職篇		v		
	8.白賊篇		v	v	
	9.國旗染綠篇		v		v
	10.馬英九播報篇				v
民進黨	1.國會回顧篇				v
	2.棒球篇				v
	3.野蠻篇（Ⅰ）		v		
	4.野蠻篇（Ⅱ）		v		
	5.野蠻篇（Ⅲ）		v		
	6.野蠻篇（Ⅳ）		v		
親民黨	1.方向篇		v		
	2.廚師篇		v		
	3.兒童篇				v
	4.棒球篇		v		
	5.雙輪（翹孤輪）篇				v
	6.雙人枕頭篇				v
	7.陳萬水篇		v		v
	8.火車篇		v		
台聯	1.填字篇				v
	2.水牛篇				v
	3.還李登輝公道篇		v		v

媒體排期	reach型	frequency型
U型	國民黨	
end-up型	親民黨	民進黨 台聯

圖11.1　2001年選舉政黨電視廣告媒體策略

表11.4　2001年選舉政黨報紙廣告版面使用表

	國民黨		民進黨		親民黨		台聯	
	則數	比例	則數	比例	則數	比例	則數	比例
二十全	47	30%	15	17%	5	5%	14	9%
十全	100	63%	40	45%	23	24%	34	21%
三全	9	6%	26	30%	18	19%	10	6%
半十	1	1%	7	8%		0%	2	1%
外報頭	2	1%		0%	24	26%		0%
報頭邊		0%		0%	24	26%		0%
統計總數	159		88		94		60	

資料來源：本研究整理自潤利資料檔。

報》、《中國時報》）合占了國民黨50%的廣告次數，另外黨營的《中央日報》二十篇（13%）、《中華日報》十六篇（10%）、《自由時報》僅有十一篇（7%）；而民進黨與親民黨則媒體選擇較為集中，親民黨倚重兩大報系，占所有廣告次數四分之三；民進黨使用兩大報系約占40%，另《自由時報》有二十四篇（27%）、《台灣日報》有七篇（6%）。從表11.5可以發現民進黨、親民黨、台聯的報紙選擇呈現了政黨立場與媒體立場之契合關係。

4.廣告排期：各黨均呈現end-up型媒體排期[4]。

肆、結論

一、結論

綜觀本次選舉各黨與候選人文宣表現，可以歸納出如下之特色：

4 「廣告媒體」部分係由研究助理、國立政治大學廣告系碩士班研究生嚴蘭芳依據潤利公司與AC Neilsen資料整理。

表11.5　2001年選舉政黨報紙廣告別

	國民黨		民進黨		親民黨		台聯	
	則數	比例	則數	比例	則數	比例	則數	比例
中國時報	14	9%	17	19%	20	21%	4	7%
聯合報	13	8%	15	17%	27	29%		0%
自由時報	11	7%	24	27%	9	10%	20	33%
台灣日報	5	3%	7	8%	2	2%	16	27%
台灣時報	5	3%	6	7%		0%	6	10%
聯合晚報	20	13%	1	1%	13	14%		0%
中時晚報	22	14%	2	2%	6	6%		0%
民衆日報	15	9%	4	5%	1	1%	3	5%
經濟日報	2	1%		0%	6	6%		0%
工商時報	7	4%	1	1%		0%		0%
大成報	1	1%		0%		0%		0%
中華日報	16	10%		0%		0%		0%
中央日報	20	13%		0%		0%		0%
台灣新聞報	5	3%	11	13%	1	1%	11	18%
台灣新生報	3	2%		0%		0%		0%
民生報		0%		0%	9	10%		0%
總計份數	159		88		94		60	

資料來源：本研究整理自潤利資料檔。

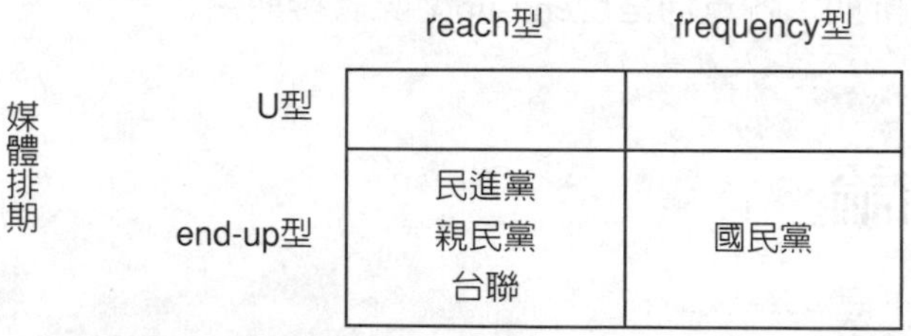

媒體排期	reach型	frequency型
U型		
end-up型	民進黨 親民黨 台聯	國民黨

圖11.2　2001年選舉政黨報紙廣告媒體策略

(一)代言人的戰爭

此次選舉被稱爲「老F4加一匹馬」的選舉，李登輝、陳水扁、連戰、宋楚瑜與馬英九成了各政黨造勢活動的主角，也吸引了媒體的聚焦，由於廣告代言人的突出，相對議題模糊，使得選民只關注選戰明星而非政黨政見。

(二)廣告訊息以「攻擊」為主

本次各政黨廣告均以攻擊爲主，鮮少政見訴求的廣告，而民進黨「野蠻篇」系列的廣告，以他黨候選人投票紀錄作爲負面素材，雖然具傳播效果，但在道德上值得討論。

(三)媒體策略改變——電視成了主要媒體

自1989年開放報紙競選廣告以來，早期政黨與候選人均以報紙廣告爲主，1995年起成了電視與報紙平分秋色，而此次選舉各政黨幾乎倚重電視廣告，由於新世代的選民運用影像能力高於文字，因此競選廣告以電視爲主，將成爲不可避免的趨勢。報紙是理性媒體適合陳述政見，電視是感性媒體適合塑造形象，所以如何將政見「理性訴求、感性包裝」呈現在電視上，避免電視成了負面攻擊工具，也就成了各政黨與候選人思考的課題。

二、特殊現象

除了上述的特色外，本次選舉尙有如下有別於以往之特殊現象：

(一)族群對立略為升溫

11月20日新黨候選人何振盛在北港台聯活動會場向李登輝投擲雞蛋，22日北市南區台聯候選人邱國昌向新黨馮滬祥下戰書，並不愼使馮的女兒被台聯車子壓傷；這兩件造勢活動成了台灣選舉史上因族群因素而導致人員受傷事件。

(二)反賄選宣導影響選情

法務部委託台灣電通製作一系列反賄選宣導影片，展開全國宣導，並由檢調單位積極訪查約談，對賄選產生明顯的嚇阻作用，也連帶影響選情。

(三)公辦「政黨電視競選宣傳」被忽略

中央選委會根據選罷法第五十條之一的規定，徵召無線電視台時段於11月26日起，連續五天分別在中視、公視、華視、民視、台視，從晚間九點起各播出一小時的政黨廣告，各政黨則依候選人人數分配時間，分別爲國民黨十八分鐘、民進黨十五分鐘、親民黨十一分鐘、台聯七分鐘、新黨六分鐘。

此項作法具公費選舉精神，並有促進政黨政治發展之意義，自1991年二屆國代選舉開始實施，起先甚受政黨與選民重視，但此次選舉各政黨對這項免費的政黨宣傳顯然忽略了，五天播出的內容各政黨完全一樣，內容也呆板不具吸引力。

(四)媒體墮落——廣告新聞化

11月21日《中國時報》第七版（A版）以「專題」定義刊出整版國民黨文宣，全版編排形式如同一般新聞版面，在左下角邊註明「圖片取材自中時影像資料庫」，整個版面並無一處標示「廣告」，是典型的廣告新聞化；此外，11月22日《聯合報》亦刊登中天電視將新聞當廣告賣，新聞裏播出五分鐘SNG連線，索價十五萬元。

三、討論

(一)競選期間不得播電視廣告？

選罷法第五十條之一第三款規定：「……政黨、候選人或第三人不得自行於廣播、電視播送廣告，從事競選廣告或爲候選人宣傳」。新聞局因此根據此規定，限制在法定競選期間（11月21日至30日）不准在電視播出競選廣告，形成平常日可以播競選廣告，競選期間不可播放競選廣告的怪現象。

	老品牌	新品牌
老市場	市場滲透策略	商品發展策略
新市場	市場發展策略	多元化策略

圖11.3　Ansoff矩陣

資料來源：Murray & O'Driscoll（1996）p.62.

此種怪現象當然荒謬，電視為主要廣告媒體，而且為民眾最重要訊息來源之一。此外，廣告是政黨與候選人不受媒體「守門」，可以呈現最完整的資訊，因此在競選期間不得播出電視廣告是不合理的規定。

(二)政治人與媒體人是否應有分際？

此次有一些媒體人投入選舉，亦有一些立委成了某些政論節目的常態出席者，因此有了政治人與媒體人分際的討論。

媒體是獨立於行政、立法、司法之外的第四權，它的角色是監督第三權，哪有白天是被監督者，晚上又搖身變成了監督者的道理？無論媒體內容多有道理、多有深度，或如同一些人所說的報導應客觀、評論可以有立場（這是新聞學ABC），立委與媒體人的混淆是違反新聞專業倫理。

(三) 新政黨如何進入市場？

此次有台聯與親民黨第一次投入選舉，新政黨應如何加入市場？台聯與親民黨在此次選舉中均以廣告代言人（李登輝、宋楚瑜）為文宣重點，親民黨廣告言必稱「宋」，要「宋」進立法院，廣告必以宋為主角；台聯由於候選人知名度低，因此更以李登輝為主角。由於新政黨缺乏品牌知名度，初期以代言人作為槓桿以拉抬政黨品牌資產並無不可。不過就長期而言必須變更策略，Ansoff矩陣（Ansoff's Matrix）可以作為參考。

Ansoff矩陣認為，老品牌要進入老市場應使用市場滲透策略

（market penetration strategies），即增加商品使用率（如加快使用頻率、增加使用量、開發新用途），以擴大市場占有率；老品牌進入新市場則應使用市場發展策略（market development strategies），即擴大地理區域，開發新的區隔消費者；新商品進入老市場，則應採用商品發展策略（product development strategies），即改進商品、增加商品線、開發新商品；新商品進入新市場，應使用多元化策略（diversification strategies），即垂直性分工，多面向策略聯盟（Murray & O'Driscoll, 1996）。

台灣自1935年日治時代的選舉算起，已有七十年的選舉經驗。尤其1989年解嚴後第一次選舉（三項公職人員選舉）以來，幾乎年年有選舉，屬於選舉的「老市場」，因此新政黨要進入老市場必須採用商品發展策略，培養優秀商品（候選人）投入市場，而不是僅靠廣告代言人的強力背書。

(四)政黨角色／實力與文宣重點

政黨文宣的重點，應參酌政黨角色（執政黨抑或反對黨）以及選舉實力的強弱，而來考慮文宣的功能方向。從圖11.4可以瞭解強勢政黨、弱勢執政黨、強勢在野黨、弱勢在野黨，須因角色與參選實力的不同，採取不同的文宣訴求內容。

如果是執政黨且參選實力強，例如1996年總統大選的國民黨李連

實力＼角色	執政黨	在野黨
強	陳述政見 塑造形象	陳述政見 攻擊對手 反駁批評
弱	陳述政見 攻擊對手 反駁批評 塑造形象	攻擊對手 塑造形象

圖11.4　政黨角色／實力與文宣重點

組，應採取「領導品質」策略，只需塑造形象與陳述政見（施政大方向，而非枝枝節節），不需去攻擊對手，甚至對手的攻擊也無需回應，以免拉抬對手。

如果是執政黨但參選實力弱，如此次的民進黨，則陳述政見、攻擊對手、反駁批評、塑造形象，都應視情況使用，見招拆招；尤不應自恃爲執政黨，而不屑採攻擊策略。自1991年二屆國代選舉以降，國民黨儘管還是執政黨，但攻擊民進黨的力道，卻一次比一次兇，絕不鬆手，這才是正確的戰略；民進黨點名攻擊國民黨參選人，也是正確而必要的。

如果是在野黨但參選實力強，如此次的國民黨，應著重陳述政見、提出願景，同時攻擊對手，對攻擊也應強力回擊反駁。此次國民黨是用力用心在攻擊上，可惜忘了提出願景，說明自己「若掌握國會多數將如何……」，也就是國民黨應透過陳述政見，來形塑形象，而不是以「擰乾篇」、「藍手套篇」口號式的方式來塑造形象；而且，既然是「強」勢在野黨，代表選民對它的形象是固定的，這種刻板化印象不是在選前用一兩支廣告影片，就可以修正、改變的。

如果是在野黨且參選實力弱，如新進品牌的台聯，其文宣應著重攻擊對手與形象的塑造；因爲小而新，所以形象塑造有很大的空間，可以大力發揮。可惜台聯此次「填字篇」、「水牛篇」的定位模糊、焦點分散；此外，弱勢的在野黨應以攻擊方式，吸引媒體關心與選民注意，對大黨的攻擊，更應「欣然接受」並與其對打，因爲「挨打就是拉抬」，至於陳述政見、願景就不必了，因爲不具執政可能性，沒人會當眞。

不同政黨角色與參選實力，衍生出不同的競選文宣策略，各黨可視情況交叉使用；此外，更要提醒各政黨，競選廣告的目的是「促銷」、「吸票」，不是用來娛樂選民，過度賣弄創意、忽略銷售，是不聰明也是外行的作法[5]。

5 本文摘自鄭自隆（2002）〈二〇〇一年立法委員選舉各黨文宣策略分析〉，「二〇〇二年選舉傳播、行銷暨策略學術研討會發表」（2002年4月），世新大學民意調查研究中心主辦。

第十二章

2001年立委暨縣市長選舉候選人競選網站分析

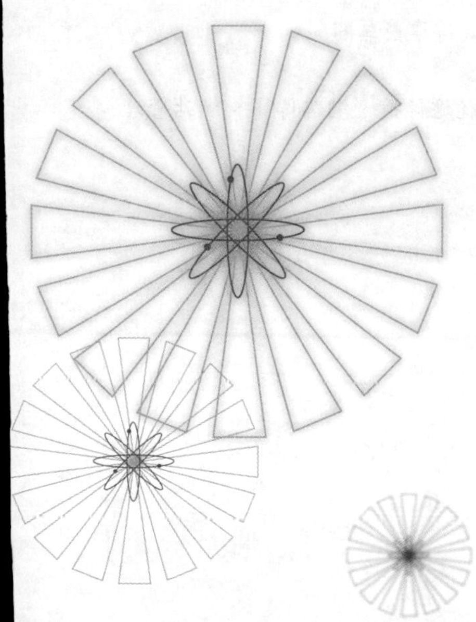

〈摘要〉

本研究探討2001年台灣立法委員及縣市長選舉候選人所架設之競選網站，分析其內容並檢驗其傳播效果。

內容分析指標為競選網站之四大構面：資訊性、親切性、互動性及工具性。以此四大構面來檢驗候選人競選網站之構成，並以之與競選類別（立法委員、縣市長）、候選人性別、黨籍交叉分析，以期發現不同自變項是否對候選人網站內容產生影響。

研究結果發現：

1. 候選人競選網站內容雷同度高，候選人特質（性別、黨籍）不同，網站內容並沒有不同。
2. 選舉層級不同，網站內容呈現亦不同，縣市長候選人網站的內容呈現較立委候選人網站內容豐富。
3. 網站傳播效果並不顯著，到站人數與網站內容量無關，當選者與落選者到站人數並無顯著差異，而到站人數也和候選人得票數無關。

關鍵詞：2001年選舉、立委選舉、縣市長選舉、競選傳播、網路傳播、網站管理、民進黨、國民黨、台聯、親民黨

壹、研究目的

2001年縣市長與立法委員選舉，是繼2000年台灣總統大選的另一次政黨對決式的選舉。除了兩大黨（民進黨、國民黨）外，尚有新成立的親民黨、台灣團結聯盟（簡稱「台聯」），以及試圖跨過5%門檻的新黨參與角逐。五個政黨在立法委員選舉均視實力推出候選人，縣市長部分，除了台聯，各黨亦推出候選人，尤其兩大黨在連江縣以外的各縣市均有候選人。

縣市長部分，國民黨推出二十三人，當選九席；民進黨推出二十二人，亦當選九席；親民黨推出六人，當選兩席；新黨推出金門一人，當選；其餘兩縣（苗栗縣、嘉義市）爲無黨籍人士當選。

立委部分，國民黨推出一百四十五名候選人（含區域、不分區及僑選，下同），當選六十八席；民進黨推出一百一十一人，當選八十七席，成國會第一大黨；親民黨推出八十九人，當選四十六席；台聯推出五十五人，當選十三席；新黨推出四十一人，當選一席；其他政黨與無黨籍當選十席。

傳播的選戰文宣，政黨與候選人常以大眾媒體（電視、報紙）爲主，再輔以分眾化媒介，如傳單、贈品、旗幟，但1994年台北市長選舉，民進黨候選人陳水扁首度使用BBS網站以及散發內含政見白皮書與競選歌曲的電腦磁片以來，競選文宣已逐漸步入電腦化的階段，1995年立法委員選舉，三個主要政黨（國民黨、民進黨、新黨）已有專屬於中央黨部的網站，1996年台灣首次總統大選，各組候選人（國民黨李登輝、民進黨彭明敏、獨立參選人林洋港、陳履安）的競選總部均架有網站，從此以後，網站似已成政黨與候選人文宣運作的一環，1997年縣市長選舉、1998年立委與北高兩市長、議員選舉、2000年總統大選，網站常成了競選文宣組合（campaign media mix）中的一環。

相對於傳統的四大媒介（電視、報紙、廣播、雜誌），網站是競選文宣組合中成本較低的工具，在2001年縣市長與立法委員選舉也有甚多候選人使用，因此本研究即針對候選人所架設之網站進行分析，以瞭解其內容並檢驗其傳播效果。本研究共蒐集縣市長候選人三十九名，立法委員候選人一百一十八名的網站，以內容分析探討競選類別（立法委員、縣市長）、候選人性別、黨籍與競選網站四大構面（資訊性、親切性、互動性、工具性）之關係。同時並就立委部分檢驗網站傳播效果，即以相關分析探討進站人數與候選人得票數之關聯。另以變異數分析瞭解候選人當選與否和其網站進站人數之關係。此外，並以逐級回歸（stepwise）分析進站人數和競選網站四大構面之關係。

亦即本研究之研究目的爲：

1.探討不同參選類別在網站內容呈現的差異。
2.探討縣市長候選人特質與網站內容呈現的差異。
3.探討立法委員候選人特質與網站內容呈現的差異。
4.檢驗立法委員候選人網站傳播效果。

貳、分析架構

相對於商業網站，競選網站或公共事務網站自有其特殊功能性與角色考量，Klinenberg和Perrin（1996）從1996年美國大選候選人網站的分析，發現具備六個功能：(1)組織、建立關係網絡並進行競選經費的募集；(2)進行選民政治教育；(3)建立支持者社群；(4)將自己與網路科技連結，進而提升自己的形象；(5)利用網路連結，建立聯盟關係，俾利選民教育與動員；(6)與選民進行互動。而Ireland和Nash（2000）也認爲，候選人競選網站具備傳布電子新聞信、方便募集競選經費、資訊量大、成本低廉、傳播對象眾多的優點。

鄭自隆（2000c；2001b；2001c）曾根據文獻歸納出競選網站或公共事務網站的四大構面，即親切性、互動性、資訊性、工具性，每一構面並根據觀察對象特質建構不同測量指標，並以之分析2000年總統大選三位主要候選人（陳水扁、連戰、宋楚瑜）之網站，以及台北市政府、高雄市政府、新竹市政府、台中縣政府、台南市政府、台東縣政府等六個地方政府網站，與總統府、行政院、內政部、外交部、國防部、新聞局、研考會、體委會、文建會、青輔會等十個中央政府網站。

在競選網站中，所謂親近性，指的就是user-friendly，也就是網站設計是否有考量使用者需求，其使用介面是否容易操作使用，Bailey和Pearson（1983）就認爲，使用介面是影響資訊系統使用者滿意度的重要因素。

互動性，Rafaeli（1988）定義爲網站使用者知覺到與他人、網站服務提供者相互溝通的程度以及回應速度，簡單的說，互動性指的是候選人與網站使用者、使用者與網站，以及使用者之間溝通的便利性，Schultz（1999）即把電子信箱（e-mail）、聊天室、討論區、民意調查、網友個人網頁、數位名片視爲網站的互動性指標。

資訊性，指的是網站所提供的資訊量與資訊質，資訊的提供是網站作爲傳播媒介的重要指標，Eighmey（1999）的研究就發現，網站的資訊內容對使用者的態度呈現顯著且正面的影響。

工具性，指的是網站作爲傳播媒介的商務工具性角色，如作爲電子商店、廣告媒介、電子捐款等功能，工具性的使用提升了競選網站的附加價值，成爲候選人或政黨的專屬媒體。

本研究即根據鄭自隆（2000）所建構的競選網站指標，以之觀察分析2001年縣市長與立法委員選舉候選人的競選網站。

參、研究方法

本研究採內容分析法，即根據競選網站四大構面的測量指標來分析候選人競選網站的內容呈現，其中親切性包含：(1)外語版本；(2)下拉式選單；(3)有關網站連結；(4)多媒體設計；(5)多媒體下載服務等五個測量指標。互動性包含：(1)留言板；(2)即時討論區（聊天室）；(3)與候選人直接對談。資訊性包含：(1)電子報；(2)當日新聞提供；(3)新聞回顧；(4)候選人當天行程；(5)活動預告；(6)服務據點；(7)候選人介紹；(8)候選人家庭成員介紹；(9)政績；(10)政見；(11)網站內檢索；(12)入站人數；(13)選舉倒數。工具性包含：(1)電視版廣告；(2)網路版廣告；(3)電子商店、線上購物；(4)線上捐款。

本研究共取得三十九名縣市長、一百一十八名立法委員候選人網址，除以測量指標觀察外，並與候選人特質（參選類別、性別、黨籍、當選與否）進行交叉分析，以瞭解不同候選人特質與其網站內容呈現是否呈現差異。

差異性之檢驗，除以卡方逐一檢驗測量指標內容呈現與否外，尚將每一構面之測量指標彙整，具備測量指標內容者則加總之，取得之分數視爲該構面之總分（稱爲「網站內容量」），並與候選人特質進行變異數分析。

在效果檢驗方面，則就立法委員部分，以相關與回歸方式分別探討候選人得票數與網站內容量，網站進站人數與網站內容量之關係。

表12.1　2001年選舉架設競選網站候選人特質之頻率分配

候選人特質		縣市長		立法委員	
		個數	百分比	個數	百分比
性別	男	36	92.3	95	80.5
	女	3	7.7	23	19.5
黨籍	民進黨	15	38.5	27	22.9
	國民黨	12	30.8	26	22.0
	親民黨	1	2.6	19	16.1
	台聯			10	8.5
	新黨	1	2.6	17	14.4
	無與其他黨	10	25.6	19	16.1
當選或落選	當選	15	38.5	55	46.6
	落選	24	61.5	63	53.4
合計		39		118	

肆、研究結果與發現

一、參選類別與網站內容呈現

(一)網站內容指標

經卡方檢驗候選人參選類別（縣市長、立委）與網站內容的差異（參見表12.2），發現：

親切性有兩個指標呈現差異，「下拉式選單」縣市長候選人網站使用之比率多於立委候選人網站（48.7%比28.0%），「多媒體設計」亦是縣市長候選人網站使用較多（66.7%，多於立委候選人網站之37.3%）。

互動性方面，參選別不同與網站內容無呈現顯著差異。

資訊性方面，則有五個指標呈現顯著差異，「電子報」縣市長候選人網站設置多於立委（35.9%比13.6%）；「當日新聞提供」亦是縣市長候選人網站（53.8%）多於立委候選人網站（20.3%）；「候選人當天行程」有53.8%的縣市長候選人設置，多於立委候選人網站設置的比率（22.9%）；「活動預告」有高達三十二個（82.1%）的縣市長候選人網站有設置，立委候選人網站有設置的僅有41.5%（四十九人）；「候選人家庭成員介紹」有十一名縣市長候選人網站有設置（28.2%），但立委網站有設置的僅有十人（8.5%）；「選戰倒數」有十九名縣市長網站有設置（48.7%），但立委網站僅有七人（5.9%）有設置。

工具性方面，雖然有兩個指標（「電視版廣告」、「網路版廣告」）呈現顯著差異，但這兩個指標的格內有效值（effective frequency）小於五的格數超過20%，所以不列入討論。

表12.2　候選人參選類別（縣市長、立法委員）與網站內容差異之卡方檢驗

	網站內容	卡方值	P值	備註
親切性	外語版本	.60924	.4351	
	下拉式選單	4.80025	.0285	*
	有關網站連結	.26371	.6076	
	多媒體設計	9.08518	.0026	**
	多媒體下載服務	2.65543	.1032	
互動性	留言板	1.49784	.2210	
	即時討論區(聊天室)	2.05018	.1522	
	與候選人直接對談	3.79443	.0514	
資訊性	電子報	8.07268	.0045	**
	當日新聞提供	14.49800	.0001	***
	新聞回顧	.55387	.4567	
	候選人當天行程	11.82219	.0006	***
	活動預告	17.68726	.0000	***
	服務據點	.16883	.6812	
	候選人介紹	.59041	.4423	
	候選人家庭成員介紹	8.21916	.0041	**
	政績	3.65085	.0560	
	政見	3.44756	.0633	
	網站內檢索	.00035	.9851	
	入站人數	1.34995	.2453	
	選戰倒數	35.79825	.0000	***
工具性	電視版廣告	11.32931	.0008	－
	網路版廣告	7.43219	.0064	－
	電子商店、線上購物	2.48401	.1150	
	線上捐款	11.02556	.0009	

註：1. *P＜.05, **P＜.01, ***P＜.001。

2. "－"雖呈現顯著差異，但格內有效值小於五之格數超過20%。

3.總計一五七名。

(二)網站內容數

網站內容數，係指測量指標的加總值，經變異數分析發現，候選人參選類別不同與四大構面的內容數均呈現顯著差異（參見**表12.3**）。

親切性，縣市長候選人網站內容量平均數（2.1026）高於立委網站

表12.3　候選人參選類別與網站內容變異數分析

網站內容	參選類別	個數	平均數	標準差	F值	P值
親切性	縣市長	39	2.1026	1.3726	8.7798	.0035＊＊
	立法委員	118	1.4322	1.1729		
互動性	縣市長	39	1.3077	.7310	7.7573	.0060＊＊
	立法委員	118	.9407	.7076		
資訊性	縣市長	39	7.8462	2.9872	34.6347	.0000＊＊＊
	立法委員	118	5.4831	1.8338		
工具性	縣市長	39	.8718	1.1281	26.3883	.0000＊＊＊
	立法委員	118	.2288	.4417		

註：＊＊P<.01，＊＊＊P<.001。

的平均數（1.4322）。

互動性，也是縣市長候選人網站內容量平均數（1.3077）高於立委候選人網站的平均數（0.9407）。

資訊性，縣市長候選人網站內容量平均數爲7.8462，高於立委網站的平均數（5.4831）。

工具性，亦是縣市長候選人網站內容量平均數（0.8718）高於立委候選人網站的平均數（0.2288）。

從上述的統計分析可以瞭解，此次選舉的候選人網站，以內容而言，縣市長候選人的網站無論在親切性、互動性、資訊性或工具性，均較立委候選人的網站精彩。

二、縣市長候選人特質與網站內容呈現

(一)網站內容頻率分配

從縣市長候選人網站內容頻率分配（參見表12.4），可以發現設置比率超過50%的有：

親切性構面，有「相關網站連結」（59.0%）、「多媒體設計」（66.7%）。

表12.4 縣市長選舉候選人網站內容頻率分配

網站內容		具備	不具備
親切性	外語版本		39（100.0）
	下拉式選單	19（48.7）	20（51.3）
	有關網站連結	23（59.0）	16（41.0）
	多媒體設計	26（66.7）	13（33.3）
	多媒體下載服務	14（35.9）	25（64.1）
互動性	留言板	32（82.1）	7（17.9）
	即時討論區(聊天室)	11（28.2）	28（71.8）
	與候選人直接對談	8（20.5）	31（79.5）
資訊性	電子報	14（35.9）	25（64.1）
	當日新聞提供	21（53.8）	18（46.2）
	新聞回顧	28（71.8）	11（28.2）
	候選人當天行程	21（53.8）	18（46.2）
	活動預告	32（82.1）	7（17.9）
	服務據點	32（82.1）	7（17.9）
	候選人介紹	35（89.7）	4（10.3）
	候選人家庭成員介紹	11（28.2）	28（71.8）
	政績	31（79.5）	8（20.5）
	政見	36（92.3）	3（7.7）
	網站內檢索	6（15.4）	33（84.6）
	入站人數	20（51.3）	19（48.7）
	選戰倒數	19（48.7）	20（51.3）
工具性	電視版廣告	6（15.4）	33（84.6）
	網路版廣告	7（17.9）	32（82.1）
	電子商店、線上購物	4（10.3）	35（89.7）
	線上捐款	17（43.6）	22（56.4）

註：1.格內值為個案數，括弧內值為百分比。
2.總計三十九名。

互動性構面，只有「留言板」（82.1％）。

資訊性構面，有九個指標，即「當日新聞提供」（53.8％）、「新聞回顧」（71.8％）、「候選人當天行程」（53.8％）、「活動預告」（82.1％）、「服務據點」（82.1％）、「候選人介紹」（89.7％）、「政績」（79.5％）、「政見」（92.3％）、「到站人數」（51.3％）。

而工具性的四個測量指標中，沒有一項有超過半數網站設置。

從網站內容頻率分配的分析可以瞭解，資訊性是縣市長候選人網站的重點，有五項指標大多數網站均有設置，此外在親切性與互動性方面，也有部分指標爲大多數候選人網站採納。

(二)候選人特質與網站內容指標

經卡方檢驗發現，縣市長候選人性別、黨籍、當選與否，和網站內容四大構面之各項指標交叉分析，均無顯著的差異存在。亦即不同的性別、不同黨籍在網站內容指標之效益沒有差異，而網站內容指標之設置也和當選與否無關。

(三)候選人特質與網站內容量

經變異數分析發現，縣市長候選人不同性別、當選或落選之網站內容量均無顯著差異。

但在黨籍方面，不同黨籍在親切性與工具性網站內容量卻呈現顯著差異（參見表12.5）。由於親民黨、新黨的樣本數均只有一人，台聯沒有

表12.5　縣市長選舉候選人黨籍與網站內容量變異數分析

網站內容	黨籍	個數	平均數	標準差	F值	P值
親切性	民進黨	15	2.7333	1.4864	3.2998	.0490＊
	國民黨	12	2.1667	1.1934		
	無及其他	10	1.4000	.9661		
互動性	民進黨	15	1.3333	.4880	.9146	.4103
	國民黨	12	1.5833	.6686		
	無及其他	10	1.2000	.9189		
資訊性	民進黨	15	8.9333	2.8652	1.2272	.3058
	國民黨	12	7.7500	2.3012		
	無及其他	10	7.3000	2.9833		
工具性	民進黨	15	1.6667	1.3452	7.345	.0022＊＊
	國民黨	12	.4167	.6686		
	無及其他	10	.4000	1.1281		

註：1.＊P＜.05，＊＊P＜.01。

2.由於台聯沒有候選人，親名黨與新黨只有一名候選人，因此均不列入統計，故總數為三十七名。

候選人，因此黨籍的比較僅限國民黨、民進黨、無黨籍。

再進一步以Scheffe's test，親切性網站內容量呈現親民黨與無黨籍有顯著的差異。工具性網站內容量，民進黨籍候選人與國民黨籍候選人、無黨籍候選人均呈現顯著差異。

(四)構面間之相關性

以縣市長候選人網站四大構面內容量之相關矩陣來分析（參閱表12.6），親切性與互動性、資訊性、工具性之間均呈現極顯著的正關係，亦即若網站設計著重親切性，則也會同時考量互動性、資訊性、工具性，反之若著重互動性、資訊性、工具性，也會同時著重親切性。此外，互動性與資訊性、工具性與資訊性間亦呈現正相關。

三、立法委員候選人特質與網站內容呈現

(一)網站內容頻率分配

從表12.7可以發現，設置比率超過50%之指標有：

親切性構面，只有一項指標「有關網站連結」有超過半數的網站設

表12.6　縣市長候選人網站內容量相關矩陣

	親切性	互動性	資訊性	工具性
親切性	1.0000 P＝			
互動性	.5185 P＝.001	1.0000 P＝		
資訊性	.7549 P＝.000	.5284 P＝.001	1.0000 P＝	
工具性	.6715 P＝.000	.2086 P＝.202	.5563 P＝.000	1.0000 P＝.

註：1.總數三十九名。
2.相關係數／P＝顯著度。

表12.7 立法委員選舉候選人網站內容頻率分配

網站內容		具備	不具備
親切性	外語版本	5（4.2）	113（95.8）
	下拉式選單	33（28.0）	85（72.0）
	有關網站連結	62（52.5）	56（47.5）
	多媒體設計	44（37.3）	74（62.7）
	多媒體下載服務	25（21.2）	93（78.8）
互動性	留言板	83（70.3）	35（29.7）
	即時討論區（聊天室）	19（16.1）	99（83.9）
	與候選人直接對談	9（7.6）	109（92.4）
資訊性	電子報	16（13.6）	102（86.4）
	當日新聞提供	24（20.3）	94（79.7）
	新聞回顧	75（63.6）	43（36.4）
	候選人當天行程	27（22.9）	91（77.1）
	活動預告	49（41.5）	69（58.5）
	服務據點	102（86.4）	16（13.6）
	候選人介紹	112（94.9）	6（5.1）
	候選人家庭成員介紹	10（8.5）	108（91.5）
	政績	72（61.0）	46（39.0）
	政見	91（77.1）	27（22.9）
	網站內檢索	16（13.6）	102（86.4）
	入站人數	46（39.0）	72（61.0）
	選戰倒數	7（5.9）	111（94.1）
工具性	電視版廣告	1（0.8）	117（99.2）
	網路版廣告	4（3.4）	114（96.6）
	電子商店、線上購物	3（2.5）	115（97.5）
	線上捐款	19（16.1）	99（83.9）

註：1.總數一百一十八名。
2.格內值為個案數，括弧內值為百分比。

置，計六十二個網站，占全部網站數的52.5％。

互動性構面，有70.3％的網站設有「留言板」。

資訊性構面，有五項指標的設置率超過50％，即「新聞回顧」（63.6％）、「服務據點」（86.4％）、「候選人介紹」（94.9％）、「政績」（61.0％）、「政見」（77.1％）。

工具性構面則無一項指標的設置比率有超過50％者。

從網站內容頻率分配可以發現，立委候選人網站內容指標頗分歧，比較具共同性的只有資訊性構面，有五個指標大部分的網站均有設置。

(二)候選人特質與網站內容指標

從卡方檢驗發現，立委候選人性別、黨籍、當選與否，和網站內容四大構面之各項指標交叉分析，均無顯著差異存在。亦即不同性別、不同黨籍的候選人網站在網站內容指標的設置沒有差異，而網站內容指標的設置和當選與否無關。

(三)候選人特質與網站內容量

經變異數分析發現，立委候選人不同性別、不同黨籍、當選或落選之網站內容量均無顯著差異。

(四)構面間之相關性

再以四大構面之網站內容量之相關矩陣來看（參閱表12.8），親切性與互動性、資訊性、工具性均呈現顯著的正相關，亦即網站設計若著重親切性者，對其他的互動性、資訊性、工具性的指標也會同時關照，反之亦然；此外，互動性與資訊性之間亦呈現正相關。

表12.8　立法委員候選人網站內容量相關矩陣

	親切性	互動性	資訊性	工具性
親切性	1.0000 P＝.			
互動性	.3813 P＝.000	1.0000 P＝.		
資訊性	.3313 P＝.000	.2067 P＝.025	1.0000 P＝	
工具性	.3024 P＝.001	－.0109 P＝.907	－.0004 P＝.996	1.0000 P＝.

註：1.總數一百一十八名。
　　2.相關係數／P＝顯著度。

四、傳播效果

所謂傳播效果有認知效果（cognition）、情感效果（affection）、行爲效果（behavior）三個階層，網路傳播效果亦復如是，其中認知效果、情感效果應從使用者研究切入，並不是本研究探討的主題，本研究僅從「到站人數」來探討網路傳播的行爲效果。

由於縣市長候選人網站有統計上網人數者才二十個，因此不予分析，本研究僅針對立法委員候選人網站部分探討網路傳播效果。

(一)到站人數與網站內容量

從表12.9可以發現，網站到站人數與網站四大構面的內容量並無顯著相關，亦即網站規畫具親切性、互動性強、資訊性豐富、具備工具功能，亦不保證會吸引選民進站。此外，以逐級回歸分析，亦發現並無一構面可以進入。

(二)到站人數和當選與否之關係

從立法委員選舉候選人當選與否與網站到站人數變異數分析可以發現，當選者與落選者網站到站人數並無顯著差異（F值＝1.4754，P值＝.2313）。

(三)到站人數與得票數

以相關分析網站到站人數與候選人得票數之關係，發現二者亦無顯著相關（相關係數＝－.0511，P值＝.742）。

表12.9　立法委員候選人網站到站人數與網站內容量相關係數

	親切性	互動性	資訊性	工具性
相關係數 顯著度	－.0984 P＝.525	.0817 P＝.598	.1447 P＝.349	－.0666 P＝.667

註：總數四十四個網站。

伍、結論

本研究係屬現狀呈現的研究（fact-finding research），經由候選人網站內容分析來瞭解競選網站的內容呈現、與候選人特質的關係，以及檢驗其傳播效果。

研究結果可以形成如下的結論：

1.競選網站內容雷同度高：同類型選舉候選人網站內容雷同度高、差異性小，不因候選人性別、黨籍、當選與否而有所差異。

2.選舉層級不同、網站內容呈現亦不同：本研究發現，縣市長候選人網站較立委候選人精彩，尤其在親切性、資訊性兩方面，縣市長候選人的網站內容都較為豐富。若與2000年總統大選三組候選人（陳水扁、連戰、宋楚瑜）的網站比較（鄭自隆，2000），似可以發現，總統候選人網站較縣市長候選人精彩，縣市長候選人網站又較立委精彩，亦即選舉層級越高，候選人越會注意網站內容的呈現。

3.網站為輔助性文宣媒體：本研究發現，到站人數與網站內容量無關，當選者與落選者的到站人數無顯著差異，而到站人數也與候選人得票數無關。在在顯示在競選文宣中，網站僅能擔任輔助性媒體的角色，談不上「錦上添花」，亦遑論「雪中送炭」[1]。

---

1 本文摘自鄭自隆（2002）〈二〇〇一年選舉候選人網站內容分析及效果檢驗研究〉，發表於「二〇〇二年e世紀的挑戰國際學術研討會」（2002年3月），銘傳大學主辦。

2002年　北高市長與議員選舉

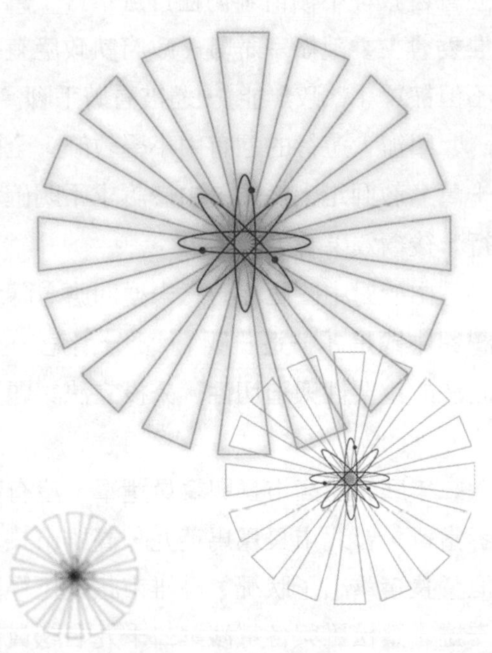

2002年的台灣社會

2002年的台灣社會，沒有大風浪，但有一些小波折。

1月1日台灣加入世界貿易組織（WTO），除了可以買到較便宜的進口水果，與紅標米酒調漲每瓶一百三十元外，民眾似乎並不覺得生活有什麼特別的影響。

倒是在政治上有些起起伏伏，1月游錫堃接任行政院長，5月總統陳水扁接任民進黨主席，形成府、黨、院一體的「戰鬥體」。不過政局仍不順遂，考試院長副院長提名，院長姚嘉文過關，副院長候選人無黨籍張博雅落榜，導致張博雅含恨參選高雄市長，但仍落選。

陳水扁誓言改革的農漁會信用部，由於抗爭不斷，行政院長游錫堃10月19日軟化，宣布放寬農漁會分級管制措施，政策轉了彎，但全國農漁會自救會不領情，仍在11月舉行十萬人遊行，導致財政部長李庸三、農委會主委范振宗辭職，政府執政應有抗壓性，遇謗則縮，不能堅持，不但被罵「執政無能」，還被看破手腳。

舉辦大遊行的還有中小學教師，全國教師會發起九二八大遊行，近十萬名教師走上街頭，由於訴求不明確，甚至被外界引伸爲「抗稅」遊行，後續效果看不出來。

由於對中國屢釋善意未獲回應，陳水扁於8月3日發表談話，表示台灣與中國是「一邊一國」，要分清楚，並呼籲所有國人應認眞思考公投立法的重要性與迫切性。公投立法議題則延燒到2003年的立院，藍綠對決。

年底的北高市長與議員選舉，沒有影響政黨政治版圖，統統由現任者當選，台北市長爲馬英九，高雄市長爲謝長廷，國民兩黨各據北南。但議長選舉出了狀況，高雄市議長選舉因賄選問題，正副議長當選人朱安雄、蔡松雄與各黨涉案二十九名議員被搜索、約談、收押。高雄市共選出四十四名市議員，竟有三十一名涉案，正副議長雙「雄」被押，三審定讞後，議長朱安雄竟潛逃中國，拒不到監。由於國親席次較泛綠多，但竟聯手支持無黨籍朱安雄，賄選現象使國親蒙上黑金陰影。

在經濟方面，實質經濟成長率止跌回升，爲3.54%，平均國民所得11,633美元，外匯存底達1,616億美元，又創新高。年初歐元上路，歐洲十二國三億多民眾開始使用統一貨幣，是人類史上最大的換幣工程。但與台灣最有密切關係的則是八吋晶圓廠放行中國。

3月因廠商與在野壓力，游錫堃揭示政府開放八吋晶圓廠赴中國投資的四大原則：總量管制、相對投資、研發技術、根留台灣，並在月底確立政策。陳水扁以「積極開放、有效管理」來取代李登輝的「戒急用忍」，八吋晶圓的放行是陳水扁政策的執行，然而對整體台灣經濟的利弊卻是見仁見智，《自由時報》等媒體，以及台聯、台教會等團體均明確表示反對。

2002年台灣庶民社會的大事是「樂透」彩券發行。

樂透彩券由台北銀行取得發行權，1月16日開賣，22日開出第一期，由於頭獎無人簽中，因此全台瘋狂簽注，第二期25日開獎，四人中彩均分三億元獎金。樂透在上半年幾成全民運動，人人懷抱一夕致富夢想，或猜明牌，或聚資包牌。從社會學角度來看，彩券號稱「公益」實爲「劫貧」，參與者大都是受薪窮人與勞工朋友，中獎機率極低，「劫貧濟貧」並不值得鼓勵。

4、5月間的乾旱限水也是庶民大事，由於久旱不雨缺水嚴重，台北市政府4月底進行階段性限水，中央與台北市並組成抗旱小組，5月旱象持續。台北自13日起實施分區輪流供水，北縣與桃園亦有大規模停水，估計有五百萬人受到影響，期間並有因限水導致污水滲入水管污染水源，以致數百人上吐下瀉。

「給錯藥、打錯針」是2002年烏龍事件，11月北縣土城婦幼醫院爲新生兒注射B型肝炎疫苗，錯打肌肉鬆弛劑，導致一名新生兒死亡，六名垂危。12月，屏東東港崇愛醫院發生給錯藥意外，一百二十名成人感冒病患錯吃降血糖藥。醫護人員在台灣社會是令人尊敬的行業，收入與社會威望均高，然而由於疏忽或怠惰，卻使病人受害，專業蒙羞。

華航又墜機！5月25日CI611飛香港班機在澎湖馬公外海失事，兩百零六名乘客、十九名機組員罹難。

當然台灣社會還是會苦中作樂，「樂」來自媒體猛炒八卦新聞，先是前立委黃顯洲嗑藥性愛派對，再來電視女主播「削凱子」，接著立委鄭余鎮與王筱嬋演出「天上掉下來的禮物」，媒體八卦化綜藝化讓台灣社會充斥聲色效果。

另一著名媒體亂象是「舔耳案」，親民黨立委李慶安指控衛生署代署長涂醒哲在KTV對男人舔耳性騷擾，李慶安指證歷歷，媒體大幅報導，電視談話節目也加入圍剿。後來證明此「涂」非彼「屠」，烏龍一場，在野立委看到黑影就放槍，媒體也跟著瞎起鬨，既不查證，也不理會當事人說明，政治人物與媒體不但違背專業倫理，也成社會亂源。

繼1998年的「迎佛牙」活動後，2002年又有「佛指舍利」，2月中國西安法門寺的佛指舍利抵台，全台巡迴供信徒禮拜，由於1998年的佛牙眞僞引來討論，因此此次活動回響不若當年，事實上佛教講的是明心見性，拜「物」並不重要。

有三件司法案件在2002年也引起注意，3月由於奉天、當陽專案機密檔案遭《壹週刊》、《中國時報》刊登曝光，高檢署依國安局告發，檢警搜索媒體，並對撰稿記者、相關編輯提出告訴。此舉引起「新聞自由vs. 國家安全」的爭議，新聞自由與國家安全，孰重？新聞自由固然需要尊重，但不可藉口新聞自由而導致「立即而明顯的危險」，由於媒體曝光讓我國對外情報網絡解構重組，媒體已經跨越了「立即而明顯的危險」這條新聞自由的最後防線。

副總統呂秀蓮控告《新新聞》要求恢復名譽案，4月台北地院宣判呂秀蓮勝訴，12月高院亦宣判呂勝訴；媒體必須提出證據證明新聞不是瞎掰，否則濫用新聞自由、濫用保護消息來源，會使媒體淪爲「製造業」。

第三個案件是前立委謝啓大、馮滬祥誣指前總統李登輝夫人曾文惠女士於2000年大選後攜巨額美鈔赴美案，高院12月宣布，謝啓大與馮滬祥各被判三個月與四個月。曾任法官與律師的新黨前立委謝啓大卻寧願流亡北京開茶館，也不願回台到案。

2002年的流行大都與「吃」有關，小學生喝酷兒（Qoo），國中生、高中生吃阿Q桶麵，大人們吃超商的國民便當、喝番茄汁、偶爾奢侈的來隻大閘蟹。

國民便當大賣，年銷售量一億個，已悄悄改變台灣飲食業的生態，歐巴桑開的小吃店、自助餐店明顯受到大財團的威脅。番茄汁更是2002年的台灣經濟「奇蹟」，由於傳言茄紅素抗癌，因此瓶裝番茄汁大賣，2002年夏末才上市的番茄汁創造了傳統產業的另一番氣象。愛之味員工也因番茄汁拿了三個月的年終獎金，超過平均只有兩個月的電子業，「番茄汁打敗晶圓」也是另一個「台灣傳奇」。

第十三章

2002年北高市長與議員選舉文宣觀察

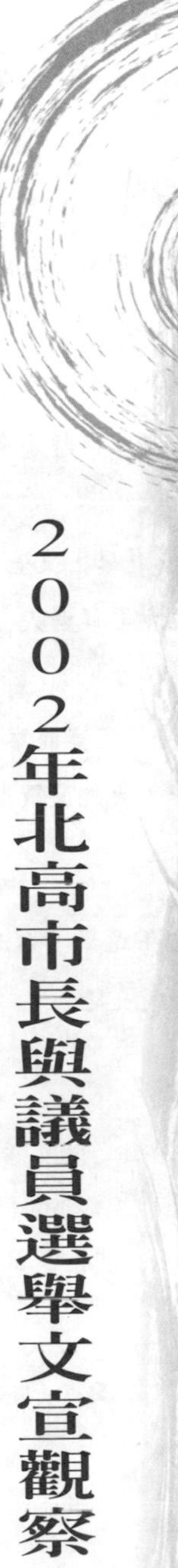

〈摘要〉

本研究係分析2002年台北市與高雄市兩市市長選舉主要候選人文宣，同時針對議員選舉部分個案予以評論。

台北市長選舉，國民黨馬英九採領導品牌策略，廣告表現穩定；民進黨李應元先採追隨品牌策略，複製模仿對手，後採挑戰品牌策略來攻擊對手，但攻擊並沒有對準對手弱點，同時又沒有提出大議題(grand issue)來吸引選民，以轉移選民對對手形象的關注。

高雄市長選舉，文宣並不是重點，候選人多著力於負面事件的操弄，以之攻擊對手，兩位主要候選人（民進黨謝長廷、國民黨黃俊英）對負面事件的回應均有待改進之處。

從此次選舉文宣觀察，可以發現選民主要形象投票，候選人個人特質的長期培養，其影響力大於選戰期間的文宣塑造。此外，負面事件在選戰中也扮演具影響力的角色。

關鍵詞：2002年選舉、台北市長選舉、高雄市長選舉、競選傳播、馬英九、李應元、謝長廷

壹、導論

2002年北高市長與議員選舉於12月7日投票，開票結果，兩市現任市長當選連任，台北市長國民黨籍馬英九得票八十七萬餘票，得票率六成四，領先對手（民進黨李應元）三十八萬餘票，連任成功。高雄市長民進黨籍謝長廷亦以過半得票數連任，領先對手（國民黨籍黃俊英）兩萬餘票，除了黃、謝兩人外，參選高雄市長尚有三位無黨籍候選人，得票均低，張博雅得票13,479票，得票率1.8％，施明德得票8,750票，得票率1.1％，黃天生得票1,998票，得票率0.3％（參見**表13.1**、**表13.2**）。

表13.1　台北市長選舉兩黨候選人兩次選舉差距表

年次	民進黨	國民黨	兩黨差距
1998	陳水扁（落選） 得票數：688,072票 得票率：45.91%	馬英九（當選） 得票數：766,377票 得票率：51.13%	78,305票
2002	李應元（落選） 得票數：488,811票 得票率：35.89%	馬英九（當選） 得票數：873,102票 得票率：64.11%	384,291票
兩次選舉比較	-199,261票 -10.02%	+106,725票 +12.98%	

表13.2　高雄市長選舉兩黨候選人兩次選舉差距表

年次	民進黨	國民黨	兩黨差距
1998	謝長廷（當選） 得票數：387,797票 得票率：48.70%	吳敦義（落選） 得票數：383,232票 得票率：48.13%	4565票
2002	謝長廷（當選） 得票數：386,384票 得票率：50.03%	黃俊英（落選） 得票數：361,546票 得票率：46.82%	24,838票
兩次選舉比較	-1413票 +1.33%	-21,686票 -1.12%	

表13.3　2002年選舉北高市議員政黨版圖

政黨	台北市	高雄市
民進黨	17（19）	14（9）
國民黨	20（23）	12（25）
親民黨	8	7
新黨	5（9）	0（1）
台聯	0	2
無黨籍	2（1）	9（9）
總席次	52	44

註：括號内數字為上一屆人數。

市議員方面，台北市有五十二席，國民黨有二十席，較上屆掉了三席，民進黨有十七席，較上屆掉了兩席，親民黨八席，新黨五席，無黨籍兩席。高雄市長有四十四席，民進黨由上屆九席成長至十四席，國民黨則由上屆二十五席大幅滑落至十二席，親民黨七席，台聯兩席，無黨籍九席（參見**表13.3**）。

投票率方面，北高兩市市長選舉投票率分別爲70.61％與71.38％，而北高市議員選舉投票率則各爲70.63％與71.40％。相對於1998年北高市長選舉與2000年總統大選，投票率少了近十個百分點。

候選人的廣告量方面，以電視爲最多，尤其是有線電視成了候選人最主要的文宣媒體。在台北市長候選人方面，由於李應元爲挑戰者，所以廣告投注最多，以廣告定價計算，約值三億元，對手馬英九，雖民調遙遙領先，但仍然投注二億五千萬元的廣告費用；高雄市長方面，無黨籍張博雅企圖心強，投注廣告費爲各候選人之冠，約有七千萬元，現任市長謝長廷廣告量約五千萬元，國民黨黃俊英只以四十四萬元購買報紙廣告，至於無黨籍施明德與黃天生則無使用大眾媒體廣告（參見**表13.4**）。

本文主要針對北高市長選舉六位候選人文宣策略予以評論，高雄市長候選人黃天生因無文宣作品，所以不列入。分析以DSP爲架構（鄭自

表13.4 2002年北高市長選舉候選人競選廣告量　　單位：千元

候選人	無線電視	有線電視	報紙	雜誌	總計
謝長廷	-	52,510	1,596	-	54,106
黃俊英	-	-	440	-	440
張博雅	-	73,286	-	-	73,286
馬英九	16,936	225,633	10,776	-	253,345
李應元	714	291,463	15,503	300	307,980
合計	17,650	642,892	28,315	300	689,157

資料來源：潤利公司。

註：廣告金額係以實際刊播數量、檔次、秒數乘以各媒體廣告定價，不計算折扣、搭配、贈送等條件。

隆，1992a），所謂D指differentiation ，即候選人與對手區隔後的特質；S指segmentation，即所訴求的選民區隔；P指position，候選人的定位（參見圖13.1）。

在DSP架構下，逐項探討CIS、策略、廣告、電視辯論、網站文宣、負面事件。市議員部分，則分別討論聯合競選、裙腳策略（coat-tailing）、網站文宣，與台北市議員候選人王芳萍個案。

貳、市長選舉文宣觀察

一、DSP與CIS

(一)DSP

1.台北市長選舉部分

台北市長選舉兩位候選人性別一樣，年齡、學歷、從政經歷均相當，這些因素自不構成DSP的考慮，而省籍因素則極為敏感，在台北市選區容易造成「自傷」，且外省族群票本就是馬英九鐵票，而本省籍選

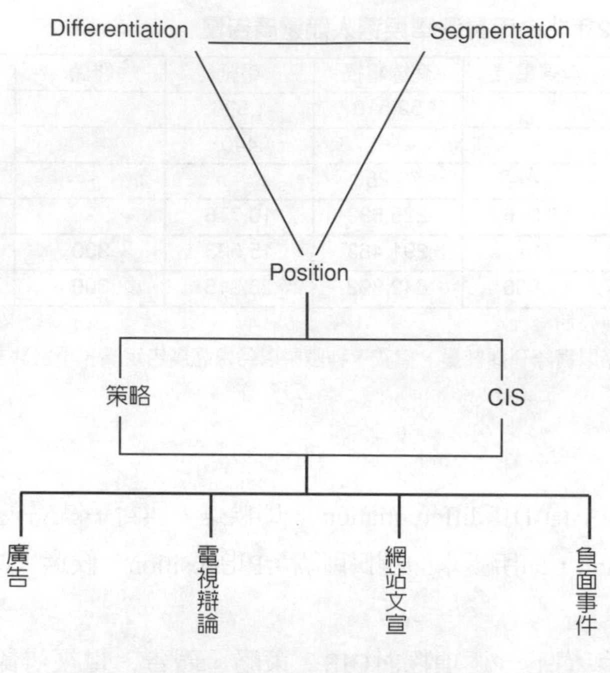

圖13.1　本研究分析架構圖

票分歧，因此也不影響DSP建構。因此對「老將」（高知名度、連任者）的馬英九較有利。

馬陣營以四年政績與親民來凸顯其施政能力與領袖魅力，以此來凸顯「候選人特質」。而對泛藍支持者的選民而言，馬英九最大的特質是「泛藍新希望」，以帶動泛藍國民黨團結並期待他日可以取回執政權。在「選民區隔」方面，由於馬的民調支持度極高，因此選民區隔沒有必要，他必須更擴大票基，以取得更多支持。「候選人定位」表面上強調其爲「一路走來，始終如一」的政治人物，但其陣營一直以得票超過百萬爲努力目標，顯示了塑造「泛藍新少主」的企圖。

而作爲「新人」（從未在台北市參選）的李應元，面對個人特質重疊性高的超級政治明星對手，DSP的建構極爲困難，個人特質難凸顯，選民亦無法區隔，外省族群是馬的鐵票，文宣無法撼動，以本省選民爲對象，勢必被指責挑動族群，只能在「客家」上略作著墨。在此情況下，李應元剛被民進黨推出時，其陣營使用錯誤的"me-too"策略，要李去跑步、游泳，以複製爲民進黨的「馬英九」，後來發現民調沒有提升，才改以政見（松山機場遷建、巨蛋、輕軌電車）來訴求「魄力」特色。

2.高雄市長部分

謝長廷一直以「努力打拚」的現任市長來強化個人形象，也以肯定其政績的市民爲說服對象，文宣亦把自己定位成「高雄長工」，基本上其DSP的運用是一致的。

黃俊英一直給選民「溫文儒雅」的形象，其文宣以及本人面對媒體的表現也是如此，然而此「溫文學者」形象並沒有利用文宣與「高雄市長」相連結，使得「溫文學者」並沒能在選戰中加分，極爲可惜。

張博雅是女性候選人，因此其文宣一直以「女性」市長做主軸，此種性別區隔並沒有發揮拉票功能，事實上張的另一特質是「公衛學者」、「衛生署前署長」，這個特質可以和議題（登革熱、飲水問題）相連結，換言之，應以「專家市長」定位，以對抗其他候選人的「政治市長」，而其陣營以「女性市長」定位是不適當的。

施明德在黃、張、施談整合之前的表現，令選民有權謀的感覺，但在整合破裂之後，其不同其他候選人的表現，恢復了他的「個性」與獨特的魅力，他在電視辯論與媒體訪問中一再強調是「國際級政治家」，在選戰中雖略嫌自我膨脹，與其他政治人物的「謙虛」形成對比，但倒也定位鮮明。

(二)CIS

1.台北市長選舉

馬英九的文宣主軸是「一路走來，始終如一」，LOGO與1998年選舉類似，只不過把跑步的人形從原先的同手同腳變成正常跑步的樣子。相對於馬英九的不變，李應元的文宣主軸在選戰期間就有了三次改變。第一次提出「讓台北IN起來」，有人批評性暗示，後來改爲凸顯個人特質的「陽光、魄力」，而提出松山機場遷建時，又以「世界級台北、創意

表13.5 北高市長候選人DSP分析表

候選人	differentiation候選人特質	segmentation選民區隔	position候選人定位
馬英九	文宣以政績、親民來凸顯候選人特質，但泛藍選民視其為「新希望」	文宣無特殊區隔，但泛藍支持者與外省族群是其鐵票	文宣表面定位為「一路走來，始終如一」的政治人物，但真正定位為「泛藍新少主」＊
李應元	初期強調與馬英九一樣特質（“me-too” 策略），後期方以政見凸顯個人特色	文宣無特殊區隔，但部分文宣針對客家族群	初期塑造為民進黨的「馬英九」，後期才強調「陽光、魄力」
謝長廷	努力打拚的現任市長	肯定其政績的市民	有政績的「高雄長工」
黃俊英	溫文學者	泛藍支持者、不滿意謝長廷的選民	不明顯
張博雅	女性候選人、政治「復仇者」	不滿意民進黨、謝長廷、黃俊英的選民	女性市長
施明德	有個性的政治人物	不滿意民進黨的選民	一再強調自己是「國際級政治家」，是「政治家」不是「政客」

註：＊馬英九陣營期待得票超過百萬，以累積政治能量。

新領袖」做訴求。LOGO則一直使用「讓台北IN起來」。

馬英九的特色在於與1998年選舉維持一致，這點倒與陳水扁參選1994年與1998年台北市長一樣，其優點在於形象一致，但缺點是缺乏創新。李應元使用「讓台北IN起來」招致一些批評，後來就急著改變。事實上，選戰的文宣主軸本來就是錦上添花，四平八穩就無人討論，也就失去傳播的意義，有人批評才會使文宣主軸充滿活力，並富擴散效果。所以並不需要急著去改變，而使得文宣主軸前後不能銜接，也顯得自己陣營心虛。

2.高雄市長選舉

高雄市長部分，謝長廷的CIS比較完備，文宣主軸用了兩個：「珍惜建設、高雄不走回頭路」、「建設有用心、進步看得見」，以後者為佳。LOGO以工人造型並出現「高雄長工」的字，另一個常用的是圓形紅底黃「長」字，以前者較能與定位相契合。

黃俊英沒有明顯的文宣主軸與LOGO，不過在其傳單文宣中曾出現「高雄出生、工人子弟」的小標題，事實上這句話若加以適當的潤飾加入「學者市長」，還是滿可以呈現黃俊英的個人特質，並與競爭對手相區隔的。

張博雅的文宣主軸「港都新氣象、市長選女將」，LOGO是圓形，中間黃底反白高雄市地圖，以及「張博雅」字與一嘴型圖案，右上還特地點了一顆痣，外圈爲藍底有"POYA"及"KAOHSIUNG SMILE"的英文反白字，以性別作爲文宣主軸並不適當，只凸顯候選人外顯特徵的性別，而不是人格特質或經歷、政見，未必有加分功能，而LOGO使用英文字，也無特殊意義。

施明德並無特定的CIS，不過若能將其政見（高雄經貿自治區港市）轉化成文宣主軸與LOGO，則更能與其「政治家」的定位相扣連。

二、策略

(一)選戰策略理論

Butler與Collins（1996）根據Kotler（1994）、Porter（1980；1985）的分類，將候選人定位分爲四類：領導者（leader）、挑戰者（challenger）、追隨者（follower）、利基者（nicher）。如果以品牌理論與上述四種候選人定位類型結合，可以發展出四種不同選戰策略。

1.領導品牌策略

當候選人民調遙遙領先對手時，可以採取領導品牌策略，在選戰中只強化形象，不必特別著墨這些政見，不攻擊對手，對對手攻擊也不需要回應，以免拉抬對手，最典型的領導品牌策略的選戰是1996年大選的李登輝戰略，李的文宣不特別強調政見，而是告訴選民他如何戒菸，早年如何洗廁所、如何與夫人相處，2002年馬英九的台北市長選戰也屬領導品牌策略，號稱「高格調選舉」。

特別要強調的是採用「領導品牌策略」，不是依據候選人主觀的認定或選擇，也與候選人是執政黨或現任者無關，使用領導品牌策略必須是候選人的選前民調數據遠遠領先對手，並判斷對手不可能追趕上時，方能執行領導品牌的戰術。

2.挑戰品牌策略

當與對手實力接近，特質重疊，或為對抗對手的挑戰時，即應採取挑戰品牌策略；挑戰品牌策略簡單的說就是「攻擊策略」。

以己之長擊敵之短，或是將自己與對手「比較」，說他會（貪污）我不會，或我能（建設）他不能。2000年總統大選，由於三組候選人實力接近，因此各組都使用挑戰品牌策略，攻擊對手互擲泥巴，使選民被迫從「阿舍、鴨霸、A錢」之中挑一個來做總統。

3.追隨品牌策略

追隨者策略是從商業行銷所發展的，在商業行銷中追隨者用「功能」與領導品牌接近，但「價格」卻便宜許多來吸引消費者，以模仿複製來替代創新，瓜分市場。

在選戰中追隨者策略僅適用「同次但不同層級的選舉」，如2002年同時有市長與市議員選舉，有候選人號稱「小馬師妹」，在1998年選舉，更多的民進黨候選人號稱「阿扁徒弟」，都是追隨者策略，也就是「小雞跟著母雞」，以選戰術語來說即是coat-tailing，拉著上層選舉的明星候選人裙腳沾光。

同一層級的選舉，通常並不適合追隨者策略，當正品牌（領導品牌）與副品牌（追隨品牌）並列時，消費者（選民）支付相同的成本（選票），不可能讓他們捨正品牌就副品牌，尤其是單一席次的首長選舉，使用追隨者策略就是自掘墳墓。但在多席次選舉（如立委、市議員），為擴大所支持政黨的當選率，選民或有可能透過政黨配票或自動配票而選擇「副品牌」。

4.利基品牌策略

當候選人民調落後，可以訴求某項特質或政見形成「利基」，以爭

表13.6　競選文宣策略四種類型

文宣策略	條件	戰術	舉例
領導品牌策略	1.民調遙遙領先對手 2.預期對手無法超越自己	1.不攻擊對手 2.對對手攻擊也不回應 3.文宣強化形象，不必特別著墨政見	1.1996年大選李登輝 2.2002年台北市長選舉馬英九
挑戰品牌策略	1.與對手民調接近 2.特質重疊 3.對抗對手的「挑戰品牌策略」	1.攻擊對手 2.與對手「比較」——以己之長攻人之短	1.1994年台北市長選舉陳水扁 2.1998年北高市長選舉陳水扁、馬英九、吳敦義、謝長廷
追隨品牌策略	1.同次但不同選舉層級 2.與被追隨者有某些特質連結 3.不適合單一席次選舉	1.模仿、複製被追隨品牌 2. “me-too” 3. “coat-tailing”	「阿扁徒弟」、「小馬師妹」……
利基品牌策略	1.落後者使用 2.具備某項特質 3.僅適合多席次選舉	1.凸顯利基 2.保護利基 3.擴大利基	1.1996年大選陳履安 2.2001年立委選舉施明德、陳文茜 3.2002年高雄市長選舉施明德

取部分區隔化選民的支持。這也是爲什麼明明「統一」在台灣選舉沒市場，但就有候選人喊出「統一急先鋒」、「中華聯邦總理」的原因。利基品牌僅適用多席次選舉，單一席次選舉除非「利基」非常明確有力，否則幫不上忙，這也是1996年大選陳履安以最低票敗選的原因。

(二)北高市長選舉策略分析

從上述分析可以看出，2002年台北市長選舉兩組候選人陣營文宣策略的差異，馬英九始終採取領導品牌策略，李應元則先採用追隨品牌策略，後來發現選情低迷拉抬不起來，再改採挑戰品牌策略，但已經來不及了。

馬英九因為民調持續大幅領先，因此使用領導品牌策略，在選戰中他不攻擊對手李應元，對李應元的攻擊也不回應，這與「格調」高低無關，而是強弱懸殊，攻擊或回應弱勢的對手等於拉抬對手，這和幾年前Cefiro汽車剛上市時，廣告說它的寧靜度比美勞斯萊斯，勞斯萊斯毫不回應它一樣。

馬英九此次的策略可以看到1996年大選李登輝的影子，當年大選李登輝也不攻擊對手，對對手的攻擊也不回應，即使有回應也由國代候選人出手，下駟打上駟。

此外，馬英九也拉高對抗對象，基本上馬英九「尊李、打扁、不理元」，尊李是1998年欠李登輝加持「新台灣人」的情，對不起2000年3月19日逼宮的無情，以及李對選戰影響的不可預測性，「不理元」是不想拉抬對手，而打扁是提升自己與總統齊高，累積政治能量。

2002年馬英九戰略也與1998年選台北市長不同，時間不一樣、條件不一樣，選戰策略當然不必「一路走來，始終如一」。

1998年馬英九選戰訴求對象是「本省選民」，訴求點是「形象重塑」，1998年馬英九的形象是年輕、清廉魄力、活力、熱心公益，這些形象之所以能夠凸顯是選民把馬視為國民黨官僚，建立在國民黨負面的參考架構（reference frame）上，因為民眾認為國民黨老人政治，所以顯得馬年輕；國民黨黑金，所以馬清廉有魄力，國民黨老邁，高官打小白球，所以馬的慢跑就顯得活力，相對於民眾認為國民黨高官的奢靡，所以馬的捐血、熱心聯合勸募，就顯得非常公益。這些形象當然全都正面，但在參選上還少了一個元素——「台灣人」，因此馬在1998年的廣告就主打羅大佑「風神的歌詩」，台語還有一點日本軍歌味道，到反對黨精神堡壘的龍山寺參拜，率記者到歌仔戲資深演員廖瓊枝處穿戲服還秀唱一段歌仔戲，所有的造勢活動與廣告都是要塑造本土連結，吸引本省選民，直到投票前李登輝加持「新台灣人」，更達到畫龍點睛效果。

2002年選戰，從民調發現本省選民並不排斥馬英九，因此此次選戰馬的訴求對象轉向針對年輕選民，告訴他們「我的未來不是夢」，遊刃有餘，還設立「鎮元矗局」，除了「鎮」住李應「元」外，主要讓年輕的大學生與研究生「玩」選舉，總選戰目標則是「拉高得票率」，建構馬為「泛藍新少主」。整體而言，此次馬英九選戰文宣跟著策略走，沒有犯錯。

李應元陣營的文宣策略相對顯得慌亂而無章法，至少有三點錯誤：

1.早期主打「形象」，誤用「追隨品牌策略」

要塑造李應元成為民進黨的「馬英九」，是一大失策。馬英九只有一位，就是國民黨的馬英九，李應元再怎麼複製模仿，也不可能成為馬英九，更不可能取代馬英九。

因此民進黨一推出李應元時，幕僚們就急著要他換穿短褲去慢跑，推著他下游泳池，還喝了幾口水，忙著告訴選民——馬英九能，李應元也能，這種"me-too"戰略並不正確，對手的形象極佳，打形象是攻堅，何必。

2.攻擊軟弱無力，未能攻擊對手單門，錯失「挑戰品牌」角色

李應元掉入馬英九「高格調選戰」陷阱，只有兩種人才會談「高格調選戰」，一種是穩贏的，如1996年李登輝、2002年馬英九，一種是穩輸的，如1998年王建煊，當年他參選台北市長，志在保送馬上壘，所以一味求敗，因此只能掃掃地、撿撿狗屎。此次李應元是挑戰者，只有攻擊才能求勝，焉能隨口呼應對手「高格調」。

3.缺乏「大議題」(grand issue)，未能以議題彌補形象不足

既然不能以形象對打，就應該以議題打對手形象，可惜此次李應元主打的「遷機場蓋公園」不是好議題，缺乏大議題的條件，所謂「大議題」應具備：

1.前瞻性：著眼未來，開創願景。

2.和諧性：連對手都不能反對，或不敢反對。

3.宏觀性：關照面大，受惠者眾。

4.簡潔性：以簡單一句話或口號來呈現複雜概念。

5.可行性：提出具說服力的可行方案。

「遷機場蓋公園」以上述標準來檢驗都有問題，大都會有兩個機場者比比皆是，拆機場也與拚經濟理念不符。中央是民進黨執政，卻提不出一個讓對手也不能反對的議題，殊為可惜。

李應元陣營早期錯用「追隨品牌策略」，晚期「挑戰品牌」又不夠銳利，處處顧及「高格調」，挑出議題（遷機場）又不夠吸引人，連機場周邊各里開出的票都輸給馬，文宣策略大有檢討的必要。

高雄市長部分，民進黨謝長廷一開始使用的也是領導品牌策略，依TVBS民調，選前民調謝長廷支持率44％，遠遠領先張博雅的21％，黃俊英的14％，施明德的8％，因此這階段謝長廷的文宣也是「高格調」的。 廣告只呈現以往政績，並不攻擊對手，使三位對手彼此競爭，彼此牽制。直到11月30日國民黨籍立委李全教指控謝收了新瑞都案蘇惠珍四百五十萬元支票，謝在公辦政見會上以高雄硫酸錏公司市地重劃弊案反撲，指控當時副市長黃俊英，才使謝投入負面文宣，轉變成與對手同樣為挑戰品牌策略。

黃俊英自始即採用挑戰品牌策略，不過攻擊火力較為溫和，張博雅亦採挑戰品牌策略，同時兩面攻擊，一面攻擊現任者謝長廷的施政不力（登革熱、治安、飲水等），另一方面也攻擊同屬挑戰者的黃俊英，說他「一副在副，一誤再誤」。而施明德則採「利基品牌」策略，凸顯自己為「國際級政治家」的角色[1]。

三、廣告

此次北高市長候選人電視廣告以李應元最多，有十六支；張博雅最少有三支，謝長廷也不多有四支，而且大都為十秒短片；黃俊英則沒有電視廣告，馬英九以三支為基礎，然後再剪輯短片，或影像重複使用，

1 對策略的評論部分摘自鄭自隆（2003）〈當小品牌遇上大品牌——策略錯誤，全盤皆墨〉，《突破》第211期，頁62-64（2003年2月）。

有七支，再加上國民黨一支攻擊式負面廣告共八支。

(一)馬英九廣告評論

1.電視廣告方面

馬英九電視廣告以三支為基礎，主打「我的未來不是夢」，以張雨生為原唱，搭配字幕，並與馬市長任內巡視鏡頭相呼應，有到下水道、礦坑、視察災變、刷馬桶等內容，懂得公關運作的人都知道這是「假事件」（pseudo-event）的影像，是經過包裝設計的，然而對一般市民而言，又是馬英九親和形象的再強化。

「鼓掌對比篇」是以陳水扁攻擊馬英九「心目中只有中華人民共和國」等尖銳畫面起頭，最後馬肯定扁徵收土地，予以鼓掌，形成「鴨霸與溫和」的對比，是負面廣告中的「隱含比較」方式，頗為高明的「罵人不帶髒字」。不過有一絲絲的小風險——對不喜歡馬的人，這支片子有強化扁攻擊訊息的功能；不過話又說回來，這些人本來就不是馬的票源，因此也就不那麼要緊。

「台灣進行曲篇」以台語唱出，無歌詞，畫面呈現出市政建設。將這支影片與1998年的「風神的歌詩」比較，可以發現馬在這兩次選舉訴求對象的差異；1998年馬參選台北市長，雖然被認為形象良好、年輕、清廉、活力、熱心公益，但用於選舉還欠缺一個重要的元素——台灣人。因此他必須用「風神的歌詩」，唱的是台語又有點日本軍歌的味道，搭配字幕以發揮傳唱效果，賦予本土認同的意涵；這支影片從1998年4月間一直播到上次選舉投票日前，再配合相關造勢活動（參拜龍山寺、穿歌仔戲服秀唱歌仔戲），直到投票前夕，李登輝拉起馬的手，完成「本土洗禮」，完美的結束（ending）。

2002年本土票除了民進黨的基本盤外，幾乎已流向馬，因此馬陣營再不用以「本省選民」為訴求對象；2002年「台灣進行曲篇」，歌曲已經淪為背景音樂，再也沒有絲毫本土意涵。

由於民調遙遙領先對手，因此馬英九陣營可以採用「領導品牌策略」，不攻擊對手，對於對手的攻擊也不回應，以免拉抬對手，同時喊出「高格調選舉」吃吃對手豆腐；整體而言，馬陣營廣告跟著策略走，表現不錯，不過有一些小瑕疵。

2.平面廣告方面

11月22日後進入法定競選期間，依法不得播出電視廣告，因此馬陣營刊登了一系列報紙廣告，這些報紙廣告內容像極了三十年前的選舉傳單——選里長的政見是「反攻大陸」。

這些報紙廣告主攻「經濟」與「失業」，請看這些文案：

「全台灣已經有一百一十六萬六千人摔破了飯碗，而我們的執政當局仍在展現魄力——全力的拚選舉！反正碗破了，不是他們餓肚皮，12月7日，大家請用選票提醒他們，不可以自己起管，受害的卻總是老百姓。」

「當你有飯吃的時候，別忘了全台灣已經有一百一十六萬六千人丟掉了他們的飯碗；而我們的執政黨還在全力拚……不是拚經濟，而是選舉，12月7日，請用選票，發出不平。」

「91年9月7日報載：七萬七千名學生，吃不起營養午餐——遺憾的是，他們都沒有投票權。國中、小學生營養午餐，平均每月只需六百元。隨著經濟一路看壞，失業的爸媽越來越多，連孩子都得跟著勒緊褲帶。12月7日，請用選票為這些吃不起營養午餐的孩子及他們的父母，表達抗議。」

這些廣告是典型商業廣告風格，使用大圖片、少文字、並大量留白，以發揮吸引注意效果，然而所訴求的都與市長職權無關，市長幹得再好，也處理不了經濟與失業，顯然這些廣告是用與選舉職務不相干的議題來愚弄選民——參選里長，就是爲了「反攻大陸」。

在其他平面文宣方面，馬陣營有幾類比較特殊：

1.「區」文宣傳單：對開尺寸經摺疊爲24開，以不同行政區而製作，以各區建設成果，配合地圖、照片輔以數據說明市政建設績效，右半部另以條列方式呈現方區重大建設一覽表，含基礎建設、環境美化、文化活動、交通建設、公共設施等。背面以大幅空照鳥瞰圖爲中心，再輔以公共建設照片與簡單文字說明，設計簡潔完整，並符合接近性原則。

2.政策白皮書：有別於一般候選人政策白皮書以書籍形式呈現，馬的政策白皮書爲單張傳單，分項呈現，如「社會福利政策白皮書」、「公務政策白皮書」、「教育政策白皮書」、「醫療保健政策白皮書」等。政策白皮書係傳單內頁，左邊爲較具體的「市政成績」，右頁則爲空洞不明確的「未來願景」，以教育白皮書爲例，共九項未來願景，茲舉前三項爲例：

(1)雙語化校園、全民學外語

A.建置校園外語環境。

B.規劃「語文日」、「語文區」，增加學生學習語言之機會。

(2)結合心教育、哲學式思考

A.培養學生邏輯思辨、價值澄清及解決問題的能力。

B.結合心教育、生命教育等，將哲學性思考模式推展到家庭及社區。

(3)正當休閒觀、智慧全方位

A.提供多樣性的休閒娛樂活動。

B.學校辦理各項育樂活動，提供學生多元學習需求。

這些「未來願景」只是描繪構想，欠缺具體數據與方法，這也是處理政見文宣的手法之一，以後若有市民或挑戰者追究政見是否達成，即可以枝節措施搪塞，以規避責任，是典型的「空包彈」式政見。事實上，選舉政見應明確並數據化，如「推動成人職業進修教育每年若干人次」，而非空洞的「推動成人職業進修教育、提升本市競爭力」。

3.海報：馬陣營有一張長對開式海報，有別一般候選人的標準對開式，構圖簡單，左右各四位小朋友騎木馬，中間的小朋友則騎真「馬」──馬英九，標題「一路走來，始終如一」，使用小朋友照片，符合廣告

表13.7 台北市長選舉馬英九電視廣告功能表

篇名	陳述政見	攻擊對手	反駁批評	塑造形象	備註
我的未來不是夢				V	10月30日首播個人活動影像
鼓掌對比篇		V		V	
台灣進行曲				V	市政建設影像
我的未來不是夢				V	以市政建設影像套入「我的未來不是夢」CM song
腳踏車篇				V	
教堂結婚篇				V	
城市篇				V	
民進黨「道歉篇」		V			廣告主為國民黨

中的3B（baby, beauty & beast）原則。

馬英九是現任者，民調支持率遙遙領先對手，因此採用領導品牌策略——不攻擊對手；對對手攻擊也不回應，以免拉抬對手；強化形象（政績、個人特質）；不特別著墨政見。此次馬英九的文宣策略與1996年大選時李登輝的策略類似，都可以看到「領導品牌」的架式，而廣告跟著策略走，沒有犯錯。

(二)李應元廣告評論

李應元是挑戰者，民調支持率又不高，理應採取挑戰品牌策略，全力攻擊對手。但一開始李陣營的文宣就走錯，使用追隨者策略，處處模仿馬英九，幕僚要李換穿短褲去跑步，下游泳池游泳、喝了幾口水，還被對手消遣說當市長不見得要會游泳；馬的形象好，因此李陣營幕僚就急著要複製另一位「民進黨的馬英九」，殊不知馬英九只有一位，不能模仿，更不需要去複製，即使複製成功也不可能選贏，選民只會選擇「本尊」，而不會去選「分身」。

追隨品牌走不通，中期李陣營就改採挑戰品牌策略，但廣告表現凌亂，攻擊欠缺火力，沒能直搗馬的罩門。

1.電視廣告方面

李陣營電視廣告有十六支，是此次選舉最多廣告片的候選人，茲評論於後：

「盲人點字篇」全篇沒有旁白、畫面單調，只見手指在點字，文字小小的必須十分注意，才能看清楚是支「盲人看不見、明眼人看不懂」的片子；買電視廣告的時段與價錢，來做平面廣告的事，作爲李參選的第一支廣告片，氣勢薄弱、訴求模糊。

「好膽嘜走篇」、「酒店老闆篇」、「酒店小姐篇」都是攻擊馬取締色情不力，問題是色情業對絕大部分的台北市民只是間接經驗，是否如李陣營想像中那麼反感，不無疑問。此外，「酒店老闆篇」與「酒店小姐篇」以色情業者來推薦馬英九，創意賣弄過火了。

「酒店老闆篇」、「酒店小姐篇」都是證言廣告，商業廣告中的證言廣告是「A-B-X模式」的應用，「A-B-X模式」是T. Newcomb 根據F. Heider 的理論所擴充的（Newcomb, 1953; Heider, 1946; McQuail & Windahl, 1995），在商業廣告A是消費者、B是廣告證言人、X是商品；當A喜歡B，而B推薦X，此時A也應喜歡X，如此內心才會和諧不衝突。而這兩支片子，A是選民、B是色情業者、X是馬英九，假設的模型是A不喜歡B，B推薦X，因此A也應不喜歡X；問題是A（市民）對X（馬英九）本就有強烈的預存立場，不是一兩支廣告可以輕易撼動的，而且廣

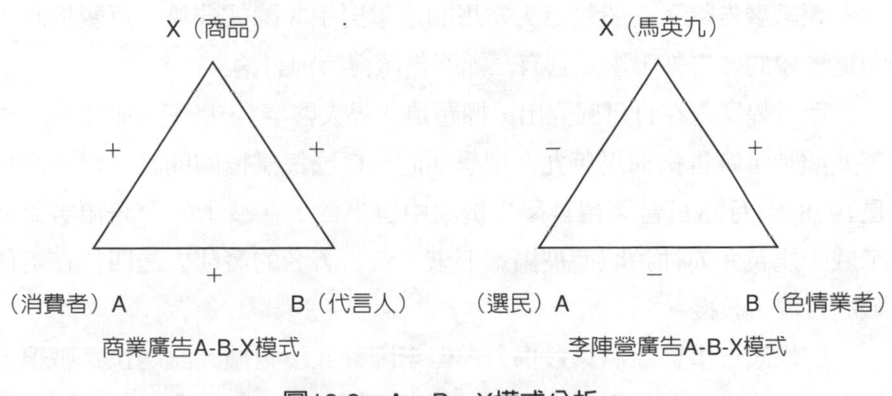

圖13.2 A—B—X模式分析

告太複雜了，負正得負，選民怎堪如此折騰。此外，這兩支片子也太高估選民對色情行業的負面態度，色情業對絕大部分的市民都是間接經驗，反感未必如李陣營想像中的嚴重。

「機場篇」有三支，因爲議題具爭議性，事實上可就對手的反駁點予以反擊，以帶動話題與氣勢；但這三支只是自說自話、自我宣傳，缺乏挑起話題，吸引選民注意或對手反擊，以擴大議題效果，尤其第一支「國際城市篇」拍得像政府宣導片，缺乏競選廣告的張力。

攻擊馬取締搖頭丸不力的「同學錄篇」，訊息還算清楚。但「哈啾篇」是一群人對著一個人打噴嚏，終於他也打噴嚏了，乍看之下還眞像是斯斯賣感冒藥的廣告，競選廣告訊息應明確，過度賣弄創意會產生選擇性理解（selective perception），無助於廣告認知；此外，這兩支片子也弄錯了傳播對象，搖頭丸因價格貴，學生未必買得起，因此上班族才是主要對象，但這兩支廣告顯然以學生及學生家長爲對象。

六支塑造形象的廣告都以個人獨白的方式呈現，淪爲自吹自擂，若改爲旁人推薦（如政院同僚、雲林鄉親，或司機、工友等基層朋友），則可增加可信度與親和力。

2.平面廣告方面

李應元推出一本《人生的驚嘆號》著作，這是在選戰期間常見的候選人選戰書，內容主要陳述投入反對運動的心路歷程，而對手馬英九則出版《露出馬腳》，彰顯任內政績。

報紙廣告除了一般候選人常用的攻擊對手、陳述政見、反駁批評、塑造形象的廣告外，李陣營有三幅廣告值得特別討論。

第一幅廣告在11月底登出，標題是「尋人啓事」，搭配一張模糊的馬英九照片，廣告指稱馬英九在留學期間擔任國民黨校園間諜，這張照片是1978年1月28日台灣留美學生抗議中壢事件，在波士頓台灣領事館前示威，馬英九前往拍照而被攝影下來，廣告署名的發起人是四位在美任職的台灣人教授。

這幅廣告事實上滿具殺傷力，但李陣營並沒有擴大議題拉長戰線，使得這幅廣告成了孤零零的個案，沒有發揮負面攻擊效果。此外，這幅

表13.8 台北市長選舉李應元電視廣告功能表

篇名	陳述政見	攻擊對手	反駁批評	塑造形象	備註
盲人點字篇				V	九月初首播
好膽嗲走篇		V			
酒店老闆篇		V			
酒店小姐篇		V			
機場篇（國際城市）	V				
機場篇（噪音篇）	V				
機場篇（蓄水池）	V	V			
搖頭丸篇（哈啾篇）		V			
搖頭丸篇（同學錄）		V			
納莉淹水篇		V			
魄力篇				V	個人獨白
黑名單篇				V	個人獨白
市長責任篇				V	個人獨白
逃亡篇				V	個人獨白
客家子弟篇				V	個人獨白，使用客語
野球賽篇				V	堅持最後，呼籲支持

廣告標題處理也不好，題材既然聳動，就應搭配聳動的標題，而非中性無攻擊力的「尋人啓事」。

第二幅具議題效果的廣告是在12月1日刊登的「超級助選員——王筱嬋」，以一張1998年馬參選市長時，王筱嬋陪同掃街的照片，來暗示王是馬的助選員，這幅廣告是利用當時鄭（余鎮）王緋聞事件的話題，以負面名人來替對手減分，但使用的是與本次選舉毫不相干的照片，顯然是不實廣告，違背廣告倫理。

第三幅值得討論的廣告是由「台北市公共事務協進會」署名刊登，在近投票日的12月5、6日刊登，標題是「關鍵時刻您選擇誰」，由三張照片組成，一張是2000年3月19日總統大選國民黨敗選的次日夜間，擁宋群眾在國民黨中央黨部非法聚集，時任台北市長的馬英九上台致詞，照片標題是「馬先生，關鍵時刻，忘恩負義？」第二張照片是暴民誤打徐立德，標題是「馬先生，關鍵時刻，情義何在！」第三張照片是1998年台北市長選舉，馬宋同台，宋舉馬手的照片。

這幅廣告顯然是要攻擊馬不但沒有處理2000年3月19日群眾非法聚會，馬並代表群眾前往總統官邸，要求李登輝辭卸黨主席職務。作爲國民黨中常委，以及首都市長的馬英九，在這件事的處理都不適當，但廣告只有照片，沒有聳動的文案，也就缺乏張力。

事實上，納莉風災馬英九的善後處置（風災過後捷運停擺，台北市交通大亂，人人都成了受災戶）、「職業學生」，以及2000年選後群眾非法聚會處理失當，這三件事都是李陣營可以著力的負面議題，但李應元卻掉入馬英九「高格調選戰」的陷阱，施展不開，事實上只有民調領先的領導品牌才有資格喊高格調，挑戰者焉能隨口呼應、自綁手腳。選戰只有輸贏，文宣只要謹守法律分寸並以事實爲基礎，並無格調高低的問題。

(三)謝長廷廣告評論

1.電視廣告方面

謝長廷要尋求連任，而且選前三個月民調遙遙領先三位對手，三位對手民調數據總和還比不上謝長廷一人；因此難免「拔劍四顧心茫茫」，在廣告經營上並不用心，除「戒指篇」外，其餘都是十秒短片，屬於「政績提醒」以塑造候選人形象的廣告。

「戒指篇」是劇情式短片，劇情過於複雜，且人物旁白「愛河截污率」也嫌艱澀，不過一般民眾應可看出來本片是宣傳謝長廷整治愛河的政績；愛河整治是極高難度的工程，高雄市民應能深切感受，因此廣告演出其實可以不用如此誇張，平實敘述並以數據佐證，效果應更佳。

2.平面廣告方面

在報紙廣告方面，進入法定競選期間禁止播放電視廣告後，謝陣營的報紙廣告可分爲兩個類型，一是形象塑造廣告，主要訴求政績，以四年的任內建設作爲訴求呼籲支持；另一類是攻擊廣告，以高雄硫酸錏公司土地弊案攻擊對手（也是前任高雄副市長）黃俊英。謝長廷由於選前民調領先對手，所以一直使用領導品牌策略，不攻擊對手，但11月28日

表13.9 高雄市長選舉謝長廷電視廣告功能表

篇名	陳述政見	攻擊對手	反駁批評	塑造形象	備註
戒指篇				V	
光廊篇				V	10秒短片
慢跑篇				V	10秒短片
車站篇				V	10秒短片

表13.10 高雄市長選舉謝長廷報紙廣告功能表

日期	篇名（標題）	陳述政見	攻擊對手	反駁批評	塑造形象
11月22日	新首都號				V
11月26日	高雄進步，值得多給掌聲		V		V
11月27日	高雄力爭上游				V
11月28日	日蝕篇（黃俊英在抹黑……）		V	V	
11月29日	反抹黑、立可白		V	V	
12月1日	黃俊英為什麼還蓋章？		V		
12月2日	黃俊英前副市長……		V		
12月3日	黃俊英配角篇……		V		
12月4日	珍惜建設，不走回頭路				V
12月5日	關鍵時刻的公道				V
12月5日	石油工會支持篇			V	V
12月6日	有做事的看得很清楚……		V		V
12月6日	12月7日請熄燈				V

宋楚瑜表態支持黃俊英，11月30日國民黨立委李全教以蘇惠珍四百五十萬元支票質疑謝長廷後，謝長廷另以高雄硫酸錏公司土地弊案回擊對手，形成兩個平行的負面個案。

負面個案由於具衝突性，因此也較為吸引媒體關注，但媒體會因平衡報導的專業倫理，而使雙方論點正反並陳，因此候選人使用報紙廣告，爬梳脈絡，以清晰展示有利自己的證據，當然有其必要。在攻擊對手的硫酸錏公司案，報紙廣告使用是正確，但同樣的，被攻擊時也可以使用報紙廣告反駁批評澄清論點，而謝長廷對支票案說詞反覆，以致不能形諸廣告做適當的「消毒」，是失敗的危機管理。

此外在廣告設計處理亦有值得檢討的地方，一是調性不一致，形象塑造廣告可以事先規劃，以形成一致調性，做有系統、整合性的包裝，但謝陣營忽略了，「新首都號」、「力爭上游」、「珍惜建設」等篇調性極不一致。

其次，照片使用也有改進的空間，候選人的照片應具親和力與互動性，使用孤零零的獨照沒有意義，市長候選人都具知名度，因此文宣的「認知」不是重點，而應著重「情感」效果。

第三，攻擊對手應明確，攻擊黃俊英的「日蝕篇」，標題「請黃俊英在抹黑別人之前，別忘了自己94%的責任」，已經沒有重點了，再加上副標題「日蝕的陰影，其實是月亮惹的禍」，更是不知所云，此則廣告標題應可列入競選廣告負面教材，以告誡後學者。

(四)黃俊英廣告評論

黃俊英的文宣可以分爲兩個階段，第一階段在11月之前，此階段從黃俊英接受勸進參選，國民黨內初選民調，民調雖然最低，但國民黨中央仍以他爲「推薦」人選，作爲與親民黨協商談條件的候選人，至兩黨協商破裂，國民黨方全力輔選。這個階段黃俊英陣營缺乏黨的奧援，因此文宣僅有傳單，沒有大眾媒體的廣告。

這個階段的民調數字，黃俊英自8月起一直是「老二」，僅次於現任市長謝長廷，黃的民調可以趕上張博雅，可能是張在媒體上表現過於傲慢，相對黃爭取到同情。

第二階段自11月起，距投票日僅五週，此時電視廣告製作不及，因此完全以議題及報紙文宣爲主。黃、謝雙方陣營交鋒的議題如下：

1.市政建設：黃陣營以「空心菜」攻擊謝長廷的市政建設，謝陣營以報紙稿「建設有用心、進步看得見」回應。

2.謝競選總部問題：黃陣營以謝的競選總部太過豪華，而以「白金總部」攻擊之，並發動「百萬市民買白金總部」的活動，謝陣營則歸爲抹黑。

3.「貪瀆議題」：謝陣營以前市長吳敦義任內的貪瀆案件攻擊，並以報紙稿指稱「94%的責任在副市長黃俊英」。

4.四百五十萬元支票：國民黨立委側攻蘇惠珍交予謝長廷支票，此對謝甚有殺傷力，但黃陣營沒有接手成「主攻」。

5.高硫案：謝陣營攻擊「高硫廠自辦市地重劃案」，吳敦義出面回應，由於太過強勢，使得主角、配角易位，折損黃俊英形象。

負面議題的纏鬥，除了透過媒體以新聞形式呈現外，爲避免媒體對有利己方訊息的「守門」，使用報紙廣告將議題簡化歸納，絕對有其必要，但黃俊英陣營這方面的運用顯然薄弱，沒有發揮「廣告」、「媒體報導」的相乘效果。

此外，作爲挑戰者提出市政遠景絕對有其必要性，否則如何讓市民支持「取而代之」。黃俊英有委請學者撰寫市政白皮書，厚達一百零五頁，標題爲《自由港、繁榮城、水都市》，但其市政願景並沒有成爲文宣的主軸，如果能將自由港、繁榮城、水都市三個概念整合爲一個大議題，並主攻之，以避開負面文宣的糾葛，效果應可凸顯。

黃俊英的學者形象，在選戰中的溫和文宣表現，應符合選民預期，然而溫文形象與作爲高雄市長的「霸氣」並不相符。

(五)張博雅廣告評論

張博雅是挑戰者，是在考試院副院長選舉敗選後才投入市長選舉，參選欠缺正當性，而且候選人缺乏在地連結，因此廣告很難做；一方面要面面俱到，陳述政見、攻擊對手、反駁批評（反駁其缺乏在地性與參選正當性），另一方面更要凸顯候選人形象。

表13.11　高雄市長選舉張博雅電視廣告功能表

篇名	陳述政見	攻擊對手	反駁批評	塑造形象	備註
心疼篇		V	V	V	
三不快樂篇		V		V	
看沒有篇	V	V		V	

張博雅的三支廣告其實四個功能都照顧到了，但也因爲支支影片都要面面俱到，因此顯得雜亂無章、貪多；三支影片看下來大概只記得「高雄蚊子最快樂」一句話，其實這也是候選人的differentiation（與對手最大的歧異性），可惜廣告沒有特別針對候選人公共衛生的背景予以強調，凸顯候選人單一特色（unique），並與高雄市的狀況（登革熱、飲水問題）連結，並具體敘述解決方案，以呈現「問題→凸顯候選人能力→解決」的說服模式，殊爲可惜。

整體而言，張博雅面對媒體的驕傲態度，以及尋求國親支持，與嘉義許家班反國民黨的歷史傳承相違背，對選戰文宣效果都形成拖累，這也可能是她得票遠低於預期的原因之一。

(六)施明德廣告評論

施明德由於缺乏政黨奧援，民調數據低，競選經費募集困難，因此完全不使用大眾媒介廣告，僅有五份傳單，兩本小冊。而其中一本小冊《閱讀施明德》還是2001年參選立委的文宣。

施明德是此次北高市長選舉眞正有提出「議題」者。其議題──高雄經貿自治港市，也確實成爲文宣主軸，值得肯定；而「我的請求」由

表13.12　高雄市長選舉施明德平面文宣功能表

標題	陳述政見	攻擊對手	反駁批評	塑造形象	備註
謝長廷聽命中央，背叛高雄	V	V			彩色傳單
經貿自治港市	V			V	彩色傳單
高雄終於有一個國際級政治家來選市長				V	彩色傳單
我的怒吼				V	彩色傳單
我的請求				V	彩色傳單：長女施雪蕙署名
經貿自治港市	V				小冊
閱讀施明德				V	小冊，2001年參選台北市立委文宣

施的女兒施雪蕙署名，雖然內容感人，但卻屬於選戰中常見的「親情訴求」，早在1989年的台北市議員選舉，國民黨秦慧珠就以母親的公開信作爲訴求，創意並不新穎。

此外，施明德在文宣中標榜自己爲「國際級政治家」，在接受媒體訪問時，甚或電視辯論會中均以「前輩」自居，亦不適當。在選戰中候選人被定位爲「前輩」只是徒增老邁、無活力、倚老賣老印象而已，並無助益。而「國際級政治家」也應由他人肯定，不能自我標榜[2]。

四、電視辯論

此次選舉共有三場電視辯論，高雄市長一場在10月27日，台北市長兩場，分別在11月9日與11月17日。

(一)高雄市長選舉電視辯論

高雄市長選舉電視辯論，由年代轉播，年代記者陳若華主持，進行方式爲每人陳述政見開場六分鐘，交叉質詢，質詢人兩分鐘，被質詢人回應兩分鐘，共四位候選人（謝長廷、黃俊英、張博雅、施明德，而黃天生因民調數據低，因此未獲邀）。一位質詢，三位回應，結辯每人六分鐘。

謝長廷運氣不錯，抽中第一位發言，最後一位結辯（1994年台北市長選舉電視辯論，陳水扁也是抽中這個序位）。他以具體數據反駁對手攻擊，以理性、感性（如「小時候母親以菜刀削鉛筆」）交叉呈現，也特別強調是他促成了這次辯論。由於民調領先對手，因此他並沒有主動攻擊任何候選人。

施明德在辯論中主要凸顯個人「前輩」特質，內容以推銷政見（「高雄經貿自治港市」）爲主，主軸明確，表現自信，但令人有傲慢的

2 對馬英九、李應元、謝長廷、張博雅的電視廣告評論，摘自鄭自隆（2003）〈北高市長選舉廣告不精彩〉，《動腦》第321期，頁40-43（2003年1月）。

感覺。

黃俊英以兩面說服方式，一方面肯定對手小優點，另方面又大力攻擊對手缺失，政見陳述頗多，可惜沒有歸納結論或形成主軸，令人有政見零散的感覺，選民也不易形成具體政見印象。

張博雅在第一階段陳述政見時間掌握極差，八點政見，前六點著墨太多用掉太多時間，以致後兩點（拚健康、拚市政）在最後一分鐘匆匆講完，有草草了事的感覺，缺乏雍容氣度。對高雄市政的瞭解也掌握不夠，如主張設飆車專區，讓飆車族集中飆車以解決市區飆車問題，顯示她並不瞭解青少年飆車的心理因素與社會因素。

此外，張博雅對市政數據的掌握薄弱，因用數據引來對手反擊，整體臨場表現也不及三位對手，是四位候選人中較缺乏魅力（Charisma）者。

此場辯論會有一顯著缺失，即第一輪政見陳述完後，主持人陳若華「多嘴」替四位候選人歸納政見重點，顯然不符合辯論會常規，也呈現媒體「守門」過濾訊息的負面效果，極不適當。

辯論會後，TVBS的民調顯示，辯論前後謝長廷的支持度未變，都是42%；黃俊英辯論前是23%，辯論後22%；張博雅辯論前12%，辯論後13%；施明德辯論前4%，辯論後7%，都在誤差範圍內。而《聯合報》民調，謝長廷辯論前（10月16日）33%，辯論後（10月27日）34%；黃俊英辯論前19%，辯論後18%；張博雅辯論前13%，辯論後8%；施明德辯論前4%，辯論後3%，也均在誤差範圍內[3]。這顯示電視辯論，除非參與的候選人表現失常，有重大失誤，通常電視辯論只是強化（reinforce）支持者的態度而已，甚難改變大局。

(二)台北市長選舉電視辯論

台北市長選舉電視辯論有兩場，但以第一場較受矚目。第一場電視辯論在八個電視頻道同步轉播下展開，兩位參選人整體表現不錯，但尚

3 《聯合報》民調資料摘自《聯合報》2002年10月28日5版。

有改善空間。

第一輪的政見發表，馬英九抽中第一位發言，他穩健而流暢地「背」出四年政績，從科技、安全、乾淨、健康……，一路背下去，以數據回顧政績，當然是好主意，不過如此陳述太瑣碎了，如果開頭或結尾用一兩句話來歸納綜合，更可以發揮畫龍點睛效果。此外，馬陣營爲配合馬的政績回顧，在同一天《自由時報》、《聯合報》、《中國時報》三報刊登全版廣告敘述政績，以發揮電視與報紙互補效果，呈現整合行銷傳播概念，可以看出馬陣營文宣部門的用心。此外，馬在第一輪即主動提出第二次辯論的要求，不給對手有攻擊的機會，化被動爲主動，也是高招。

李應元在第一輪的政見發表用了太多時間去攻擊對手，李是挑戰者，攻擊對手是正確的，但並不適合一開始就拉足火力，不但小氣而且會後繼無力。不過在這十分鐘，他攻擊對手、陳述政見、感性呼應交叉運用呈現，是不錯的技法。此外，李在這段收尾中談到台北市長選舉與中共十六大比較，以及以後的論述中也談到統獨問題，並不適當，談統獨是強化己方支持者，宜由其他人來談來攻擊，參選人自己不必涉入。

媒體詢答有一題是問馬對2004年總統選舉參選問題，馬閃爍其詞實問虛答；而接著的李應元申論，他並沒有接著逼馬表態明示是否參選。2004年選戰馬是否參選極具新聞性，若能問出明確結果，隔日一定頭版頭條。李逼馬表態，對李極有加分功能，可惜李錯失了機會。

這次的媒體詢答，有些問題並不適當，媒體應該盡可能扮演中立角色，像問馬「國家忠誠」問題，似乎做球給馬英九，問李「是否歡迎扁站台」，是負面的預設立場，問「是否贊成呂秀蓮主張廢除院轄市」，馬的揮灑空間大，李則會陷入兩難——不贊成則與中央不同步，贊成又如何向台北市民交代。

交叉辯論是這次新的設計，兩位參選人都努力地比政見，公共政策當然應該談，不過很難比高下，1996年美國總統大選，三位候選人，第一位說加稅以挽救美國經濟，第二位說減稅以挽救美國經濟，第三位則說既不加稅也不減稅以挽救美國經濟。三位候選人的背後都有一群經濟學者獻策，誰對？只有上帝知道。這次的松山機廠遷建也是這樣，公說公理，婆說婆理，贊成者理由充分，反對者也是理由充分，李要靠這個爭議性議題加分，恐怕有困難。

此外，在交叉辯論中李以檢察官羈押權、北市拒繳健保費去質問馬也失策，而且四題質問中用了兩題，實在浪費。檢察官羈押權、健保費中央與地方分攤問題，難度高，辯論空間大，選民根本搞不清楚誰是誰非，李絕對占不到便宜，用這種問題提問，李陣營的幕僚應反省檢討。

當兩造旗鼓相當時，電視辯論通常不會給自己「加分」，通常衡量是否參加電視辯論有五個指標：電視辯論對執政黨不利，對在野黨有利；對現任者不利，對挑戰者有利；對個人條件（外貌、口才）佳者有利；對選民預期他會輸者有利，預期他會贏者不利。因此整體評估，電視辯論對李有利，不過他絕不能犯錯（鄭自隆，1995）。

電視辯論在選戰中當然有其必要性，透過電視辯論，選民可以比較理性的去選擇候選人，因此電視辯論要辦就要早，現在辦顯然遲了些，當選民的投票態度已定時，電視辯論只有「強化」功能——對所支持的候選人做選擇性理解，更加堅定對他的支持；除非對手犯錯，否則很難期待「改變」——期待原來支持對手的，選民看了電視辯論會「起義來歸」。當未決定選誰的游離選民壓縮到只剩少部分時，電視辯論能發揮的影響力實在有限[4]。

五、網站文宣

此次北高市長選舉共有七位候選人，除高雄市黃天生外，其餘的候選人均有架設網站，本文依鄭自隆（2000c, 2002b）對總統大選與立法委員選舉的候選人網站分析架構，分別針對此次候選人競選網站的親切

4 對第一場台北市長候選人電視辯論的評論，摘自鄭自隆（2002）〈「牛肉」vs.「馬肉」，孰佳？〉，《自由時報》2002年11月10日15版。

性、互動性、資訊性、工具性評論之。

本文所觀察之候選人網站如下：

馬英九資訊網　http://www.proma.org.tw

李應元in-Taipei　http://www.intaipei.org.tw

謝長廷競選網站　http://www.vivateam.net.tw

黃俊英鬥陣營　http://mayorhuang.idv.tw

張博雅POYA網　http://www.poya.org.tw

施明德網站　http://www.nori.idv.tw

(一)親切性

親切性主要是考量使用者的方便性，在六位候選人網站大都具備親切性的要素，不過張博雅與施明德網站倒是疏忽相關網站的連結，這是比較可惜的地方。

六位候選人都沒有使用「外語版本」，外語版本是用來測量總統大選候選人網站的指標，市長與市議員選舉可以不必具備，不過施明德在選戰中將自己定位爲「國際級政治家」，似乎應該附設外文版本。

(二)互動性

互動性指的是候選人與選民，或選民之間的意見交流。馬英九網站設有民意討論區，其服務信箱可以與「台北市長信箱」（http://www.mayor.taipei.gov.tw）連結。

李應元網站的互動性最完備，設有哈拉哈拉的留言板與聊天室，也有「應元信箱」（in@intaipei.org）與選民互動。

謝長廷網站只設「市長信箱」，互動性較差；黃俊英網站的民意SPA區可以留言也可以討論；張博雅網站有「市民大內閣」，有留言板與聊天室功能，亦設有電子信箱（poya@mail.poya.org.tw）；施明德網站僅設有“by the people”留言板。

表13.13　北高市長選舉候選人網站內容

網站內容		馬英九	李應元	謝長廷	黃俊英	張博雅	施明德
親切性	外語版本						
	下拉式選單		V		V	V	V
	有關網站連結	V	V	V	V		
	多媒體設計	V	V	V	V	V	V
	多媒體下載服務	V	V	V			
互動性	留言板		V		V	V	V
	即時討論區（聊天室）	V	V		V	V	
	與候選人直接對談	V	V	V		V	
資訊性	電子報	V	V		V	V	
	當日新聞提供	V		V			
	新聞回顧	V	V	V	V	V	V
	候選人當天行程	V		V			
	活動預告	V	V	V	V		
	服務據點	V		V	V	V	
	候選人介紹		V	V	V	V	V
	候選人家庭成員介紹		V		V		
	政績	V	V	V	V	V	V
	政見或政策白皮書	V	V		V	V	V
	網站內檢索						
	入站人數		V	V			
	選戰倒數						
工具性	電視版廣告	V	V	V		V	
	網路版廣告	V	V		V*		
	電子商店、線上購物						
	線上捐款		V				

註：*播放競選歌曲。

(三)資訊性

資訊性指網站作為傳播媒介所發揮的資訊提供功能，包含相關新聞、候選人活動、候選人介紹、政見，以及網站基本資訊（網站內檢索、到站人數等）。

馬英九網站資訊性相當完備，不過沒有「候選人介紹」相關資訊與連結，可能是網站設計者認為候選人光環已足，不需要再著墨。事實上選戰還是小心爲上，姿態應低些。

李應元網站的資訊性亦很齊備，不過缺乏「候選人當天行程」是一大缺憾。首都市長選舉執政黨候選人的「當天行程」不應被省略。

謝長廷的網站居然沒有「政見」，這是非常嚴重的疏忽，本研究於12月4日點選，內容空白只出現「即將推出，敬請期待」，而12月7日就是投票日了！這個沒有「政見」的候選人網站，果然候選人「拔劍四顧心茫茫」。

黃俊英、張博雅網站，資訊性亦很完整，施明德網站的資訊性則略嫌薄弱，以凸顯候選人個人的「Nori大事年表」爲主。

(四)工具性

工具性指網站作爲廣告媒體募款工具的功能。馬英九網站主要作爲廣告媒體，除了電視版廣告外，還有甚多針對對手個人的攻擊性網路版廣告，一點也不「高格調」。

李應元網站是唯一設有電子捐款的候選人網站，謝長廷與張博雅網站設有電視版廣告，黃俊英網站的網站版廣告是競選歌曲，施明德網站則沒有任何工具性功能。

六、負面事件

在選戰中以負面事件攻擊對手是極爲常見的手法，此次高雄市長選舉，雙方各以一件負面事件攻擊對手，11月29日民進黨陣營由立委段宜康出面指稱，前高雄市長吳敦義、副市長黃俊英涉入高雄硫酸錏公司自辦市地重劃案；隔日（11月30日）國民黨回擊，由立委李全教出示一張蘇惠珍開立、謝長廷簽字入帳的支票影本，指稱謝長廷涉入新瑞都土地開發案。

兩個事件都選在選前一週發動，並指控對手受賄或瀆職，極具「殺傷力」。這兩個負面事件表面上各自獨立，但對立候選人又彼此糾葛，兩位候選人在事件演變的表現均有可議之處，黃俊英在「高硫案」淪爲

表13.14　高雄市長選舉負面事件演進表

日期	高硫案	支票案
11月29日	*民進黨立委段宜康指稱前高雄市長吳敦義、副市長黃俊英涉及高雄硫酸錏公司自辦市地重劃案。	
11月30日	*在中選會公辦政見會上，謝長廷攻擊高硫案。	*國民黨立委李全教指稱新瑞都案蘇惠珍有一張四百五十萬元支票給予謝長廷。 *謝回應：不認識蘇惠珍。
12月01日	*在中選會舉辦之第二場政見會上，謝長廷、黃俊英互指對方應對高硫案負責。	*謝長廷：該支票為正常金錢往來。
12月02日	*吳敦義、黃俊英、謝長廷三人在高雄地檢署前「對質」，吳、謝強勢，黃俊英成了「配角」。	*蘇惠珍：支票影本是真的，但不是借貸或政治獻金，而是「正常金錢往來」。
12月03日	*高硫董事長劉文慶召開記者會並刊登報紙廣告指控吳、黃「掏空公有土地」。 *高雄市政會議決議將吳、黃等人移送檢調單位調查。	
12月04日		*謝長廷：與余陳月英借貸關係。 *黃俊英：謝長廷五天中有四套說法。 *《中國時報》頭版指稱此金錢輾轉流向1994年陳水扁參選台北市長政治獻金。 *總統府隨即否認，並擬提出告訴。
12月05日		*謝長廷北上查帳自清。 *《中國時報》刊登道歉啓事。

「配角」，而謝長廷在「支票案」說辭反覆，表現如2000年總統大選「興票案」的宋楚瑜。

負面事件在選戰中有其功能，尤其是一對一的首長選舉，選民對候選人形象已經定型，因此經由一般文宣替自己加分並非容易，反而負面事件給對手扣分倒是比較簡單，當對手扣一分時，有可能流向己方，一出一進，變成自己加兩分，這也是爲什麼很多候選人熱中負面選舉的原因。

從此次兩方陣營對這兩個負面事件可以形成幾點看法：

1.即時澄清，說辭一致：當對手發動負面事件時，候選人應在最短時間理清思緒彙整資料，並與親信幕僚研商，分析攻防，尤其對對手可能質疑或後續攻擊點事先模擬，找出對策。對負面事件應即時澄清，而且前後說辭一致，像此次謝長廷的說辭，與2000年宋楚瑜對興票案的回應都是不正確的示範。

2.連續發酵，而非單次攻擊：負面事件的攻擊者，通常會採取將證據分日呈現的方式，以吸引媒體連續報導，不會只是單次攻擊（one shot）。對攻擊者，連續發酵是正確的策略，但對被攻擊者則必須事先研判擬妥對策，而非見招拆招，見招方來拆招常會導致前後說辭不一而自暴破綻。

3.不必候選人出面，宜由第三者揭發：爲保持候選人「高格調」形象，負面事件最好避免候選人自己提出，而由第三者出面揭發攻擊。如高硫案的民進黨立委段宜康，支票案的國民黨立委李全教，興票案的國民黨立委楊吉雄。不由候選人自己出面，除了維持所謂的格調外，另一個原因是避免因指控不實而走火自傷。但第三者揭發後，候選人應接手主攻，不宜淪爲配角，如民眾問黃俊英對支票案的看法時，黃回答「目前最重要的是更積極拜票、固票，支票是謝長廷的事，謝長廷應該自己向市民說清楚」[5]，是不得體、沒有攻擊力的回應方式。

4.適度使用自費媒體澄清：媒體報導負面事件，基於專業倫理，一定會正反並陳平衡報導，此時己方的說辭常淹沒在反方的不利證據中，因此適度使用自費媒體——廣告予以澄清，確有其必要性。使用廣告澄清以報紙廣告爲宜，不能使用電視廣告，報紙是

5《聯合報》2002年12月6日2版。

具反覆閱讀隨時暴露的媒體，而且可以呈現數據做理性訴求，因此當負面事件告一段落，可用報紙廣告清晰呈現有利己方之資料。使用報紙廣告有一點必須強調的，就是不能有錯誤或破綻，否則會授與對手把柄，反而成爲對手攻擊的素材。

參、市議員選舉

一、聯合競選

聯合競選起源可追溯自早期的國民黨「責任配票區」，以黨組織的力量將選區劃分爲若干區，每區分配給一位黨提名的候選人，經由配票以獲取最多可能席次。近期的聯合競選則始自1991年二屆國代選舉，民進黨新潮流以聯合廣告方式推薦候選人，而至1995年立委選舉，聯合競選更演進成具體的聯合配票，該年民進黨以選民出生月份配票，號稱「四季紅」。

配票的目的，除了統合候選人文宣資源，避免彼此競爭抵消力量外，主要是政黨用最少的選票贏得最多的席次，以避免明星候選人成了超級吸票機，而使同黨候選人落選，減少政黨總席次。

此次在民進黨台北市議員選舉亦採用配票策略，其配票原則如下：

1.第一、三、六選區各提名五人，依選民身分證最末號碼分配，1與2、3與4、5與6、7與8、9與0各一組分配給一位候選人。

2.第四、五選區各提名四人，採「四季紅」，依選民出生月份，1至3月、4至6月、7至9月、10至12月各一組分配一位候選人。

配票是將選民的候選人認同與政黨認同整合，並將候選人認同轉移爲政黨認同，但此次民進黨的配票被認爲失敗，該黨的市議員得票率28.52%，低於該黨市長候選人李應元的35.89%得票率，席次亦不理想，提名二十七人，當選十七席。

國民黨亦有配票策略，依各選區提名人數，規畫「雙星報喜」、「福祿壽」、「四季紅」、「五福臨門」四種方式，也是依選民身分證最末號碼或出生月份配票。

二、裙腳策略

拉裙腳（coat-tailing）指的是不同層級但同次選舉，低層級候選人以高層級候選人的支持作爲訴求，如大選中國代候選人拉總統候選人裙腳（1996），而1994、1998年與此次選舉，爲市議員候選人拉市長候選人裙腳。

此次北高市長選舉七位候選人中，馬英九是最熱門的市議員候選人攀附對象，絕大部分的國民黨籍候選人的文宣均和馬連結，有候選人號稱「小馬師妹」，也有候選人緊跟在馬旁搶電視媒體鏡頭，甚至有他黨（親民黨鄧家基）、無黨（賴朝隆）也來搶拉馬的裙腳。

更有趣的是，連馬英九的父親馬鶴凌也「父以子貴」成了廣告代言人，原國民黨、後成了新黨、選前變爲無黨號稱選後重返國民黨的魏憶龍文宣中，出現馬鶴凌的簽名支持聲明與照片，甚至選前一天魏憶龍還找匹馬遊街拜票，裙腳策略發揮到極致。

此外，親民黨林定勇文宣也是另類的裙腳策略，林的父親曾獲馬英九以市長身分頒獎表揚，而這張市長頒獎候選人父親的照片，也成了候選人文宣另類的裙腳。

除了正面的拉裙腳策略外，也有反面的拉裙腳，新黨市議員候選人李慶元因與民進黨市長候選人李應元姓名相近，且爲統獨光譜兩極，因此使用負面裙腳策略，謂「有了抓鼠高手李慶元，不需IN來李應元」，而這也是下駟打上駟的戰術。

表13.15　台北市議員選舉候選人競選網站內容頻率分配

網站內容		具備	不具備
親切性	外語版本	1（4.54）	21（95.46）
	下拉式選單	2（9.09）	20（90.91）
	有關網站連結	14（63.63）	8（36.37）
	多媒體設計	18（81.81）	4（18.19）
	多媒體下載服務	3（13.63）	19（86.37）
互動性	留言板	18（81.81）	4（18.19）
	即時討論區（聊天室）	2（9.09）	20（90.91）
	與候選人直接對談	6（27.27）	16（72.73）
資訊性	電子報	2（9.09）	20（90.91）
	當日新聞提供	1（4.54）	21（95.46）
	新聞回顧	15（68.18）	7（31.82）
	候選人當天行程	6（27.27）	16（72.73）
	活動預告	10（45.45）	12（54.55）
	服務據點	19（86.37）	3（13.63）
	候選人介紹	22（100）	0（0）
	候選人家庭成員介紹	4（18.19）	18（81.81）
	政績	16（72.73）	6（27.27）
	政見	15（68.18）	7（31.82）
	網站內檢索	5（22.72）	17（77.28）
	入站人數	10（45.45）	12（54.55）
	選戰倒數	3（13.63）	19（86.37）
工具性	電視版廣告	0（0）	22（100）
	網路版廣告	3（13.63）	19（86.37）
	電子商店、線上購物	1（4.54）	21（95.46）
	線上捐款	9（40.90）	13（50.10）

註：1.總數為二十二個。
　　2.格內值為個案數，括弧內值為百分比。

三、網站文宣

台北市議員選舉含原住民候選人共計一百一十三名候選人，其中有二十二位候選人有架設網站，其中十六位當選；高雄市議員選舉含原住民候選人計一百一十四位，其中只有十一位架設網站，有八位當選。

表13.16　高雄市議員選舉候選人競選網站內容頻率分配

網站內容		具備	不具備
親切性	外語版本	0（0.0）	11（100.0）
	下拉式選單	0（0.0）	11（100.0）
	有關網站連結	3（27.3）	8（72.7）
	多媒體設計	7（63.6）	4（36.4）
	多媒體下載服務	3（27.3）	8（72.7）
互動性	留言板	6（54.5）	5（45.5）
	即時討論區（聊天室）	1（9.1）	10（90.9）
	與候選人直接對談	2（18.2）	9（81.8）
資訊性	電子報	1（9.1）	10（90.9）
	當日新聞提供	1（9.1）	10（90.9）
	新聞回顧	5（45.5）	6（54.5）
	候選人當天行程	0（0.0）	11（100.0）
	活動預告	6（54.5）	5（45.5）
	服務據點	8（72.7）	3（27.3）
	候選人介紹	10（90.9）	1（9.1）
	候選人家庭成員介紹	1（9.1）	10（90.9）
	政績	3（27.3）	8（72.7）
	政見	3（27.3）	8（72.7）
	網站內檢索	0（0.0）	11（100.0）
	入站人數	3（27.3）	8（72.7）
	選戰倒數	0（0.0）	11（100.0）
工具性	電視版廣告	0（0.0）	11（100.0）
	網路版廣告	0（0.0）	11（100.0）
	電子商店、線上購物	0（0.0）	11（100.0）
	線上捐款	4（36.4）	7（63.6）

註：1.總數為十一個。
　　2.格內值為個案數，括弧內值為百分比。

台北市議員候選人網站，在親切性方面，主要著重多媒體設計與相關網站連結，只有一位候選人（民進黨江蓋世）有外語版本，兩位設有下拉式選單。

在互動性方面，大部分的候選人網站設有留言板，但設有討論區及候選人信箱的並不多。

資訊性方面，所有網站均有「候選人介紹」，大部分的網站也有政見或政績，但在新聞性方面，就比較薄弱，雖然有十五個網站設有新聞回顧，但有電子報的只有兩個，提供當日新聞的只有一個（親民黨戴錫欽）。

工具性方面都很差，只有九個網站設有線上捐款，三個網站提供網路版廣告，一個網站（國民黨林奕華）有電子商店。

高雄市議員網站一般而言顯然單薄，在親切性方面，以多媒體設計略多，其餘的親切性要素如相關網站連結、多媒體下載均少，至於外語版本、下拉式選單統統沒有。

互動性方面，只有六個網站有留言板，兩個網站提供候選人信箱，一個網站設有討論區聊天室。

資訊性方面，著重候選人介紹與服務據點的告知，政見、政績均少。只有五個網站設有新聞回顧，各一個網站設有電子報及提供當日新聞。

工具性方面更為薄弱，只有四個網站設有線上捐款，網路廣告與電子商店均沒有。

從北高市議員的候選人網站分析可以發現，這些網站只是聊備一格，並沒有發揮「傳播媒體」的功能，網站設計由於投入成本不高，因此成為流行，變成候選人裝飾性的功能，但沒有發揮實質的選戰效益，事實上，競選網站不應該只是「設立」，更要著重「維護」，如電子報、新聞回顧、當日新聞提供，以及候選人當天行程，都必須有專人每日即時更新，以保持網站的活力與時宜性（timeliness）。

四、王芳萍個案

台北市議員候選人王芳萍在此次選舉是一個獨特的個案，她擔任協助公娼的社會運動組織日日春協會秘書長，以「打破性道德污名」、「認識性工作者人權」、「推動性工作合法化」為訴求。

有別一般候選人以道德、中產階級代言人或小市民代言人為標榜，王芳萍代表的是真正的弱勢（性工作者），個人特質與定位應極為明確。

由於經費拮据也沒有政黨奧援，因此王芳萍完全以造勢活動為主，以吸引媒體報導，其中有一些活動設計極具新聞性：

10月14日競選總部成立，總部設於歸綏街原公娼館「春鳳樓」。

11月5日於競選總部播放公娼抗爭紀錄片（「妓露片」）。

11月14至19日與日日春協會共同主辦「國際娼妓文化節」，邀請來自荷蘭、澳洲、日本、美國、瑞典、香港等地近二十位性工作者，有「街頭櫥窗秀」露兩點表演，以訴求「同樣露兩點，職業無貴賤」[6]，內衣主播脫口秀，澳洲娼妓皇后表演，電子花車遊行，以及舉辦探討性工作權與性產業政策座談會等。

以DSP分析，王芳萍的D（候選人特質）與P（候選人定位）應極為明確，但是文宣處理卻失誤了，王的D應是為弱勢族群（公娼）打拚的知識分子，P也應該如此定位，但整個王的文宣卻將候選人定位為公娼代表，文宣差之毫釐，效果即失之千里。

此外，S（選民區隔）也弄錯了，王芳萍的政見與關照面都是嚴肅的，需要討論與深思的，因此其訴求對象應是關心社會問題的知識分子、年輕學生，而非公娼性產業的消費者，這些人是不會理會這些議題的，但王芳萍的文宣傳單標題居然寫著「為艱苦人出聲，投我你會爽」，很顯然她把議題庸俗化，弄錯了訴求對象。

6「同樣露兩點」指馬英九游泳裸露上身獲媒體報導與正面評價，但公娼卻因職業而受歧視。

7民進黨於2000年贏得大選，執政至2004年改選，因此2002年的北高市長與議員選舉恰成「期中選舉」，因此在野黨稱之為「期中考」。

肆、結論

此次選戰被在野黨定位為執政黨的「期中考」[7]，而選舉結果國民兩黨各有輸贏，國民黨台北市長不但如意料當選，而且得票大幅領先對手，但在高雄市議員則大輸，從原先二十五席掉落至十二席，民進黨輸掉台北市長，但穩住高雄市長，且市議員由原先九席增至十四席，成了高雄市議會的最大黨。

台北市長選舉，國民黨馬英九由於民調高，因此採用領導品牌策略，號稱「高格調」選舉，而民進黨候選人一直未能決定，後來推出年齡、學歷、經歷、外型都與馬英九極為接近的李應元，由於候選人無法與對手明確區隔，再加上早期錯誤的追隨者策略（一再強調"me-too"），且文宣掉入對手「高格調」選戰的陷阱，不敢用力攻擊對手弱點（納莉風災處理、國民黨「職業學生」、2000年大選後暴民聚集處理），同時無法找出大議題以吸引選民注意與媒體報導，以致得票甚低。

高雄市長選戰，廣告不是重點，候選人主要著力負面事件的操弄，謝長廷初期由於政績顯著，且對手分歧，因此民調領先，「拔劍四顧心茫茫」，選前一週則因兩陣營的負面事件（高硫案、支票案）導入，才成為兩強對峙。

從此次北高市長選舉可以發現，首長選舉必是兩黨對決的態勢，無黨籍或第三黨將沒有參與的空間，這也象徵台灣已逐漸走向明確的兩黨政治。

此外，觀察此次選舉的文宣可以歸納出如下的結論：

一、候選人導向、形象投票

選民會以候選人的刻板印象來投票，亦即候選人的個人魅力成了主要吸引選民支持的因素，這可以從馬英九的高得票率得到證明，因此對政治人物而言，長期經營自己的形象，會比到了選舉才投注大量的文宣來得有效。

政治人物的形象管理是長期的經營，除了平時的談吐、活動及與媒體的互動應符合社會期望外，能長期關注某項議題，選舉時的文宣即是平常形象的強化，如此更能事半功倍。

二、負面事件大於文宣化妝

選戰的負面事件影響遠大於文宣化妝，這也是高雄市長選舉最後投票結果雙方陣營得票接近的原因。

由於選民對候選人的刻板印象，因此使用正面文宣給自己加分難，但使用負面事件讓對手扣分卻很容易，而且負面事件可能使原先的對手支持者轉向支持己方，一出一進可以使自己領先兩票，因此使得很多候選人熱中使用負面文宣。

很多評論認爲負面文宣是不道德的行爲，但選舉本來就是擇優汰劣，經由負面事件的曝光將候選人攤至陽光下，讓選民看清政治人物，並沒有不適當的地方。

三、政黨政績，候選人承擔

對執政黨而言，中央的錯失，選舉時會由候選人「買單」概括承受，從以往國民黨執政到2000年後的民進黨執政，選民都是將政黨的帳算在候選人頭上，除非候選人有「不沾鍋」的能耐（如馬英九），否則由候選人承擔政黨施政的連帶關係將不能避免。

四、理性評估、感性參選

候選人投入選舉，不應是「賭氣」，或是「復仇」，甚至是「神意」

[8]，參選必須是理性評估之後所做的決定，換言之，參選應有正當性，否則文宣很難著力。

理性評估之後，方能感性參選，然而文宣中「感性訴求」亦要有「理性包裝」，以具體政見、數據來支撐自己參選的正當性，爭取選民支持。

8 高雄市長候選人黃天生號稱他這次參選是受了神明的旨意。

參考書目

一、中文部分

中央選舉委員會（1989）《動員戡亂時期自由地區增額立法委員選舉實錄》，台北：中央選舉委員會。

中央選舉委員會（1991）《第二屆國民大會代表選舉實錄》，台北：中央選舉委員會。

中央選舉委員會（1992）《第二屆立法委員選舉實錄》，台北：中央選舉委員會。

中央選舉委員會（1996）《第三屆立法委員選舉實錄》，台北：中央選舉委員會。

中央選舉委員會（1997）《第九任總統副總統暨第三屆國民大會代表選舉實錄》，台北：中央選舉委員會。

中央選舉委員會（1999）《第四屆立法委員選舉實錄》，台北：中央選舉委員會。

中央選舉委員會（2000）《第十任總統副總統選舉實錄》，台北：中央選舉委員會。

中央選舉委員會（2000）《第四屆國民大會代表選舉紀要》，台北：中央選舉委員會。

中央選舉委員會（2002）《第五屆立法委員選舉實錄》，台北：中央選舉委員會。

中國時報（1995）《台灣：戰後五十年》，台北：時報。

中國時報（2000）《珍藏二十世紀台灣》，台北：時報。

王其敏（1996）〈由企業識別角度看四組總統參選人之視覺識別系統〉，《政策月刊》第14期，頁12-13。

伏和康（1996）〈競選與造勢活動〉，《廣告學研究》第7集，頁61-84，台北：國立政治大學廣告系。

李蓉姣（1987）《政治廣告策略之研究——民國七十四年台北市議員競選傳單之內容分析》，台北：中國文化大學新聞研究所碩士論文。

李筱峰（1987）《台灣民主運動四十年》，台北：自立晚報。

李筱峰（1999）《台灣史一百件大事（上）、（下）》，台北：玉山社。

吳介民（1990）《政體轉型期的社會抗議——台灣一九八〇年代》，台北：國立台灣大學政治所碩士論文。

周怡倫（1993）《電視政治廣告策略之研究——第二屆國大代表競選期間政黨電視廣告之內容分析》，台北：文化大學新聞研究所碩士論文。

周慶祥（1996）《國民黨、民進黨、新黨候選人報紙競選廣告內容分析》，台北：中國文化大學新聞研究所碩士論文。

林聖芬等編（1995）《決戰一二三》，台北：時報。

林靜伶（1994）《報紙競選廣告之語藝分析》，台北：行政院國科會專題研究計畫。

施威全（1996）《地方派系》，台北：揚智。

若林正丈（1994）《台灣：分裂國家與民主化》，台北：月旦。

若林正丈（1998）《蔣經國與李登輝》，台北：遠流。

唐德蓉（1992）〈電視競選政見內容與呈現形式之分析〉，《廣播與電視》第1期，頁151-171，台北：國立政治大學廣播電視學系。

祝基瀅（1983）《政治傳播學》，台北：三民。

夏　珍（1987）《地方公職選舉人宣傳單之論題結構與策略分析——以七十四年縣市長選舉爲例》，台北：國立政治大學新聞研究所碩士論文。

許信良（1977）《當仁不讓》，台北：長橋。

陳明通（1995）《派系政治與台灣政治變遷》，台北：月旦。

陳世敏（1994）〈媒介生態與政治生態：選罷法第五十五條之研究〉，一九九四年傳播生態學術研討會發表，國立中正大學電訊傳播研究所、國立交通大學傳播科技研究所主辦。
陳世傑、李俊毅（1995）《陳水扁贏的策略》，台北：先智。
陳炎明（1994）《政黨錄影帶內容之解讀與文宣策略研究》，台北：政治作戰學校新聞研究所碩士論文。
陳國祥、祝萍（1987）《台灣報業演進四十年》，台北：自立晚報。
陳義彥（1982）《台北市選民投票行為》，台北：六國。
陳義彥（1985）〈報紙的選舉議題設定功能〉，《民意月刊》第104期，頁3-20。
陳義彥、陳世敏（1990）《七十八年選舉的報紙新聞與廣告內容分析》，台北：財團法人張榮發基金會國家政策研究資料中心。
陳靜儀（1995）《民主進步黨在歷屆選舉中政黨政治廣告之內容分析》，台北：國立政治大學政治研究所碩士論文。
莊永明（1985）《台灣第一（二）》，台北：文鏡。
莊永明（2000）《台灣百人傳》，台北：時報。
莊永明（2000）《台灣世紀回味》，台北：遠流。
莊伯仲（1995）《候選人電視辯論與電視政見發表會之內容分析——一九九四年第一屆台北市長選舉之個案分析》，台北：中國文化大學新聞研究所碩士論文。
莊伯仲（2000）〈網路選戰在台灣——一九九八年三合一大選個案研究〉，《廣告學研究》第14期，頁31-52，台北：國立政治大學廣告系。
莊伯仲、鄭自隆（1996）〈競選文宣新媒介——台灣政治性資訊網路現況研究（一九九五）〉，《廣告學研究》第7期，頁85-119，台北：國立政治大學廣告系。
國史館（2000）《組黨運動》，台北：國史館。
國史館（2000）《從戒嚴到解嚴》，台北：國史館。
張永誠（1990）《選戰行銷》，台北：遠流。
張永誠（1992）《選戰造勢》，台北：遠流。
張永誠（1993）《非營利行銷：選戰實務篇》，台北：遠流。

張慧玲（1989）《民國七十五年增額中央民意代表選舉期間主要報紙的選舉新聞分析》，台北：國立政治大學新聞研究所碩士論文。

彭　芸（1986）《政治傳播》，台北：巨流。

彭　芸（1992）《政治廣告與選舉》，台北：正中。

黃昭堂（1994）《台灣總督府》，台北：前衛。

黃俊英等（1993）《選戰贏家》，台北：中華民國管理科學會。

黃德福（1998）《民主進步黨與台灣地區政治民主化》，台北：時英。

黃佩珊（1996）《一九九五年立法委員選舉三黨競選文宣之比較——Grunig模型之探討》，台北：國立政治大學政治研究所碩士論文。

游盈隆（1993）〈政治信念、競選策略與選舉動員：台灣地區二屆立委候選人競選模式之研究〉，《東吳政治學報》第2期，頁375-395。

游盈隆（1998）《民意與台灣政治變遷》，台北：月旦。

遠流台灣館編（2000）《台灣史小事典》，台北：遠流。

雷飛龍、陳世敏、陳義彥（1985）《候選人的競選議題內容與策略之研究——民國七十二年增額立委選舉期間報紙與候選人傳單之內容分析》，台北：國立政治大學選舉研究中心。

潘家慶、王石番、謝瀛春、鄭自隆（1995）《台灣地區民眾傳播行為研究（一九九三）》，台北：國立政治大學新聞研究所。

鄭自隆、潘家慶（1989）〈開放大眾傳播媒介發表政見與競選經費關聯性之研究〉，《新聞學研究》第41集，頁105-123，台北：國立政治大學新聞研究所。

鄭自隆（1991）《政治廣告訊息策略及其效果檢驗之研究》，台北：國立政治大學新聞研究所博士論文。

鄭自隆（1992a）《競選文宣策略——廣告、傳播與政治行銷》，台北：遠流。

鄭自隆（1992b）〈二屆國代選舉兩黨競選廣告策略分析〉，《中華民國廣告年鑑》第4輯，頁82-86，台北：台北市廣告代理商同業公會。

鄭自隆（1992c）〈民國七十八年選舉政治廣告訊息策略及效果檢驗之研究〉，彭芸編著《政治廣告與選舉》，頁179-210，台北：正中。

鄭自隆（1993a）〈一九九二年二屆立法委員選舉競選廣告策略分析〉，《中華民國廣告年鑑》第5輯，頁81-86，台北：台北市廣告代理商同業公會。

鄭自隆（1993b）〈競選廣告中黨籍標籤之研究〉，《廣告學研究》第1集，頁99-117，台北：國立政治大學廣告系。

鄭自隆（1993c）〈政黨電視競選宣傳之負面廣告內容分析〉，「一九九三年中文傳播研究暨教學研討會」發表（1993年7月），國立政治大學傳播學院主辦。

鄭自隆（1993d）〈競選文宣的廣告訴求與廣告表現〉，見黃俊英等著《選戰贏家》，頁227-251，台北：中華民國管理科學會。

鄭自隆（1994a）〈一九九三年縣市長選舉競選廣告策略分析〉，《中華民國廣告年鑑》第6輯，頁124-131，台北：台北市廣告代理商同業公會。

鄭自隆（1994b）〈自傳式政治廣告之表現方式及其效果之比較研究〉，《廣告學研究》第3集，頁115-143，台北：國立政治大學廣告系。

鄭自隆（1995a）《競選廣告——理論、策略與研究案例》，台北：正中。

鄭自隆（1995b）〈一九九四年省市首長及議員選舉競選廣告策略分析〉，《中華民國廣告年鑑》第7輯，頁85-97，台北：台北市廣告代理商同業公會。

鄭自隆（1995c）〈候選人電視辯論訊息策略及其效果之研究〉，《廣告學研究》第5集，頁43-84，台北：國立政治大學廣告系。

鄭自隆、陳業鑫（1995d）〈負面競選廣告與刑法妨害名譽罪〉，「媒體誹謗研討會」發表，國立政治大學傳播學院主辦。

鄭自隆（1996a）〈一九九五年立法委員選舉三黨文宣策略分析〉，《中華民國廣告年鑑》第8輯，頁97-104，台北：台北市廣告代理商同業公會。

鄭自隆（1996b）〈一九九五年三屆立法委員選舉三黨文宣策略研究〉，劉義周主持國科會研究計畫《一九九五年立法委員競選策略之研究》（NSC85-2414-H-004-016-Q3），第二章。

鄭自隆（1997a）〈一九九六年台灣總統大選四組候選人文宣策略分析〉，《中華民國廣告年鑑》第9輯，頁101-117，台北：台北市廣告代理商同業公會。

鄭自隆（1997b）〈競選廣告媒體企畫：四種觀點〉，「媒體企畫研討會」發表（1997年12月20日），國立政治大學廣告學系主辦。

鄭自隆（1998a）〈一九九七年縣市長選舉兩黨文宣策略分析〉，《中華民國廣告年鑑》第10輯，頁50-56，台北：台北市廣告代理商同業公會。

鄭自隆（1998b）〈一九九六年總統大選四組候選人文宣策略觀察〉，金溥聰編《總統選舉與新聞報導》，頁33-60，台北：國立政治大學新聞學系。

鄭自隆（1999）〈一九九八年北高市長選舉兩黨文宣策略分析〉，《中華民國廣告年鑑》第11輯，頁48-53，台北：台北市廣告代理商同業公會。

鄭自隆（2000a）〈二〇〇〇年台灣總統大選競選文宣觀察〉，「第八屆廣告暨公共關係學術與實務研討會」（2000年4月29日），國立政治大學藝文中心國際會議廳。

鄭自隆（2000b）〈二〇〇〇年總統大選三組候選人電視廣告表現與文宣策略關聯性分析〉，「二〇〇〇年總統選舉：傳播、行銷暨策略學術研討會」發表（2000年11月），世新大學民意調查研究中心主辦。

鄭自隆（2000c）〈二〇〇〇年總統大選候選人網站分析〉，「二〇〇〇年傳播管理學術研討會」發表（2000年5月），銘傳大學傳播學院主辦。

鄭自隆（2001a）〈二〇〇〇年台灣總統大選三組候選人文宣策略分析〉，《中華民國廣告年鑑》第13輯，頁129-140，台北：台北市廣告代理商同業公會。

鄭自隆（2001b）《政府網站網路傳播之研究》，台北：行政院研究發展考核委員會。

鄭自隆（2001c）〈民眾對政府網站內容認知之研究〉，「新世紀國際學術研討會」（2001年3月），銘傳大學傳播學院舉辦。

鄭自隆（2002a）〈二○○一年立法委員與縣市長選舉競選文宣觀察〉，《中華民國廣告年鑑》第14輯，頁96-106，台北：台北市廣告代理商同業公會。

鄭自隆（2002b）〈二○○一年選舉候選人網站內容分析及其效果檢驗研究〉，「二○○二年e世紀的挑戰國際學術研討會」發表（2002年3月），銘傳大學主辦。

鄭自隆（2002c）〈二○○一年立法委員選舉各黨文宣策略分析〉，「二○○二年選舉：傳播、行銷暨策略學術研討會」發表（2002年4月），世新大學民意調查研究中心主辦。

劉義周（1992）〈國民黨責任區輔選活動之參與觀察研究〉，《國立政治大學學報》第64集，頁209-233，台北：國立政治大學。

賴東明（1992）《鈔票換選票》，台北：哈佛管理。

戴寶村（1996）〈政治與社會〉，張勝彥等著《台灣開發史》第十五章，台北：國立空中大學。

鍾孝上（1982）《台灣先民奮鬥史》，台北：自立晚報。

龔宜君（1998）《「外來政權」與本土社會》，台北：稻香。

二、英文書目

Aaker, D. A. & Bruzzone, D. E. (1981). "Viewer perception of prime-time television advertising," *Journal of Advertising Research*, 21(5): 15-23.

Aaker, D. A. (1991). *Managing Brand Equity*, New York: The Free Press.

Andreoli, V. & Worchel, S. (1978). "Effects of media, communicator and message position on attitude change," *Public Opinion Quarterly*, 42: 59-70.

Ansolabehere, S. & Iyengar, S. (1995). *Going Negative*, New York: The Free Press.

Arnold, T. (1962). *The Symbols of Government*, New York: Harcourt, Brace,

& Jovanovich.

Atkin, C. K., Bowen, L., Nayman, O. B., & Sheinkopf, K. G. (1973). "Quality versus quantity in televised political ads," *Public Opinion Quarterly*, 37: 209-224.

Atkin, C. K. & Heald, G. (1976). "Effects of political advertising," *Public Opinion Quarterly*, 40: 216-228.

Auer, J. J. (1962). "The counterfeit debates," in S. Kraus (ed.), *The Great Debates: Background, Perspective, Effects* (pp.142-150), Bloomington, IN: Indiana University Press.

Bailey, J. E. & Pearson, S. W. (1983). "Development of a tool for measuring and analyzing computer user satisfaction," *Management Science*, 29(5): 530-545.

Baines, P. R. (1999). "Voter segmentation and candidate positioning," in B. I. Newman (ed.), *Handbook of Political Marketing*, Thousand Oaks, CA: Sage.

Bauer, R. A. & Greyser, S. A. (1968). *Advertising in America: The Consumer View*, Boston, MA: Harvard University.

Belch, G. E., Belch, M. A., & Villarreal, A. (1987). "Effects of advertising communication: review of research," in J. N. Shetch (ed.), *Research in Advertising Vol.9*, Greenwich, CO: JAI Press.

Berelson, B. R., Lazarsfeld, P. F., & McPhee, W. N. (1954). *Voting*, Chicago, IL: University of Chicago Press.

Berger, A. A. (1982). *Media Analysis Techniques*, Beverly Hill, CA: Sage.

Biocca, F. (1992). "Some limitations of earlier 'symbolic' approaches to political communication," in F. Biocca (ed.), *Television and Political Advertising, Volume 2: Signs, Codes, and Images*, Hillsdale, NJ: Lawrence Erlbaum.

Bivins, T. (1992). *Handbook for Public Relations Writing*, Lincolnwood, IL: NTC.

Blumler, J. R. & McQuail, D. (1969). *Television in Politics*, Chicago, IL: University of Chicago Press.

Boulding, K. (1961). *The Image*, Ann Arbor, MI: University of Michigan Press.

Bovee, C. L. & Arens, W. F. (1982). *Contemporary Advertising, Homewood*, IL: Richard D. Irwin.

Bowers, T. A. (1972). "Issue and personality information in newspaper political advertising," *Journalism Quarterly*, 49: 446-452.

Bradley, B. E. (1991). *Fundamentals of Speech Communication,* Dubuque, IA: Wm. C. Brown.

Burnkrant, R. E. & Sawyer, A. G. (1983). "Effects of involvement and message content on information-processing intensity," in R. J. Harris(ed.), *Information Processing Research in Advertising*(pp.43-64), Hillsdale, NJ: Lawrence Erlbaum Association.

Butler, P. & Collins, N. (1996). "Strategic analysis in political markets," *European Journal of Marketing*, 30 (10/11) : 32-44.

Campbell, A., Gurin, G., & Miller, W. E. (1954). *The Voter Decides*, Chicago, IL: University of Chicago Press.

Campbell, A., Converse, P. E., Miller, W. E., & Stokes, D. (1960). *Elections and the Political Order*, New York: John Wiley & Sons.

Campbell, A., Converse, P. E., Miller, W. E., & Stokes, D. (1966). *The American Voter,* New York: John Wiley & Sons.

Capon, N. & Mauser, G. (1982). "A review of non-profit marketing texts," *Journal of Marketing*, 46: 125-129.

Chaffee, S. H. (1975). *Political Communication: Issues and Strategies for Research*, Beverly Hill, CA: Sage.

Coombs, W. T. (1995). "Choosing the right words: The development of guidelines for the selection of the 'appropriate' crisis response strategies," *Management Communication Quarterly*, 8: 447-476.

Curtis, G. L. (1971). *Election Campaign: Japanese Style*, New York: Columbia University Press.

Devlin, L. P. (1986). "An analysis of presidential television commercials: 1952-1984," in L. L. Kaid, D. Nimmo, & K. R. Sanders (eds.), *New Perspectives on Political Advertising*(pp.21-54), Carbondale, IL: Southern Illinois University Press.

Diamond, E. & Bates, S. (1992). *The Spot: The Rise of Political Advertising on Television*, Cambridge, MA: MIT Press.

Drew, D. & Weaver, D. (1991). "Voter learning in the 1988 presidential election: did the debates and the media matter?" *Journalism Quarterly*, 68(12): 27-37.

Edelman, M. (1964). *The Symbolic Uses of Politics*, Urbana, IL: University of Illinois Press.

Edelman, M. (1971). *Politics as Symbolic Action*, Chicago, IL: Markham.

Edelman, M. (1975). *Political Language*, New York: Academic.

Eighmey, J. (1997). "Profiling user to commercial websites," *Journal of Advertising Research*, May/June: 21-35.

Elder, C. D. & Cobb, R. W. (1983). *The Political Uses of Symbols*, New York: Longman.

Elliott, P. (1974). "Selection and communication in a television production—a case study, " in J. Tunstall (ed.), *Media Sociology*. Urbana, IL: University of Illinois Press.

Erskine, H. (1970). "The polls: freedom of speech," *Public Opinion Quarterly*, 34: 483-496.

Fagen, R. (1966). *Politics and Communications*, Boston, MA: Little Brown.

Fenno, R. F. (1978). *Home Style: House Member and Their Districts*, Boston, MA: Little Brown.

Garramone, G. A. (1984). "Voter responses to negative political ads," *Journalism Quarterly*, 61: 250-259.

Garramone, G. A., Atkin, C. K., Pinkleton, B. E., & Cole, R. T. (1990). "Effects of negative political advertising on the political process," *Journal of Broadcasting & Electronic Media*, 34(3): 299-311.

Glenn, N. (1973). "Class and party support in the United States: recent emerging trends," *Public Opinion Quarterly*, 37: 1-20.

Goff, C. F. (1989). "Establishing an effective writing style," in C.F. Goff (ed.), *The Publicity Process* (pp.143-160), Ames, IO: Iowa University Press.

Graber, D. A. (1981). "Political languages," in D. Nimmo & K. R. Sanders (eds.), *Handbook of Political Communication*, Beverly Hill, CA: Sage.

Grimshaw, A. D. (1973). "Sociolinguistics," in I. Pool & W. Schramm (eds.), *Handbook of Communication*, Chicago, IL: Rand McNally.

Grush, J. E., McKeough, K., L. & Ahlering, R. F. (1978). "Extrapolating laboratory research to actual political elections," *Journal of Personality and Social Psychology*, 36: 257-270.

Haley, R. I., Richardson, J., & Baldwin, B. M. (1984). "The effects of nonverbal communications in television advertising," *Journal of Advertising Research*, 24(4): 11-18.

Heider, F. (1946). "Attitudes and Cognitive information," *Journal of Psychology*, 21: 107-112.

Himmelweit, H. T., Humphreys, P., Jaeger, M., & Katz, M. (1981). *How Voters Decide*, London, UK: Academic.

Hofstetter, C. R., Zukin, C., & Buss, T. F. (1978). "Political imagery and information in an age of television," *Journalism Quarterly*, 55: 562-569.

Hofstetter, C. R. & Buss, T. F. (1980). "Politics and last-minute political television," *Western Political Quarterly*, 33: 24-27.

Holbrook, T. M. (1996). *Do Campaigns Matter?* Thousand Oaks, CA: Sage.

Howard, J. A. (1977). *Consumer Behavior: Application of Theory*, New York:

McGraw-Hill.

Humke, R. G., Schmitt, R. L., & Grupp, S. E. (1975). "Candidates, issues and party in newspaper political advertisements," *Journalism Quarterly*, 52: 499-504.

Ireland, E. & Nash, P. T. (2000). *Winning Campaigns Online*, Bethesda, ML: Campaign Advantage.

Jamieson, K. H. (1984). *Packaging The Presidency: A History and Criticism of President Campaign Advertising*, New York: Oxford University Press.

Jamieson, K. H. & Birdsell, D. S. (1988). *Presidential Debate: The Challenger of Creating an Informed Electorate*, New York: Oxford University Press.

Johnson-Cartee, K. S. & Copeland, G. A. (1991). "Setting The Parameters of Good Taste: Negative Political Advertising," Paper presented at the International Communication Association Convention, Montreal, Canada.

Johnson-Cartee, K. S. & Copeland, G. A. (1991). *Negative Political Advertising: Coming of Age*, Hillsdale, NJ: Lawrence Erlbaum.

Joseph, T. (1985). "Daily publishers' preferences on reporter Decision-making," *Journalism Quarterly,* 1985(winter): 899-901.

Joslyn, R. A. (1984). *Mass Media and Elections*, Reading, MA: Addison-Wesley.

Joslyn, R. A. (1986). "Political advertising and the meaning of elections," in L. L. Kaid, D. Nimmo, & K. R. Sanders (eds.), *New Perspectives on Political Advertising* (pp.139-183), Carbondale: Southern Illinois University Press.

Kaid, L. L. (1976). "Measures of political advertising," *Journal of Advertising Research*, 16: 49-53.

Kaid, L. L. & Sanders, K. R. (1978). "Political television commercials: an experimental study of type and length," *Communication Research*, 5(1):

57-70.

Kaid, L .L. (1981). "Political advertising," in D. Nimmo & K. R. Sanders (eds.), *Handbook of Political Communication*, Beverly Hill, CA: Sage.

Kaid, L. L. & Johnston, A. (1991). "Negative versus positive television advertising in U.S. Presidential campaigns, 1960-1988," *Journal of Communication*, 41(3): 53-64.

Kaid, L. L. & Holtz-Bacha (eds.) (1995). *Political Advertising in Western Democracies: Parties and Candidates on Television*, Thousand Oaks, CA: Sage.

Kamber, V. (1997). *Poison Politics*, New York, NY: Plenum Press.

Karayn, J. (1979). "Presidential debates: a plan for future," in S. Krause (ed.), *The Great Debates: Carter vs. Ford, 1976*, Blooming, IN: Indiana University Press.

Keller, K. L. (1998). *Strategic Brand Management*, Upper Saddle River, NJ: Prentice-Hall.

Kern, M. (1989). *30-Second Politics: Political Advertising in the Eighties*. New York: Praeger.

Key, V. O., Jr. (1966). *The Responsible Electorate*, Cambridge, MA: Harvard University Press.

Klinenberg, E. & Perrin, A. (1996). *The 1996 Presidential Campaign on the Web*, Berkeley, CA: University of California at Berkeley.

Kotler, P. & Andreasen, A.R. (1987). *Strategic Marketing for Nonprofit Organizations*, Englewood Cliffs, NJ: Prentice-Hall.

Kotler, P. (1994). *Marketing Management*, Englewood Cliffs, NJ: Prentice-Hall.

Kraus, S. & Davis, D. (1976). *The Effects of Mass Communication on Political Behavior*, PA: The Pennsylvania State University Press.

Kraus, S. (1988). *Televised Presidential Debates and Public Policy*, Hillsdale, NJ: Lawrence Erlbaum.

Lang, K. & Lang, G. E. (1970). *Politics and Television,* Chicago, IL: Quadrangle.

Laskey, H. A., Fox, R. J., & Crask, M. R. (1989). "Typology of main message strategies for television commercials," *Journal of Advertising*, 18(1), 30-41.

Leiss, W., Kline, S., & Jhally, S. (1986). *Social Communication in Advertising*, Toronto, Canada: Methuen.

Mauser, G. A. (1983). *Political Marketing: An Approach to Campaign Strategy*, New York: Praeger.

McClure, R. D. & Paterson, T. E. (1974). "Television news and political advertising: the impact on voter beliefs," *Communication Research*, 1: 3-31.

McGinnis, J. (1969). *The Selling of President*, New York: Trident.

McQuail D. & Windahl, S. (1995). *Communication Models*, London, UK: Longman.

Meadow, R. G. (1980). *Politics as Communication*, Norwood, NJ: Ablex.

Mendelson, H. & Crespi, I. (1970). *Polls, Television and New Politics*, San Francisco, CA: Chandler.

Mendelson, H. & O'keefe, G. J. (1976). *The People Choose a President: Influence on Voter Decision Making*, New York: Praeger.

Merriam, C. (1964). *Political Power*, New York: Collier.

Meyer, T. P. & Donohue, T. P. (1973). "Perceptions and misperceptions of political advertising," *Journal of Business Communication*, 10: 29-40.

Miller, N. E. & Campbell, D. T. (1959). "Recency and primacy in persuasion as a function of the timing of speeches and measurements," *Journal of Abnormal and Social Psychology*, 59: 1-9.

Mulder, R. (1979). "The effects of televised political ads in the 1975 Chicago mayoral election," *Journalism Quarterly*, 56: 336-340.

Mullen, J. J. (1963a). "How candidates for the senate use newspaper advertising," *Journalism Quarterly*, 40: 532-538.

Mullen, J. J. (1963b). "Newspaper advertising in the Kennedy-Nixon campaign," *Journalism Quarterly*, 40: 3-11.

Mullen, J. J. (1968). "Newspaper advertising in the Johnson-Goldwater campaign," *Journalism Quarterly*, 45: 219-225.

Murray, J. A. & O'Driscoll, A. (1996). *Strategy and Process in Marketing*, Englewood Cliffs, New York: Prentice Hall.

Nelson, J. L. (1989). "Gatekeepers and news values," in C. F. Goff (ed.), *The Publicity Process*(pp.127-142), Ames, IO: Iowa University Press.

Newcomb, T. (1953). "A approach to the study of communicative acts," *Psychological Review*, 60: 393-404.

Newman, B. I. (ed.) (1999). *Handbook of Political Marketing*, Thousand Oaks, CA: Sage.

Newsom, D. & Carell, B. (1991). *Public Relations Writing*, Belmont, CA: Wadsworth.

Newsom, D. & Siegfried, T. (1981). *Writing in Public Relations Practice*, Belmont, CA: Wadsworth.

Nimmo, D. (1970). *The Political Persuaders*, Englewood Cliffs, NJ: Prentice-Hall.

Nimmo, D. (1976). "Political communication theory and research: an overview," *Communication Yearbook I*, 441-452.

Nimmo, D. (1978). *Political Communication and Public Opinion in America*, Santa Monica, CA: Goodyear.

Nimmo, D. & Sanders, K. R. (eds.) (1981). *Handbook of Political Communication*, Beverly Hills, CA: Sage.

O'Keefe, G. J. (1975). "Political campaigns and mass communication research," in S. H. Chaffee (ed.), *Political Communication: Issue and Strategies for Research*, Beverly Hills, CA: Sage.

O'Keefe, G. J. & Atwood, L. E. (1981). "Communication and election campaign," in D. Nimmo & K. R. Sanders (eds.), *Handbook of Political Communication*, Beverly Hills, CA: Sage.

Perloff, R. M. (1999). "Elite, popular, and merchandised politics: Historical origins of Presidential campaign marketing," in B. I. Newman (ed.), *Handbook of Political Marketing*(pp.19-40). Thousand Oaks, CA: Sage.

Porter, M. E. (1980). *Competitive Strategy*, New York, NY: The Free Press.

Porter, M. E. (1985). "How to attack the industry leader," *Fortune*, 29 April.

Qualter, T. H. (1985). *Opinion Control in the Democracies*, New York: St. Martin's Press.

Rafaeli, S. (1988). *Interactivity: From New Media to Communication*, Beverly Hill, CA: Sage.

Rayfield, R. E., Acharya, L., Pincus, J. D., & Silvis, D. E. (1991). *Public Relations Writing*, Dubuque, IA: Wm. C. Brown.

Rivers, W. L., Miller, S., & Grandy, O. (1975). "Government and the Media," in S.H. Chaffee (ed.), *Political Communication: Issue and Strategies for Research*, Beverly Hills, CA: Sage.

Robinson, J. (1974). "Public opinion during the Watergate crisis," *Communication Research*, 1: 391-405.

Roddy, B. L. & Garramone, G. M. (1988). "Appeals and strategies of negative political advertising," *Journal of Broadcasting & Electronic Media*, 32(4): 415-427.

Rose, E. D. & Fuchs, D. (1968). "Reagan vs. Brown: a TV image playback," *Journal of Broadcasting*, 12: 247-260.

Rothschild, M. L. & Ray, M. L. (1974). "Involvement and political advertising effect: an exploratory experiment," *Communication Research*, 1: 264-285.

Rothschild, M. L. (1987). *Advertising: From Fundamental to Strategy*, MA: D.C. Heath.

Rothschild, M. L. (1978). "Political advertising: a neglected policy issue in marketing," *Journal of Marketing Research*, 15: 58-71.

Russell, J. T. & Lane, W. R. (1993). *Kleppner's Advertising Procedure*, Englewood Cliffs, NJ: Prentice-Hall.

Sabato, L. J. (1981). *The Rise of Political Consultants*, New York: Basic Books.

Schultz, T. (1999). "Interactive options in online journalism: a content analysis of 100 U.S. newspapers," *Journal of Computer Mediated Communication*. 5(1), September 1999.

Smith, G. & Saunders, J. (1990). "The application of marketing to British politics," *Journal of Marketing Management*, 5: 295-360.

Surlin, S. H. & Gordon, T. F. (1977). "How value affect attitudes toward direct reference political advertising," *Journalism Quarterly*, 54: 89-98.

Swinyard, W. R. & Coney, K. A. (1978). "Promotional effects on a high versus low-involvement electorate," *Journal of Costumer Research*, 5: 41-48.

Thorson, E., Christ, W. G., & Caywood, C. (1991). "Effect of issue-image strategies, attack and support appeals, music, and visual content in political commercials," *Journal of Broadcasting & Electronic Media*, 35(4): 465-486.

Trent, J. S. & Friedenberg, R. V. (1991). *Political Campaign Communication: Principles and Practices*, New York: Praeger.

Tucker, D. E. (1959). "Broadcasting in the 1956 Oregon senatorial campaign," *Journal of Broadcasting*, 3: 225-243.

Tucker, K. & Derelian, D. (1989). *Public Relations Writing*, Englewood Cliffs, NJ: Prentice Hall.

Wells, W., Burnett, J., & Moriarity, S. (1992). *Adverting: Principles and Practice*, Englewood Cliffs, NJ: Prentice Hall.

West, D. M. (1997). *Air Wars*, Washington, D.C.: Congressional Quarterly.

廣告經典系列3

競選傳播與台灣社會

作　　者／鄭自隆
出 版 者／揚智文化事業股份有限公司
發 行 人／葉忠賢
總 編 輯／林新倫
執行編輯／陳怡華
登 記 證／局版北市業字第1117號
地　　址／台北市新生南路三段88號5樓之6
電　　話／(02)2366-0309
傳　　真／(02)2366-0310
郵撥帳號／19735365 葉忠賢
網　　址／http://www.ycrc.com.tw
E-mail／yangchih@ycrc.com.tw
印　　刷／鼎易印刷事業股份有限公司
法律顧問／北辰著作權事務所　蕭雄淋律師
ISBN／957-818-566-9
初版一刷／2004年1月
定　　價／新台幣500元

本書如有缺頁、破損、裝訂錯誤，請寄回更換

國家圖書館出版品預行編目資料

競選傳播與臺灣社會 / 鄭自隆著. -- 初版. --
臺北市 : 揚智文化, 2004[民93]
面； 公分. -- （廣告經典系列 ; 3）

ISBN 957-818-566-9（平裝）

1. 競選活動 - 臺灣 2. 社會 - 臺灣

573.3 92017113